面向“十二五”高等院校应用型人才培养规划教材

商品流通理论与实务

刘 颖 王秀娥 孙剑桥 主 编

The circulation of commodities of theory and practice

中国铁道出版社
CHINA RAILWAY PUBLISHING HOUSE

图书在版编目（CIP）数据

商品流通理论与实务 / 刘颖，王秀娥，孙剑桥主编．—北京：中国铁道出版社，2012.9

面向“十二五”高等院校应用型人才培养规划教材

ISBN 978-7-113-14915-4

Ⅰ.①商…　Ⅱ.①刘…②王…③孙…　Ⅲ.①商品流通—高等学校—教材　Ⅳ.①F713

中国版本图书馆 CIP 数据核字（2012）第 192649 号

书　　名：面向“十二五”高等院校应用型人才培养规划教材
商品流通理论与实务

作　　者：刘　颖　王秀娥　孙剑桥　主编

策　　划：张丽娜　　读者热线：400-668-0820

责任编辑：张丽娜　贾淑媛　特邀编辑：张维娣

封面设计：刘　颖

责任校对：张玉华

责任印制：李　佳

出版发行：中国铁道出版社（100054，北京市西城区右安门西街 8 号）

网　　址：http://www.51eds.com

印　　刷：北京市昌平开拓印刷厂

版　　次：2012 年 9 月第 1 版　　2012 年 9 月第 1 次印刷

开　　本：787 mm×1 092 mm　1/16　印张：15.75　字数：379 千

印　　数：1～4 000 册

书　　号：ISBN 978-7-113-14915-4

定　　价：34.00 元

前言

 Preface

本书是根据教育部"十二五"教材建设规划的要求组织编写的，作为全国高等院校经济管理类专业基础教材。

商品流通属于经济学范畴，是兼有经济学、行为科学、社会学及管理学内容的一门学科，迄今已有百年历史。它自产生以来，尤其是20世纪50年代以后，在西方国家引起广泛的关注，成为指导企业经营活动的重要科学，是企业新的利润增长点，在我国经济建设中发挥着越来越重要的作用。当前，掌握商品流通的基本原理与知识，已成为对企业管理人员的基本要求。

随着社会经济的发展和产业结构的逐步升级，作为第三产业主力的流通产业在国民经济中的地位与作用日益提高，商品流通系统是否完善、有效，不仅影响国民经济的运行效率，而且也影响国民的生活品质。在我国，商品流通产业更是得到了快速发展，成为人们普遍关注的热点。因此，学习商品流通理论，掌握商品流通产业的经营方式、技术与方法，不仅是政府与企业经营者的任务，也成为各类人员更新知识、提高就业能力的重要途径。

我们在广泛吸收当前国内外研究的最新成果的基础上，结合我国企业活动的最新经验，编写了这本《商品流通理论与实务》，全面系统地介绍了商品流通的理论、方法和技术，涵盖了商品流通领域的全部内容，通过本书的学习，读者能够了解流通的产生与发展、流通产业的特征、贡献与发展趋势、零售与批发商业理论和经营知识、批发市场与商品交易所、电子商务与物流管理及流通政策等方面的理论与知识。本书注重理论与实践的结合，在理论体系完整的基础上，强调了实用性与可操作性，既注意对商品流通实践中各种问题进行理论概括与理论解释，同时也注意商品流通经营知识、技术、方法与技巧的介绍，以便读者对商品流通问题进行理论思维，也能从事商品流通的经营管理实践。

本教材主要面向经济管理类本科学生，也可作为经济管理类专科、中专及职业高中的教材，同时也可以成为企业管理人员必备的读物。

在教材的编写过程中，得到了各有关方面的大力支持与帮助，参阅了国内外大量的资料和文献，在此谨向相关人员和编者表达我们的谢意。

编者

教学建议

教学目的

《商品流通理论与实务》介绍了商品流通理论和商品流通实务的相关知识，为后续各专业课程的学习奠定了基础，是经济管理类专业的专业基础课程。通过本课程的学习，学生能够掌握商品流通的有关理论和实务，可以了解商品流通的研究对象、内容，掌握流通的基本概念和流通的过程及按业态与业种分类的条件下，流通各阶段的管理。使学生在了解理论的基础上，掌握实际的流通企业的选址、设计、装潢等实践能力，同时了解商流、物流、信息流之间的关系。

相关课程的衔接

《商品流通理论与实务》属于经济管理类专业的专业基础课程，是在修完《经济学基础》、《经济数学》等课程后选修的，是经济管理类各专业课程的专业基础课。

教学方法

"案例分析"和"理论联系实际"是本门课的主要教学方法，尤其要以案例为主，旨在提高学生对基本理论分析基础上的应用能力的培养，并通过"案例分析"和"理论联系实际"方法的运用，使学生明白商品流通的过程和实际经济工作的关系，真正应用于实际经济工作之中。

教学重点、内容及学时分配

本课程的难点在于对各流通理论的了解，尤其是对生产、流通、消费全过程及商流、物流、信息流之间的关系的了解。要求在案例的引用中突出理论联系实际。

建议学时分配

章节	教学重点内容	讲授学时
第 1 章：商品流通的产生与发展	三次社会大分工与商品交换的三种形式；商业的概念与分类；商业的特征；商业的贡献；商业的发展	4
第 2 章：零售商业概述	零售商业的特点与功能；零售商业的业态分类；零售商业的影响因素及零售要素组合；零售营销的特点；零售业态变迁的理论假说；我国零售商业的发展趋势	4
第 3 章：零售业态选择	各种零售业态的经营许可特征；超级市场的业务构成；专营店的类型；连锁店的经营形态	4
第 4 章：零售选址与店铺管理	商圈的概念与商圈层次的划分；选址的原则与步骤；店铺设计的原则与方法；商品陈列的原则与方法	6

续表

章节	教学重点内容	讲授学时
第 5 章:零售商品与顾客管理	商品组合与商品结构的确定;商品采购的原则和方法;顾客接待的步骤与方法;顾客服务内容、品质及顾客投诉的处理	6
第 6 章:批发商业	批发商业的概念特征与功能;批发商业的用户特征与经营原则;批发商业面临的挑战与发展机会	6
第 7 章:批发市场	批发市场的交易规则,形式与方法;商品交易所的交易规则	6
第 8 章:商品质量监督与认证	了解中国质量认证的主要原因和基本做法;产品质量认证和管理体系认证;商品质量认证所蕴含的质量信息;熟悉各种商品质量管理体系认证及其标志	6
第 9 章:商品检验	商品检验与商品鉴定的关系;商品抽样方法;识别伪劣商品的一般方法;商品检验的方法	6
第 10 章:信息流	流通信息的分类和功能;信息流的运行过程	4
第 11 章:物流管理	仓库管理的分类;运输管理应用及分类	4
合计		56

目录 Contents

商品流通理论与实务

第 1 章　商品流通的产生与发展

学习目标

本章主要介绍了商品流通产业的特征和商品流通的概念以及商品流通的产生与发展；分析了社会分工、商品交换与商业的一般关系。完成本章的学习后，应该能够：

(1)说明社会分工、商品交换与商业的关系。

(2)阐述商品流通的产生与发展。

(3)概括商业的分类。

(4)分析商业的特征与贡献。

(5)简述商业的变革与发展。

(6)熟记下列概念：商品交换；商业。

学习重点

(1)三次社会大分工与商品交换的三种形式。

(2)商业的概念与分类。

(3)商业的特征。

(4)商业的贡献。

(5)商业的发展。

学习难点

(1)商业的特征。

(2)商业的贡献。

教学建议

(1)在理论分析的基础上,注意用统计资料解释有关结论。

(2)利用案例及有关参考资料与流通理论相结合进行教学。

引导案例

流通业尚未形成全局优势

日前,在2010年(第五届)中国零售商大会暨展会期间,全国政协委员、全国政协经济委员会副主任、中国商业联合会会长张志刚在成都红旗连锁总部、宽窄巷子、锦里商业街等地考察时指出,一方面,内资零售企业受资金实力、物流配送技术、人才资源以及地方保护主义等因素的制约,跨区域扩张速度慢。另一方面,内资零售企业所面临的发展环境不如外资零售企业,仍然承受着许多不公平的待遇。面对外资巨头,我国本土流通企业如果不能实现跨区域发展,将如同逆水行舟,不进则退。

2008年美国最大零售商沃尔玛的全球销售额为4 056亿美元,相当于同年我国全社会消费品零售总额的四分之一。2009年我国排名第一、第二的零售商苏宁电器和国美电器商品销售额分别为1 170亿元、1 068亿元,排名第三、第四的上海百联和大连大商分别为980亿元和705亿元,前4名销售额折合成美元各有100多亿美元。我国名列前茅的零售企业规模只相当于沃尔玛的二十几分之一。

根据中国商业联合会、中华全国商业信息中心调查统计,虽然从2009年下半年开始,大型零售企业销售呈现明显的好转,销售增速基本上已经恢复到了金融危机前的水平。但从2009年零售百强的销售情况看,内资大型零售企业发展、提高竞争力仍面临许多困难。

一方面,内资零售企业跨区域扩张速度慢。受资金实力的制约,现代信息管理、物流配送技术、人才资源等都不能很好地满足跨区域、全国性市场的扩张需求,不能有效地利用规模降低成本、提高效益;同时由于地方保护主义仍然很严重,非经营性阻碍多、成本高等因素,使得内资零售企业跨区域扩张的速度较慢。

另一方面,内资零售企业的发展环境不如外资零售企业。除了资金、管理、信息、配送、人才等方面不及外资零售企业外,内资零售企业所面对的非市场性、非经营性的发展环境也要劣于外资零售企业,内资零售企业仍然承受着许多不公平的待遇。例如,许多地方政府在商业地产价格、租金、水电费用等政策上仍倾向于外资零售企业。

张志刚介绍说,为了培养自己的沃尔玛,商务部早在2004年就把国内20家流通企业列为国家重点培育的对象。"中国应当在若干大型零售商继续做强做大的基础上,自立于世界民族之林。这一切都并不遥远,也是可以实现的。"张志刚动情地说,当你漫步在成都锦里商业街和宽窄巷子的时候,你不觉得自己是走进了一条商业街,而是走近了历史、走近了文化、走近了大众生活。这样的创作是成都的、四川的、中国的,也是世界的。

(资料来源:胡斌,何佩东. 中国商报,2010.7.2)

社会分工是商品交换的重要前提，没有社会分工就没有商品交换；同时，商品交换也促进了社会分工的不断深化。从历史上看，商品交换经历了三个发展阶段，即物物交换、以货币为媒介的商品交换和以商业为媒介的商品交换。商业的产生，不仅改变了原来的交换关系，而且进一步扩大了商品交换的规模和范围，节约了生产者用于交换的时间和费用，促进了生产力的发展。在现代社会，商业是一个分工日益细化、体系日益复杂的产业门类，并具有对劳动力吸纳性强、进入与退出障碍低、规模经济性不显著、技术进步具有从属性等特点，对经济增长、充分就业、城市功能的完善、国民福利的提高等具有特别的贡献。随着经济发展与技术进步，特别是社会分工的日益细化，商业也不断地发生着变化，出现了一次次具有重大意义的变革，这些变革又促进了商业的进一步繁荣与发展。

1.1 交换与商品交换

1.1.1 社会分工与商品交换

1. 社会分工

社会分工就是指人类从事各种劳动的社会划分及其独立化、专业化。人类劳动分工的独立化和专业化，是人类社会不断进步的重要体现。社会分工的不断深化，既是社会生产力发展、劳动生产率提高的必然结果，又对社会经济结构与人类交往、商品交换体系的演化产生着深刻的影响。

随着人类社会的发展，人类的需要不仅越来越多，而且越来越多样化。为了满足人类的多种需要，人类劳动的种类也在不断增加。在这种背景下，要求每一个人为满足自身的所有需要，去同时从事所有的生产劳动，既无必要，也无可能。于是便逐渐产生了人类劳动的社会分工，即一部分人专门从事某一种社会所需要的劳动，另一部分人从事其他社会所需要的劳动，从而使社会分工也越来越复杂。社会分工的复杂化，对社会生产力的发展具有重要意义。这是因为，社会分工提高了每个劳动者在某一领域的劳动技能与熟练程度，促进了每个领域劳动工具的不断改进和完善，加快了各种生产经验和人类知识的积累。因此，社会分工大大提高了劳动生产率，扩大了生产规模，优化了社会财富的总量。

分工原因：剩余、目的、提高劳动生产率。

从某种意义上讲，人类发展史同时就是一部社会分工不断深化的历史。迄今为止，人类社会共经历了三次社会大分工。第一次社会大分工是畜牧业与农业的分离，从而使畜牧业与农业成为相互独立的产业门类；第二次社会大分工是手工业与农业、畜牧业的分离，从而使社会产生了畜牧业、农业和手工业三大产业门类；第三次社会大分工是商业与农业、畜牧业、手工业的分离，从而使社会产生了畜牧业、农业、手工业和商业四大产业门类。这次大分工与前两次大分工的一个根本差别是产生了一个不直接从事生产而专门从事商品交换的产业门类，即商业。经过三次社会大分工以后，人类社会分工的发展进程逐渐加快，特别是到了现代大工业以后，社会分工更具有了明显的加速趋势，社会生产的专业化程度迅速提高，并促进了工场手工业向机器大工业的历史性转变，从而奠定了现代物质文明的基础。在现代社会，社会分工更表现为一个庞大、复杂的体系。国民经济分为以农业、工业、建筑业、运输业、通信业、商业、金融保险业等为核心的第一、第二、第三产业。同时，现代企业内部的分工也日益细化，从而出现了生产社会化、劳动社会化、产品社会化的新格局。由此可见，社会分工每深化一次，就会增加一批劳动种类和产业门类，人类社会就会向前迈进一步。因此，没有社会分工的不断深化，就不会有人类社会的发展。

2. 商品交换

社会分工的发展产生了两个效果：一方面提高了劳动生产率，增进了每个部门、每个行业的规模经济和规模效益；另一方面也加深了不同部门、不同行业之间的相互依赖，促进了商品经济的产生，这种依赖是通过商品交换实现的。

所谓交换，就是人们在社会分工条件下相互提供劳动产品，以满足各自需要的经济行为。所谓商品，就是用于交换并可满足某种需要的劳动产品。因此，商品交换就是商品所有者按照等价交换的原则相互自愿让渡商品所有权的经济行为。

要进行商品交换必须具备两个前提条件：一是社会分工，二是明晰的产权制度。社会分工与商品交换如同一枚硬币的两面，几乎同时产生，并具有同样悠久的历史。这是因为，社会分工一经产生，便立即导致了个人产品供给单一化和产品需求多样化之间的矛盾，于是在分工者之间便有了互为供给者和需求者的经济关系。因此，社会分工的存在为商品交换提供了前提和可能，没有社会分工就不会产生产品供给单一化与产品需求多样化的矛盾，从而也就不会有商品交换。那么，在社会分工存在的条件下，如何解决产品供给单一化与产品需求多样化的矛盾呢？要解决这种矛盾，协调供给关系，从可能性上来说，大致有四种途径：一是自行生产；二是赠与或乞讨；三是诈骗或掠夺；四是交换。在这四种途径中，唯有交换是最公平、最稳定、最经常、最有效率的解决分工者之间供需矛盾的途径。但是，要维持正常的商品交换，交换双方必须相互承认对方是各自产品的所有者，即明晰的产权制度，并在平等互利、自愿让渡、等价交换的基础上进行交换。这是商品交换的第二个前提条件。对商品交换来说，两个条件同等重要，缺一不可。

3. 社会分工和商品交换的关系

由前面的分析可知，社会分工促进了生产的单一化，商品交换是解决生产单一化与需求多样化矛盾的有效工具。因此，社会分工是商品交换的重要前提，没有社会分工就没有商品交换；同时，商品交换不仅保证了单一化生产的顺利进行，而且促进了社会分工的不断深化。因此，社会分工与商品交换同时产生，相互促进，是推动社会经济发展的两个引擎。

1.1.2 商品交换的发展和商业的产生

1. 商品交换的发展

从历史发展来看，商品交换经历了三个发展阶段，即物物交换、以货币为媒介的商品交换和以商业为媒介的商品交换。

(1)物物交换。人类最初的商品交换，表现为直接的物物交换，即商品—商品(W—W)。最初的物物交换，发生在原始社会公社之间。由于当时社会的生产力水平极为低下，可供维持生存的产品极其有限，因此，能够在原始社会之间进行交换的产品都是各自的剩余物，交换行为具有极大的偶然性，交换频率极低。在这种交换形势下，生产的目的并不在于交换，只是为了自身的消费，满足消费之后的才偶然用来交换。物物交换，无论就其物质内容，还是交换形式而言都是极其简单的。交换双方在让渡自己商品的同时，也占有了对方的商品。

物物交换具有很大的局限性。首先，商品的价值无法得到充分准确的表现，从而很难真正做到等价交换；其次，交换双方必须彼此都需要对方的产品，否则交换就无法进行。这种物与物的交换带来了极大的不便，限制了商品交换的发展。

(2)以货币为媒介的商品交换。随着商品交换和商品生产的发展，进入交换过程的产品品种和数量不断增加，客观上就需要一种“第三种产品”来作为两种商品的交换媒介。这个“第三种产品”可以作为所有商品的一般等价物，商品交换通过“第三种产品”来实现，从而使商品交换由“直接”转变为“间接”。这个“第三种产品”就是货币。货币的出现，使商品交换分离成两个相对独立的阶段，即买和卖。买和卖不仅在空间上是分离的，而且在时间上也是不一致的。“卖”是商品的第一形态变化，即商品转化为货币；“买”是商品的第二形态变化，即货币转化为商品。这两个阶段的统一，就是为买而卖，即商品—货币—商品(W—G—W)，也就是以货币为媒介的商品交换。

以货币为媒介的商品交换形式的出现，是商品交换过程的革命，它解决了物物交换的困难，突破了交换的时空限制；促进了横向经济联系，使商品交换的时空范围扩大了，为进一步发展商品生产和商品交换创造了条件。

但是，以货币为媒介的商品交换也孕育着经济危机。在物物交换的条件下，用于交换的商品，不是为交换而生产的，因此，交换能否成功，对生产者来说并无确定性的意义，不会因为商品交换不出去而使生产受到影响。然而，在以货币为媒介的商品交换的条件下，商品交换过程分离为买和卖两个独立的阶段，商品的内在矛盾即使用价值与价值的矛盾转化为商品和货币的对立。一切商品都必须转化为货币才能实现自己的价值，一切具体劳动都必须通过货币才能还原为抽象劳动，一切私人劳动都必须通过货币才能取得社会劳动的形式。在这种情况下，商品能否卖得出去，对生产者来说是性命攸关的事。因此，在以货币为媒介的商品交换的条件下，商品能否转化为货币，包含着发生危机的可能性。

(3)以商业(人)为媒介的商品交换。无论是物物交换，还是以货币为媒介的商品交换，都是由商品生产者作为当事人的。由于商品生产的发展，商品交换的范围和规模不断扩大，生产者用于买卖的时间日益增多，而生产和交换活动的矛盾日益突出。为了适应商品交换的需要和节省商品生产者花费在商品交换上的时间，专门从事商品交换活动的商人便应运而生了。由此，商品交换的形式也发生了变化，由 W—G—W 转化为 G—W—G，即以商人为媒介的商品交换。

商人的出现[illegible]使原有的交换关系发生了新的变化。商人买卖行为已不再是为满足自己的直接需要，而是在[illegible]换过程中充当中介人，为卖而买，先买后卖，并从中牟利。同时，由于商人的出现，货[illegible]为先预付、购买，再卖出、收回并从中获利的资本。因此，商人资本是历史上[illegible]态。商人的出现，进一步扩大了商品交换的规模和空间范围，节约了生[illegible]费用，促进了生产力的发展。

[illegible]

[illegible]换也能进行生产。这是因为生产的目的是为了生产者本人的[illegible]产资料也是由生产者本人自己生产的。然而，商品生产却[illegible]就表现为生产过程与交换过程的统一。商品交换是生[illegible]

[illegible]是矛盾的。这种矛盾主要表现在以下几个方面：

[illegible]交换，都需要时间，但在同一时间内无法既从事生产[illegible]则用于生产的时间就越少。在小商品生产的时

代，小商品生产者既是生产者也是交换者，他们经常在生产的间隔或节假日去销售，避免生产时间的浪费。但是，随着商品生产的发展，商品交换也就越来越频繁，交换所需要的时间也就越来越多，原始的方法已经满足不了生产时间或缩短交换时间的需要，而必须寻求一种新的缩短生产者交换时间的办法。

(2)空间上的矛盾。在商品生产的条件下，生产和交换在空间上也是分离的，生产场所与交换场所必然存在一个或大或小的距离。一般来说，商品生产越发展，这个空间距离也就越大，为克服空间距离而占用的时间、消耗的费用、承担的风险也与日俱增。这个沉重的负担使商品生产者越来越难以承受了。

(3)技能上的矛盾。随着商品生产和商品交换的发展，不仅生产过程越来越复杂，而且交换过程也越来越复杂。为了更好、更快地执行交换职能，必须有与生产技能完全不同的专门知识、技巧和广泛的社会联系。商品生产者要同时成为生产方面的专家和交换方面的专家已经越来越不可能。他们在这两者之间选择其一。

为了解决上述矛盾，就出现了新的社会分工，产生了一个专门从事交换而不从事生产的“组织”。也就是说，商品交换已由“多数人的附带工作”变成了“少数人的专门工作”。这个“少数人的专门工作”，就是商业。据商学史学家的研究，我国在夏代就已经零星地出现了一些专门从事商品交换的人；在商代，交换已经成为一个专门的行业，一个独立的社会阶层。

商业的产生，使商品生产者摆脱了很大一部分交换事务，“使社会的劳动力和劳动时间有更少一部分被束缚在这种非生产职能上”；“一个商人可以通过他的活动，为许多生产者缩短买卖时间。因此，他可以被看作是一种机器，他能减少力的无益消耗，或有助于腾出生产时间。”商业从生产中独立出来的经济合理性就在于此。

应该说明的是，商业从生产中独立出来，使商品生产者摆脱了很大一部分交换事务，但并不能完全替代生产者的交换职能。因为商业独立出来以后，仍然有一部分买卖活动在生产者之间或生产者与消费者之间直接进行，因此，即使是在商业比较发达的今天，仍然存在着一些不以商人为媒介的商品交换。

1.1.3 商业的概念与分类

1. 商业的概念(商业是面对消费者的)

商业有广义和狭义之分。广义的商业是指所有以营利为目的的事[illegible]义的商业是指专门从事商品交换活动的以营利为目的的事业。本书所指的商业是[illegible]为了准确理解商业的概念，须明确以下几点：

(1)商业是一种以营利为目的的事业，而不是公益事业和公共[illegible]

(2)商业的事业内容是组织与组织之间的商品交换，而不是[illegible]

(3)商业是专业化和社会化的商品交换，而不是非专业化和[illegible]造商的商品购销活动以及消费者或其他非营利组织的商品[illegible]

(4)商业的主体由两部分构成，一部分是法人即商[illegible]由此可见，商业的构成要素是：必须以营利为目的，即[illegible]专业化和社会化的商品交换活动。

商业与交换的关系如图 1.1 所示。

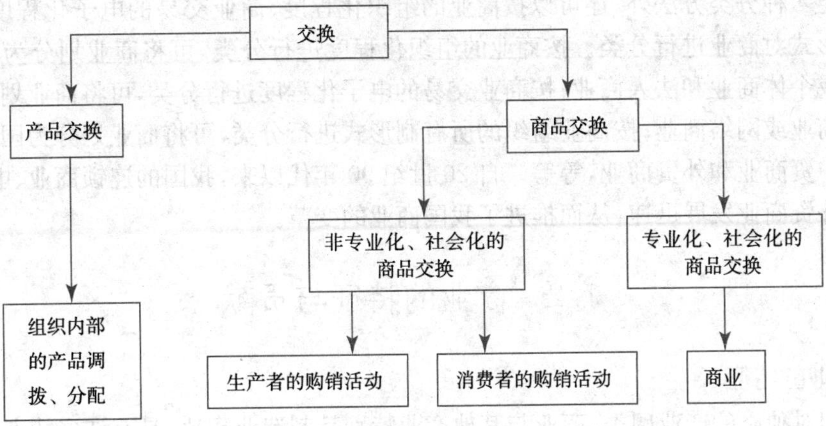

图 1.1　商业与交换的关系

2. 商业的分类

随着经济的发展和社会分工的不断细化，同其他产业一样，商业内部的分工也日益细化，商业的内涵与外延不断扩大，商业组织、商业经营方式不断变化，商业也发展成为一个种类繁多、体系庞大的产业门类。为了全面、准确地认识和研究各种商业形态的特点和功能，掌握商业经营规律，有必要从不同的角度或侧面对商业进行分类。商业的分类方法很多，通常可以按以下几种方法对商业进行分类。

(1)按业种进行分类。按业种进行分类就是按商业的经营对象——商品的种类对商业进行分类。按这种分类方法进行分类，可以将商业划分为生产资料商业和消费品商业。在此基础上，还可以进一步进行细分。例如，可将生产资料商业进一步细分为金属材料商业、机电产品商业、建筑材料商业等；将消费品商业进一步细分为食品商业、家电产品商业、服装商业等等。

(2)按业态进行分类。按业态进行分类就是按商业的经营方式或商品销售方式进行的分类。这种分类方法常用于零售商业的分类。例如，可将零售商业划分为百货(店)商业、超级市场商业、便利店商业等。

(3)按流通阶段进行分类。按流通阶段进行分类就是按商品流通所处的阶段进行的分类。按这种分类方法进行分类，可将商业划分为批发商业和零售商业。批发商业又可进一步划分为综合批发业、专业批发业、代理批发业等；零售商业可划分为有店零售商业和无店铺零售商业。有店铺零售商业包括百货零售业、超级市场零售业、便利店零售业、折扣店零售业、仓库式商店零售业等；无店铺零售业包括访问销售业、邮寄零售业。

(4)按流通范围进行分类。按流通范围进行分类就是按商品流通的空间范围进行的分类。按这种分类方法进行分类，可将商业分为国内企业和国际企业。国内企业是指一国之内的商业，即商业事业主体与商业事业内容只限于一国之内的商业。国际商业则具有双重含义。一重含义是指国与国之间的商业，一般称之为对外贸易业；另一重含义是指跨国经营的商业，即商业事业主体或商业事业内容不限于一个国家，其具体形式是商业企业在两个以上国家开设店铺或公司并直接从事商业经营。需要说明的是，国际商业不是本书研究的重点。

除以上4种分类方法外，还可以按商业的组织化程度、商业交易的电子化程度、商业组织的所有制形式对商业进行分类。按商业的组织化程度进行分类，可将商业划分为单体商业和连锁商业或个体商业和法人商业；按商业交易的电子化程度进行分类，可将商业划分为传统商业与电子商业或网络商业；按商业组织的所有制形式进行分类，可将商业划分为国有商业和民营商业或中资商业和外资商业，等等。自20世纪90年代以来，我国的连锁商业、电子商业、民营商业和外资商业发展迅速，从而推进了我国商业的变革。

1.2 商业的特征与贡献

1.2.1 商业的特征

作为相对独立的产业门类，商业与其他产业特别是制造业相比，具有许多特点。认识这些特点，掌握商业规律，对政府制定科学的商业管理决策，对企业进行有效的商业经营，都是十分必要的。

1. 对劳动力有较强的吸纳能力，具有就业机器功能

各国经济发展的经验表明，商业领域的就业人数在就业总人数中所占的份额不断上升，在整个国民经济中成为仅次于制造业的第二大就业领域。例如，1955—1991年，日本商业的就业比重由13.9%上升到22.5%，而1991年日本农业、制造业和商业的就业比重分别是6.7%、33.9%、22.5%，商业的就业比重仅次于制造业，居第二位。1978—1999年，我国商业的就业比重由2.8%上升到7.6%，1999年我国农业、制造业和商业的就业比重分别是53.6%、13.0%和7.6%，我国商业的就业比重仅次于农业与制造业，居第三位。商业之所以对劳动力有较强的吸纳能力，其主要原因是：

(1)消费者对商业部门所提供服务的最终需求不断增长，要求商业部门投入更多的人力、物力和财力资源，以增强服务能力。随着一国国民经济的发展，消费者的收入水平不断提高，因而消费者要求商业部门提供的商品与服务的内容越来越丰富。这就要求商业部门不断扩大规模，供应越来越多的商品和服务。从全社会来看，商业部门经营规模的扩大，也就意味着商业就业量的增大。不仅如此，由于消费者收入水平的提高，消费观念与消费方式的变化，消费者在购买商品的同时，还需要多种“附加服务”，如送货服务、商品加工服务、购物咨询服务、商品使用维修服务等。这些附加服务也需要商业部门增加更多的人员。

(2)其他产业部门对商业部门的“中间服务需求”的不断增长，要求商业部门扩大就业的规模。对商业“中间服务需求”的增长，源自生产的社会化、专业化程度的提高。一个基本的经验事实是，随着生产的社会化和专业化程度的提高，各产业间的相互依赖性不断增强，每种产业对其他产业产品与服务的“中间需求”会越来越多，从而越来越多的中间产品和服务加入流通过程。这样，就要求商业部门投入更多的人力、物力资源，快速、低成本、高效率地组织好这些中间商品和服务的流通，以提高整个社会的投入产出水平。

(3)商业劳动生产率的增长低于其他产业，特别是制造业劳动生产率的增长。相对制造业而言，许多商业劳动以手工劳动为主，而且由于商业特别是零售商业面对的是空间分散、消费时间不确定、购买批量小、购买频率高的消费者，因此，很难实行以提高劳动生产率为目的的流水线作业，从而使商业劳动生产率的提高受到了资本与技术的双重约束。因此，商业经营规模的扩大，在很大程度上表现为劳动力规模的扩大。

(4)商业劳动具有较强的“个人化”与“家庭化”倾向，从而使商业领域的个体经营的比重远远高于制造业。同时，个体商业经营的市场进入障碍很低，因此，许多个人或家庭较容易进入商业领域从事个体经营。从全社会来看，这也是导致商业具有较强的劳动力吸纳能力的重要原因。

(5)与制造业相比，商业并不特别需要体力和高度专业化技术的劳动力，对劳动力资质条件的要求相对较低，因此，可以吸纳大量的普通劳动者就业。

2. 进入与退出障碍低，竞争激烈

与制造业相比，商业经营资本与技术约束较低，因此，商业的进入与退出障碍也相对较低。商业的进入障碍低，意味着商业经营组织多，从而意味着商业的竞争主体也多，又由于各个商业经营组织的事业内容具有明显的同质化倾向，因此，商业领域的竞争就更加充分而激烈，如果没有必要的行业管制，极易造成市场秩序的混乱。许多国家在经济发展过程中，都曾经出现过市场秩序混乱的情况，我国在由计划经济体制向市场经济体制转轨过程中也遇到了类似的问题。这是由商业的产业特点决定的，因此，正视商业的产业特点，建立相应的规制商业的政策与法律，对规范商业行为、维持市场流通秩序、保护消费者的权益、促进商业的健康发展是非常必要的。

商业的退出障碍低，意味着商业组织或商业企业的生命周期短，特别是小型商业组织的生命周期则更短。从宏观上看，商业组织的生命周期短，意味着商业组织具有较强的新陈代谢能力或具有较高的流动性，这是商业的又一显著特征。

3. 行业集中度较低，规模经济性不明显

所谓规模经济性是指随着生产经营规模的扩大，生产经营成本相对降低，而经济效益则相对提高。由于任何产业的经营都存在着固定成本与变动成本，而固定成本往往随着生产经营规模的扩大而相对降低，从而使生产经营总成本相对降低，经济效益提高。因此，所有产业都存在着规模经济性。当然，商业也不例外。这一结论得到了各国商业统计的统计支持。然而，与其他产业特别是制造业相比，商业的规模经济则不够明显。其主要原因是：

(1)商业经营组织的平均规模小。由于商业的进入障碍较低，因而商业经营的组织特别是个体经营者较多，从而导致商业经营组织的平均规模较小。事实上，不论哪一个国家，小型商业组织都占绝对优势。由于绝大多数小型商业组织很难获得规模经济性，甚至不能盈利而只能维持生计，因此，全社会商业的规模经济性也就不够明显。

(2)商业的行业集中度低。行业集中度是指某一行业大企业的产值或销售额占该行业总产值或总销售额的比例。行业的集中度高，说明某行业的产值或销售额主要向大企业集中，同时也说明该行业的组织化程度低、规模经济不显著。各国的商业统计表明，商业的行业集中度远远低于其他行业，特别是制造业的行业集中度。这说明各国商业的组织化程度和规模经济性普遍低于制造业的组织化程度和规模经济性。商业的行业集中度之所以低于制造业，其直接原因是商业的组织结构以小企业为主，企业的平均规模小。而之所以如此，一是因为商业特别是零售商业的经营要受到市场辐射范围即商圈的限制，因此，零售商业的经营存在着明显的市场区隔；二是因为商业的进入障碍低，小企业容易进入。

4. 技术进步的从属性

按照社会技术进步的一般历史规律，生产领域的技术创新往往先于并多于流通领域，重大的技术创新及其扩散也往往先在生产领域迅速得以实现，然后逐渐影响到流通领域。正因为如此，商业的技术进步乃至整个流通的发展与变革在某种程度上表现出对生产发展与变革的滞后性、从属性，而且流通领域的技术进步过程往往不及生产领域那样迅速和广泛。因此，在当今时代，不论是发达国家还是发展中国家，也不论其工业化水平有多高，商品流通领域不仅不具有或者很少具有像生产领域那样的高、精、尖技术，而且流通领域的整体技术水平也往往不及生产领域技术现代化所普遍达到的高度。这主要是由流通领域大部分服务劳动本身所具有的“分散化生产”特征所决定的。尽管在流通领域内部，不同阶段的服务劳动的“分散型生产”程度不同，但是，从总体上与生产领域的大规模生产相比，流通领域的绝大部分服务劳动是面对单个消费者的一对一的分散性劳动，因此，根本不可能实行大规模的持续不断的机械化与自动化流水作业。这就决定了流通领域的技术创新和技术进步不如生产领域那样广泛和迅速。但是，由于商业是一种完全开放的产业，而且是直接为生产和消费服务的，因此，生产领域的技术创新和技术进步，往往通过生产方式的变革及其所引起的消费方式的变革，来推动商业流通方式的变革。

1.2.2 商业的贡献

商业的贡献与商业的特征有关。根据商业的特征，我们可以从以下几个方面来把握商业的贡献。

1. 商业对国内生产总值(GDP)的贡献

商业对国内生产总值的贡献程度，可通过商业所实现的产值占国内生产总值的比例来衡量。这一比例越大，商业对国内生产总值的贡献也就越大。从各国的经验来看，一国商业产值占国内生产总值的比重的高低，与该国的商品与服务的市场化程度及社会化、专业化生产水平有关。也就是说，商品与服务的市场化程度越高，社会化、专业化生产水平越高，商业对国内生产总值的贡献也就越大。因此，商业对国内生产总值的贡献程度也是衡量一国经济的市场化程度的重要指标。当然，当市场化程度达到一定水平后，商业对国内生产总值的贡献也就稳定在一定的区间内。但是，由于各国发展水平以及对商业的统计范围不同，因此，各国商业对本国贡献的程度也是不一样的，从而难以准确判断各国商业的发达程度。

由表 1.1 及表 1.2 可知我国商业产值占国内生产总值的比例为 8%～9%，大约比发达国家低 4%～5%. 这说明我国商业的增长潜力还很大。另外，各国进入 20 世纪 70 年代后，商业的产值贡献比较稳定。这说明各国的市场化程度已经很高，商业的增长潜力不大。

表 1.1 1978—1999 年商业产值占 GDP 比重

年份	国内生产总值(亿元)	第一产业		第二产业		第三产业		商业产值		
		绝对量(亿元)	比重(%)	绝对量(亿元)	比重(%)	绝对量(亿元)	比重(%)	绝对量(亿元)	占第三产业比重(%)	占全部产业比重(%)
1978	3 624.1	1 018.4	28.1	1 745.2	48.2	860.5	23.7	265.5	30.9	7.3
1980	4 517.8	1 359.4	30.1	2 192.0	48.5	966.4	21.4	213.6	22.1	4.7
1985	8 964.4	2 541.6	28.4	3 866.6	43.1	2 556.2	28.5	878.4	34.4	9.8
1986	10 202.2	2 763.9	27.1	4 492.7	44.0	2 945.6	28.9	943.2	32.0	9.2
1987	11 962.5	3 204.3	26.8	5 251.6	43.9	3 506.6	29.3	1 159.3	33.1	9.7
1988	14 928.3	3 831.0	25.7	6 587.2	44.1	4 510.1	30.2	1 618.0	35.9	10.8

续表

年份	国内生产总值（亿元）	第一产业		第二产业		第三产业		商业产值		
		绝对量（亿元）	比重（%）	绝对量（亿元）	比重（%）	绝对量（亿元）	比重（%）	绝对量（亿元）	占第三产业比重（%）	占全部产业比重（%）
1989	16 909.2	4 228.0	25.0	7 678.0	43.0	5 403.2	32.0	1 687.0	31.2	10.0
1990	18 547.9	5 017.0	27.0	7 717.4	41.6	5 813.5	31.4	1 419.7	24.4	7.7
1991	21 617.8	5 288.6	24.5	9 101.2	42.1	7 227.0	33.4	2 087.0	28.9	9.7
1992	26 638.1	5 800.0	21.8	11 699.5	43.9	9 138.6	34.3	2 735.0	29.9	10.3
1993	34 634.4	6 882.1	19.9	16 428.5	47.4	11 323.8	32.7	3 090.7	27.3	8.9
1994	46 759.4	9 457.2	20.2	22 372.2	47.9	14 930.0	31.9	4 050.4	27.1	8.7
1995	58 478.1	11 993.0	20.5	28 537.9	48.8	17 947.2	30.7	4 932.3	27.5	8.4
1996	67 884.6	13 844.2	20.4	33 612.9	49.5	20 427.5	30.1	5 560.3	27.2	8.2
1997	74 462.6	14 211.2	19.1	37 222.7	50.0	23 028.7	30.9	6 159.9	26.7	8.3
1998	78 345.2	14 552.4	18.6	38 619.3	19.3	25 173.5	32.1	6 579.1	26.1	8.4
1999	81 910.9	14 457.2	17.6	40 417.9	49.3	27 035.8	33.0	6 842.3	25.3	8.4

表1.2 1970—1993年商业产值贡献（份额）的国际比较 单位：%

年份	英国	美国	德国	日本	韩国
1970—1974	9.5	15.7	11.3	13.8	12.6
1975—1979	10.1	16.2	11.0	13.7	12.2
1980—1984	10.2	13.9	10.0	14.0	11.8
1985—1989	11.8	15.8	9.7	13.6	12.8
1990—1993	12.5	16.7	1.0.3	13.9	12.8

2. 商业对充分就业的贡献

充分就业是所有国家宏观经济的重要目标，如何扩大就业是政治家、企业家以及普通居民所关注的重要课题。如前所说，商业的一个基本特征就是对劳动力有较强的吸纳能力。正因为有着这个特征，才使商业成为一个对充分就业有特别贡献的产业。一国就业水平的高低在很大程度上取决于商业的发展水平。从各国的实际情况来看，商业的确承担了相当大的就业任务，因此，有的国家甚至把扶持、发展商业作为解决就业问题的一项经济政策，但是，必须指出的是，商业对劳动力的吸纳能力也是有边界的。在一定时期内，商业的就业规模要受当时社会生产规模及社会化、专业化程度制约。因此，商业就业规模的无限膨胀，会导致商业劳动边际收益的下降，甚至还会导致社会财富的严重浪费，特别在组织管理水平不高、市场经济体制不健全的国家或发展时期，商业就业规模的过度膨胀，会导致流通秩序的严重混乱，这在现实经济生活中是不难找到例证的。

当然，要考察商业对充分就业贡献度的大小，可以用商业的就业人数占全社会总就业人数的比例来衡量，即一定时期内商业就业人数占该时期全社会总就业人数的比例越大，商业对充分就业的贡献也就越大。

表 1.3 为 1978—1999 年我国商业的就业量及其比重。表 1.4 所示为 1970—1993 年商业就业贡献(份额)的国际比较。

表 1.3　1978—1999 年我国商业的就业量及其比重

年份	全部产业就业量(万人)	第一产业		第二产业		第三产业		商业就业量		
		绝对量(万人)	比重(%)	绝对量(万人)	比重(%)	绝对量(万人)	比重(%)	绝对量(万人)	占全部产业比重(%)	占第三产业比重(%)
1978	40 152	28 318	70.5	6 954	17.3	4 890	12.2	1 140	2.8	23.3
1980	42 361	29 122	68.7	7 707	18.2	5 532	13.1	1 363	3.2	24.6
1985	49 873	31 130	62.4	10 348	20.8	8 359	16.8	2 306	4.6	27.6
1986	51 282	31 254	60.9	11 216	21.9	8 811	17.2	2 413	4.7	27.4
1987	52 783	31 663	60.0	11 726	22.2	9 395	17.8	2 576	4.9	27.4
1988	54 334	32 249	59.3	12 152	22.4	9 936	18.3	2 743	5.0	27.6
1989	55 329	33 225	50.1	11 976	21.6	10 129	18.3	2 770	5.0	27.3
1990	63 909	38 428	60.1	13 654	21.4	11 828	18.5	2 839	4.4	24.0
1991	64 799	38 685	59.7	13 867	21.4	12 247	18.9	2 998	4.6	24.5
1992	65 554	38 349	58.5	14 226	21.7	12 979	19.8	3 209	4.9	24.7
1993	66 373	37 434	56.4	14 868	22.4	14 071	21.2	3 459	5.2	24.6
1994	67 199	36 489	54.3	15 254	22.7	15 456	23.0	3 921	5.8	25.4
1995	67 947	35 468	52.2	15 628	23.0	16 851	24.8	4 292	6.3	25.5
1996	68 850	34 769	50.5	16 180	23.5	17 901	26.0	4 511	6.6	25.2
1997	69 600	34 730	49.9	16 495	23.7	18 375	26.4	4 795	6.9	26.1
1998	69 957	34 838	49.8	16 440	23.5	18 679	26.7	4 645	6.6	224.9
1999	70 586	35 363	50.1	16 235	23.0	18 987	26.9	4 751	6.7	25.0

表 1.4　1970—1993 年商业就业贡献(份额)的国际比较　　单位:%

年份	英国	美国	德国	日本	韩国
1970—1974	16.6	20.4	14.6	20.5	15.2
1975—1979	18.3	22.8	15.0	22.1	15.8
1980—1984	19.8	20.6	15.2	22.8	21.0
1985—1989	19.9	20.7	14.8	22.9	22.0
1990—1993	—	20.7	14.8	22.5	22.8

从静态来看,1999 年我国商业的就业量为 4 751 万人,占全社会总就业量的 6.7%,在国民经济各行业中,我国商业的就业贡献仅次于农林渔业和制造业,列第三位,而在第三产业中,商业的就业贡献列第一位,是第三产业的主力军。由此可见,我国商业也发挥着"就业机器"的职能。

从动态来看,我国商业的就业贡献不断增加,由 1978 年的 2.8%增加到 1999 年的 6.7%,20 年增长近 3 倍,除个别年份外,每年都有所增长。然而,从国际比较来看,我国商业的就业贡献还比较低。这说明我国商业的就业空间还很大。

3. 商业对经济增长的贡献

国民经济的增长是由各产业的增长推动的，商业增长对经济增长的推动作用也是十分明显的，但不同国家、地区由于产业结构不同以及产业之间的关联度不同，商业对经济增长的贡献也不同。商业对经济增长的贡献程度可通过商业增长贡献率、商业增长贡献额和商业产出弹性系数等指标来衡量。

商业增长贡献率的经济意义是指商业增长对国民经济增长的贡献额(增长率)占国民经济增长率的比重(份额)；商业增长贡献额的经济意义是指商业增长使当年国民经济增长多少百分点；商业产出弹性系数的经济意义是商业每增长一个百分点，使国民经济增长多少百分点。商业增长贡献额与商业产出弹性系数都是衡量商业对经济增长程度的指标。前者是指对经济增长贡献的绝对数(增长率)；后者是系数，即商业每增长一个百分点，使国民经济增长多少百分点。例如，如果商业产出系数为0.10，则表明商业每增长1%，使国民经济增长0.1%。上述指标的计算公式如下：

商业增长贡献率＝商业增长贡献额/国民经济增长率

商业增长贡献额＝商业增长贡献率×商业产出弹性系数

商业产出弹性系数＝商业产出(增加值)额/国民经济总产出额(或GDP)

表1.5为1998年我国主要产业对经济增长的贡献。

表1.5　1998年我国主要产业对经济增长的贡献

产业	产出增长率(%)	增长贡献率(%)	增长贡献额(%)	产出弹性系数
全部产业	7.8	—	—	—
第一产业	3.5	8.3	0.65	0.185 7
第二产业	8.9	56.3	4.39	0.492 9
制造业	8.9	48.6	3.79	0.426 2
建筑业	9.0	7.7	0.60	0.066 8
第三产业	8.3	34.2	2.67	0.321 3
商业	7.7	8.2	0.64	0.084 0
交通运输业	2.0	0.9	0.07	0.036 8
邮电通信业	27.5	5.5	0.43	0.015 8
金融保险业	4.9	3.7	0.29	0.059 6
社会服务业	10.6	4.6	0.36	0.033 8
文化教育业	10.2	3.1	0.24	0.023 3
不动产业	7.7	1.8	0.14	0.018 5

表1.6所示为我国商业增长贡献的推移。

表 1.6　我国商业增长贡献的推移

年份	国民经济总产出增长率(%)	商业增长率(%)	商业增长贡献率(%)	商业增长贡献额(%)	商业产出弹性系数
1978	11.7	23.1	14.5	1.69	0.073 3
1980	7.8	−1.3	−0.8	−0.06	0.047 3
1985	13.5	28.9	21.0	2.83	0.098 0
1986	8.8	10.6	11.1	0.98	0.092 5
1987	11.6	13.5	11.3	1.31	0.096 9
1988	11.3	14.3	13.7	1.55	0.108 4
1989	4.1	−8.3	−20.2	−0.82	0.099 8
1990	3.8	−4.8	−9.7	−0.37	0.076 5
1991	9.2	4.5	4.7	0.43	0.096 5
1992	14.2	13.1	9.5	1.35	0.102 7
1993	13.5	6.6	4.4	0.59	0.089 2
1994	12.6	7.7	5.3	0.67	0.086 6
1995	10.5	5.9	4.7	0.50	0.084 3
1996	9.6	5.4	4.6	0.44	0.082 0
1997	8.8	8.5	8.0	0.70	0.082 7
1998	7.8	7.7	8.3	0.65	0.084 0
1999	7.1	7.2	8.5	0.60	0.083 5

表 1.7 所示为商业对国际增长的国际比较。

表 1.7　商业对国际增长的国际比较

国家	年份	GDP 年均增长率(%)	商业增长率(%)	商业增长贡献率(%)	商业增长贡献额(%)	商业产出弹性系数
中国	1978—1999	9.72	10.40	7.98	0.78	0.074 6
美国	1973—1993	2.43	3.44	21.62	0.52	0.152 5
日本	1973—1993	3.73	3.75	13.89	0.52	0.137 8
英国	1973—1993	11.09	11.44	14.21	1.58	0.138 1
韩国	1973—1993	8.05	8.12	12.93	1.04	0.128 1
德国	1970—1993	2.53	2.17	9.12	0.23	0.106 3
法国	1980—1991	2.17	2.09	14.18	0.31	0.147 2

从产出增长率来看，1998 年商业增长率为 7.7%，低于第一产业和制造业，而高于建筑业和第三产业中其他产业的增长贡献率；从产出贡献额来看，商业增长贡献额为 0.65 个百分点，占 8.3%；从产出弹性系数来看，我国商业产出的弹性系数为 0.084 0，即商业每增长一个百分点，拉动国民经济增长 0.084 0 个百分点。

从动态上看，我国商业增长的贡献率、增长贡献额和产出弹性系数的变化不够稳定，但从总体上看是上升的。而从国际比较来看，我国商业增长贡献还比较低，还有很大发展潜力。

4. 商业对财政收入的贡献

商业对财政收入的贡献，也就是商业为政府提供的财政收入。商业同其他产业一样，在经营活动中除为所有者——经营者和从业人员提供必要的剩余之外，还要为国家和政府提供一定的财政收入。当然，这种财政收入有两种形式：一是上缴利润，这是计划经济体制下，微观经济单位乡政府提供财政收入的主要形式；二是纳税，这是市场经济体制下，商业对财政收入的贡献的大小，可以通过商业税收总额及其占全部总收入的比例来衡量。显然，商业税收占全部财政收入的比例越高，则商业对财政收入的贡献也就越大。

5. 商业对城市功能的贡献

从城市起源来看，城市就是“城”与“市”，没有“市”也就没有“城”，城离不开市，市也离不开城。这里所说的“市”就是今天的商业，是城市构成的最基本要素，是最基本的城市功能。城市经济专家R·库克斯将城市的产业化分为两类，一是向城市内部的组织与个人提供物品与服务的产业，“也叫城市服务产业”；一是向城市外部组织与个人提供物品与服务的产业，也叫“城市形成产业”。显然，零售商属于“城市服务产业”，而批发商属于“城市形成产业”。

一个城市要想生存与发展，不仅要有城市形成产业，而且还要有城市服务产业。一般来说，城市规模的大小及其发展程度首先取决于城市形成产业的产出能力大小。也就是说，城市形成产业产出能力越大，越发达，则该城市的规模也就越大、越发达。但是，一个城市的城市形成产业的产出能力及发达程度又受城市规模的制约。如果城市形成产业是城市的“产出”，那么城市服务产业就是城市的“投入”，“投入”促进“产出”，两者相互依存相互促进。可见城市形成产业系统与城市服务产业系统的协调发展是城市得以正常运转的前提。

就商业而言，一个城市的发展既取决于批发商业的发展，也取决于零售商业的发展。如果批发商业发达，则说明该城市向外部的组织与个人提供物品与服务的能力强，即该城市的产出能力强，因此，该城市的影响力与贡献度也就比较大。同样，如果零售商业发达，则说明该城市向城市内部的组织与个人提供物品与服务的能力强，即该城市的投入能力强，因此，该城市的发达程度和竞争力也就比较强。相反，如果一个城市的批发商业和零售商业不发达，那么这个城市的投入产出能力就会很弱，其影响力、贡献力和竞争力就会很弱，从而就会不断走向萧条，以致消亡。事实也的确如此，世界上许多发达城市，都是商业比较发达的城市。可见，商业对城市的生存与发展具有决定性作用。

6. 商业对国民福利的贡献

究竟什么是国民福利？目前还没有一个统一的认识，也没有一个确切的概念表述。但是，根据现有的研究成果，国民福利大致包括下列内容：

(1)国民收入。国民收入的增加意味着国民福利的增加，反之，国民收入的减少意味着国民福利的减少。

(2)生活质量。生活质量不仅有自然方面的内容，如环境污染的消除、生活条件的改善等，而且还有社会方面的内容，如社会文化服务的便利、社会治安状况的好转，等等。

(3)工作兴趣。即人们在生活中不感到单调、乏味。

(4)消费者闲暇。即消费者能够自由支配的时间。

(5)消费者爱好的满足。

显然，国民福利的范围是相当宽泛的。那么，商业对国民经济的改善有哪些贡献呢？商业虽然不能与所有福利内容相关，但是在国民收入、消费者闲暇和消费者爱好的满足这三方面具有直接相关性。

从国民收入这一基本福利来看，商业对劳动力具有较强的吸纳能力，因此，商业可以为更多的人提供就业机会，从而提高其收入水平。而随着商业的不断发展，在商业领域从事或经营劳动的人越多，那么，整个社会的收入水平也会随之越高，从而使国民福利也得到改善。这一结论，在我国改革开放初期得到了时间的充分检验。

从消费者闲暇来看，商业于国民福利的改善上也具有直接相关性。这是因为，随着商业的发展，消费者的许多家务劳动成为了商业的经营内容，从而大大减少了消费者的家务劳动时间，相应地也就增加了消费者的闲暇。例如，由于超级市场、自动售货等零售方式的引进，节约了消费者的购物时间，由于流通加工业和快餐业的发展，大大节约了消费者的用餐时间。

从消费者的爱好满足来看，商业也有特殊的贡献。当然，对所有产业来说，都存在满足消费者爱好的问题，没有商业就不可能有产业的生存与发展。例如，对制造业来看，要通过生产出适合消费者需要的价廉物美的商品来满足消费者的爱好，否则既不能增加消费者的福利，也不能增加自己的福利。然而，对商业来说，是以适合消费者需要的消费方式来满足消费者的爱好的，因此，对商业来说，通过改善卖场环境，延长经营时间，更新销售方式，增加销售服务等，都可以更大程度地满足消费者的爱好，进而增加国民福利。

1.3 商业的发展

1.3.1 零售商业的发展

1. 零售业的第一次革命

零售业的第一次革命的标志是现代意义的百货店的诞生。最早的百货店是19世纪50年代法国巴黎人创设的“大百货公司”。60年代以后，百货店很快在世界各国，特别是美国发展起来。百货店的出现，是零售商业对以机械化为基础的大量生产体制和城市化进程加快，尤其是大城市加速发展的直接反应。因此，百货店是现代零售商业的最主要形式，其革新性主要体现在以下几个方面：

(1)与传统商店相比，百货店实行顾客自由进出的原则，从而极大地增加了顾客的流量，增加了销售机会。

(2)百货店采取定价制度，实行明码标价，一视同仁，提高了交易的透明度，保证了交易的公平，减少了交易纠纷和商业欺诈。

(3)百货店经营的商品门类齐全，品种繁多，存货充足，且讲究商品陈列，从而增加了顾客选择商品的余地和购物的乐趣。

(4)百货店实行柜台销售，并且有销售人员向顾客提供各种服务，从而减少了顾客购物的盲目性，提高顾客选择和使用商品的科学性和合理性。

(5)百货店实行退货制，顾客如对所购商品不满意，百货店可保证退货，从而最大限度地保证了顾客的利益。

(6)百货店实行“薄利多销”的原则，通过加速商品周转扩大销售量来获得利润。

(7)百货店在组织管理上实行商品部制度，即经营活动分化成相对独立的专业性部门实行分工合作、分层管理，从而提高了商品的管理效率。

百货店的革新，加快了零售商业的变革，促进了零售商业的发展，是零售商业的一次革命，从而使零售商业进入了一个新时代。

2. 零售商业的第二次革命

连锁商店的产生，是继百货店出现以后，零售商业的又一次革命。连锁商店的原型可以追溯到中世纪晚期，15 世纪德国的富格尔公司就在欧洲各地设立了许多分店；17 世纪中叶，日本的三井公司也开办了连锁形式的商店；我国的一些老字号商店也早就开设过分号。不过，一般认为现代意义的连锁商店于 1859 年在美国诞生。20 世纪 20 年代以后，连锁商店迅速发展，1967 年美国连锁商店所实现的销售额已占压倒优势；欧洲和日本的连锁商店虽然起步较晚，但也很快取得了优势地位，成为零售商业的主力军。

连锁商店之所以风靡世界，在零售商业中占有举足轻重的地位，是因为其有独特的优势。这些优势表现为：

(1)网点分散，连锁经营，突破了单个店铺的商圈限制，从而可以扩大市场。

(2)连锁商店的分店具有高度的统一性，从商品、价格、服务到店铺外观、店堂布局、商品陈列都具有高度统一性，从而容易扩大影响，提高知名度，建立商誉，积累无形资产。

(3)连锁商店实行采购与销售相分离的体制，总店集中采购，从而可以增强价格谈判能力，降低进货成本，节约流通费用，提高竞争力。

(4)总店统一负责制定发展规划和经营战略，统一进行人员培训，资金筹措，从而有利于合理配置资源，形成整体优势，获得规模经济效益。

(5)分店专门从事销售，并进行标准化作业，从而有利于控制服务质量，提高销售效率和服务水平。

由于连锁商店具有上述优势，因此，各种业态的零售商业都纷纷实行了连锁经营，其连锁经营的范围不仅限于国内，甚至形成了国际连锁经营组织。

连锁商店的出现，改变了专业化、标准化、组织化和流水作业的现代工业生产方式不能在流通领域应用的传统观念，使商业经营方式产生了革命性的变化，极大地提高了商业经营效率，促进了商业经营的发展，适应了“大量生产——大量销售体制”的需要。

3. 零售商业的第三次革命

零售商业的第三次革命是超级市场的产生。20 世纪 30 年代，超级市场首先出现在美国，然后逐渐被引进到日本和欧洲。1935 年日本第一家超级市场在东京诞生，法国于 1948 年出现超级市场。超级市场产生之后，发展十分迅速，经营范围也不断扩大，经营的商品由生鲜食品和加工食品扩大到服装、电器和日用杂品，且店铺规模不断扩大，管理手段也日益现代化。超级市场的出现，又一次掀起了流通革命的浪潮，不仅改变了消费者的购物方式，而且改变了消费者的生活方式。超级市场之所以能够快速发展，并对生产和流通产生了深远的影响，是因为有如下特点与优势：

(1)实行开架售货，顾客自我服务，增强了顾客购物的自主性，降低了经营成本，从而保证了低价策略的实施，具有价格竞争优势。

(2)经营商品种类繁多，存货充足，便于顾客选购，能够满足顾客一次性购齐的需要。

(3) 采用条形码、POS 机等计算机信息管理系统，从而可以及时准确地掌握消费动向，调整商品结构，合理控制库存，提高经济效益。

(4) 卖场空间开阔，通道顺畅，店铺装修简洁明了，商品陈列醒目，店内广告与促销极富特色，容易刺激顾客的购买欲望，有利于扩大销售。

(5)超级市场实行在出口处集中收银的方式,从而加速了顾客的购物过程,节约了顾客的购物时间和成本。

(6)超级市场经营的商品特别是食品的加工程度较高,不仅方便顾客的购买,而且也方便顾客的消费,从而适应了现代社会快节奏的工作和生活方式。

除上述三次零售商业革命以外,零售商业领域还发生了许多变化,其主要标志是出现了许多新的零售组织和零售业态。如自动售货机、便利店、购物中心、折扣商店、电视购物和网上购物等,特别是购物中心和网上购物的出现,对零售商业的发展具有很大影响。有人认为,购物中心的出现意味着零售商业已进入整合经营阶段,即购物中心使各种零售业态相整合,并在统一规划与管理之下满足顾客购物、休闲、娱乐等综合消费需求,因此购物中心的出现也是零售商业的一次革命。此外,以计算机与网络技术为基础的网上购物也发展很快,并对生产、流通和消费各个领域产生了深远影响,甚至有人认为网上购物会成为居统治地位的零售商业形式。但是,我们认为,不论是在购物中心还是网上购物,目前都没有达到三次零售商业革命的标志——百货商店、连锁商店和超级市场所曾拥有的优势地位和影响力,因此,将购物中心或网上购物的出现称之为零售商业革命还为时尚早。

1.3.2 批发商业的发展

1. 批发商业与零售商业的分离

商业发展过程中第一次具有根本意义的变革是批发商业与零售商业的最终分离。批发商业与零售商业的最终分离大约发生在19世纪70年代产业革命时期。因为产业革命以后,机器大工业为批发商业的最终独立提供了丰富多彩和大批量生产的商品;运输、仓储、通信条件的改善以及足够的资本和广阔的市场条件的成熟导致了这次变革的发生。批发与零售相分离的意义不仅仅在于流通职能上的专业分工,而且在于两者分离之后演化出了一系列流通组织形式,进一步促进了商业的发展。

2. 批发市场的产生

随着批发市场从零售商业中独立地分离出来以后,批发商业队伍日益壮大,于是许多批发商为了沟通信息、扩大交易,开始自发地聚集在商品产地、销地或集散地进行集中交易,这样,就自发地产生了原始的批发市场。而随着自发性市场的形成,商品流通规模进一步扩大,参加批发市场交易的个人和组织也越来越多。因此,为了规范批发市场的交易行为和交易秩序,创造公平竞争与公平交易的市场环境,批发市场的组织化程度也逐渐提高,由行业自律发展到政府规制,从而使自发性批发市场成为有一系列制度与规则的现代批发市场。因此,批发市场的产生,可以说是批发商业的一次革命。

3. 期货交易与商品交易所的产生

批发市场的产生与发展并没有中止批发商业的变革,大约在19世纪后期又产生了从事期货交易的市场,即商品交易所。与批发市场主要从事现货交易不同,商品交易所主要从事期货交易。所谓现货交易是指交易双方即期进行商品与货款相向交割的交易,而期货交易是指远期进行的标准化合约的交易,其一般形式是交易双方先就交易商品的品种、数量、价格、交货期和交货方式等签订合约,而实际的货款交割则在规定的期限内以实物交割或非实物交割即补齐现货与合约的价差或出卖合约等方式履行。一般认为,1848年由82名谷物商自发组织创立的芝加哥商品交易所是世界上第一个现代意义的从事期货交易的商品交易所。到1865年,芝加哥商品交易所的组织机构和交易规则已基本完善。这一时期所形成并完善的谷物质量标准、重量单位、检验制度、交货月份等惯例至今仍沿用。期货交易的产生,进一步完善了流通当事人的风险规避机制,促进了生产的发展。因此,19 世纪后期期货交易与商品交易所的产生也是批发商业的一次重大变革。

4. 批发交易形式的变革

批发商业的变革不仅表现在现货批发市场和期货商品交易所的出现,而且还表现在批发销售形式的变革上,即从现货销售到样品销售,以及从凭样品销售到凭标准品销售的飞跃。从现货销售到凭样品销售的飞跃,虽然只是销售形式的变革,但是这种变革却大大促进了商品流通效率的提高。这是因为生产者或批发商可以在生产或最终销售之前凭样品订货,从而在很大程度上减少了销售风险也减少了商品在储藏、运输过程中的损失。不仅如此,由于以商品样品代表的品质作为买卖和交货的依据,从而使大规模购买极为方便,提高了流通效率,也减少了交易中的纠纷。

然而,随着技术的进步,特别是标准化生产的普遍推行,又把批发销售形式从凭样品买卖推向更高一级的销售形式,即凭标准品级买卖和凭规格买卖。所谓凭标准品级买卖,是指交易双方对某些商品以其标准品品质为品质条件,作为买卖和交货的依据。凭规格买卖是指交易双方以商品的一定规格,如反映商品品质的若干指标,包括成分、含量、纯度、大小、长短、粗细等,作为买卖和交货的依据。批发销售形式转变为凭标准品级买卖和凭规格买卖后,使大批量交易既方便又准确,大大提高了批发商业的效率,促进了商品流通规模的扩大。

5. 批发商业的组织变革、经营变革与技术创新

自从批发商业与零售商业分离以后,批发商业得到了迅速发展,特别是 19 世纪 80 年代以前,批发商业处于社会商品流通的绝对支配地位。但是,随着社会化大生产的发展,特别是大量生产与大量消费体制的确立,批发商日益受到来自制造商和零售商自建流通系统的挑战。面对这些挑战,批发商又经历了一次重大变革与创新过程。

(1)批发商的连锁化和一体化。自 20 世纪五六十年代开始,批发商为了与制造商的自设批发机构相抗衡,走上了连锁化的道路。这就是许多中小批发商联合起来,组成批发商业集团或商业联合公司,实行连锁经营。同时,许多批发商还全部买下了他们所服务的零售商,甚至通过自建或收购的方式向生产领域渗透,走纵向一体化经营的道路。

(2)批发经营的专业化。批发商通过实行专业化经营,可以将精力集中于他们想进入甚至力图控制的特定市场,以不断提高其市场占有率。一般来说,大型批发商是在一个公司内从事几种专业化批发业务,其中每种业务面向一个不同的市场,这样,成功的机会也就比较多。

(3)经营方式的变革。许多批发商逐步推行批发销售的自我服务化,即"批发超市化",以提高批发商业的劳动效率,降低经营费用;同时,推行最低订货量制度,扩大每次交易的批量,实现一定意义上的大量销售;积极开发租赁经营,开辟、扩大商品销售的新途径。

(4)流通技术的革新。为了提高批发商业的工作效率,降低作业成本,许多批发商积极开发、应用以计算机为基础的信息管理系统,实现仓储、运输、装卸等物流活动的机械化和自动化。流通技术的不断革新,提高了批发商业的服务水平,从而促使越来越多的制造商要求与批发商重新合作。

本章小结

社会分工是指人类从事各种劳动的社会划分及其独立化、专业化;商品交换是指商品所有者按照等价交换的原则相互自愿让渡商品所有权的经济行为。社会分工是商品交换的重要前提,没有社会分工就没有商品交换,同时,商品交换也促进了社会分工的深化。从历史上看,商品交换经历了三个发展阶段:

物物交换,即 W—W;

以货币为媒介的商品交换,即 W—G—W;

以商业为媒介的商品交换,即 G—W—G。

商业的产生,是为了解决生产与交换在时间上的矛盾、空间上的矛盾和技能上的矛盾;商业有广义和狭义之分,广义的商业是指所有以盈利为目的的事业;狭义的商业是指专门从事商品交换活动的营利性事业。本书所讲的商业是指狭义的商业,其构成要素是:必须以盈利为目的,即为买而卖;必须有独立的组织;必须从事专业化和社会化的商品交换活动。

商业的分类方法很多,通常可以按以下几种方法进行分类:按业种进行分类;按业态进行分类;按流通阶段进行分类;按流通范围进行分类。

商业的主要特征是:对劳动力有较强的吸纳能力,具有就业机器功能;进入与退出障碍低,竞争激烈;行业集中程度较低,规模经济性不明显;技术进步的从属性。

商业的主要贡献是:对国内生产总值的贡献;对充分就业的贡献;对经济增长的贡献;对财政收入的贡献;对城市功能的贡献;对国民福利的贡献。

商业自产生之后,经过了一系列的变革与发展。零售商业的发展:

零售商业的第一次革命:百货店的产生;

零售商业的第二次革命:连锁店的产生;

零售商业的第三次革命:超级市场的产生。

批发商业的发展:批发商业与零售商业的分离;批发市场的产生;期货交易与商品交易所的产生;批发交易形式的变革;批发商业的组织变革、经营变革与技术创新。

学习自测题

一、名词解释

社会分工　商品交换　商业

二、判断题(判断正误并说明理由)

1. 只要有社会分工,就一定会有商品交换。（　）
2. 商业完全代替了生产者的交换职能。（　）
3. 商业的事业内容是组织与组织之间的商品交换,而不是组织内部的产品分配、调拨。（　）
4. 制造商或消费者的购销活动也是重要的商业活动。（　）
5. 按流通阶段进行分类,可将商业划分为批发商业与零售商业。（　）

6. 批发商业是"城市服务产业"，零售商业是"城市形成产业"。（　）

三、选择题（将正确的答案填入括号内）

1. 三次社会大分工是指（　　）。

A. 畜牧业与农业的分离　B. 手工业与农业、畜牧业的分离

C. 商业与农业、畜牧业、手工业的分离　D. 商业与手工业的分离

2. 解决供需矛盾的最公平、最稳定、最经常、最有效的途径是（　　）。

A. 自行生产　B. 赠与或乞讨

C. 诈骗或掠夺　D. 交换

3. 商业的主要构成要素是（　　）。

A. 必须以盈利为目的

B. 必须有独立的组织

C. 必须从事商品生产

D. 必须从事专业化和社会化的商品交换

4. 零售商业三次革命的代表性业态是（　　）。

A. 百货店　B. 连锁店

C. 超级市场　D. 购物中心

四、简答题

1. 商品交换的两个前提是什么？
2. 简述商品交换的三个发展阶段。
3. 商业为什么能够产生？
4. 常用的商业分类方法有几种？请举例说明。
5. 零售商业三次革命的主要内容是什么？
6. 简述批发商业的发展。

五、分析论述题

1. 试论商业的产业特征。
2. 结合国内外商业发展的实际，分析商业的主要贡献。

案例分析

哈尔滨秋林集团股份有限公司

哈尔滨秋林集团股份有限公司是一家历史悠久、驰名中外的老字号企业，创建于1900年，先后由沙俄资本家、英国汇丰银行、日本商人和前苏联政府经营，1953年10月有偿移交我国。秋林集团接收经营后，为适应市场经济需求，满足人民生活，先后进行了4次扩建改造，现已发展成为一个以商业为主的集团化、现代化大型商业零售企业。

秋林集团地处哈市繁华商业中心，拥有秋林公司（老楼）和秋林时代购物广场两大商场，总经营面积为8万平方米，隶属公司有秋林食品厂、秋林糖果厂、经济贸易公司、广告公司等。

公司始终坚持"顾客第一、服务第一、信誉第一"的宗旨，以现代市场运作的方式制定公司制

度和流程,以现代商业理念提升服务,以差异化竞争优化商品结构,以百年秋林文化基因的弘扬和创新来建立新的企业文化和价值,以现代人才观建设团队,使秋林成为名符其实的百姓秋林。

公司曾先后荣获全国文明经营示范单位、国家质量管理奖、全国"五一"劳动奖状、中国商业名牌企业等各种荣誉称号,并被命名为"中华老字号"。

公司发展目标:一流信誉、一流文化、一流管理、一流服务、一流品质、一流效益。

发展思路:一业为主、多业并举、做大做强、合作共赢。

企业精神:齐心协力、务实从严、开拓进取、追求卓越。

经营理念:市场为根、诚信为魂、创新为本、"三品三真"。

三品三真:真品、真价、真情;品牌、品质、品味。

经营宗旨:强化品牌、完善品类、优化品种、提升品味。

服务理念:服务品牌形象化、服务特色个性化、服务方式知识化、服务管理科学化、服务环境人性化。

管理理念:敬业合作、严格规范、廉洁节俭、和谐高效。

秋林公司五大信誉承诺:

• 价格承诺:我公司出售的商品价格不高于本地区同类百货商场经营的同品牌、同商品、同日价格。如有消费者举报,一经核实,3 日内退还差额加倍赔付,并付车费(20 元内)。(同类百货商场整体促销活动及专业商品除外。)

• 商品质量承诺:无假冒伪劣商品、无"三无"商品、无过期变质商品,如有消费者举报,一经核实,3 日内按原商品价格 10 倍赔付,并付车费(20 元内)。

• 无理由退货承诺:凭购物凭证、信誉卡 1 个月内商品保持原样,无理由退货。(消法规定特殊商品除外。)

• 服务承诺:只要您满意,秋林尽全力。

• 广告承诺:不做夸大、虚假、误导性广告。

(资料来源:作者根据相关资料整理)

案例思考:

1. 哈尔滨秋林集团从诞生至今,经历了哪几次商业革命?
2. 结合秋林公司的企业文化谈谈流通行业的特征。

第 2 章　零售商业概述

学习目标

本章首先介绍了零售商业的功能、特点与分类以及零售商业的影响因素;然后介绍了零售商业业态变迁的理论;最后阐述了我国零售商业的发展趋势。完成本章的学习后,应该能够:

(1)阐述零售商业的特点与功能。

(2)说明零售商业的业种分类及业态分类。

(3)分析零售商业的影响因素。

(4)概述零售要素组合。

(5)概括零售商业的营销特点。

(6)说明零售业态变迁的理论假说。

(7)分析我国零售商业的发展趋势。

(8)熟记下列概念:零售;零售商业;业种;业态;零售要素组合。

学习重点

(1)零售商业的特点与功能。

(2)零售商业的业态分类。

(3)零售商业的影响因素及零售要素组合。

(4)零售营销的特点。

(5)零售业态变迁的理论假说。

(6)我国零售商业的发展趋势。

学习难点

(1)零售要素组合。

(2)零售业态变迁的理论假说。

教学建议

(1)组织学生到附近的大型零售商业企业参观、考察。

(2)请有零售经营管理经验者讲授零售经营的一般规律与特点。

(3)用案例教学法讲解业态变迁理论。

引导案例

零售业的选址说

零售商寻找好的位置,必须权衡利益和成本,最恰当地为新开设的商店作出位置的决策。除此之外,商店销售的商品、商店的目标市场也都是影响位置决定的因素。例如百货商店趋向于选择购物中心或者中心商业区,因为百货商店必须吸引较大地理区域的购买者。超级市场则趋向于选择邻近购物中心。仓库会员店、折扣商店和特级市场则趋向于选择城郊结合部的独立位置上。

普尔斯玛特,排名世界第六的连锁零售商,现在终于可以清清楚楚地打量自己的同胞兼对手——世界零售业排名第一的沃尔玛了。

据悉,沃尔玛中国公司在北京的第一家店——石景山店,距离普尔斯玛特石景山店可能不到400米远,这个消息已经由石景山建委和八角街道办事处证实。普尔斯玛特的选址人员已肯定:沃尔玛必将出现在自己的附近。

石景山外经委一位姓侯的官员声称他对沃尔玛的进入所知甚少。“沃尔玛这次是以内资的面貌进来的,因此不属于我们的管理范围。”他解释道。而另一个有趣的现象是,有人认为沃尔玛违反了北京市商业“十五”规划的有关规定:两家万平米以上的大型零售店铺之间的距离不应小于4000米。

尽管有上述政策的限制,但企业,尤其是外资企业要绕过它并不是一件难事。上海的洪光明教授给记者讲:他接触了许多上海市的外资企业,他发现在遇到某些问题时,外资企业会避免与阻力的来源正面对峙,它们往往直接去找区政府,甚至市政府,这样可以更快捷地解决问题。

据猜测,在处理政府关系的场合中,沃尔玛将会尽力保持自己的外资形象,它带来的主要是先进的管理技术(它运用的是国内资本)。这是沃尔玛在中国被冠以“咨询公司”名称的由来。而中国政府和商界也的确希望能获得沃尔玛的帮助,以提高中国商业的现代化水平。同时很多人相信沃尔玛的到来可以刺激一部分有进取心的商企的成长。

尽管在各种假日中，北京市区的商战还显得红红火火，但除去宣武和崇文两区的部分地方外，一般认为市区正在日益走向空心化。王府井、西单和大栅栏地区的游客正趋向于“只游不买”，有车族喜欢在交通还可以的三环路或周围更远处购物，普通居民也开始习惯在社区的综合超市中花去更多时间。

零售业是直接面对最终消费者的商业形式，也是商品流通的最终环节，在生产与消费中具有十分重要的作用。与其他产业相比，零售业具有交易批量小、竞争充分、经营网点分散、对店铺选址及店铺设计具有较高依赖度等特点。从宏观上看，零售商业的发展要受政治法律、宏观经济、消费者需求、市场竞争等因素的影响；从微观上看，零售商业的经营要受商品、价格、服务、选址、广告与促销、店铺设计与商品陈列等要素的影响。这些影响因素是零售经营者制定经营战略与营销策略的重要前提。随着分工与市场的发展，零售商业的业种与业态也不断发生变化，而且有一定的规律可循，有许多理论假说可对零售业态的变迁进行理论解释。从我国情况来看，零售商业的业种与业态也正处于变革之中，选址郊外化、业态多样化、信息网络化、组织连锁化、配送社会化、资本国际化、商业品牌化、体制民营化和管制规范化将是我国零售商业的主要发展趋势。

（资料来源：作者根据相关资料整理）

零售业是直接面对最终消费者的商业形式，也是商品流通的最终环节，在生产与消费中具有十分重要的作用。与其他产业相比，零售业具有交易批量小、竞争充分、经营网点分散、对店铺选址及店铺设计具有较高依赖度等特点，同时，具有商品分类、组合、储存、信息传递、消费信用、风险负担、降低消费者成本负担、休闲娱乐等功能。从宏观上看，零售商业的发展要受政治法律、宏观经济、消费者需求、市场竞争等因素的影响；从微观上看，零售商业的经营要受商品、价格、服务、选址、广告与促销、店铺设计与商品陈列等要素的影响。这些影响因素是零售经营者制定经营战略与营销策略的重要前提。随着分工与市场的发展，零售商业的业种与业态也不断发生变化，而且有一定的规律可循，有许多理论假说可对零售业态的变迁进行理论解释。从我国情况来看，零售商业的业种与业态也正处于变革之中，选址郊外化、业态多样化、信息网络化、组织连锁化、配送社会化、资本国际化、商业品牌化、体制民营化和管制规范化将是我国零售商业的主要发展趋势。

2.1 零售商业的定义、功能与分类

2.1.1 零售商业的定义与特点

1. 零售商业的定义

零售是指对个人消费者或最终消费者的销售活动。零售是商品流通的最终环节，商品经过零售，卖给最终消费者，就从流通领域进入消费领域。零售商是指从事零售活动的商人或零售企业。零售商主要从事零售活动，当然也可以从事批发甚至生产。零售商一般不向制造商、再销售者、产业或事业用户销售商品或服务，同时也不销售生产资料。零售商业是指向个人消费者或最终消费者销售商品或服务的商业。零售商业是生产者与消费者或批发企业与消费者之间的中间环节，因此，零售商业经营情况如何，不仅关系到是否能满足消费者的生活需要，而且会影响到整个经济的增长。零售商业经营情况好，批发商业才能兴旺，国民经济才能发展，

就业才能增加，社会才能稳定；反之，如果零售商业萧条，批发商业和其他商业就不能发展，失业就会增加，经济就会衰退。

零售商的位置如图 2.1 所示。

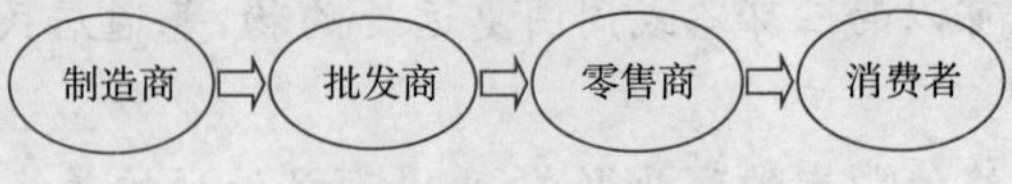

图 2.1　零售商的位置

为了正确理解零售商业的定义，还要把握以下几点：

(1)零售商业的服务对象是最终消费者，最终消费者购买商品或服务的目的是为了生活消费，而不是为了生产或再销售。

(2)零售商业的事业内容是零售经营活动，其经营的商品主要是消费品而不是投资品。

(3)零售商业的事业主体是个体零售商(业户)和法人零售商(企业)，但制造商或批发商也从事一些零售业务，但他们不是主要的零售事业主体。

(4)零售商业不仅要销售商品，而且还要提供与购买或消费商品有关的各种服务。

(5)零售商业对经营场所(店铺)有较高的依赖性，对店铺选址、店铺设计等有特别的要求，但也存在无店铺零售商业。

2. 零售商业的特点

(1)交易次数频繁，交易批量小。因为零售商业的服务对象主要是个人消费者，销售的商品种类多，商品周转率高，因此，零售商必须有充分的备货、精美适用的包装及准确的价格明示。

(2)对店铺选址及店铺设计有较高的依赖度。由于个人消费者的购买行为有一定的随意性，容易产生冲动或情感购买行为，而且，又多为“来店购买”，因此零售商必须充分考虑店铺选址、营业时间、商品陈列、店堂布置、橱窗广告等因素，以提高经营效率。

(3)经营场所分散，经营受商圈的限制。所谓商圈是指一个店铺能够有效吸引顾客来店的空间范围。由于个人消费者是分散的，因此，零售店铺的分布也是分散的。一般来说，每个零售店铺都存在一个或大或小的零售商圈，零售商必须按商圈的大小来设置零售店铺。

2.1.2　零售商业的功能

由于零售商业处于商品流通的最终阶段，是直接面对消费者的流通组织，从而决定了它在商品流通过程中具有如下功能。

1. 分类、组合、备货功能

个人消费者为了生活，需要衣、食、住、行等方面的多种商品，但是，在市场经济条件下，由于个人消费者与制造商或批发商直接交易成本巨大，因此，个人消费者很难与制造商或批发商进行直接交易。相反，零售商可以代替个人消费者从制造商或批发商那里购进商品，并将这些商品按照个人消费者最适合的购买批量进行分类、组合、包装，使个人消费者不仅易于购买，而且还可以在零售商那里获得其他服务。

2. 服务功能

零售商在销售商品的同时，还向个人消费者提供多种服务。通常，零售商向个人消费者提供的主要服务有：购物咨询、商品展示、免费送货、电话预约、消费信用、各种文化或文物展览、讲座、托儿所、儿童游乐场、休闲场所等。

3. 减少消费者的成本负担功能

消费者的成本负担包括两部分：一是消费者的购买成本，即购买商品的价格；二是消费者的购物行为成本，即消费者为购买商品所支出的交通费用、时间消耗费用及体力消耗费用等。由于零售商的店铺是按接近个人消费者的原则设置的，因此，可大大节约消费者购买行为的成本。

4. 商品储存与风险负担功能

为了使消费者能在希望的时间购买自己需要的商品，零售商必须储存各种商品，从而使消费者的小批量、多频次的购买成为可能，节约消费者的储存空间，降低消费者的商品储存成本。同时，由于在储存过程中会发生各种风险，显然，这些风险也是由零售商承担的。

5. 信息传递功能

零售商处于商品流通的最终环节，直接连接消费市场，因而能够最快地获得消费市场上的各种信息，并将这些信息迅速反馈给批发商或制造商，使批发商或制造商能够及时购进或生产适合消费者需要的商品。同时，零售商还可以利用各种信息传播渠道将批发商或制造商及自身的商品供给信息传递给消费者，激起消费者的购买欲望，方便消费者的购买，特别是小型零售商能够与个人消费者直接“对话”、交流，从而有利于人际关系的和谐，满足消费者的“人情”需要。

6. 金融服务功能

零售商的金融功能主要是通过向消费者提供赊购、分期付款、票券购物等消费信用来实现的。通过向消费者提供消费信用，不仅可以方便消费者的购物而且还可以加速商品流通，有利于商品流通规模的扩大。

7. 娱乐休闲功能

零售商的店铺不仅是销售商品的场所，而且还具有陶冶消费者情趣，给消费者以娱乐的功能。这是因为零售店铺的商品陈列、店内装饰及文化设施会使消费者在购买商品的同时得以娱乐休闲。不仅如此，随着零售商业竞争的日益激烈，很多零售商为了满足消费者的需求，吸引消费者，越来越重视娱乐休闲功能的开发，在店铺内外附加了许多娱乐休闲设施。

2.1.3　零售商业的分类

零售商业的分类通常有两种方法，一种是业种分类法，一种是业态分类法。业种与业态是两个不同的概念。业种是指零售商业的行业种类，通常按经营商品的大类将零售商业划分为若干个业种，业种强调的是“卖什么”；业态是指零售商业的经营形态，通常按销售方式不同将零售商业划分为若干个业态，业态强调的是“怎么卖”。

1. 业种分类

各国的官方商业统计大都使用业种分类法对零售商业进行分类。我国政府统计对零售商业的业种分类如下：

(1)食品、饮料、烟草零售业。

(2)日用百货零售业。

(3)纺织品、服装和鞋帽零售业。

(4)日用杂品零售业。

(5)五金、交电、化工零售业。

(6)药品及医疗器械零售业。

(7)图书报刊零售业。

(8)其他零售业(包括家电零售业,汽车、摩托车及其零配件零售业,计算机及软件、办公设备零售业等)。

由此可见,我国对零售商业的业种分类比较粗,而日本对零售商业的业种分类则比较精细。例如,日本政府商业统计对零售商业的业种分类就非常精细:

(1)综合商品零售业:日用百货零售业;其他综合商品零售业。

(2)纺织品、服装、鞋帽零售业:和服、面料、卧具零售业;男装零售业;女装、童装零售业;其他纺织品、服装零售业。

(3)食品、饮料零售业:综合食品零售业;酒类零售业;肉类零售业;鱼类零售业;干物零售业;蔬菜、水果零售业;点心、面包零售业;米类零售业;其他食品、饮料零售业。

(4)汽车、自行车零售业:汽车零售业;自行车零售业。

(5)家具、日用五金、家用器械零售业:家具、工具、草席零售业;日用五金零售业;陶瓷、玻璃制品零售业;家用器械零售业;其他日用五金、杂品零售业。

(6)其他零售业:医药品、化妆品零售业;农业用品零售业;燃料零售业;书刊、文具零售业;体育用品、玩具、娱乐用品、乐器零售业;照相机、摄影材料零售业;手表、光学器械零售业;旧货、古玩零售业;其他无法分类的零售业。

业种分类的意义是:有利于了解、研究各种零售商业的变动情况及消费结构的发展趋势,从而有利于政府及零售业企业有针对性地制定有关政策与战略,提高零售商业的经营水平,最大限度地满足消费者的需求,提高消费者的生活质量。

2. 业态分类

与业种分类不同,业态分类是根据销售方式或营销特点对零售商业进行分类。这种分类法在零售管理中经常使用,它有利于人们对各种零售业态经营方式或营销特点的把握,从而有利于零售经营者根据自身条件与周边环境选择最适合的业态,提高零售经营绩效。世界各国对零售商业的业态分类各有不同,有些国家分类较粗,有些国家分类较细。以下是美国、日本常见的零售业态:

(1)百货店(Department Store)。

(2)专业商店(Category Store)。

(3)专卖店(Specialty Store)。

(4)超级市场(Super Market)。

(5)大型超市(Hyper Market)。

(6)便利店(Convenience Store)。

(7)折扣商店(Discount Store)。

(8)仓储式商店(Warehouse Store)。

(9)购物中心(Shopping Center)。

(10)家政改建中心(Home Improvement Center)。

(11)单一价商店(Single Price Store)。

(12)剩余品商店(Out Let Store)。

(13)杂货店(Variety Shop)。

(14)邮寄(目录)商店(Catalog Retailing)。

(15)访问(直接)销售(Direct Selling)。

(16)自动售货机(Vending Machines)。

(17)网上商店(Internet Store)。

我国于1988年也对零售业的业态进行了规范,将零售业态划分为以下8种:百货店、超级市场、大型综合超市、便利店、专业店、专卖店、购物中心、仓储式商店(详细内容将在本书第三章介绍)。

2.2 零售商业的影响因素及零售要素组合

2.2.1 零售商业的影响因素

零售商业的发展、变化是各种环境因素变化的结果,由于不同时期零售商业的环境因素不同,因此,不同时期零售商业的业态与业种结构、零售商业的经营战略与策略也各有不同。从总体上看,影响零售商业发展、变化的环境因素主要有政治法律、宏观经济、消费者需求和竞争状况等。

1. 政治法律因素

政治法律因素主要由国家的政治体制、政府的经济政策、政治局势、法律法规等因素构成。不论任何国家,政府都要通过行政和法律手段对社会经济进行规范和干预。从世界范围来看,各国政府对社会经济活动都有一定程度的干预。当然,各国政府对社会经济活动的干预自然也包括对零售商业的干预。各国对零售商业的干预大致有两个层次:一是通过一般经济政策对零售商业的干预,例如,有关反垄断或反不正当竞争的法律就属于这一层次的干预。二是通过专门的经济政策对零售商业的干预,例如,有关规制大型零售店的法律就属于这一层次的干预。就第一层次的干预而言,显然不只是针对零售商业的干预,而是对所有产业的干预,因此,这一层次的干预,各国的情况大体相同。然而,就第二层次的干预而言,则是针对零售商业的特别干预,而且有些国家(如法国和日本)对零售商业的特别干预还是相当"精细"的。诸如大型零售店的开设、有奖销售、访问销售、分期付款销售、邮寄销售、商品表示等都有详细规定。但是,由于各国的经济结构不同,特别是商业结构不同,以及对零售商业的认识不同,因此,对零售商业的特别干预往往有较大的差别。

就我国的情况而言,零售商业所面临的政治法律环境更是不断变化的。从总体上讲,我国政治法律环境的变化呈现出两个明显趋势:首先,是政治体制正在稳定中悄然变革,而且基本上是朝着有利于市场经济发展的方向演变;其次,是政府对零售商业的行政管制日益放松,而逐渐向法律管制过渡,其重要标志是有关规制商品流通产业的法律日益增多。特别是由于我国已经加入世贸组织,零售商业的法律规制将越来越多,且越来越严。可以预言,随着政治法律环境的变化,我国零售商业的选址、空间布局、店铺规模结构、经营方式等必然发生较大的变化。

2. 宏观经济因素

宏观经济因素包括经济增长、产业结构、技术进步、就业水平、国民收入及其分配等因素。从世界范围来看,大多数国家,特别是发达国家将处于较长期的低速经济增长阶段,尽管有个别国家已走出低速增长的谷底,但是,从全局来看,基本上同处于低速经济增长阶段。低速经济增长的一个直接结果就是就业及收入的低增长,甚至是负增长,从而加大了零售商业经营的难度。但是,就业及收入的低增长或负增长,对零售商业来说可能是把双刃剑:一方面,由于就业机会减少,收入水平降低,从而降低了消费者的购买能力,进而不利于零售商业的经营扩大;另一方面,由于社会面临着巨大的就业压力,从而促使政府通过扶持零售商业的发展来吸纳更多的劳动力就业,进而有利于零售商业的发展。同时,收入水平的低增长或负增长虽然从总体上不利于零售商业的经营,然而,却可能有利于那些"低价、大众化"零售业态的经营。

当然,作为宏观经济因素重要组成部分的产业结构与技术进步也会对零售商业产生重大影响。产业结构的变化主要表现在三个方面:第一,从产业总体来看,渐次由第一产业为主向第二产业、进而向第三产业为主演化;第二,从不同产业的产品结构来看,逐渐向技术含量高、附加价值高的产品演化;第三,从产业组织结构来看,行业集中度渐次提高,大型垄断组织对生产和流通的支配地位日益明显。然而,产业结构的演化意味着产品结构的演化,从而使零售商业的业种结构发生变化,也使零售商业的业态结构发生变化。当然,产业结构与产品结构的演化是以技术进步为前提的。技术进步不仅在生产领域发生,即通过改变产业及产品结构来影响零售商业,而且也直接在流通领域发生,从而直接改变零售商业的经营方式。与世界范围的低速经济增长相对照,我国从改革开放以来,整个宏观经济基本上处于高速增长的阶段,但是,我国的经济增长具有两个明显的特点:一是我国的经济增长仍属于"粗放型"的增长;二是我国的经济增长是非均衡的,产业之间、地区之间存在着较大增长差距。我国经济增长的特点决定了我国的收入增长往往快于或大于经济增长,也就是说,工资收入的增长往往快于劳动生产率的增长(20 世纪 80 年代中后期尤其明显)。从这个意义上讲,我国的经济增长环境是特别有利于零售商业经营的。同时,由于产业之间、地区之间存在着较大的增长差距,从而也决定了不同地区、不同业种、不同业态的零售市场环境也有较大的差别。这一点对零售商的选址及业种与业态的选择是具有重要意义的。当然,随着我国产业结构的变化、技术进步的加快,也使我国的就业压力日益沉重,从而也会促使我国政府愈来愈重视零售商业对缓解就业压力的作用,制定出相应的扶持与发展零售商业,特别是中小型零售商业的政策,因而有利于中小零售商业的经营。

3. 消费者需求因素

由于零售商业的买者是个人消费者,因此,个人消费者的需求状况与变化,也是零售商业的重要影响因素,而决定消费者需求变化的是收入水平、人口结构、家庭规模、生活方式及价值观念的变化。从世界范围来看,当今消费者需求的变化主要体现在以下几个方面:

(1)收入水平。尽管自 20 世纪 70 年代以来,许多国家长期处于低速经济增长阶段,但是,消费者的收入水平还是有所增长的,只是增长的速度或幅度较高速增长时期低。消费者收入水平的增长,会导致两个变化:一是消费倾向的降低,即收入水平越高,用于直接消费的收入比率则越低。正是从这个意义上讲,收入差距的扩大是不利于扩大消费规模的,从而也是不利于零售商业经营的,因此,调节收入分配,缩小收入差距的税收政策,是有利于扩大零售市场规模,进而是促进零售商业发展的政策。二是消费结构的变化,即随着收入水平的提高,消费者用于食品及其他生活必需品的支出会相对降低,即恩格尔系数会越来越低,从而使零售商业结构发生变化。

(2)人口结构。世界人口结构变化的共同趋势是:老龄人口、单身人口、城市人口及郊区人口的比率逐渐提高。与收入结构变化一样,人口结构的变化也决定消费结构的变化,从而也是影响零售商业经营的重要因素。

(3)家庭规模。家庭规模变化的一个基本趋势是小型化。家庭平均人口的减少,家庭单位的增加,除带来对商品房需求的增加以外,还必然带动对家具及厨房用品需求的增加。作为一个新型业态的“家居改建中心”在世界各国的兴起,就是对家庭小型化的一种反映。

(4)生活方式及价值观念。在现代社会,消费者的生活方式及价值观念的变化也是极为显著的,体现在生活的许多方面。例如,女权运动的结果不仅导致女性就业机会的增加,而且也改变了女性的生活方式和价值观念,从而促进了职业女性的增加;收入增长的缓慢,促使消费者不得不精打细算,进而越发追求理性的消费;消费者越来越注重表现自己的个性,模仿与趋同已大受冷落;消费者闲暇的增加,生活时间的改变(夜生活时间的延长),以及追求享乐的人生态度,等等。

消费者需求的变化,使消费者在购买商品时更加追求低价格、近距离、时间方便、一次购齐、健康安全、服务优良、选择宽泛、人际和谐、信用消费、上乘的鲜度和味觉等,可以说现代消费者对零售商的要求越来越苛刻。当然,我国的消费者需求也基本上呈现如上变化趋势,所不同的只是变化程度上尚有区别,也就是说,我国的消费者还没有达到发达国家消费者的成熟程度。从这个意义讲,我国的零售商业环境还是比较宽松的。

4. 竞争状况因素

零售商业的竞争包括水平竞争和垂直竞争两个方面。水平竞争是指零售商与零售商之间的竞争,包括不同业种之间的竞争和不同业态之间的竞争。由于零售商业具有较小的“进入障碍”,因此,其竞争程度较其他产业更为激烈。当然,从消费者的角度来看,零售商业的竞争是有利于提高消费者福利的,但是,从零售商的角度来看,日益激烈的市场竞争则大大增加了零售商的经营难度。垂直竞争是指零售商与批发商之间、零售商与制造商之间、零售商与非商业性销售组织(消费合作社)之间的竞争。在现实生活中,厂家直销、批发兼零售、消费合作社等是大量存在的,这些零售业务也直接影响零售商的经营。因此,对一个零售商来说,仅仅关注水平竞争是不够的,还必须充分考虑垂直竞争的影响。

2.2.2 零售要素组合及零售营销特点

1. 零售要素组合

所谓零售要素组合也叫零售营销组合,是指零售商用以满足顾客需求并影响其购买决策的各种营销要素的组合。零售要素组合的各种要素包括商品、价格、服务、广告及促销、店铺设计与商品陈列、销售、选址等。

(1)商品。商品是零售商业的客体,是零售商业经营的基本要素。对一个零售商来说,首先要考虑向顾客销售什么,即提供什么样的商品组合。经营商品的定位不仅涉及零售商的业种选择,即决定进入哪个零售行业,而且还决定零售商的业态选择,即采取哪种营业形态。当提供什么样的商品组合确定之后,零售商还要考虑怎样提供这组商品组合,这就是采购问题,对零售商来说,采购问题也是相当重要的,通常有四种选择:一是从制造商采购;二是从批发商或物流公司采购;三是进口;四是委托制造商加工、订制。

(2)价格。价格具有双重意义:一是意味着零售商的毛利,从而决定零售商生存与发展的可能性;二是意味着消费者的负担。因此,价格是个天平,一边是零售商的毛利,一边是消费者的负担。合理的价格既要保证零售商一定的毛利,又要使消费者可负担或愿意支付。同时,价格还要受第三者即竞争者的影响。由此看来,能够决定价格的是卖者(经营者)、买者(消费者)和竞争者,从而也就有三种基本定价方法:一是成本取向定价法;二是需求取向定价法;三是竞争取向定价法。所有定价方法都是这三种基本定价方法的演化形式。

(3)顾客服务。顾客服务是零售商为了使顾客购物更加便利、更有价值而进行的一整套活动和计划。这些活动和计划增加了顾客购物的价值,同时也增加了零售商的竞争优势,一个不提供优质服务的零售商是很难在竞争中生存的。可以说,顾客服务是 21 世纪零售商业成功的关键。然而,这并不意味着所有零售商都要提供相同的服务组合,每个零售商可以提供不同的服务组合,以供消费者选择。同商品组合一样,不同业态的零售商所提供的服务组合也是不同的,有的零售业态只提供有限的顾客服务,从而可以拥有较低的成本和价格,如折扣商店与超级市场;有的零售业态则提供较全面的顾客服务,以满足消费者的多种需求,如百货店和专卖店。与提供商品相比,零售商提供的顾客服务具有两个重要特点,即无形性和变动性。无形性使人难以明确顾客究竟需要什么样的服务以及他们怎样评价零售商的服务,无形性也使得提供和保持高水平服务变得更困难,零售商在顾客接受服务之前无法对其进行计算、衡量和检查;变动性是指零售商提供服务的质量因商店甚至顾客不同而存在巨大差距,这是因为大多数服务是由人来进行的,不像商品是由标准化的机械生产的,因此,对零售商来说,要提供稳定不变的优质服务是困难的。

(4)广告与促销。广告是通过付费并借助大众媒体向非特定的消费者传递供给信息的重要手段。零售商最常采用的广告媒介有:报纸、杂志、电视、广播、户外招贴、公共交通工具、传单等。促销是零售商通过支付费用向顾客提供超额的价值和奖励,以使其在特定的时间内光顾商店或者购买商品。对零售商来说,最常见的促销方式是减价销售,此外,商品演示、购物奖励、商品优惠券、游戏与抽奖等也是重要的促销手段。宣传是不用支付费用的传递零售商信息的手段。宣传的目的是创造知名度、改善零售商的形象、提高公众对零售商的好感,因此,宣传具有潜在的促销作用,特别在广告与促销竞争日益激烈的情况下,宣传往往更能发挥作用。常用的宣传工具是新闻报道、记者招待会、署名(专家)文章、公开演讲等。对零售商来说,必须掌握广告、促销与宣传的特点与功效,并对其进行有效组合,提高销售效果。

(5)店铺设计与商品陈列。对有店铺零售商业来说,店铺设计与商品陈列本身就提供了一个制造市场差别的丰富机会。店铺设计包括外观设计与内部设计。外观设计包括店铺的建筑造型、店铺的招牌和店铺的橱窗。外观设计的功能是"让顾客确知店铺的存在"和"吸引顾客来店"。因此,店铺外观设计的好坏,直接关系到店铺的吸引力与辐射力,从而影响零售商的经营绩效。内部设计包括卖场、通道、墙壁、照明、音乐、颜色、气味等方面的设计。内部设计的功能是提高店铺的利用率,方便顾客的流动,形成良好的购物氛围,刺激消费者的需求。商品陈列是指零售商在店内或货架上的商品摆放。零售商通过商品陈列可以使顾客亲自检查商品并通过"视、听、嗅、尝、触"来理解商品的特点,以促进顾客的购买。可见,店铺设计与商品陈列是零售商独具的经营要素,对实现零售商的经营目标具有重要价值。

(6)销售。对许多顾客来说,销售人员就是零售商或商店。销售人员通过提供各种零售服务来满足顾客的需求,从而实现商品销售,达到商店的预期目标。为提高效率,商店管理者及销售人员必须熟悉销售过程。商店的销售过程是销售人员为促进顾客作出购买决策而采取的系列行动的集合,一般包括接近顾客、收集信息、介绍并展示商品、诱导顾客购买商品、与顾客建立关系等五个阶段。商店的销售过程是销售人员与顾客自始至终双向沟通的过程,这就要求销售人员不仅要充分了解所售商品的特点与功能,而且还要善于与顾客沟通,帮助顾客决策,建立顾客忠诚。因此,对零售商及销售人员来说,必须树立以顾客为导向而不是以销售为导向的理念,掌握商品知识,学习沟通技术。

(7)选址。对有店铺零售商业来说,店铺选址是非常重要的。这是因为:第一,顾客选择商店进行购物时,店铺的位置是所考虑的最重要的因素;第二,店铺的空间位置是形成差别化甚至垄断经营的重要因素。零售商可以迅速改变他们的价格、商品、服务、促销等零售组合要素,但是店铺的位置一旦决定就很难改变了,因此,占据优越的店铺位置是获得其他竞争者不易模仿的竞争优势的重要途径。

为了在竞争中求得生存与发展,许多零售商纷纷采取不同的零售要素组合,以避免与竞争者雷同。由于可供组合的要素多,选择余地大,因此,组合变化也多,这就使现代零售商的营销形式多种多样,即使是同一业态的零售商也有经营上的差别。这说明,零售商成功与否主要并不取决于哪一种业种和业态,而主要取决于零售要素组合及其创新。

表2.1所示为不同的零售营销组合。

表2.1　零售营销组合

组合要素	选择范围	
	始　点	终　点
店铺位置	接近居民区	远离居民区
营业时间	标准营业时间、固定休假	24小时营业无休假
商品种类	经营品种少,但有深度	经营品种多,可一次购齐
产品档次与流行度	低档大众化商品	高档流行商品
价格水平	低价政策	高价政策
服务项目	有限服务或顾客自我服务	服务项目多,设专职服务员
店铺环境	店铺装饰简单或无装饰	店铺设计精美、装饰豪华、舒适
销售方式	封闭式销售、聚客销售 现金销售、买断销售	开放式销售、访问销售 分期付款销售、代理(出租柜台)销售
广告与促销	低密度、有限媒体、商业(销售)广告	高密度、多种媒体、公益(形象)广告

2. 零售营销的特点

由于零售业是直接面对最终消费者的产业,可供选择的零售组合要素比较多,因此,与制造商或批发商相比,零售商在营销上有许多特点,掌握这些特点对有效实施零售营销具有重要意义。零售商与制造商或批发商的比较如表2.2所示。

表2.2　零售商与制造商或批发商的比较

项　目	零售商	制造商或批发商
顾客	个人	组织
购买者	女性为主	男性为主
购买动机或原因	获得效用	获得利润、降低成本
购买态度	感性	理性
购买批量/购买次数	小/多	大/少
付款方式	现金、信用卡	转账、票据
是否来店购买	是	否

续表

项　目	零售商	制造商或批发商
销售人员	女性为主	男性为主
销售人员的商品知识	少	多
与顾客的关系	非连续	连续
销售人员人均销售额	少	多
顾客数量	多	少
毛利率	低	高
获得商品的方式	采购为主	制造商以制造为主;批发商以采购为主
品牌	他人(制造商)品牌为主	制造商以自有品牌为主;批发商以他人品牌为主
经营商品的种类	多	少
对店铺选址的依存度	高	低
店铺设计与商品陈列	重要	不重要
商圈范围	狭	广

2.3　零售业态的变迁及其理论假说

2.3.1　零售业态的变迁

随着经济的发展,零售商业环境不断发生变化,从而导致零售商业在选址、商品组合、营业时间、技术服务及销售方式的变化,这些变化的最终结果则导致业态形式越来越多。

1. 选址的变化

传统零售商业的选址多在流动人口相对集中的地方,例如车站附近和城市中心部,但现代零售商业的选址已扩大到郊外、高速公路出口和居民区,而且从发展趋势来看,许多国家零售商业已出现空心化现象,即城市中心部的零售商业经营困难,开始向郊外扩散。这主要是消费者居住地的变化、交通条件的改善及城市中心部地价上升所致。由于选址的变化从而导致购物中心、仓储商店及便利店等业态的出现。

2. 商品组合的变化

传统零售商业多以商品组合较宽的业态为主,其代表性业态是杂货店及后来出现的百货店,但是,现代零售商业的商品组合则发生了很大变化,既有宽度上的变化,也有内容上的变化。从宽度变化上看,出现了两极。一极是商品组合越来越宽,已远远超过传统百货店的商品组合宽度,如超大型购物中心;另一极是商品组合越来越窄,甚至窄到一个品种、一个品牌,如各种专业商店和专卖店。从内容变化上看,对传统的商品组合进行了重新调整,从而产生了许多新的业态,如家庭改建中心、食品超市等。

3. 营业时间的变化

传统零售商业的时间多为正常工作日,但随着消费者生活时间带的改变,夜间购物的消费者越来越多,从而使零售商业向全天候营业转变。一方面,许多传统零售业态的营业时间延长；另一方面，24 小时营业甚至全年无休日的业态已经出现，如便利店等。

4. 技术与服务的变化

通信与电子技术的发展与普及，促进了新型业态的产生与发展，如邮寄商店、网上销售、自动售货机等就是通信及电子技术革命的结果。此外，随着零售商业竞争的日益激烈，以及消费者消费偏好的变化，促使零售商业经营者不断增加服务内容，休闲、娱乐、赊销、饮食、保健、送货等都已成为零售商必须提供的零售业务，从而大大改变了传统零售业态的内涵与外延。不仅如此，零售商还针对消费者的某些偏好，不断开发新的业态，如折扣商店、仓储商店、剩余品商店就是满足消费者低价格取向的业态；电视购物、网上购物则是满足消费者时间及场所便利偏好的业态。

5. 销售方式的变化

零售商业的销售方式发生了以下变化：由讨价还价到明码标价；由封闭式（柜台）销售到开架销售；由坐卖到访问、送货销售；由散装销售到包装销售；由现金销售到信用卡销售；由钱货两清销售到分期付款销售；等等。销售方式变化的直接结果是导致新业态的出现，例如，超级市场、访问销售、会员制商店、单一价商店等就是销售方式变化的结果。但是，新业态的出现并不意味着传统业态的完全消失，由于消费层次和消费偏好的多样化，从而使许多传统业态仍有一定的生存空间。

2.3.2 业态变迁的理论假说

零售业态的变迁有一定的规律可循，掌握零售业态变迁的规律对把握现有零售业态的特征，制定零售经营战略，提高零售经营效率，开发新型业态具有重要意义。迄今为止，一些学者提出了许多有关零售业态变迁的理论假说，这些假说在一定程度上解释了零售业态变迁的原因及趋势。

1. 零售轮理论

零售轮理论是由美国学者迈克纳尔（Mcnair）提出的。该理论认为，新零售业态几乎都是从低价格、低服务、低费用开始的，由于其价格低，因此可以吸引消费者具有竞争优势。但是，一旦这种业态取得成功，就会导致模仿者的模仿，这样，无论是对创新者来说，还是对模仿者来说，低价格已很难作为有效的差别化手段，而不得不采取扩大经营商品的范围、增加配送、分期付款等服务项目，改善店铺装饰等非价格竞争手段。这就是说当初以低价格、低服务、低毛利为特征的新型业态，在竞争过程中不得不向高服务、高费用、高毛利、高价格业态转换，从而会给那些低服务、低费用、低毛利、低价格的新型业态的进入提供了机会，而这一新业态在竞争过程中又要向高价格、高服务方向转换。这就是零售轮理论。的确，邮购、超级市场折扣商店等，当初都是以低价格为特征的新型业态，但是随着时间的推移，模仿者的增加，从而使这些业态很难维持低价格的经营，不得不提高服务和价格，而当价格提高到一定程度时，又必然促使其他低价格、低服务业态的出现。

2. 适者生存理论

这一理论由美国学者吉思特（Gist）和迪斯曼（Dreesman）提出，将达尔文的进化理论用于解释零售业态的变迁。该理论认为零售业也是一个“物种”，某一业态的产生与发展是与社会经济环境直接相关的，适应社会经济环境变化的零售业态就能生存与发展，而不适应社会经济环境变化的零售业态就会被淘汰。例如，美国在第二次世界大战以后社会经济环境发生了巨大变化，城市人口向郊区转移，从而使位于市中心的百货店由于地价高昂、交通拥挤、客流量减少、停车场缺乏等原因，经营出现困难；相反，在市郊的购物中心则生意兴隆。从目前来看，日美等国的百货店业态仍处于低迷状态，而便利店和各种新型业态则处于良好的发展势头。

3. 综合化与专业化循环理论

这一理论由豪威尔（Hower）和豪兰多尔（Hollander）提出。该理论认为，零售业态的变迁依据综合化到专业化，再由专业化转化为综合化的路径循环进行，当综合化的业态发展到一定程度后，就会出现以专业化为主要特征的业态；同样，当专业化的业态发展到一定程度后，又会出现综合化的业态；零售业态的演进就像手风琴演奏一样，由宽至窄，再由窄至宽，循环不已。这一理论认为，迄今为止，零售业态的演进大致经历了以下五个阶段：第一阶段是综合化阶段，其代表性业态是杂货店（产品线宽）；第二阶段是专业化阶段，其代表性业态是专业店（产品线窄而深）；第三阶段是综合化阶段，其代表性业态是百货店（产品线宽）；第四阶段是专业化阶段，其代表性业态是超级市场和便利店（产品线窄）；第五阶段是综合化阶段，其代表性业态是购物中心（产品线宽）。

4. 辨证过程理论

这一理论由斯卡尔（Schary ）和凯尔伯（Kirby ）提出。他们用黑格尔哲学中的正、反、合原理来说明零售业态的变迁。这里所说的“正”是指现存的零售业态，所谓“反”是指现存业态的对立面，而所谓“合”是“正”、“反”的统一或混合，即新旧两种业态相互取长补短，形成更新的零售业态。该理论认为，一种新型零售业态出现以后，必然带来一种与它完全不同的零售业态的出现。例如，百货店一般都设在城市的中心地区，经营商品也较宽，特殊折扣商店出现的服务给百货店带来了另一种完全否定的百货店经营模式。该理论认为，新出现的零售业态基本上是现存零售业态的否定形式或现存零售业态的重新组合。

5. 真空地带理论

真空地带理论是由尼尔森（Neelusen ）提出的。这种理论认为，零售业态的变迁取决于消费者的偏好，而消费者的偏好主要表现为对零售商提供的场所（选址）、商品组合、价格和服务的偏好。现实生活中，有的消费者偏好场所，有的消费者偏好商品组合，有的消费者偏好低价格；有的消费者偏好服务。例如，一些零售商为了满足消费者的场所偏好，而尽量选择在市中心开店；相反，另一些零售商就会在郊外、居民区等地区开店，这样处于市中心与郊外的中间地带就可能成为店铺的“真空地带”。于是，就会有创新者在这个“真空地带”开店，以满足“真空地带”消费者的需求，从而意味着一种新型业态的出现。再比如，一些零售商为了满足偏好低价格消费者的需要，而尽量向低价格的零售业态靠拢；相反，有些零售商为了满足偏好高服务消费者的需要就尽量向高服务的零售业态靠拢。于是，就出现了未被满足的“真空地带”，一些创新者就会以这个“真空地带”为经营目标从事零售经营，从而意味着一种新的零售业态的诞生。

6. 生命周期理论

该理论是由 David Sonetal 提出的。该理论认为，零售业态和产品一样也存在生命周期，零售业态的生命周期也经过导入期、成长期、成熟期、衰退期四个阶段。美国零售业态的生命周期如表 2.3 所示。

表 2.3　美国零售业态的生命周期

业态类型	成长期	从导入期到成熟期的年限(年)	目前所处的生命周期阶段
杂货店	1800—1840	100	衰退期
专业商店	1820—1840	100	成熟期
百货店	1860—1940	80	成熟期
邮寄商店	1915—1950	50	成熟期
超级市场	1935—1965	35	成熟期/衰退期
折扣商店	1955—1975	20	成熟期
购物中心	1950—1965	40	成熟期
消费合作社	1930—1950	40	成熟期
便利店	1965—1975	20	成熟期
家居改建中心	1965—1980	15	成长期
仓储商店	1970—1980	10	成熟期
专卖店	1975—1985	10	成长期

(1)导入期:新型业态开始出现,这时,新业态具有较大的优势,其投资收益率、销售增长率和市场占有率都迅速增长。

(2)成长期:新型业态的模仿者大量出现,先进入者开始复制新店,进行地区扩张。

(3)成熟期:处在这一时期的零售业态已失去往日的勃勃生机,并受到处于导入期的新型业态的挑战,从而导致市场占有率稳定或下降,投资收益率下降。然而,大多数零售业态的成熟期都比较长,如果经营者善于应变也会保持稳定增长,并取得中等水平的收益率。

(4)衰退期:处于这一时期的零售业态,其销售增长率下降,市场占有率下降,经营困难。该理论还认为,各种零售业态虽然都存在生命周期,但不同业态的生命周期是不同的。

2.4　我国零售商业的发展趋势

随着计划经济体制的转换,我国零售商业发生了很大变化。特别是20世纪90年代以来,我国零售商业变化之大、发展之快更加引人注目。

2.4.1　业态多样化

改革开放以来,我国零售商业业态发生了很大变化,已由单一的百货店业态发展为以百货店为主的多业态格局。我国零售商业业态的发展有两个显著特点:第一,各种新型业态同时出现,没有明显的时间阶段性;第二,部分新兴业态具有明显的中国特色,与国际上通行的标准业态相比有较大差距。我国零售商业的多业态格局仍会持续下去,但是各有所不同,业态结构调整将继续进行下去。

1. 日益低迷的百货店

从近期来看,百货店将很快进入低迷或低成长阶段,大城市百货店的店铺布局将由城市中心部向城市副中心部转移,中小城市的百货店经营将更加困难。百货店之所以会出现低迷状态,是因为百货店的"高服务、高成本"经营越来越受到各种"低服务、低成本"零售业态的压迫,同时,由于经济发展与技术进步,使商品的平均质量大大提高,从而大大缩小了"高级品"与"低级品"的品质差距，尤其是由于消费者收入的增长一般要落后于消费需求，特别是消费者需求多样化的增长，因此，消费者的"低价格取向"越来越明显，进而减少了对百货店业态的需求。另外，就我国的实际情况而言，百货店的店铺布局主要集中于各大城市的中心部且多为单体经营，而随着经济的发展，中心部的地价越来越高，从而使百货店很难维持低价经营，竞争力日益下降。

2. 快速增长的超级市场

近年来，超级市场等低价业态（如仓储商店）增长迅猛，将成为我国零售业态的主流。超级市场是"大销量、低成本、少服务"的业态，由于我国的高收入地区与高收入阶层已进入准大量消费阶段，特别是外国资本和外国消费者的进入，以及海外购物经验者的逐渐增加，使我国的普通消费者能很快适应并接受超级市场这种业态。不仅如此，超级市场的低价销售不仅容易被高收入消费者所接受，而且更受低收入消费者的喜爱。从国际经验来看，人均GDP越高，超级市场的数量越多，因此，不论是近期还是中远期，超级市场都是我国零售商业的主流业态。我国的超级市场能够很快发展的另一个原因是，我国不是超级市场的原创国。因此，对经营者来说，可以节约超级市场的开发与学习成本，从而能以较低的成本引进超级市场业态；对消费者来说，也可大大节约超级市场的学习与适应成本，从而也便于消费者迅速习惯与接受超级市场业态。从我国的实际情况来看，超级市场的发展途径可能有两条：一是按标准形式新建；二是对原有"菜市场"的改造、替代。从发展阶段来看，第一阶段将以新建为主；第二阶段将以改造、替代"菜市场"为主。因此，可以预言，我国"菜市场"的消亡之日也就是超级市场的繁荣普及之时。

3. 初露端倪的便利店与购物中心

从近3～5年来看，便利店和购物中心也会有一定程度的发展，但是，不会成为主流业态。这是因为我国还缺乏支持便利店和购物中心发展的社会经济条件。便利店的生存与发展需要三个基本条件：一是消费者生活时间带的改变，夜生活时间延长；二是单身家庭或单身消费者的大量存在；三是家务劳动，特别是炊事劳动的外部依赖程度高。从近期来看，我国部分地区的消费者生活时间带虽有所改变，但与发达国家相比，夜生活时间还不长，除旅游消费者外，本地消费者仍不习惯于夜间购物；另外，单身家庭或单身消费者虽有增加，但其数量与区域集中度还不足以支持便利店的经营，特别是家务劳动的外部依赖度还很低。这些都制约着便利店的普及。

购物中心的发展则取决于城市中心部的购物便利度与成本压力以及家用汽车的普及率。因此，从近期来看，我国的郊外购物中心还不具备大发展、大繁荣的条件，然而，我国加入WTO以后，家用汽车的普及率会迅速提高，同时，城市中心部的交通、地价压力会进一步增大，消费者在城市中心部的购物便利度也会急剧下降。因此，我们预计5年后，购物中心会有较大的发展，8～10年后，城郊结合部的大型购物中心会出现繁荣景象。

4. 持续发展的专业店和专卖店

各类专业店仍会持续发展，但专业店的种类会越来越多，特色也将愈加明显。从短期来看，各种品牌专卖店还会有一定程度的扩张，但从长期来看则会保持稳定发展的态势。但是，其他形式的专业店会有较大的发展。根据我们的研究，药品店、体育、休闲用品店、玩具专门店、家居改建中心、信息家电专门店、仓储商店、老年用品店、绿色食品专门店、自有品牌专门店等是我国很有发展前途的业态。除此之外，电视销售、访问销售、邮寄销售、目录商店、自动售货及网上销售等无店铺业态也将有较大的发展空间。

2.4.2 选址郊外化与信息网络化

1. 选址郊外化

选址是零售商业得以发展的重要条件，因为，在"来店购物"为主的时代，选址对零售商业的经营具有决定性意义。因此，也有人认为零售商业是"选址产业"。从现实情况来看，我国零售商业的选址主要有以下几个特点：①集中于城市中心商业区；②各大城市（火车、长途汽车）站前商业区零售店密度过大，部分地区已超负荷；③郊外与农村零售店密度较小。但是，最近几年随着城市中心区的零售商业进入过多、地价昂贵、交通不便，许多城市的商业中心开始向副中心转移。

从世界范围来看，随着城市人口向郊外的转移，城市中心部零售商业的增长速度下降，而郊外零售商业的增长速度却持续上升，进而出现了城市商业的空心化。例如，20世纪50年代美国城市中心部的零售商业开始出现萧条，在此之前，许多市中心商业区的市场占有率高达85%，而到90年代，即使是设施优良的市中心商业区，其市场份额也只有15%。再如，日本也早已进入城市化阶段，并出现了城市商业空心化现象，其城市中心部商业也于70年代开始出现萎缩，城市中心部商店街的萎缩尤其严重。据调查，目前日本大约有70%的城市中心部商店街出现"空店"现象，其中有些商店街的空店率高达30%以上。

我国一些大城市进入20世纪90年代以后也出现了城市商业空心化的端倪。例如，上海、北京等大城市中心部的交通和环境质量日益恶化，居住成本日益上升，居民开始向郊外或副中心迁移。据预测，到2010年，上海城市人口的40%将分布于市区边缘，30%的人口将分布在郊县，只有30%的人口留在市中心。显然，随着人口向郊外的转移，零售商业的选址也必将随之转移，从而出现城市商业的空心化。可为这一结论提供脚注的是，我国各大城市中心区的商业竞争日益惨烈，商业毛利率日益下降，许多城市的商店街虽未出现明显的"空店"现象，却也失去了往日的风采，其市场份额大大降低(我国零售商业的上述变化并不是偶然的，而与我国的城市化进程息息相关。也就是说，随着我国大城市中心部交通条件的恶化、环境质量的降低、地价压力的增大，城市郊外化的进程必将加快，城市商业空心化的趋势将日益明显，零售商业选址向郊外或副中心的转移也将是大势所趋。预计未来，3～5年我国各大城市的零售商业选址将向副中心转移，进而再向郊外及农村转移。

2. 信息网络化

随着信息社会的到来，各产业的信息化程度将越来越高，当然零售商业也不例外。从国际零售商业的发展现状来看，零售商业的信息化程度不断提高，特别是发达国家零售商业的信息化程度更高。零售商业信息化的标志是销售时点管理系统(Point of Sale System，简称POS)、电子订货系统(Electronic Ordering System，简称EOS)、共同利用型信息变换系统(Value Added Network，简称VAN)、快速反应系统(Quick Response，简称QR)、有效适应消费者需求系统(Efficient Consumer ResPonse，简称ECR)等零售信息系统的开发、应用与普及，特别是POS系统的普及是零售商业信息化的前提。

POS系统也叫销售时点管理系统，是指收集、处理、管理零售商店销售时点的各种商品信息与顾客信息的系统。从各国的经验来看，POS系统的最大贡献是能够对成千上万种商品进行精确的、数字化的单品管理，从而使零售业经营管理发生了革命性的变化：由"感觉管理"转向"数字管理"；由"期间管理"转向"时点管理"；由"部门管理"转向"单品管理"。而正是数字管理、时点管理、单品管理提高了零售商业的效率,树立了零售商的形象,改变了零售商业的面貌。

EOS 系统是利用计算机和通讯线路在企业内部或企业之间进行联网,并相互传递与交换订货信息的系统,也称电子订货系统。该系统的主要作用是:实现订货业务的合理化、效率化;提高商品管理的精度;提高物流效率。

VAN 系统是指共同利用型信息交换系统,即利用通讯线路将不同类型的计算机联网构成共同性的信息收集、传递、变换、编辑、检索等功能的信息网络。该系统的主要功能是:大范围的信息传递;全面的信息服务、通讯服务。

QR 系统也叫快速反应系统或称为自动补充库存系统,是指以 POS 系统为基础建立一个厂商、批发商和零售商之间的信息共享网络,并对传统业务管理程序或新产品开发、销售等进行根本性改革,以迅速适应市场需求的变化。具体来说,就是零售商将销售与库存信息向厂商公开,厂商向零售商明示商品原价,从而树立起相互信任、相互依赖关系以共同适应复杂、多变的市场。因此,QR 系统是一种"共同创造型组织",也是一种"战略同盟"。

ECR 系统也叫有效适应消费者需求系统,是指制造业与流通业相互协作,使信息流与物流效率化,排除浪费,建立有效的交易关系,从而形成一个有利于消费者的价格、服务和商品供给系统。

从我国零售商业的现状来看,信息化才刚刚起步,POS 系统的普及率还很低,目前还只限于少数企业,且多半以中外合资企业为主,大多数中资零售企业还仅停留在现金收款机的功能。但可喜的是,我国流通管理当局已制定规划,以积极推进流通信息系统的开发与应用,许多零售业开始树立开发与应用流通信息系统的观念,着手引进与应用流通信息管理系统。预计我国零售商业的信息化将从 POS 系统的开发、应用起步,进而向 EOS、VAN、QR 及 ECR 系统的开发、应用发展。

2.4.3 组织连锁化与配送社会化

1. 组织连锁化

连锁店的产生是零售商业第二次革命的产物,连锁化或连锁经营是世界零售商业的主流。我国也于 20 世纪 90 年代初引进了连锁概念,并随之产生了连锁经营组织。目前,连锁经营不仅受到许多零售企业的青睐,而且也得到流通管理当局的重视,并制定许多政策,以推动我国连锁经营的发展。在这种背景下,我国零售商业的连锁经营发展很快,并出现了各种业态的连锁经营组织,有百货店连锁、便利店连锁、超级市场连锁等。1998 年,我国有连锁公司 1 150 家,连锁店铺 15 000 多个,连锁企业实现的销售额达 1 000 亿元,同比增长 43%,而且出现了一批很有成长性的连锁商业公司,如上海的联华超市有限公司已拥有连锁店铺 360 个,并分布于江苏、浙江、安徽 3 省 20 余个城市,年销售额达 38 亿元,经济效益很好。我国的连锁商业在业态形式上主要以超级市场和便利店为主,而且主要集中于东部沿海发达地区;在组织形式上则以正规连锁(Regular Chain)为主,特许连锁(Franchise Chain) 主要以外商为主,目前以我国资本或品牌为主的特许连锁几乎没有。至于自由连锁(vohin-tary Chain),目前在我国还缺乏生长的制度基础、观念基础和信用基础,而我们以为,决定我国零售商业组织化、规模化水平的关键是自由连锁的发展,因此,如何推进自由连锁的生长与发展对提高我国零售商业整体经营水平具有重要意义。目前,我国的连锁商业主要存在以下问题:

(1)地区分割、部门所有严重制约了连锁组织的迅速发展。

(2)大部分商业连锁公司规模过小,无法发挥连锁经营的效用,也无法分担连锁组织系统的各种费用,使许多连锁公司处于亏损或勉强维持状态。

(3)连锁企业内部管理不规范,特别是采购系统、信息系统和商品配送系统不完善,很难使连锁企业的经营成本降低。

(4)地区、业态、业种发展不平衡。

预计今后5～10年将是我国连锁商业的高速发展期,并呈现以下发展趋势:

(1)连锁商业的规模将不断扩大,其销售额占有率将持续上升。

(2)连锁商业的业态和业种形式将出现多元化趋势,但是超市和便利店连锁商业仍是主力且潜力很大。

(3)连锁组织网络将由沿海向内地,大城市向中小城市,再由中小城市向农村发展。

(4)自由连锁组织将有较大的发展空间,但需要有领袖人物的存在和政府政策的诱导。这是因为我国存在着大量分散、细小的零售组织,而随着零售商业竞争的日益激烈,零售商业组织结构的调整步伐也会日益加快,这些分散的零售组织要想求得生存,其唯一途径就是走联合自救之路,因为只有联合起来,增加采购批量、共建配送中心,才能降低成本,从而取得生存的前提条件。

2. 配送社会化

配送体系是否完善,直接制约着零售商业的经营水平。目前,我国零售商业经营成本高、经营效率低下的一个重要原因是配送体系的缺陷。我国的配送活动最初萌芽于20世纪60年代中期,而且以生产资料配送为主。改革开放以来,这项带有现代化色彩的物流活动才在一部分地区和一部分行业内开展起来。随着我国经济市场化程度的日益提高,企业运行机制的不断转变,以及效率意识的不断增强,配送越来越受到实业界的重视。对零售商业来说,配送更是决定企业生存与发展的生命线。因此,一些大型零售企业,特别是连锁企业已纷纷建立配送中心,开展统一配送业务。目前,我国的配送中心主要以自建型和营业型为主,而共建型配送中心很少。近几年我国的配送中心发展很快,中央和地方政府也很重视配送中心的建设与发展。1998年原国内贸易部还颁布了"商品代理配送制发展规划",各地方政府也都制定了有关建设配送中心、发展配送事业的发展规划。但是,从总体上看,我国的配送事业尚处起步阶段,距离现代化、高效率、高效益配送体系的形成还相当遥远,存在的问题也很多,表现在以下几个方面:

(1)物流设施落后。传统的批发企业、储运企业及零售企业所拥有的物流设施陈旧、落后,影响了传统的储运企业或储运机构向专业化、社会化的现代配送中心的转化。而许多新建的配送中心由于资金不足,从而无力配备先进的物流设施、设备,因此也难以提高配送作业效率。

(2)许多配送中心徒有虚名,没有发挥配送中心的应有功能。据调查,我国一些连锁企业虽然建立了配送中心,但统一配送率很低,平均为40%～60%。因此,许多连锁店铺与配送中心双双亏损:一方面,由于不能利用配送中心进行集中统一配送,使连锁店的物流成本居高不下,没有价格竞争优势;另一方面,配送中心不能满足负荷作业,无法分摊固定成本,经营十分困难。

(3)自动化程度低,功能欠缺。许多配送中心仍以手工作业或传统的机械作业为主,同时,配送中心与店铺、供应商的信息沟通不畅,从而影响了配送中心的效率。

(4) 现行的地区分割、部门所有的管理体制制约了配送事业的发展。由于地区分割、部门所有,各零售店铺难以利用社会化的配送中心配送商品,从而限制了配送中心的服务范围。

(5)宏观物流环境不利于配送事业的发展。如城市交通拥挤、物流标准化程度低等也限制了配送事业的发展。

从国际经验及我国的现实来看,预计我国的配送事业将会进入大发展时期,其发展趋势是:

(1)现有的批发企业或储运企业很可能是未来营业型配送中心的母体。由于传统批发商业的衰落致使大量的物流设施闲置或利用率低下,同时,许多零售企业又因资本的制约而无力构建完善的配送体系。因此,利用存量物流资产,发展社会化的配送事业,是实现我国零售商业品质经营的重要途径。

(2)随着连锁商业的发展,特别是连锁企业店铺数量的增加,许多配送中心的功能将会得到发挥,从而出现"双赢"局面。

(3)随着商业竞争的日益激烈,价格下降、毛利降低将迫使许多零售企业,特别是那些中小零售企业向物流要利润,从而迫使他们由分散走向联合,而共同采购、共同配送将是一个不得已的选择,这样就会促进共建型中心的发展。

(4)随着零售商与厂商自建营销网络的形成,将迫使许多批发商"无所作为",转而从事社会化的配送事业。但是,由于传统体制与观念的限制,我国零售商业配送体系的发展路径很可能是:自建配送体系——营业性(社会化)配送体系——联合(协作)配送体系。当然,现代化的配送体系还必须以配送信息网络的发展为前提,因此,POS、EOS、VAN、QR 和 ECR 系统的开发与应用,也将成为现代化配送体系的支撑条件。

2.4.4 资本国际化与商业品牌化

1. 资本国际化

随着经济全球化时代的到来,零售商业的国际化程度也越来越高。我国零售商业对外开放的大门已于 20 世纪 90 年代开启,1992 年我国政府宣布在我国 11 个(北京、上海、天津、广州、大连、青岛、深圳、厦门、珠海、海南、汕头)沿海开放城市或经济特区可试办中外合资或合作经营的零售企业。到 1998 年 6 月,国务院批准的中外合资或合作经营的零售企业有 20 个,其他省市或主管部门批准的中外合资或合作经营的零售商业企业有 277 家,零售商业网点 1 697 个,从业人员 45 327 人,其市场占有率大约为 8%。1999 年 10 月,我国政府又制定政策,将零售商业对外开放的领域由原来的 11 个城市扩大到全国省会城市、直辖市、计划单列市、经济特区,并开始在北京、上海、天津、重庆 4 个直辖市进行批发业吸引外商投资试点。可见,在未来一段时间内,我国零售商业的外资进入将出现一个高潮,同时,批发业也将开始引进外资,跨国商业公司将陆续进入我国的零售商业和批发业。当然,外商的进入给我国零售领域带来很大变化:

(1)外商带来了国际上先进的营销方式和管理经验,从而促进了国内零售商业经营管理水平的提高。

(2)外商的进入加剧了国内零售市场的竞争,从而增加了消费者的福利。

(3)外商的进入也增强了国内流通企业经营国产商品、扩大国内市场销售的信心。

(4)外商的进入扩大了国产商品的出口。虽然我国在零售商业国际化过程中也存在一些问题,如外资准入项目的多头审批、缺乏明确的引资标准、与国内企业的不平等竞争及法规不健全等,但从总体上看,我国零售商业的国际化所带来的影响仍是积极的,因此,随着对外开放的不断深入,我国零售商业的国际化进程将进一步加快。

预计我国零售商业的国际化将显现以下趋势:第一,外资零售企业的网点布局将由东部逐渐转移至西部,由大城市逐渐转移至中等城市,由城市逐渐转移至城郊结合部乃至经济发达的村镇;第二,外资零售企业的业态、业种及国别构成将逐渐多元化,由单一业态逐渐向多业态发展,由传统的零售商业向现代零售商业发展;第三,外资零售企业将由以新建企业和网点为主逐渐转向以国内现有企业的并购和现有网点的改造为主;第四,我国政府对外资零售企业的优惠政策将逐渐减少,同时,对外资零售企业进入我国市场的管制将逐渐严格、规范;第五,我国零售企业也将向跨国商业集团所留下的空隙地区迈进,商业资本输出将逐渐增加。

2. 商业品牌化

商业品牌化(Private Brand,PB)商品的开发也是我国零售商业发展的一大趋势,虽然目前我国的PB商品的开发还很少,但是,随着我国零售商业的经营发展及商业竞争环境日渐激烈,特别是制造业"极大——极小"二重企业结构的出现,为大型零售商业开发PB商品创造了前提条件,因此,可以预计在不久的将来,我国零售商业的PB商品也将从无到有,并保持一个良好的发展势头。

从世界范围来看,PB商品的开发已成为许多大型零售企业的重要经营战略之一,许多大型零售企业的PB商品的数量及销售额占有率已达20%～30%。就我国的零售企业而言,PB商品的市场空间更大,因为在许多领域,厂商品牌正在形成与树立中,还没有绝对的优势,从而为PB商品的开发留下许多空间。另外,随着大企业结构的形成,对那些生产"大路货"的中小生产企业来说,将面临两种选择:一种选择是作为大型厂商的系列生产单位,为大型厂商从事"委托"生产;另一种选择是为大型流通企业之外进行"自主"生产,将很难树立自己的品牌,也很难得到市场的认可。这就是市场经济的垂直式市场分工,也是发达市场经济国家所走过的道路。而对大型零售业来说,由于直接面对消费者,从而能够及时准确地了解市场信息,同时,又因为拥有庞大的营销网络,因此,具有开发PB商品的优越条件。因此,中小生产企业与大型零售企业的联合将是一种必然趋势。就我国的市场条件而言,我们认为已具备了开发PB商品的基本条件:第一,1993年我国修改、制定了新《中华人民共和国商标法》,开始接受服务商标的注册申请,从而为PB商品的开发提供了法律保障;第二,目前我国多数日用消费品的生产能力已超出市场需求,很多生产企业特别是中小企业正在"等米下锅",从而也为零售企业开发PB商品创造了有利的生产条件;第三,由于买方市场的形成,消费者的"品牌取向"、"品质取向"和"价格取向"日益提高,"优质、低价、名牌"已成为消费者的基本选择,因此,中小企业生产的无名或不知名商品已不受欢迎;第四,近几年流通企业的结构调整速度加快,一批大型流通企业特别是零售企业的知名度和市场形象日益提高,从而提高了消费者对PB商品的评价和认知度。

目前,我国的PB商品开发才刚刚起步,一些有实力的零售企业已开始研讨、开发PB商品。例如,上海一百公司、上海华联公司、北京王府井、北京西单购物中心、大连商场股份有限公司等零售企业已开发了PB商品,而且取得了初步成效,但大多数零售企业还处于研讨阶段。我们预计,我国零售业的PB商品开发大致要经过以下发展阶段:第一阶段,认识PB重要性,PB意识增强,申请注册PB;第二阶段,进行PB商品开发的试验,选择部分商品进行开发、销售;第三阶段,与中小生产企业联合开发PB商品;第四阶段,自主开发,国内市场销售;第五阶段,PB商品的开发出口。

2.4.5 体制民营化与管制规范化

1. 体制民营化

随着我国市场经济体制的日益完善，特别是国有企业的战略性重组与调整，部分国有企业将陆续从竞争性行业退出，而竞争充分、进入与退出障碍低是零售商业的天然属性，因此，国有零售企业的市场占有率将继续降低，而非国有零售企业的市场占有率将逐渐提高，大量的民间资本将陆续进入零售商业。改革开放以来，我国零售商业的民营化趋势十分明显，主要体现在：

(1)各种所有制零售商业的增长速度差别很大。在 1979—1992 年和 1993—1996 年两个时期，社会消费品零售总额年平均增长率分别为 15%和 25.5%，其中，国有和集体零售商业在 1979—1992 年年均增长率分别为 12.7%和 11.4%，而在 1993—1996 年其增长率分别是 13.2%和 19.6%，低于全国同期的平均水平，增长态势相对滞后。相反，非公有制零售商业(民营零售商业)的增长势头迅猛，个体商业在上述两个阶段的年增长率分别达到 64.5%和 35.3%。

(2)个体与其他非公有制零售商业在整个商业产生增长中的贡献越来越突出。1970—1992 年，国有集体零售商业对社会消费品零售总额增长的贡献率分别是 39.1%和 25.4%，个体和其他非公有制零售商业的贡献率为 34.7%。而 1993—1996 年，国有和集体零售商业的贡献率分别下降为 17.4%和 16.0%，个体和其他非公有制零售商业的贡献率则分别达到 36.6%和 29.4%。

(3)商业产出的所有制构成变动很大。国有和集体零售商业在社会消费品零售总额中的份额急剧下降，分别由 1978 年的 54.6%和 43.3%降至 1996 年的 41.3%和 27.9%，个体零售商业的产出份额则由 1978 年的 0.1%上升到 1996 年的 30.3%，其他非公有制零售商业的份额也由 1978 年的 2.0%上升到 1996 年的 22.6%。到 1997 年，国有商业零售市场占有率进一步下降为 23.3%，集体商业零售市场占有率下降为 17.5%，而个体及私营商业零售市场占有率则上升为 38.8%，其他所有制商业零售市场占有率上升为 20.4%。

(4)商业网点和从业人员的所有制构成也发生了巨大变化。1979—1992 年，集体商业网点和从业人员份额分别下降 69.6 和 39.1 个百分点，同期个体零售商业的两个份额分别上升 73.1 和 50.5 个百分点。

预计我国零售商业的民营化趋势将进一步发展、扩大。因为零售商业是竞争性行业，是国有企业重点退出的行业，而且从经营实践上看，国有商业的经济效益持续下降，从而也坚定了政府逐渐退出零售商业的决心。1997 年，国有商业系统净亏损 26.56 亿元，比上年增亏 8.73 亿元，增亏幅度为 48.98%，亏损面高达 40%。不仅如此，随着我国对外开放步伐的加快，特别是加入 WTO 以后，零售商业的民营化进程将进一步加快。当然，体制民营化趋势也意味着：第一，国有商业资本将面临重新配置的机遇；第二，政府商业(流通)管理观念、范围与职能将发生重大转变；第三，民间商业资本的投资环境与发展机会也将发生新的变化。这一切都意味着我国零售商业将进入一个新的发展时期。

2. 管制规范化

市场经济，特别是现代市场经济不是自由经济，而是一种规制经济，零售商业虽然是竞争性行业，但并不是没有任何规制的行业。因为零售商业的许多特点决定了政府有对其进行规制的必要。例如，零售商业是“选址产业”，零售商业的“选址”具有明显的外部效果，既有可能是外部经济的(便利消费、休闲)，也可能是外部经济的(人文景观的破坏、交通不便、拥挤、噪声)，因此，政府必须对零售商业的“选址”进行规制，至少，一个城市零售商业的“选址”要符合该城市的整体规划。再比如，零售商业是“就业机器”，承担着社会的就业职能，而零售商业的

"就业机器"职能很大程度上是依靠中小零售商来实现的，因此，如何扶持中小零售商业的正常发展也是各国政府规制零售商业的重要目的。既然零售行业是竞争性行业，因此，维护公平的竞争环境，限制各种不正当竞争行为，也是政府规制零售商业的重要内容。

经过 20 多年的改革，我国制定了许多流通政策，但是针对零售商业的法律、法规及相关的配套政策还不多，但是，从目前来看，我国零售商业的规制既缺乏有效性也缺乏规范性，而缺乏有效、规范的规制不仅给消费者带来了不便，也损害了经营者的效率。因此，无论从国际经验来看，还是从我国的实际需要来看，管制规范化将是我国零售商业的一大趋势。

由于近年来我国各大城市的大型或超大型零售店铺迅猛增加，不仅造成了各商家之间的恶性竞争、购买力分流、经济效益滑坡，而且对商业布局、城市规划、公共交通、环境保护及中小流通企业的健康发展等也产生了明显的负效应，因此，研究制定我国的大型店铺规制政策应是近期流通政策调整的一个重点。另外，由于零售商的竞争加剧，特别是外国大零售商的进入，如何发挥零售商业的"就业机器"功能，扶持与发展中小零售企业、规范店铺布局、建设配送体系等也都是今后零售商业的政策课题。当然，随着零售商业管制的规范化，对零售经营者来说，则意味着其经营决策变量的增加和复杂化，因此，要求零售经营者要有更加开放、动态、宏观和战略经营意识。

本章小结

零售商业是指向个人消费或最终消费者销售商品和服务的产业。与制造业和批发商业相比，零售商业具有如下特点：交易次数频繁，交易批量小；对店铺选址及店铺设计有较高的依赖度；经营场所分散，经营受商圈的限制。

由于零售商业处于商品流通的最终阶段，是直接面对最终消费者的流通组织，从而决定了它在商品流通过程中具如下功能：分类、组织、备货功能；信息传递功能；服务功能；金融功能；减少消费者成本负担功能；休闲娱乐功能；商品储存与风险负担功能。

零售商业的分类通常有两种方法：一种是业种分类法，一种是业态分类法。业种是指零售商业的行为种类，通常按经营商品的大类将零售商业划分为若干个业种，业种强调的是"卖什么"；业态是指零售商业的经营形态，通常按销售方式不同将零售商业区分为若干个业态，业态强调的是"怎么卖"。我国零售商业的业种分类是：食品、饮料、烟草零售业；五金、交电、化工零售业；日用百货零售业；药品及医疗器械零售业；纺织品、服装和鞋帽零售业；图书报刊零售业；日用杂品零售业；其他零售业。

我国零售商业的业态分类是：百货店；专业店；超级市场；专卖店；大型综合超市；购物中心；便利店；仓储式商场。

零售商业的发展、变化是各种环境因素变化的结果，影响零售商业的主要环境因素有：政治法律因素，包括政治体制、法律与政策；宏观经济因素，包括经济增长、产业结构、技术进步、就业水平和收入分配；消费者需求因素，包括收入水平、人口结构、家庭规模、生活方式与价值观念；竞争因素，包括水平竞争与垂直竞争。

零售要素组合是指零售商用以满足顾客需求并影响其购买决策的各种活动的组合。零售组合要素包括：商品；店铺设计与商品陈列；价格；销售；顾客服务；选址；广告与促销。

零售要素组合方式不同，零售营销策略也不同，即使是同一种业态，也会有经营上的差别，因此,零售商业经营的成败主要不取决于选择哪一种业种和业态,而主要取决于零售要素的组合方式,即选择什么样的零售营销策略。随着经济的发展,零售商业环境不断发生变化,从而导致零售商业在选址、商品组合、营业时间、技术与服务、销售方式的变化,这些变化的结果则导致零售业态的变迁。零售业态的变迁,可用以下几种理论进行解释:零售轮理论;辩证过程理论;适者生存理论;真空地带理论;综合化与专业化循环理论;生命周期理论。

20 世纪 90 年代以来,我国的零售商业发生了很大变化,出现以下发展趋势:业态多样化;资本国际化;组织连锁化;管制规范化;选址郊外化;商业品牌化;信息网络化;体制民营化;配送社会化。

学习自测题

一、名词解释

零售　零售商业　业种　业态　零售要素组合

二、判断题(判断正误并说明理由)

1. 零售商业是一个充分竞争的行业,因此,政府没有必要对零售商业进行任何干预。（　）
2. 零售商业必须要有店铺,因此,没有店铺就无法经营。（　）
3. 休闲娱乐功能是零售商业所独有的功能。（　）
4. 消费者到商店购物所支付的成本就是指消费者购买商品的价格。（　）
5. 对有店铺零售商来说,店铺设计与商品陈列可提供制造市场差别的丰富机会。（　）
6. 零售商的销售过程是销售人员与顾客自始至终的双向沟通过程。（　）

三、选择题(将正确的答案填入括号内)

1. 零售商业的服务对象是(　　)。

A. 再销售者　　B. 个人消费者

C. 产业用户　　D. 事业用户

2. 业态是零售商业的(　　)。

A. 企业形态　　B. 组织形态

C. 经营形态　　D. 管理形态

3. 对有店铺零售商来说,(　　)是形成差别化甚至垄断经营的最重要因素。

A. 店铺选址　　B. 商品价格

C. 商品组合　　D. 广告与促销

4. (　　)是无店铺零售商业。

A. 超级市场　　B. 仓储式商店

C. 邮寄商店　　D. 便利店

5. 零售商业的金融功能主要体现为(　　)。

A. 分期付款　　B. 有奖销售

C. 售后服务　　D. 降价销售

6. POS 系统也叫销售时点管理系统,其最大作用是有利于零售商进行(　　)。

A. 单品管理　　B. 店铺管理

C. 售后服务　　D. 部门管理

7. PB商品主要是指(　　)开发、制造的商品。

A. 制造者　　B. 批发商

C. 零售商　　D. 消费者

案例分析

盘点2004年沈阳零售业

2004年12月11日,中国零售业的大门慢慢地被推开。不管是否已经准备充分,也不管是否愿意,国外的对手已经登台。沈阳的商界,百货业是自豪的,中兴、联营、商业城和铁百,4家有着国有商业血脉的企业,面对着不断被蚕食的市场,顽强地擎着民族商业的大旗。这是一组来自沈阳市商业局的统计数字:截至2004年10月末,沈阳百货业(大店)共实现销售总额54.59亿元,比去年的46.13亿元增长18.3%。其中,中兴—沈阳商业大厦实现销售总额15.19亿元,同比增长11.5%;沈阳商业城实现销售总额6.91亿元,同比增长6.9%;联营公司实现销售总额5.23亿元,同比增长2.7%;铁西百货大楼实现销售总额4.41亿元,同比增长12.4%;新玛特实现销售总额3.72亿元,同比增长12.7%。而增幅最大的竟然是在人们想象之外的兴隆大家庭,1~10月,他们实现销售总额9.85亿元,增幅比例达到了45.9%。在这组数字当中,友谊购物商场却是负数,尽管比去年同期的销售额下降仅仅为0.6%,但却不能无动于衷。

自1999年法国家乐福选址北站之后,沈城的超市就没过上一天安稳的日子。沈城超市业的生存状态如何?在这场与外资超市业巨头博弈的过程中,还有一组来自沈阳市商业局的统计数字:截至2004年10月末,沈阳超市业(大店)共实现销售总额18.46亿元,比去年同期增长32.7%。其中,家乐福北站店实现销售总额3.09亿元,同比增幅0.8%;乐购皇姑店实现销售总额2.93亿元,同比增幅5%;沃尔玛鹏利店实现销售总额1.37亿元,增幅6.9%;北京华联实现销售总额1.28亿元,同比增幅11.6%。而增幅最多的竟然是默默无闻的大福源,2004年1~10月,该超市实现销售总额1.84亿元,同比增幅达到了21.7%;1~10月末,爱客家超市实现销售总额1.33亿元,同比下降7.4%;满客隆超市实现销售总额4 654万元,同比下降12.9%;而曾经让很多人光临的铁西副食,销售总额仅仅实现了3 851万元,同比下降幅度竟然高达26.6%。

曾经让沈阳人引以为豪的本土超市,在外资军团的进攻下,已经溃不成军。8月份开始,家乐福开始了沈城的又一轮版图扩张,铁西金牛店、文化路店相继开业,而位于塔湾欣城的家乐福塔湾店也正在紧锣密鼓地筹备之中。面对家乐福的挑战,台资的乐购也毫不示弱,继乐购铁西店和于洪店开业之后,广宜店的外部装修已近尾声。而从乐购内部传出消息,2005年,他们至少还将在沈阳开两家新店。业内人士指出,当中国履行入世承诺,零售业市场全部放开之后,如鱼得水的外资超市巨头将如入无人之境,圈地之战刚刚开始。

(资料来源:作者根据相关资料整理)

案例思考:

1. 以某城市为例分析零售业的发展受哪些因素影响。
2. 分析城市零售业未来的发展趋势。

第 3 章　零售业态选择

学习目标

本章介绍了百货店、连锁店、超级市场、专业店以及其他几种主要零售业态形式，分析各种零售业态形式的优缺点、各种零售业态形式的特征以及业态选择的主要标准。完成本章的学习后，您应该能够：

(1)阐述零售业的主要业态形式。

(2)简述零售业态的生产与发展过程。

(3)说明各种零售业态形式的特征。

(4)分析各种零售业态形式的优缺点。

(5)概括业态选择的主要标准。

(6)熟记下列概念：百货店；超级市场；专业商店；连锁店；正规连锁；特许连锁；自由连锁；便利店；仓库式商店；购物中心。

学习重点

(1)各种零售业态的经营许可特征。

(2)超级市场的业务构成。

(3)专营店的类型。

(4)连锁店的经营形态。

学习难点

(1)各种零售业态的内涵界定和特征。

(2)连锁经营三种形式的特点及区别。

教学建议

(1)组织学生考察本地零售业的各种业态形式。

(2)考察本地各种零售业态或对某一零售业态做一解剖分析。

引导案例

日日顺欲置入海尔与国美苏宁渠道对垒

家电零售分销行业的战火正向中国的三、四级市场延伸。继苏宁电器推出300家的“城乡店”开店计划后，海尔集团2003年开始打造的日日顺电器连锁(下称“日日顺”)上市也提上了日程。对于国美、苏宁等电器连锁来说，海尔是其第一大供应商，但日日顺却是其进军三、四级市场的对手之一，这将使双方的关系日趋微妙。

按照大摩的研究报告，日日顺庞大的分销网络和物流网络，以及完善的服务体系，将使国美、苏宁等竞争对手进入三、四级市场的门槛大大提高，而日日顺的销售产品阵容也将延伸到计算机等产品，并且将与更多在三、四级市场缺乏渠道的国外品牌建立合作关系。

2003年由海尔集团全资控股的境外子公司——香港汇邦在上海全资成立了“日日顺(上海)营销策划有限公司”，专门负责海尔集团综合电器专营店发展战略规划。进入2006年，上海日日顺又与自然人李华刚以合资方式成立河南日日顺电器有限公司(上海日日顺持股54.17%，李华刚先生持股45.83%)，河南日日顺下设合肥日日顺电器有限公司、江苏日日顺电器有限公司、青岛日日顺电器有限公司三家控股子公司。此后的2008年，为了解决河南日日顺与青岛海尔的关联交易问题，青岛海尔出资与河南日日顺成立了其控股51%的合资公司，作为其运营三、四级市场的主要渠道。而2009年青岛海尔有超过40%的销售收入是通过日日顺来销售的。之后香港汇邦又与由三联商社原总经理崔葆瑾掌控的山东久联电器合资成立了山东日日顺(久联占60%的股权)，日日顺延伸出重庆日日顺等分公司。

海尔的日日顺连锁在过去几年取得了巨大发展，2009年其销售收入已经达到450亿元，其中销售海尔产品金额超过300亿元，其拥有的网络超过6 000家。日日顺已经将目标瞄准了国内第一电器销售服务平台。

随着日日顺逐步盈利，将其放入海尔电器已经提上了日程。海尔集团内部人士表示，“随着周云杰和李华刚入主海尔电器，海尔电器成为日日顺的资本平台即将实现，海尔电器2011年的利润有望超过12亿港元。”

在2009年的家电下乡中，海尔集团以超过200亿元的登记销售额，成为家电下乡的最大赢家。日日顺成为海尔称雄家电下乡市场的关键。海尔的冰箱、洗衣机在家电下乡中取得优势是因为其自身品牌的优势，那么在计算机、彩电、手机等海尔的弱势产品领域，海尔依然取得不错的成绩，日日顺连锁店作用非常明显。在短短5年内日日顺已经在山东、河南、江苏、安徽、湖北等地收编了6 042家门店，不过，日日顺强调传统的三、四级和农村“夫妻店”模式，正面临着国美、苏宁渠道下沉的威胁。

日日顺的资料显示，国美、苏宁在一、二级市场饱和的情况下已经拉开了渠道下沉的步伐，其中国美提出了未来建立区域性物流中心50家(7家全国性物流中心)的计划，而苏宁也计划到2015年建设60家区域性物流中心，并计划在农村市场建设5 000～8 000个零售网点。

依靠自己的91家物流中心，以及超过10万人的服务团队，海尔在很短时间内已经在家电下乡的核心区域山东、河南等地完成对分散的家电零售商的收编，而作为分销商的日日顺也获得了相应的利润回报。基于海尔产品在2009年家电下乡中的突出表现，2010年初惠普、GE先后与日日顺签署了年度代销协议，而海尔集团控股20%的斐雪派克则与重庆日日顺签署了到2024年的15年代销协议。其实此前日日顺已经与三星、飞利浦、摩托罗拉等建立了合作关系，而包括TCL、康佳、美的、海信科龙、九阳在内的国内企业也通过经销商与日日顺建立了合作协议，日日顺正在成为其代销平台。

苏宁电器总裁孙为民，“日日顺是目前在三、四级市场最为成功的批发分销平台，也是海尔集团打造的第二个面向三四级市场的海尔工贸，但是零售主要是依靠收编社会资源，其管理上还面临挑战。”不过大摩的研究报告指出，相信国美电器及苏宁均不能对日日顺的分销店造成威胁。

(资料来源：朗朗．21世纪经济报道．2010.06.29)

零售业态是由零售机构组织形式和销售方式构成的。生产的发展与生产结构的变化，人口的变动，消费者消费水平与形势的变化，以及交通的发展，使零售业态不断发展变化。19世纪初，是杂货店统治的时代，到20世纪初百货店便处于统治地位，而20世纪30年代，超级市场出现，50年代便风靡世界，随后60年代的折扣店，70年代的购物中心，各种新兴业态都得到了发展。在改革开放后的十几年中，中国的零售业发生着革命性的变化，西方发达国家的各种零售业态形式几乎都在我国出现了。不同的业态具有不同的生存条件和经营特征，在选择时要考虑各种因素和经营者的宗旨，恰当地进行选择。

3.1 百货店

3.1.1 百货店的定义

由于各个国家商业发展的历史状况不同，其对百货商店的定义也不同。

1. 美国的定义

根据美国政府《零售贸易普查》中规定，百货店至少要有25个雇员，是提供各种服装和纺织品、家庭纺织品和布类产品、家具和装饰品及器皿等商品的商店。美国市场营销专家科特勒认为：百货店一般要销售几条产品线的产品，尤其是服装、家具和家庭用品等。每一条产品线都作为一个独立的部门由专门的采购员和营业员管理。

2. 欧洲各国的定义

(1)德国：百货商店是供应大量产品的零售商店，主要产品是服装、纺织品、家庭用品、食品和娱乐品；销售方式有人员导购和自我服务；销售面积超过3 000平方米。

(2)法国：百货商店是零售商业企业，拥有较大的销售面积，自由进入，在一个建筑物中提供几乎所有的消费品；一般实行柜台开价售货，提供附加服务，每一个商品部都可以成为一个专业商店；销售面积至少为2 500平方米，至少有10个商品部。

(3)英国:百货店应该设有多个商品部,经营范围至少要覆盖5大类产品,至少雇佣25人。

(4)荷兰:百货店销售面积至少为2 500平方米,至少应有175名员工,营业额超过1 000万欧元,至少要有5个商品部,其中应有女装部。

3. 中国的定义

根据我国1998年颁布的《零售业态分类规范意见》,百货店是指在一个大建筑物内,根据不同商品部门设销售区,开展进货、管理、运营,满足顾客对时尚商品多样化需求的零售业态。我国的百货商店按照规模大小分为三类:

(1)大型百货店。营业面积在5 000~10 000平方米以上,员工500人以上,经营品种5万~6万种左右;

(2)中型百货店。营业面积在1 000~2 000平方米,员工200~400人,经营品种1万种左右;

(3)小型百货店。营业面积在200平方米左右,员工十几人至几十人,经营品种数十种至几百种。

3.1.2 百货店的产生与发展

1. 百货店的产生

西方学者对百货店的产生有着不同的看法。有些学者认为,随着工业的发展和村镇发展为城市,普通商店由于逐渐增加所经营商品的花色、品种、规格,逐渐发展为百货店。美国管理学家彼得·德鲁克认为,百货店最早于公元1650年左右产生在日本。日本三井家族的第一个成员在东京创办世界上第一家百货商店。它比美国的西尔斯·罗伯克公司早150年就实行"当顾客的采购员",把丰富多彩的商品供应给顾客,实行"保证满意,否则原款奉还"的经营原则。但是,大多数西方学者则认为百货店最早在1852年产生于法国。当时在法国首都巴黎,有一名叫A. 布西哥的人开办了一家邦·马尔谢商店。这是世界上第一个实行新经营方法的百货店。A. 布西哥的新经营方法是对旧商业经营方法的一次重大改革。在此前的商业,是以讨价还价的方式来进行销售的,而且带有欺骗性和强制性。那时的商人,可以按不同的人,以不同的价格来出售同一产品,而且是"货物出门概不退换"。A. 布西哥的经营方法就是针对这些陈规陋习来进行改革的,因而这一改革具有重要意义。

实际上,百货店产生的根本原因是城市化。一方面,工业革命造就了工厂集中的城市,使商品丰富起来,为百货店的产生提供了可能性;另一方面,城市化不仅使分散的购买力集中于城市,而且造就了城市居民中的享乐阶层,为大规模百货店的产生提供了必要性。所以,百货店是伴随着工业革命而产生的,并称为零售业的第一次革命。中国第一家百货店是1900年俄国资本家在哈尔滨开设的秋林公司。

2. 百货店的发展

百货店的发展大约经历了三个阶段;

(1)1880—1914年是百货店的发展期。在这个时期,百货店的经营额迅速增加,坚持薄利多销策略,毛利率限定在14%~20%。经营的商品以大量日常用品为主,并开始注重店堂布置和商品展示。

(2)1914—1950年是百货店的成熟期。这个时期经历了两次世界大战和1929—1933年的世界性经济危机,许多新的零售商业形式如连锁店、杂货店等开始出现。百货店面临威胁,但仍保持着优势地位。其主要经营措施是:增加向顾客提供的服务,百货店实行集中购买,开办各种分店和特许经营店。

(3)1950 年以后为百货店的衰落期。在这期间,百货店之间竞争激烈,其他销售形式也蚕食着百货店的地盘,廉价商店、专业商店、超级市场发展势如破竹,使百货店面临困境。一些百货店的销售面积越来越小,有的甚至倒闭。百货店的经营成本加大,毛利率腾升,商品价格趋贵。目前西方百货店大多是在维持经营,仍未出现复兴迹象。

3.1.3 百货店的经营特征

百货店从生产到发展,形成了自己的经营特征:

1. 拥有宽敞的营业空间和舒适的购物环境

百货店一般拥有较大的营业场地,将大量的商品,按部门采集、汇聚在同一个经营场所进行经营。百货店内部装饰富丽堂皇,橱窗陈列琳琅满目,因而吸引大量顾客前往,更便于顾客进行有比较、有选择性地购买。

2. 多位于城市中心和交通要道

百货店大多设在城市繁华的商业街和郊区购物中心,并以其多样、热闹、有吸引力、充满生气、有刺激性、色彩丰富而存在。

3. 经营商品范围广泛,种类繁多

百货店一般由数十个或上百个商品部构成,经营种类繁多,各类商品按部门进行管理并连接在一起,因而形成了百货店的大型化,可以充分满足顾客选购的需要。

4. 在管理上实行商品部制

百货店下设许多不同的商品部,各商品部由一名经理主管业务,统一指挥商品采购计划、销售业务和商品管理等。

5. 采用传统的销售方式

百货店一般采取传统的售货方式,即封闭式的柜台销售,向顾客提供多种服务。如每个商品部、商品柜台都有若干服饰整洁、彬彬有礼的营业员接待宾客,为顾客介绍、取送商品、解答问题、包装商品。

6. 功能多样化

百货店一般为顾客提供购物中的系列服务,如餐厅、休息厅、游乐场等。百货店发展到现阶段,大体上有两种组织形式:一是独立的或单体的百货店,即一家百货店独立经营,别无分号;二是连锁百货店,即一个大型百货公司在各地设立若干个百货店,这些百货店由百货公司集中管理。

百货店的主要优点是:经营范围广泛,可以是顾客在百货店内一次购齐所有的生活用品;采取定价及明码标价制度,从而能给顾客以依赖和安全感;多设在繁华地段,因此能吸引更多顾客。其主要缺点是:不利于顾客的直接交流;对店员的素质要求较高,培训难度大;设施齐全、装饰豪华,因此固定成本高;管理难度大,管理成本高。

3.2 连锁店

3.2.1 连锁店的定义与经营趋势

1. 连锁店的定义

连锁店亦称联号商店。在西方是指属于共同所有的联号零售商店集团。这些商店在一家总店的控制下，经营相同的业务，采用集中进货和集中决策的零售商店。这些像锁链似的分布在各地的分店，实行集中领导，统一管理。各个分店内外装饰要相同，即商店铺面要标准化，经营品种更要相同。连锁商店是西方国家零售商业普遍采用的一种形式。

根据连锁商店的定义，西方国家零售商业中的连锁店是专指"公司连锁"，而不包括"自愿连锁"，因为这种企业不是单一所有，而是许多独立商店的联合。因此，西方国家连锁店的定义不是小商店的联合，而是大集团的内部分化。

在我国，连锁店的概念得到了扩展和延伸。主要是指流通领域中若干同业店铺，以共同进货或授予特许经营权等方式连接起来，实行标准化服务，共享规模效益的一种现代商业组织。因此我国的连锁店不仅包括上面所说的正规连锁，也包括自愿连锁和加盟连锁。

2. 连锁店的经营优势

连锁店之所以能够成为世界上一种流行的零售组织形式，并在零售业中占有重要位置，与它独具的优势是分不开的。

(1)商店的市场范围大。连锁店由于多处建店，甚至可以超越国别限制在世界各国建立分店，因而其总体的市场范围是极大的。比起靠扩大店铺规模来扩大市场范围的方法，即使同样的投资，用连锁的形式，可获得大得多的效果。

(2)商店知名度高，容易得到消费者认可。由于是多出建店，并采取统一的徽号标记，连锁店的名声可以传播到广泛区域，使消费者将所在地的连锁店与最初的总店名声联系在一起，增强信心感。

(3)有利于强化采购。由于是总店集中采取大批量进货，可以从厂商直接进货，减少中间环节，节约流通费用；并且直接大批量进货，具有了同厂商议价的能力，能够促使场上以低于市场流行的价格出售商品，享受价格上的折扣，降低采购商品价格。

(4)有利于强化销售。由于各分店没有采购等其他任务，可以专职于销售，提高服务水平。

(5)有利于降低成本。连锁店由于集中储存和配送，节省了存储运输的费用，同时由于集中管理与决策，职能人员专业化，使之达到了精简高效，节约了人工费用开支。

(6)可以利用较多的宣传工具。由于连锁店销售量巨大，市场范围广，连锁店能共同利用电视、杂志、报纸等一切媒体进行宣传，从而降低宣传费用。

(7)能够运用现代化管理手段。由于连锁店具有多个分散的分店，因而要求信息传递及时，管理指挥迅速，同单体店铺相比，连锁店能更有效运用现代化管理手段，采用电子计算机进行管理。连锁店利用电子计算机从事订货、盘货、预测、销售金额统计以及簿记等活动，从而提高管理效率。

3.2.2 连锁店的产生与发展

连锁店最早产生于美国，而后逐渐在欧洲和日本发展起来，被称作零售业的第二次革命。1895年，美国人吉尔曼与哈弗特兄弟在纽约开办了一家专门经营红茶的商店，他们一改往常从进口商进货的方式，直接从中国过日本进货，减少中间环节，大大降低了进货成本，致使零售价降低，吸引了大批回头客，从而迅速占领了市场。吉尔曼与哈弗特兄弟在流通领域的变革，促发了一场全球性的商业革命。由于直接进货，使零售价下降了一半，大获成功。随后，他们在同一条街上开了第二、第三家分店，到1865年，已发展到25家分店，全部设在百老汇大街和华尔街一带，都经营茶叶。到1869年，该公司改名为"大西洋与太平洋茶业有限公司(即A&P)"。他们开了连锁店的先河，成为连锁店之父。从1912年起A&P又打出了廉价商品的招牌，经营目标开始转向廉价商品，其基本特征是，停止过去送货到家和赊账的做法，将商品零售价降到最低点，为了确保廉价的实施，连锁店采取硬性措施，各店铺利润率不得超过1.1%。由于坚持廉价营销策略，到1930年，该连锁店组织已发展到15 737家。

1930年以后，由于受1929年经济危机的影响，连锁店处于停滞状态。由于美国出台了《反托拉斯法》和超级市场的兴起，廉价连锁店面临困境。为了适应市场环境的变化，从1936年开始，A&P公司引入超级市场经营方式，从而形成了超级市场连锁组织。

第二次世界大战结束后，美国经济开始复苏，连锁店开始迅速发展起来。20世纪50年代末至80年代，美国进入了一个繁荣发展的黄金时期，人口大量增加，城市迅速扩大。

消费水平大幅度提高，以及商品市场和服务市场逐步走向多样化和成熟化，这些都为连锁经营大发展提供了肥沃的土壤。特别是70年代以后，美国铁路、航空和公路运输的迅猛发展，交通运输现代化保证了全美国范围内及时、快捷的货物配送。同时由于现代高科技的日新月异的发展，计算机的普及、运用，连锁店的总部与各分店的计算机连成网络，商品经营和管理使用条形码、电子扫描、电子收款等现代设备，都促进了连锁店的发展。

从美国及西方一些发达国家连锁店发展的过程可以看出，连锁店的产生和发展需要相应的基本条件：

(1)有较高的工业生产水平。多店铺统一经营要求生产部门提供的包装、规格、质量等方面具备一定的水平，以适应商品品种多样化、选择性强的要求，便于统一经营战略、统一价格政策的实施和技术标准的推广和运用。

(2)国民收入及消费达到一定水平，民众的商品购买力提高。在日常用品和食品领域，集中、大批量、专业化经营是连锁店的优势。这种优势的发挥，要求大多数人的收入达到一定水准，总体消费水平较高。

(3)较好的运输、通讯条件及物流实施。连锁店的店铺分布各地，市场瞬息万变，要求必须有良好的交通运输、通讯等条件，否则，就会因商品运送、总部与店铺间的信息不畅失去市场机会。20世纪80年代连锁店在全世界范围内再度兴起，与世界信息技术和电子计算机的迅速发展不无关系。

(4)统一、开放、有序的市场体制。连锁店广泛分布的店铺实行统一计划、统一战略、统一经营、统一价格的基本条件，首先是不存在地区间的市场分割、封锁及一些非经营的市场壁垒，商品、资金、人才的流动及网点的延伸等只接受市场机制的调节。其次，企业进出市场、竞争行为及负担的市场责任等都应被置于统一、平等、公平和稳定的基础上。

连锁店经营形式是20世纪80年代中期由国外传入我国的，当时主要集中在合资的餐饮业中，如“肯德基”、“加州牛肉面”等。也有少数国内零售企业学习国外的经验，试办连锁商店。20世纪80年代末至90年代初，国内市场疲软，零售企业普遍陷入经营困境，为寻求生存和发展，一些企业从走联合之路，追求规模效益，在大店发展集团化经营的同时，中小型零售企业的连锁经营开始起步。

3.2.3 连锁店的经营形态

连锁店的经营形态按照所有权和经营权集中程度不同，可分为三种。

1. 正规连锁

(1)正规连锁的概念。国际连锁店协会对正规连锁的定义是：“以单一资本直接经营11个以上的零售业和饮食业，也称所有权连锁。”正规连锁与其他形式的连锁店相比，是由单一资本构成，所有权属于同一公司或同一资本所有。只有一个决策机构决定各家连锁店的经营品种，集中进行商品采购，并分销给各家连锁店，统一制定商品价格，采取一致的促销手段和店堂布置，便于统一投资，统一财务管理核算。因此，正规连锁在管理上具有高度统一性。

正规连锁店是美国连锁店的基本形式，它还被称为联号商店、公司连锁、直营联销。欧洲国家也称之为多店铺或多支店连锁。

日本通产省对正规连锁店的定义是："正规连锁本质上处于统一流通阶段，经营同类商品和服务，并由统一经营资本及统一总部集权性管理机构统一领导，进行统一经营活动，由两个以上店铺组成的企业集团。"

(2)正规连锁的特征。第一，正规连锁店的所有权和经营权相统一，即所有成员企业必须是同一个所有者，归属同一个公司、同一个联合组织或个人。各个分店由总公司或总部集中领导，统一管理，如对人事、采购、计划、广告、会计和经营方针策略等全部集中统一；实行统一核算制度，各成员商店的经理及员工是雇员而不是所有者；各分店实行标准化经营管理，即外观相仿、品种相同、商品陈列一致。第二，正规连锁店的上层组织形式有两种：一种是由母公司直接管理，不另设总部；另一种是建立总部，由总部管理连锁店。大型正规连锁店组织体系，一般分为三个层次：上层是公司总部，负责整体事业的组织系统；中层是负责若干个分店的地区性管理组织和负责专项事业的事业部组织；下层是销售分店。

总之，正规连锁店突出的特点是：统一资本，集中管理，分散销售，权力集中，利益独享。其经营优势是：可以统一调动资金，制定统一的经营战略，进行开发和运用整体资源。作为单一资本的所有者拥有雄厚的实力，有利于同金融界、生产部门建立良好的信誉，成为贸易伙伴。在人才培养和使用方面，可以打破分店的界限，便于开发人才资源。在新技术、新产品的开发推广、信息和管理现代化方面容易发挥优势。各分店由于归属同一资本可以更灵活地深入居民销售区扩大销售网络。

正规连锁的不利因素：各分店自主权小，与直接销售人员利益关系不紧密，分店员工与老板是雇佣关系，他们的积极性、创造性和主动性受到限制；大规模的正规连锁店，管理系统庞杂，容易产生官僚化，从而增加管理成本。

2. 特许连锁

(1)特许连锁的概念。特许连锁店也称合同连锁店、加盟连锁或契约连锁店，是一种以契约为基础的零售企业经营方式。美国商务部对特许连锁的定义是：合同连锁指的是主导企业把自己开发的商品、服务和经营系统(包括商标、商号等企业象征的使用、经营技术、营业场合和区域)，以经营合同的形式授予加盟店在规定区域的统销权和营业权。加盟店则必须缴纳一定的营业权使用费，承担规定的义务。

在特许连锁方式下，双方订立契约，特许权授予者允许营销者销售他的商品或使用他的经营方式，并且向营销者提供各种协助性服务。另一方面，营销者除依照特许权授予者的规定，使用其商标、器皿、服务方式外，还要有权力与授予者分享利益。

(2)特许连锁店的特征。特许连锁的最大特征是，有一个盟主，各个成员店在财产和法律上是独立的，加盟店在经营管理上失去自主权，一切要在盟主规定的条件下去经营，双方以特许合同为连锁关系的纽带。

特许连锁的盟主，被称为特许所有方，加盟商店被称为特许权的接受方。特许权所有方一般为大型生产企业、大型零售企业、大型批发企业等，尤其以大型生产企业居多。特许权所有方企业总部，就是特许连锁店的总部，它除向加盟店按合同提供上述和更广泛的特许权外，还负责审查加盟店的资格（审查严格的时间长达一年），选择批准加盟店，制定经营方针，实施统一管理，包括统一进货、统一资金管理、统一结账、统一业务指导、统一培训、统一促销等。

加盟店要按照规定实行统一标志、统一店堂设计、统一商品陈列，执行统一的管理经营方式，甚至统一着装。美国规定加盟店要承担以下义务：维修房屋，因为在财产上是独立的；统一营业时间，使用标准的会议制度；负担必要的保险金，向特许权所有者申请批准广告；从指定供货商进货；遵守人事规定；接受人员培训；随时接受盟主检查；接受地域限制；接受配额条款；服从价格政策；适当向盟主付款。

特许连锁加盟店向盟主付款的项目包括：特许经营费、年度特许权费（按营业额百分比计算）、特许经营包装费、租赁费、开办培训费、场所评价费等。特许连锁的合同长短不一。

特许连锁店的统一程度低于正规连锁店，高于自由连锁；加盟连锁企业独立性高于正规连锁，低于自由连锁；在“统分结合”上更好地发挥了两个优势。盟主无需增加自有资金投资，就可以控制众多独立的店铺，从而扩大经营范围，占据市场，获得利益。加盟店则通过获得经营特许权和整体优势，提高经营水平，降低成本，带来好的经济效益，减少风险，同时又保持了作为所有者的独立性。

3. 自由连锁

(1)自由连锁的定义。自由连锁是一种自由自愿的连锁经济组织，由几个志同道合的单店比较随意组成的连锁集团。“自由连锁”的英文原意是“自发性连锁店”和“随意连锁店”。

美国商务部对自由连锁店的定义：自由连锁店是许多企业自己组织起来的，在总部的指导统治下，实行共同经营。通过集中进行大量采购，统一经销，获得低成本、合理化经营利益，不断提高流通效率的零售商业组织。

由此可得出结论：自由连锁是指一批所有权独立的商店自愿归属于一个采购联营组织和一个管理中心领导。管理中心负责提供货源、推销计划、账目处理等。

(2)自由连锁的特征。从自由连锁店的定义中可以看出自由连锁具有以下特点：成员店的所有权、经营权是独立的；成员店实行单独核算，成员在保持自身独立性的前提下，通过协商自愿联合起来，共同合作，统一进货，统一管理，联合行动；以批发企业为主导，设立总部；共同分享合理化经营利益。

(3)自由连锁店的优点。自由连锁经营形式具有以下优点：成员利益直接，自主经营权较大，有利于协调成员店的积极性和创造性；管理方式既民主又集中，为经营活动带来整体优势和效益，具有较大的灵活性；节约了大量资本，有利于深入居民消费区。

自由连锁店的不利因素：统一性差，经营决策迟缓，成员不稳定，受到地域限制。

(4)自由连锁店的基本原则。自由连锁经营要遵循以下原则：

①统一营销行动原则。在自由连锁经营中总部与成员店必须积极地统一采取营销行动。在总部全心全意为各成员提供支持、指导的同时，各成员要积极与之配合，确保统一营销活动正常有序、整齐划一地进行。

②利益一致的原则。自由连锁总部依靠与各成员店结合获得共同利益。总部的职能与职责在于确保连锁组织各成员利益的实现。总部以组织形式获得的利益，要以培养人才、加强物流系统、信息系统、管理系统等方面的战略再投资的形式向各成员店偿还，以繁荣壮大各成员店，强化连锁经营系统。

③适时调整的原则。在自由连锁活动中，总部要尊重、重视各成员店的营业范围，保证及时配送货物。但这并不等于拒绝各成员店在各自经营范围内彼此之间的有效合理的竞争。因为，有效合理的竞争会给各成员店带来活力，增强连锁竞争力。总部要尽可能调整各成员店之间的过分竞争，化解由竞争造成的不必要的矛盾，稳妥地调整成员相互间的经济利益关系，把竞争引向正当途径。

④造福社会、造福消费者原则。竭尽可能去满足消费者的消费需求，这是连锁经营的主要指导性战略。各成员店与总部要以自己经营的业绩报效当地社区，报效消费者。随时想到自己与消费者是共存亡、共兴衰的关系。要不断取得消费者的信赖，使自己的商店成为当地社区不可缺少的设施，通过为社区服务，进而确保自己商店的发展繁荣。

3.3 超级市场

3.3.1 超级市场的定义与特征

1. 超级市场的定义

著名营销专家菲利普·科特勒认为，超级市场是规模相当大的成本低、毛利低、销售量大的自我服务的经营机构，其目的是为满足顾客对食品、洗涤剂和家庭日常用品的全部需要服务。在我国，超级市场是指采取自选方式，以销售食品为主，生鲜品占一定比重，满足人们日常生活需要的零售店。

2. 超级市场的特征

与其他业态相比，超级市场的特征主要表现在：

(1)商品构成是以食品、衣服、日用杂货等常用必需品为主。初期的超级市场以经营食品为主，现在已扩展到兼营一般清洁用品、化妆品、文具、玩具、家用器皿、五金小工具、杂货及服装、鞋袜等。

实行自我服务和一次集中结算的销售方式。即由消费者自己自由地在货架中间挑选商品，在出口处一次性集中结算货款。

(2)薄利多销，商品周转速度快。超级市场的利润率较其他商品低。

(3)商品新鲜、洁净，明码标价，并在包装上注明商品的质量和重量。

(4)实行商品经营管理制度，按部门陈列商品。超级市场实行高度部门化管理，以商品充足、节约时间、方便消费、提高效率、一次购齐为宗旨。

(5)设有停车场。这是由于超级市场是与开车购物、批量储存、分批食用的快节奏生活方式相联系的。

超级市场的优势在于：由于低价销售，对消费者有较大的吸引力，促进批量购买；由于大量采购，并且从厂商直接进货，减少中间环节，因而进货成本较低；采用自我服务，可以节约人工费用，加上无送货制度，可节约送货费用；商品开架陈列，既发挥了商品的实体诱惑力，刺激顾客购买欲望，又方便消费者的选购。但超级市场也有不利之处：由于没有人员服务，因而缺乏对顾客的亲切感；服务不充分，未能满足希望电话订、送货的顾客需要；同时，盈亏点也较高。

3.3.2 超级市场的产生与发展

如果说百货店的发展是与机械工业文明的发展相适应的，那么，超级市场的发展就是与以计算机为代表的现代信息技术的发展相适应的，其真正发展是在第二次世界大战后新生活开始和信息革命爆发时期。世界超级市场发展的历史表明,超级市场的生存条件是:人均国民收入1 000美元以上,电冰箱普及率在50%以上,千人拥有小汽车100辆以上,生产和包装达到标准化,电脑技术得到一定范围的应用。超级市场产生于1930年的美国纽约,被称为零售业的第三次革命。

1930年8月,具有几十年食品经营经验的美国人迈克尔·库仑(Michael Cullen)在美国纽约州开设了第一家超级市场——金库仑联合商店。当时,美国正处在经济大危机时期,美国的个人消费所得的减少和25%失业率,使美国人的购买力大幅度下降。迈克尔·库伦根据他几十年食品经营经验精确设计了低价策略,并首创按商品品种分别定价方法。他的超级市场平均毛利率只有9%,这和当时美国一般商店25%~40%的毛利率相比是令人吃惊的。低价格深深吸引了购买量少又求廉价的众多美国消费者。为了保证售价的低廉,又必须做到进货价格的低廉,只有大量进货才能压低进价,迈克尔·库伦就以连锁的方式开设分号,建立起保证大量进货的销售系统。他首创了自助式销售方式,采取一次性集中结算,从而大大刺激了顾客购买力的提高。

20世纪30年代中期以后,超级市场这种零售组织形式由美国逐渐传到了日本和欧洲。超级市场以革命性的经营方式在欧美出现后,立即改变了西方零售业普遍不景气的状况。半个世纪间,风靡全球。

在我国,超级市场的引入始于1978年,当时被称作自选商场。由于我国当时的生产、包装、商业机械化条件以及商品的价格都不能与超级市场的运营要求相一致,因而自选商场未能在我国成功发展。但对中国零售业销售方式的变革起到了促进作用。20世纪90年代初期,随着我国经济发展带来的商品供应充足,大众消费的水平的普遍提高,自助式销售装备条件的具备以及连锁经营方式的引进,超级市场再度在我国兴起,并在上海获得成功发展。到90年代中期,超级市场已席卷全国,成为中国发展最快的零售业态之一。截至1998年年底,全国共有连锁超市和便利公司1 150家,共有门市店21 000个,其中年销售额5 000万以上的连锁公司有112家。即使在亚洲金融危机后的经济低迷时期,中国超级市场仍保持着高速增长,涨幅达68%,成为全国商业的最重要的经济增长点,成为流通体制改革中首选的创新业态。在短短的6年时间里,国外用了几十年时间逐渐发展起来的各种超级市场模式,在我国几乎都进入了市场。可以说,超级市场在我国的发展速度是世界上最为迅速的。

3.3.3 超级市场的种类

1. 按组织形式的不同,分为独立超级市场和连锁超级市场

独立超级市场是指单体超级市场,连锁超级市场是指以连锁方式经营的超级市场。20世纪70年代以后,随着超级市场的大型化,连锁超级市场有了迅速的发展。据1986年的统计,居于全美销售额的前五位的都是连锁超级市场。这一现象表明,20世纪80年代的超级市场区域集中化、大型化,尤其是连锁超级市场,具有明显的发展优势。

2. 按照经营特征不同,分为传统超级市场和新型超级市场

(1)传统超级市场。主要以经营食品和日常用品为主,属于专业性零售店。

(2)新型超级市场。它是传统超级市场的发展,提供包括食品在内的生活必需品。主要经营食品、日用杂品、服装、家具、家用电器等商品,属于综合性零售店。在发达型国家,新兴超市在超级市场份额中有不断增加的趋势。

3. 按照经营的面积大小,可以分为大型、中型、小型和自动零售点

(1)大型超级市场。其卖场面积一般在2 500平方米以上。大型超级市场有两个基本特点:第一,经营内容的大众化和综合化,适应了消费者购买方式的变革——一次性购足;第二,经营方式的灵活性和经营内容的组合性,他可以根据营业区域的大小,消费者需求的特点而自由选择店铺规模的大小,组合不同的经营内容,实行不同的营业形势。

(2)中型超级市场。其卖场面积一般在400~2 500平方米。基本特点:第一,商品结构:生鲜食品、衣食用品齐全。重点在商品的深度(指同一商品的规格、等级、品种的多少)。第二,目标顾客:满足消费者中比率最大的中等收入阶层的消费需求。

(3)小型超级市场。其卖场面积一般在120~400平方米。基本特点:第一,商品结构:以购买频率高的商品为主。第二,营业时间不低于16小时。第三,以居民为消费对象,10分钟左右可到达。

(4)自动售货点。即微型超级市场,它是指销售面积在120平方米以下的微型超级市场。

3.3.4 超级市场的业务构成

超级市场的业务流程可包括为"开架售货,自主服务,小车携带,出门结算"。具体由以下环节构成。

1. 设立免费存包处

由于超级市场以"无人售货,自助服务,现款自运"为特征,为便于顾客自选商品和防止商品盗窃,超级市场的入口处往往备有免费存包处。为了减少存包处的麻烦,吸引顾客购买,目前,许多超级市场已不再设免费存包处,而通过计算机等手段加强了防盗措施。

2. 入口处备有购物篮和手推车

为方便自运商品,顾客将选购后的商品放入提篮或手推车内。这一方式给顾客提供了购物的方便,从而大大促进了超级市场的发展。

3. 自选卖场

自选卖场为超级市场的营业场所,里边陈列了应有尽有的各类生活必需品。这些商品多为小包装,上面注明商品的名称、价格、质量、成分、生产日期和厂家、使用方法等,以利于顾客在没有售货员的情况下,能做到自助服务。

4. 鲜活商品冷风柜

丰富多样的鲜活生鲜食品供应是超级市场的重要特征,为了保持商品的鲜度和质量,对鲜活易腐商品多以冷风柜陈列。

5. 讲究的商品陈列

整个超级市场的货物均以顾客自选为主,因此商品的陈列必须简明,方便顾客挑选。一般来讲,商品的陈列必须醒目,顾客一进自选商场,便能清楚地知道要选购的商品在超级市场的那个位置。

6. 标准化包装的商品加工部

较大型的超级市场往往配有自身的商品加工厂,其优点:一是能够切实保障自选卖场所需的各类加工食品的供应;二是为适应消费需求的变化,对食品的加工规格、包装的方面能够做到随时调整,以达到供需一致。若自身不配备商品加工部,便很难做到商品进、销、存流水作业的顺畅进行。

7. 咨询服务员与勤快的上货员

超级市场的重要特征是无人售货，当顾客有什么问题时再到咨询处询问服务员，显然所需的服务员数量要比售货员数量少得多。顾客不断取走货架上的商品，上货员就要不断地从商品加工部及时取来商品进行补充，使货架上的商品随时保持充盈和新鲜。

8. 备有电子收款机的结算处

顾客将手提篮中或手推车上的物品自运到出口处，现金付款，电子机开出收款票据。电子收款机往往同超级市场的销售终端联网，超级市场的管理人员通过销售终端及时掌握不同商品的销售状况、库存状况、盈亏状况。通过计算机系统自动提报订货数量，进而保证外部供应—内部加工—货架上货流水作业的顺畅运行。

3.4 专 业 店

3.4.1 专业店的定义与特征

1. 专业店的定义

专业店也称专业商店，著名市场营销专家飞利浦·科特勒认为："专业商店经营的商品较为狭窄，但商品的花色品种较为齐全。例如服饰店、体育用品商店、家具店、花店和书店均属专业零售商店。"

在我国，专业店一般是指经营某一大类的商品，导购员均有丰富的专业知识并提供适当的售后服务，满足顾客对某大类商品选择需求的零售店。

2. 专业点的特征

专业店的特征主要有：经营品种单一，但商品的规格、档次、花色样色齐全，能够满足顾客的选择性需求；有明确的目标市场，针对性强，对消费者需求反应敏感；经营方式灵活，可以与厂商合作；经营特色明显，个性化突出；售货员对自己所售商品有相当的专业知识；对顾客的服务成系列化的售前、售中、售后服务。适合于专业商店经营的商品及品种主要有：

(1)花色品种繁多，需求变化快，挑选性及时间性极强的服饰、纺织品、鞋帽等商品；

(2)商品构造复杂、经营技术要求高或需要提供售前售后服务的钟表、服装、照相器材、家用电器、药品等商品；

(3)鲜活商品以及用于采购加工、保管调价需要专营的蔬菜、水果、鱼肉、糕点、茶叶、肉制品、风味食品等商品；

(4)需要某些专业知识及经营技术的金银制品、文物、工艺美术等商品。

3. 专业店的类型

按照经营商店的特点，可将专业店分为 5 种类型。

(1)贵重品专业店。包括专营钟表、皮草、金银首饰、手工艺品的商店。

(2)耐用品专业店。包括专营电视机、电风扇、电冰箱、洗衣机等电器商品的商店。

(3)规格型号要求严格的商品专营店。包括专营五金、电料、药品的商店。

(4)花色品种选择性强的商品专营店。包括专营棉布、丝绸和服装的商店。

(5)生活用品专业店。包括专营粮、鱼、肉、煤炭等商品的商店。

3.4.2 专业商店的生产与发展

专业商店的生产与发展大体上可分为 3 个阶段，既独立化阶段、专业化阶段和成熟化阶段。

1. 独立化阶段

最早开设店铺的手工工匠，后来随着生产力的发展和交换模式的日益扩大，专门从事商品经营而不从事商品生产的商人出现了，随之，独立化的专业商店便产生了。

专业商店是独立化“行商”发展为“坐商”的结果。西欧商人的出现，大多以长途贩运为主，统称为行商。随着城市的发展，一些行商开始定居城市并加入城市行会。早在路易十三时代，就有一些行商告别浪迹天涯的生活，在城市中开小店铺，与工匠为邻。除了一些杂货店外，还出现了一些专门形式的商店，诸如按斤两出售的食品店；按尺寸出手的绸布店；按件数出售的五金店等。到了17世纪，店铺蓬勃发展，城市中临街建筑几乎都被改造成店铺。商店很注重装饰，他们争相安装镜子、金色廊柱以及青铜的灯饰等，以显示其豪华气派。

2. 专业化阶段

18世纪时，西方零售业主要形式是杂货店，常采取物物交换和赊销的形式，提供日常所需的用品，遍布城乡。19世纪上半期，是西方专业商店发展最为迅速的时期，但大多数以小店铺为主。城市的发展，市城市居民产生了对特定产品的需求，各类专业商店应运而生。

工业的发展，改变了人们的生活方式，休闲阶段的产生，漂亮的女士掀起了一股消费的浪潮，这股浪潮使专业商店发生了分化。一部分成为满足人们日常需求的专业店，例如：肉店、面包店、鞋店、帽店和食品杂货店；另一部分成为满足人们新潮消费的精品店，例如：时装店、珠宝店、首饰店、香水店、化妆品店等。这种专业商店常常汇集着各种名牌产品，质量优良，价格也昂贵。这两类专业商店发展的结果，形成了西方城市中的两种商业区，前者为穷人区，后者为富人区。

3. 成熟化阶段

第二次世界大战后，专业商店向高档化发展。专业商店在人们脑海里已不再是肉店、菜店和粮店，而是时装店、香水店、电器店等。

时装类商店的高档化时期风光一时。20世纪70年代以后，大型百货商店为了与各类自选市场竞争，放弃了过去廉价货全的特色，开始突出按专业化，并提高商品档次，重点经营女用饰品和服饰用品，每个商品部都可以成为一个独立的专业商店。这样使百货商店走出了困境，却使专业商店举步维艰，特别是一些世界级名牌时装专业店，品牌单一，顾客有限，只好靠开拓其他高利的产品维持经营。

3.5 其他业态

3.5.1 便利店

便利店一般是指以经营即时性商品为主，一般以便利性需求为宗旨，采取自选式购物方式的小型零售店。便利店产生于20世纪30年代的美国，营业时间从早上7点到晚上11点，故称“7—11”商店。目前这种便利店的营业时间已变成24小时全天营业，而且每周7天营业，但仍沿用“7—11”这个早已深入民心的名称。

便利店之所以兴起并得到较快的发展，是由于西方国家的购物中心一般都设在郊区，多数居民每周一次开车采购大批下周需用的物品。但是，也有临时就近购买一些日常用品的需要，便利店就是适应居民这种需要而产生和发展起来的。便利店之所以能够普遍地吸引顾客，其一是名副其实的便利。目前这类商店约有70%实行每天24小时服务，能使顾客购物得心应手，特别是可以适应许多消费者的“夜”生活。其二是经营品种的多样化。仅在C型商店(Convenience Store)中，所经营的品种就有香烟、饮料、速食品、乳制品、日常用品、健康美容用品等，而且还兼卖杂志、期刊、兼营录像带的租赁业务、照片冲洗业务等。在另一种G型商店(Gas Store)，除了经营上述商品外，还设有加油服务、公共电话服务，顾客驾车至此，人和车的需求都可以得到满足。因此，多样化的经营使这种商店既可增强便利效果，又能刺激人们的购买欲望。便利店的基本特征是：

(1)一般为独资经营或合伙经营的小商店，经营面积一般只有几十平方米，也有一些大公司经营的小商店；

(2)营业时间一般从早上7点到晚上11点，有的甚至是全天24小时服务，而且一年中没有休息，所以顾客可以在任何时间购物；

(3)店址一般处于居民区内，或设在街头巷尾、车站码头以及高速公路两旁，以便于居民或来往行人、旅客随时购买；

(4)经营商品主要是方便食品以及便利性服务；

(5)商品起点低，顾客可以根据需要购买，需要多少，购买多少，不必像在超级市场那样需要成批成包的购买；

(6)便利店的毛利、销售价格较高。美国便利店的价格比超级市场高10%～20%。

3.5.2 仓储式商店

仓储式商店是指以经营生活资料为主的，储销一体、批量销售、实行会员制的商店。这种商店内部包装简陋，服务有限。主要出售顾客需要选择的大型、笨重的家用设备，如家具电灶、冰箱、电视机。每种商品都有价格标签，有顾客自己在选好的商品包装上划价。顾客选中商品，即可付清货款，并在仓库取货，并自行运走。世界上最早的仓储式商店是1964年在德国开业的麦克隆，也有人说是1968年在荷兰建立的万客隆。中国第一家仓储式商店是1993年8月8日开业的广州天河广客隆。

仓储式商店将商品的销售与储存场所合二为一，减少经营成本，降低了流通费用。在营业场所装饰上，只求为顾客提供一个宽敞、舒适、朴实无华的购物环境。商品大部分采用开价销售、顾客自选的形式，节省了人工服务的费用。因此，仓储式商店与其他商店比，价格普遍低10%～30%左右。仓储式商店是一种经营中低档商品、廉价商品的零售企业。

仓储式商店有两种类型：食品仓储式商店和家具仓储式商店。商店的店址多选在租金比较廉价的地段。食品仓储式商店大多开设在因不能盈利而废弃的商店场地，或者是改建的建筑物内。

因此，仓储式商店的突出优势是：以廉价吸引顾客；投入费用低；为顾客提供较为完善的自我服务设施。但也有其明显弱势：如广告宣传费用较高；存货多，容易积压资金；在通货膨胀的压力减少到最低限度以下时，仓储式商店会失去价格优势。

3.5.3 购物中心

根据国际购物中心协会的定义，购物中心是指商业企业的一个集中设施，按其商圈选择设施的位置、规模和形态，并将之以设施的多种店铺作为一个整体来计划、开发、所有和经营，同时拥有一定规模的停车场。由此可见，购物中心既不是一种企业，也不是一种业态，而不过是由众多店铺构成的一个集中购物设施。

作为一种商业聚集形态，购物中心与商业街有很多相似之处，但也存在这区别。一是在选址上存在的区别。商业街在市内中心处或其他交通方便、居民相对集中的地区，而购物中心一般则在郊区。而实际化程度或组织化程度的区别。商业街虽有“法人化”的合作组织，并有一定程度的统一行动计划，但是，商业街的单体商业组织并不是百分之百的加入“法人化”合作组织，采取统一活动，因此商业街的组织率是较低的。相反，购物中心一开始就是由某个组织所开发的，因而有相当密集的专业化分工和经营管理计划，购物中心的加盟者一开始就要遵守开发者制定的规则，接受开发者的专业风光，因而其组织率是很高的。三是功能上的差别。商业街也具有购物以外的其他功能，但是，由于它一般处于城市的中心部或交通方便、流通性人口集中的地区，因而非购物功能是以体现城市形象与城市风格为主。而购物中心则大多地处城外的郊区，因而非购物功能不必以体现城市形象与城市风格为主，而要以弥补或模仿城市功能为主，并应提供商业街所不具备的其他功能。与其他业态形式相比，购物者中心有其自身的特点：

(1) 购物中心是开发者将其作为一个整体单位开发、所有与经营的，是开发者有计划建设的零售商业的集中场所，因此，购物中心经营的绩效常常决定于开发者的计划性；

(2)购物中心不仅提供购物场所，而且还提供美发、美容、洗衣、照相、旅游咨询、金融、电子娱乐等多种服务；

(3)购物中心内的零售业态比较全面，经营商品的种类与品种齐全，以满足顾客“一站式购齐”的需要；

(4)购物中心内有一定数量的全国知名的核心商店，以提高其名誉；

(5)购物中心有较高的组织化差异程度和较为统一、协调的营销策略；

(6)购物中心有宽敞的停车场，以方便驱车购物的顾客。

购物中心的主要功能是购物、休闲娱乐。购物中心的首要功能是提供齐全的商品，从所提供商品来说，购物中心即不同于百货商店，也不同于超级市场。百货商店的目标市场是购买高档和中档商品的顾客，超级市场的目标市场是普通大众，而购物中心的目标市场是由内部的各个商店来体现，因此，它包括了各个层次的顾客。当然，不是每个购物中心都经营相同档次的商品，购物中心的规模不同，所处地域不同，所提供的商品类别与档次不同。但总体上来讲，购物中心所提供的商品种类一般要远远超过单体零售商所提供的商品种类。同时，购物中心内的各个商店都有自己的目标市场，各家商店也都具有自己独特的风格和特色。

购物中心的另一个功能就是向顾客提供休闲和娱乐服务。顾客来到购物中心，不仅可以买到各种商品，而且可享受各种现代化的服务。购物中心除商店以外，还有满足顾客日常生活需要的休闲、娱乐或运动设施，并定期举办休闲、娱乐性活动。因此，世界各国的购物中心已逐渐成为顾客休闲、娱乐的好去处。

购物中心也是多种类型的。根据国外一些国家对购物中心的分类，主要有3种类型：一是居民区购物中心。这是居民区内为附近居民服务的小型购物中心，主要经营食品杂货，提供洗衣、修理、理发等服务。二是社区购物中心。这是比居民购物中心大的中型购物中心，主要经营便利商品、服装、家具等选购品。三是地区性购物中心。这是一种大型购物中心。这种购物中心规划统一、建筑现代化、服务内容齐全。

3.5.4 专卖店

专卖店是指专门经营或授权经营制造的品牌商品，适应消费者对品牌选择需求的零售业态。专门店具有如下特征：

(1)选址在繁华商业区、商店街或百货店、购物中心内；

(2)营业面积以著名品牌、大众品牌为主；

(3)销售体现量小、质优、高毛利；

(4)商店的陈列、照明、包装、广告讲究；

(5)采取定价销售和开价面售；

(6)营业面积根据经营商店的特点而定；

(7)注重品牌名声，从业人员具备丰富的商品知识，并提供专业知识性服务。

3.5.5 无店铺零售业

零售业除了上述各种固定场地的类型外，还有无店铺的零售企业。目前，无店铺零售业主要有 4 种形式，即邮购商店、自动售货、电视售货、访问售货。

邮购商店是指利用邮件接受订单，并通过邮局或其他公共发运机构进行发送的零售商业组织。邮购商店的主要特征是：经营成本一般较低，零售设施简单；能使顾客在他们的任何空闲时间购买，因而在时间上为消费者提供便利。邮购商店的主要缺点是：必须提供必要的退货、退款保证。印刷商品目录需要较多费用；消费者在购买之前不能对商品进行检验，因而影响消费者的购买决策。

自动售货是指通过自动售货机进行的售货。自动售货机一般设置在车站、码头、机场、运动场、影剧院、工厂、学校、办公大楼、人流必经的通道，以及烟店、糖果店和百货店内等场所。使用自动售货机售货，是消费者的付款、取款这一购买过程变成了完全独立自主的意志行为，从而标志着“以消费者为中心”的全新的零售经营方式的出现。此外，使用自动售货机售货，不受时间限制，全天候服务，节省人力，卫生方便。

电视售货是指利用有线电视、电报电话等传媒进行的售货。这种售货方式是最近几年在美、日等发达国家刚刚兴起的零售商业形式。专家们预计随着有线电视的普及和购物观念的转变，电视售货将逐渐为人们所接受。

访问售货也称上门推销，即由售货人员亲自上门、挨家挨户地推销商品。推销的商品多为化妆品、服装、食品及报刊杂志等便于携带的商品。访问售货的优点是方便消费者，又不需要大量的资本；缺点是顾客不能在众多的商品中进行价格和品质的比较，而且容易使顾客产生反感，不容易成交。

值得指出的是，随着信息时代的飞速来临，电子商务作为一种新兴的商业形式，给世界经济带来了一个全新的概念。电子商务是以互联网为构架，以交易双方为主体，以银行支付和结算为手段，以客户数据库为依托的全新的商业形式。它利用电子手段从事一切交易活动，用虚拟的数字世界模拟现实的商务操作。电子商务把企业商务活动和资源管理整合在一起，重组业务流程，提高营业效率，降低经营成本，建立协同运行机制，把企业管理提高到新的水平。它为企业提供了全球性的贸易环境，大大提高了通讯速度、节约了管理环节的开销、增强了企业之间的交流与合作、提供了交互式的销售渠道，还给消费者提供了多种消费选择，大大方便了消费者。在数字化网络化与信息化的时代中，电子商务以其高效率、低成本、快速通讯、公平竞争、全天候服务等优点，受到了世界各国的重视，以不可抵挡的势头在世界范围内普及和发展。

在我国，电子商务的发展经历了从初步认识、广泛关注到应用性发展的不同阶段。电子商务的兴起必将给人们的生活方式、消费观念和习惯、购物方式等带来重大的变化或变革。因此,电子商务的最直接形式——网上购物也将成为最普遍的购物和销售方式。

3.6 零售业态的选择标准和评价

3.6.1 相似业态分析

零售业态的一两个组合要素发生变化就有可能产生新的业态。因此,不同业态之间,存在着诸多的相似性,甚至很难分辨。找出相似业态的不同组合要素,是区别它们的最好方法。

1. 百货店≠购物中心

严格来说,购物中心不是一种零售业态,它是指汇集多种零售业态的场所,其所有者多要从事物业管理、入租店铺管理,一般不从事商品销售事物。百货商店有时是购物中心的主题商店,并且直接从事商品销售活动。

2. 大型超市≠仓储式商店

大型超市与仓储式商店有诸多相似性,即二者都具有较大规模,设在城乡结合处,采取自我服务方式等。但是二者也有很大的不同,主要体现在大型超市比仓储式商店的商品更为丰富,装修也好些,价格略高;定位不同,大型超市的目标顾客为家庭主妇,仓促式商店的目标顾客为中小商人和团体;销售方式不同,大型超市拆零销售,仓储式商店成打或整箱销售。

3. 小型超市≠便利店

小型市场和便利店几乎是同等规模,但差别很大。主要是目标顾客不同,超市无论大小,目标顾客都是家庭主妇,而便利店的目标顾客是青年男士和青年女士;小型超市主要提供家庭生活日用品,便利店主要提供随即需要的便利品,满足便利的需要;小型超市出入口分开,便利商店出入口合一并且是敞开式。中国早期的便利店,其形式是便利店,其功能是大型超市。

4. 自选商场≠超级市场

自选商场不是一种零售业态,只是一种售卖方式——顾客自我选择购物。超级市场、折扣商店、仓储式商店、便利商店等都采取了这种形式,从这个意义上说,他们都是自选商场。但是,以经营食品为主、生鲜品占一定比重的自选商场才能成为超级市场。

5. 专业商店≠专卖店

专业商店是指专门经营某一类商品的商店,它常常汇集许多品牌和款式,满足顾客多种品牌和款式的需要;专卖店是指专门经营某一品牌商品的商店,它常常汇集同一品牌的一类或几类商品,满足顾客对这个品牌的需求偏好。

3.6.2 零售业态的选择标准与评价

零售业态选择的评价,包括两个意义:一是判定某种零售店铺是否成为一种零售业态;二是判定这种业态是否优良。

1. 判定零售业态的标准

零售店铺分为业态店和业种店,这意味着不是每一种零售店都是业态店。判定一种零售店是否成为一种零售业态,其标准至少有以下三个:

(1)组合独特性。业种店仅是强调商品组合的不同,因此只要变换店铺商品结构,就会创造的不同的业种店。而业态店强调目标顾客需求的独立性,为了满足这种需求而进行一系列的销售要素组合,以形成独特的店铺形式。如超级市场满足的是家庭主妇对日常生活用品一次性购足的需求，其相应的组合要素为自我服务方式＋以实物为主的日常用品＋简洁的店铺装饰等。

(2)广泛的影响。零售业态应该具有广泛的影响性，即对传统的零售业态形成巨大的冲击，对零售业的发展作出了贡献，地区分布也较为广泛。如百货店首创了顾客自由出入、固定价格、可以退货的售后方式，其早期开业曾使附近诸多小商店破产，并成为遍及世界的店铺形式。

(3)模仿流行性。零售业态不仅应具有独特性和广泛的影响性，而且是可模仿、易流行的。世界上仅有一家或几家的店铺形式，即使再具独特性和影响性，也不可能成为一种零售业态。

2. 判定零售业态的优劣

判定一种零售方式是不是一种零售业态，自然是一件有意义的事情。但更有意义的是判定一种零售业态的优劣。只有这样，才能在实际经营决策中进行正确的业态选择，发展具有优势的业态。判定业态优劣标准有：

(1)竞争优势性。具有竞争优势，是指它具有一定的生存空间。与其他零售业态既存在着直接竞争关系，又存在着互补关系，表明其具有不可替代性。同时，在满足特定目标顾客的需求方面，有着自己独特的优势。如便利店的巨大优势是为青年男士和青年女士提供便利，超级市场的最大优势是为家庭主妇提供一次购足的日用品，仓储式商店的最大优势是为批量购买者提供廉价的商品等。

(2)连锁适应性。现代零售业已进入了规模竞争时代，这种规模竞争的优势并不是来自单体店铺的规模，而是来自于多店铺的连锁化发展。因此，再好的零售业态，如果不适应连锁化发展，就不是一个具有优势的业态。它可能取得一时的成功，但不可能长久。传统百货商店的连锁适应性就较差，因此目前面临困境。它要摆脱困境，就要缩小单体店规模，使其适应连锁化发展。

(3)具有“两便性”。现在顾客追求两便性：即便宜价格和便利性。二者具备，店铺可兴隆；二者具其一，店铺可生存；二者皆不备，必死无疑。因此一种具有竞争优势的零售业态必须满足顾客两便性要求。当然，这里的便宜，并非指低价，而是指物有所值。

近几年，一些中国著名零售企业在进行规模扩张时，缺乏业态优劣的评估意识，盲目发展已经入成熟期的业态，结果陷入困境。理论和实际都证明，应该发展那些具有经济优势性、连锁适应性、运营两便性的业态。

本章小结

本章主要介绍了零售商业的基本业态形式，即百货商店、超级市场、专业商店、连锁店及便利店、购物中心、无店铺零售业等其他业态形式；描述了各种业态产生与发展过程；阐述了各种业态的定义与特征；探究了选择零售业态的评估标准。零售商业的基本业态形式包括：百货店；仓储式商店；超级市场；购物中心；专业店；大型综合超市；连锁商店；专卖店；便利店；无店铺零售业。

在零售业态发展过程中产生了三次革命性的变革：百货店的产生被称为零售业的第一次革命；连锁店的产生被称为零售业的第二次革命；超级市场的产生被称为零售业的第三次

革命。

各种零售业态的产生和发展都与不同的生产力水平和经济发展的不同时期相联系，同时也使其具有不同的经营特征和优势。百货店的特征：拥有宽敞的营业空间和舒适的购物环境；在管理上实行商品部制；多位于城市中心或交通要道；多采用传统的柜台售货方式；经营商品范围广泛，种类繁多；功能多样化。

百货店的经营优势：经营范围广泛，可以使顾客在百货店内一次性购齐所有的生活用品；采用明码标价制度，给顾客以信赖和安全感；多设在繁华地段，可吸引众多顾客。

超级市场的经营特征：商品构成以食品、服装、日用杂货等日常必需品为主；实行自我服务；商品新鲜、整洁和一次性结算的售货方式；薄利多销，明码标价，包装上注有商品质量和重量；实行商品经营管理制度，按部门陈列出商品；设有停车场。

连锁店的经营优势：商店市场范围大；商店知名度高，容易得到消费者认可；有利于强化采购；有利于强化销售；有利于降低成本；可以利用各种媒体进行宣传，降低宣传费用；为运用现代化管理手段提供了条件，从而提高管理效率。

超级市场的经营优势：进货成本较低；由于低价销售，对消费者有较大的吸引力；采用自我服务，可以节省人工费用；商品开架陈列，方便消费者的选购。

连锁店的经营形态：

正规连锁——统一成本，集中管理，分散销售，权力集中，利益独享。

特许连锁——各加盟店在财产和法律上独立，但在经营管理上失去自主权，一切要在盟主规定的条件下经营，双方以特许合同为连锁关系的纽带。

自由连锁——成员店的所有权、经营权独立，实行自愿联合，统一进货，统一管理，独立核算，共同分享合理化经营的利益。

零售业态优劣的判定标准：竞争优势性、连锁适应性、运营“两便性”。

学习自测题

一、名词解释

百货店　超级市场　专业商店　连锁店　正规连锁　特许连锁　自由连锁　便利店　仓储式商店　购物中心　邮购商店　访问销售

二、判断题（判断正误并说明理由）

1. 超级市场的产生被称作零售业的第一次革命。（　　）

2. 百货商店是实行自我服务和一次性集中结算的售货方式；专业商店的特征之一是经营品种繁多，且规格、档次、花色、式样齐全。（　　）

3. 特许连锁是所有权与经营权统一集中。（　　）

4. 自由连锁店的突出特征是：统一资本，集中管理，分散销售，权力集中，利益独享。（　　）

5. 自由连锁的集中程度低于正规连锁，高于特许连锁。（　　）

6. 购物中心的主要功能是集中购物。（　　）

三、选择题（将正确的答案填在括号内）

1. 百货店发展到现阶段，其主要形式有（　　）

A. 独立或单体的百货店　　B. 连锁百货店
C. 百货商业集团　　D. 大型百货店

2. 超级市场的业务流程可以概括为(　　)。
A. 开架售货　　B. 自主服务
C. 小车携带　　D. 出门结算

3. 连锁店的产生与发展需要具备相应的基本条件是(　　)。
A. 具有较高的生产水平
B. 国民收入及消费达到一定水平,民众的购买能力较高
C. 有较好的运输、通讯及物流条件
D. 统一、开放、有序的市场体系

4. 特许连锁方式包括的当事人有(　　)。
A. 政府主管部门　　B. 特许权授予者
C. 特许权被授予者　　D. 经营者

5. 自由连锁经营的基本原则是(　　)。
A. 统一营销行动原则　　B. 利益一致原则
C. 适时调整原则　　D. 造福社会、造福消费者原则

6. 购物中心的主要功能是(　　)。
A. 购物　　B. 休闲
C. 娱乐　　D. 仓储

案例分析

"集市贸易作为最古老的贸易形态在我国已有数千年的历史。但是,在现代化超级市场的挤压下,集贸市场的生存空间越来越小,在有些国家,集贸市场已经被赶到了城市狭窄偏僻的小巷之中。在我国一些学者也指出,传统集贸市场的弊端很多,主张应该逐步实现由现代超市与便利店替代传统的集贸市场。许多城市的政府部门也都在积极开展对集贸市场的整治工作。据悉,一些城市将在今后3~5年内,关闭所有集贸市场。"

(资料来源:作者根据相关资料整理)

案例思考:

请根据你对集贸市场的理解,评述上述材料,并谈谈集贸市场在中国是否还有生存空间。如果没有生存空间,请说明理由;如果有生存空间,请谈谈今后集贸市场的发展走向,以及在发展中应注意的问题。

第 4 章　零售选址与店铺管理

学习目标

本章首先介绍了零售商圈的概念和确定方法；然后介绍选址的原则和步骤以及店铺设计原则和方法；最后阐述了商品陈列的原则与方法。完成本章学习后，您应该能够：

(1)概述商圈的定义及商圈层次的划分。

(2)分析商圈的影响因素。

(3)简述商圈的理论与方法。

(4)阐述选址的原则。

(5)说明选址的步骤。

(6)概括店铺设计的原则与方法。

(7)指出商品陈列的原则。

(8)描述商品陈列的功能、方法与技巧。

(9)熟记下列概念：商圈；选址；集客地；卖场与通道；商品陈列。

学习重点

(1)商圈的概念与商圈层次的划分。

(2)选址的原则与步骤。

(3)店铺设计的原则与方法。

(4)商品陈列的原则与方法。

学习难点

(1)确定商圈的理论。

(2)店铺设计的方法。

(3)商品陈列的方法。

教学建议

(1)用案例教学法讲解商圈测定的理论与方法。

(2)观看店铺设计与商品陈列录像资料。

(3)组织学员到附近的零售商店参观店铺设计与商品陈列,并请专业人员讲解、说明。

引导案例

零售商业企业选址的智慧

20世纪初,永安公司计划到上海开大型百货店,当时商界并不清楚南京路上是路南人流大,还是路北人流大,也没有人关心人流中的特色。永安的总经理派了两个人站在南京路的两边,从早到晚用取豆的方法计算过往的人流,结果发现路南人流量更大,而且南京路以南是富人聚居地,他们购物总是先逛路南,于是永安公司选择了路南。据说,开业前,永安百货库房中存有预期为3个月的货物,但开业后20天内,这些存货就卖了大半。

许多人自然将这个销售业绩与选址结合在一起,更多的人则喜欢将以下这句话作为零售企业的经营秘诀:Location,Location,Location(店址,店址,店址)。在西方,零售业被看作是选址的产业,足见选址在零售企业经营中所起的作用。

既然选址的重要性不言而喻,那么,怎样的零售商业企业选址才是合理的?合理选址受哪些因素的影响?换句话说,零售商业企业的合理选址又有哪些标准可循呢?零售商业企业的选址决策是一项复杂的系统工程,它要受到人口、经济、政治、法律等诸多因素的影响。

大润发选址时主要考察人口数、考察商圈内现有竞争者的数目与规模、不同竞争者的优势与弱势、市场饱和程度等;佳世客虽同样注重交通的畅达程度以及商圈的人口,但更侧重分析未来5~10年内人口、社会经济发展变化情况;而注重服务专业客户的麦德龙,则更为关注当地工商业的发展程度、城市经济发展潜力以及该地区与其他城市的交通状况;相比之下,国际知名快餐连锁店赛百味的表述则更为简单易记,据说其独有的"PAVE"方案是它通行全球的一大保障。"P"指人口,必须要求附近具备一定数量的居民或是流动人口;"A"指容易接近性,即是不是容易达到,交通是否便利;"V"指可见性,是不是能够被路人一眼看到;"E",指顾客的有效消费能力。下面分别对选址可能的影响因素进行分析和阐述:

(1)人口因素。包括人口规模与人口密度、人口年龄性别、人口教育文化水平和职业。

(2)经济因素。购买力指数是国际上通用的评估某一地区市场需求总量的有效方法,消费者的收入水平、消费状况都是影响选址的重要因素。

(3)竞争因素。零售企业周围的竞争情况对零售企业经营的成败产生巨大影响,因此在选址时必须分析附近的竞争对手。不同企业之间既有趋异性也有趋同性,相辅相成又互相竞争。

(4)交通因素。交通便利可以把较远地方的人带进来,也方便购物的人群走出去。交通便利已成了现代零售业必须考虑的重要因素。比如,交通便利就是家乐福选址的首要因素,家乐福开店选址的条件有三:交通方便;人口集中;两条马路交叉。家乐福的法文名字 Carrefour 正是十字路口的意思。

(5)城市规划。城市总体规划和详细规划都根据城市现状和发展要求对商业中心的分布、商业建筑的布局等作出一系列的规定。选址应重视城市规划的设计,服从城市总体发展的要求。不仅要考虑区域现状,还要了解未来的发展变化,尤其要了解城市建设的长期规划。

以上从五个方面对零售企业的选址因素进行了分析说明,在实际的操作中除上述所分析的条件外,要联系实际情况,如企业自身的特点、资金状况、价格因素等等,深入实际认真调研,作出合理科学的判断。

(资料来源:周博芳．勺海(北京)市场研究公司研究员,2009.07.22)

店铺选址对有店铺零售商业具有特别重要的意义,要进行科学的选址首先要确定商圈。所谓商圈是指店铺能够有效吸引顾客来店的地理区域。商圈大小受许多因素的影响,可使用零售引力法则、零售饱和理论、霍夫模型等方法对商圈进行测定。在测定商圈的基础上通过地区分析、商业分析和具体位置分析来选择、确定理想的店铺位置。理想的店铺位置应该是商业活动频繁、人口密度与客流量大、交通便利、接近集客地以及同类商店集聚的地区。另外,对于店铺零售商业来说,店铺设计与商品陈列也是非常重要的。店铺设计包括外观设计与内部设计两个部分。外观设计包括建筑造型与门面设计、招牌设计和橱窗设计;内部设计包括卖场设计、通道设计、货柜货架设计、照明及音响设计等。商品陈列也是店铺管理的重要内容,对促进商品销售具有重要作用。因此,应按商品陈列的基本原则,采用科学的方法进行商品陈列。

4.1　零售商圈的确定

4.1.1　商圈的概念

1. 商圈的定义

商圈是指店铺能够有效吸引顾客来店的地理区域。这里的“有效”是针对顾客而言的,即顾客能够并愿意来店。对有店铺零售业来说,店铺的销售活动范围通常都有一定的地理界限,即有相对稳定的商圈。不同的零售店铺由于所在地区、经营规模、经营方式、经营品种、经营条件的不同,其商圈规模、商圈形态也不同。同样,一个零售店铺在不同的经营时期会受到不同因素的干扰和影响,因此,其商圈也不是固定不变的,商圈规模时大时小,商圈形态也表现为各种不规则的多角形。商圈对零售业的经营具有重要意义,是店铺选址的基本依据。

2. 商圈的层次

商圈可分为三个层次,即核心商圈、次级商圈和边缘商圈,如图 4.1 所示。

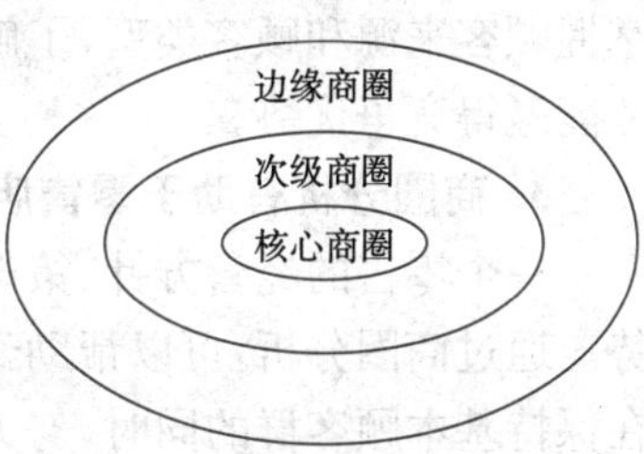

图 4.1　商圈的三个层次

(1)核心商圈。核心商圈是指最接近店铺的区域,在这个区域内顾客来店购物最方便。一般来说,小型店铺的核心商圈在 0.8 千米之内,顾客步行来店在 10 分钟以内;大型店铺的核心商圈在 5 千米以内,无论使用何种交通工具,顾客来店在 20 分钟以内。核心商圈的顾客大约占 55%～70%。

(2)次级商圈。次级商圈是指核心商圈的外围区域,在这个区域内顾客来店购物比较方便。一般来说,小型店铺的次级商圈在1.5千米以内,顾客步行来店在20分钟以内;大型店铺的次级商圈在8千米以内,不论使用何种交通工具,顾客来店不超过40分钟。次级商圈的顾客大约占15%~25%。

(3)边缘商圈。边缘商圈是指次级商圈以外的区域,在这个区域内顾客来店购物不够方便。一般来说,小型店铺的边缘商圈在1.5千米之外,顾客步行来店在20分钟以上;大型店铺的边缘商圈在8千米以外,不论使用何种交通工具,顾客来店要在40分钟以上。边缘商圈的顾客大约占10%左右。

3. 商圈的顾客来源

每一个零售店铺都有其特定的商圈范围,在这一范围内,店铺服务的对象即顾客来源,可分为三部分。

(1)居住人口。居住人口是指居住在店铺附近的常住人口。这部分人口具有一定的地域性,是核心商圈内基本顾客的主要来源。

(2)工作人口。工作人口是指那些并不居住在店铺附近而工作地点在店铺附近的人口。在这部分人口中有不少人利用上下班就近购买商品,他们是次级商圈中基本顾客的主要来源。一般来说,零售店铺附近工作人口越多,潜在的顾客也就越多,商圈规模也就相对扩大。

(3)流动人口。流动人口是指在交通要道、商业繁华地区及公共场所过往的人口。这些流动人口是地处上述地区零售店铺的主要顾客来源,同时也是边缘商圈的基本顾客。零售店铺周边的流动人口越多,可以捕获的潜在顾客也就越多。

4.1.2 商圈分析

商圈分析是指经营者对商圈的构成情况、特点、范围以及影响商圈规模变化的因素进行实地调查和分析。商圈分析是选择店址,制定、调整经营方针和策略的重要依据,其重要性主要体现在以下几方面:

1. 商圈分析是店铺选址的重要前提

零售店铺在选址时,总是力求较大的目标市场,以吸引更多的目标顾客。为此,首先要明确商圈的范围,了解商圈内人口的分布情况,以及市场、非市场因素的有关资料。然后,在此基础上,进行经营效益的评估,衡量店址的使用价值,按照设计的基本原则,选定合适的地点,使商圈、店址、经营条件协调融合,创造竞争优势。

2. 商圈分析有助于零售店铺制定竞争策略

在日趋激烈的市场竞争环境中,为了获得竞争优势,仅仅使用价格竞争手段是不够的,而必须广泛使用非价格竞争手段,如改善店铺形象、完善售后服务等。为此,必须进行商圈分析,掌握顾客来源和顾客类型,了解顾客的不同需求特点。只有投顾客之所好,赢得顾客的信赖,才能赢得竞争优势。

3. 商圈分析有助于零售店铺制定市场开发战略

一个零售的经营方针、策略的制定或调整,取决于商圈内各种环境因素的现状及发展趋势。通过商圈分析,可以帮助经营者明确哪些是本店的基本顾客群,哪些是潜在顾客群,从而在保持基本顾客群的同时,努力吸引潜在顾客群,扩大商圈范围,提高市场占有率。

4. 商圈分析有助于零售店加快资金周转

零售店经营的重要特点是流动资金占用多,要求资金周转速度快。零售店的经营规模受商圈规模的制约，而商圈规模又会随着经营环境的变化而变化。当商圈规模收缩时，零售店的经营规模就要进行相应的调整，否则，就有可能导致一部分流动资金的占压，影响资金周转速度，降低资金利用率。因此，适时进行商圈分析，合理确定流动资金的规模，是保证零售店有效经营的重要条件。

4.1.3 商圈的确定

1. 商圈的影响因素

商圈范围的大小受许多因素的影响，因此，在确定商圈时首先应对商圈的影响因素进行分析。一般来说，影响商圈大小的因素主要有以下几个方面：

(1)店铺的经营特色。经营同类商品的两个店铺即使同在一个地区的同一条街道上，其对顾客的吸引力也会有所差别，从而其商圈的大小也不一致。那些经营富有特色、商品齐全、服务周到，并在顾客中树立良好形象的店铺，其商圈范围就比较大。相反，其商圈范围就比较小。

(2)店铺的经营规模。一般来说，店铺的经营规模越大，其商圈也就越大。这是因为店铺经营规模越大，其供应的商品范围也就比较宽，花色品种也就比较齐全，因此，可以吸引更大范围的顾客来店购物。但是，店铺的经营规模对商圈大小的影响是有限的，也就是说，商圈范围的大小，主要不取决于店铺的主观因素，而主要取决于顾客及其他客观因素。这一点必须引起店铺经营者的高度重视。

(3)经营商品的种类。一般来说，经营日常生活用品的店铺，其商圈范围较小，主要以核心商圈为主，而经营选购品、耐用品和特殊品的店铺，其商圈范围则较大，其边缘商圈可以扩大到10千米以外，甚至更远。

(4)竞争店铺的位置。如果互为竞争者的两个店铺的距离较近，则每个店铺的商圈范围就会较小。但有些相互竞争的店铺毗邻开设，顾客因有较多的比较选择的机会而被吸引过来，则商圈反而会扩大。

(5)顾客的流动性。顾客的流动性越强，则意味着顾客来源越广泛，因而边缘商圈会随之而扩大，从而店铺的整个商圈范围也会扩大。

(6)地理交通条件。地理交通条件是影响商圈大小的重要因素。交通便利，商圈范围就会扩大，反之，就会限制商圈的延伸。因此，在进行商圈分析时，要充分考虑影响顾客来店的交通条件，如街道通畅程度、公共汽车运行状况、交通设施和管制措施等。同样，自然的和人为的地理障碍，如山脉、河流、铁路以及高速公路，会阻碍商圈范围的扩大。

(7)店铺的促销手段。商圈虽然主要受顾客及其他客观因素的影响，但是，通过店铺经营者的努力，卓有成效地开展促销活动，会扩大店铺的影响吸引较多的顾客来店购物，从而扩大商圈范围。

2. 确定商圈的理论

(1)零售引力法则。1929年，美国学者威廉·雷利经过大量的实证研究提出了“零售引力法则”。该法则认为，城市人口越多，规模越大，商业越发达，对顾客的吸引力就越大。雷利法则的具体内容是，两个城市之间存在着一个商圈分界点，两个城市对处于该分界点上的顾客的吸引力是相同的，但是，该分界点距离两个城市的空间距离却是不相同的。这个分界点就是两个城市各自商圈的边界。雷利法则的计算公式如下：

$$D_{ab}=\frac{d}{1+\sqrt{\frac{P_b}{P_a}}} \tag{4-1}$$

式中：d——A城市与B城市的距离；

P_a——A城市的人口数；

P_b——B城市的人口数；

D_{ab}——A城市的商圈边界。

现举例说明，假设A城市的人口为90 000人，B城市的人口为10 000人，A，B两个城市的距离为20公里，代入公式(4－1)得到

$$D_{ab}=15(\text{千米})$$

这个例子说明，A城市的商圈边界是15千米，即A城市可以吸引15千米以内的顾客到A城市购物；B城市的商圈边界是5千米，即B城市只能吸引5千米以内的顾客到B城市购物。

对雷利法则的解释是：城市人口多意味着零售店铺也比较多，商品供应也相对丰富，商业设施发达，从而为顾客提供的选择机会也就越多，因此，对顾客的吸引力也就越大。同时，城市人口多也意味着城市的综合功能比较健全，顾客在购买商品的同时，还可以得到其他方面的服务，这也是吸引顾客购物的重要因素。因此，雷利法则揭示了这样一个规律，即大城市的零售引力要大于小城市的零售引力，或者说大城市的商圈范围要大于小城市的商圈范围。

当然，雷利法则也可以用来确定店铺的商圈范围。这时，只需要将雷利法则中的城市换成店铺，城市人口数换成核心商圈的居住人口即可。

(2)零售饱和理论。零售饱和理论是通过计算零售饱和指数来测定商圈的大小，进而确定某一地区零售店铺不足还是过多，以及是否能够开设店铺的理论，其计算公式如下：

$$\text{IRS}=\frac{C\times\text{RE}}{\text{RF}} \tag{4－2}$$

式中：C——某地区购买某类商品的潜在顾客数；

RE——某地区每一顾客平均购买额；

RF——某地区经营同类商品的店铺营业总面积；

IRS——某地区某类商品零售饱和指数。

现举例说明：假设有A、B、C三个地区，每个地区购买某类商品的潜在顾客数、每一顾客平均购买额、经营同类商品的店铺营业总面积为已知。那么，根据公式(4－2)，可以计算出上述三个地区某类商品的零售饱和指数，如表4.1所示。

表4.1 各地区某类商品的零售饱和指数

项 目	A地区	B地区	C地区
潜在顾客数(C)	80 000	60 000	40 000
每一顾客平均购买额(RE)	100	120	150
经营同类商品的店铺营业总面积(RF)	25 000	20 000	15 000
零售饱和指数(IRS)	320	360	400

由表4.1可知：A地区的零售饱和指数最低，为320，即该地区经营某类商品的店铺每平方米营业面积可实现320元的销售额；C地区的零售饱和指数最高，为400，即该地区经营某类商品的店铺每平方米可实现400元的销售额。零售饱和指数越高，意味着店铺的商圈范围越大，从而意味着零售经营机会和成功可能性也就越大。因此，零售饱和指数较高的地区，可以作为新设店铺的重要候选地。但是，零售饱和指数低的地区也不一定没有发展潜力。零售

饱和指数低，也可能是因为该地区的现有的零售店铺没有魅力，从而使顾客大量向其他地区流失。如果是这种情况，零售饱和指数低的地区也可能是理想的候选地。总之，零售饱和指数只能作为确定商圈和店铺选址的参考，而不能作为唯一的标准。

(3)霍夫模型。美国零售学者戴维·霍夫提出了测定店铺商圈的计量模型。霍夫认为，一个店铺的商圈取决于店铺对顾客的吸引力，而店铺在一个地区对顾客的吸引力是可以测量的。霍夫还认为，一个店铺对顾客的吸引力主要取决于两个因素，即店铺的规模和店铺与顾客的距离。大型店铺比小型店铺有较大的吸引力，近距离的店铺比远距离的店铺更有吸引力。霍夫模型的公式如下：

$$A_{ij}=\frac{S_j^a}{D_{ij}^b} \tag{4-3}$$

式中：A_{ij}——店铺 j 对顾客 i 的吸引力；

S_j——店铺 j 的规模；

D_{ij}——顾客 i 到店铺 j 的距离或花费的时间；

a——顾客对店铺规模的敏感性参数；

b——顾客对距离或花费时间的敏感性参数。

霍夫认为，顾客在诸多店铺中选择店铺购物，取决于该店铺对顾客的吸引力。霍夫认为，顾客到特定店铺购物的可能性(概率)等于该店铺对顾客的吸引力与该地区所有同类店铺对顾客的吸引力总和的比率，即

$$P_{ij}=\frac{\text{店铺 } j \text{ 对顾客的吸引力}}{\text{该地区所有同类店铺对顾客的吸引力之和}} \tag{4-4}$$

式中：P_{ij} 是顾客 i 到店铺 j 购物的概率。

根据公式(4－3)和(4－4)可以得到顾客到特定店铺购物的概率公式为

$$P_{ij}=\frac{S_j^a/D_{ij}^b}{\sum S_j^a/D_{ij}^b} \tag{4-5}$$

现举例说明：假如一个顾客有机会在 3 个店铺中任意一个购物，这 3 个店铺的规模及与这个顾客居住地的距离分别如表 4.2 所示。

表 4.2　3 个店铺的规模及与这个顾客居住地的距离

项　　目	A 店铺	B 店铺	C 店铺
店铺规模(m^2)	5 000	7 000	4 000
店铺与顾客的距离(km)	4	6	3

同时假设参数 $a=1$，参数 $b=2$，则这个店铺对这个顾客的吸引力分别是

$$\text{A 店铺对顾客的吸引力}=\frac{5\,000}{16}=312.5$$

$$\text{B 店铺对顾客的吸引力}=\frac{7\,000}{36}=194.4$$

$$\text{C 店铺对顾客的吸引力}=\frac{4\,000}{9}=444.4$$

那么，该顾客到 A，B，C 三个店铺购物的可能性分别是

$$\frac{312.5}{312.5+194.4+444.4}=0.328$$

$$\frac{194.4}{312.5+194.4+444.4}=0.204$$

$$\frac{444.4}{312.5+194.4+444.4}=0.467$$

显然，霍夫模型可用来计算顾客来店购物的可能性及该店的潜在销售额，据此来进行选址决策。具体步骤如下：

①选定若干顾客区域(商圈)。

②确认各区域内所有店铺(包括即将开设的店铺)的规模。

③确认各区域中心位置(顾客集中区或顾客购物出发点)到各店铺的距离或时间。

④对各区域的居住人口进行抽样调查，了解潜在顾客的购买频率、购买习惯。

⑤计算顾客到各店铺购物的概率。

⑥计算新开店铺在各区域内的可能销售量或销售额。

$$\text{新开店铺在各区域的可能销售额}=\begin{matrix}\text{顾客来店}\\\text{购物的概率}\end{matrix}\times\text{潜在顾客人数}\times\begin{matrix}\text{每一个顾客的}\\\text{平均购买额}\end{matrix} \tag{4-6}$$

⑦根据计算结果，比较、决定新店铺的开设位置与规模。

(4)购买力指数。购买力指数是指货币购买力指数，表示单位货币购买商品和服务能力的变动程度。购买力指数的高低受所购商品与服务价格变动的影响，即价格不变，购买力不变；价格上涨，购买力下降；价格下跌，购买力上升。因此，购买力指数也就等于消费价格指数的倒数。由于国家或地区每年都公布全国消费价格指数或地区消费价格指数，因此，可以根据各地的消费价格指数来计算出该地区的购买力指数。另外，也可以通过其他方式来计算购买力指数。例如美国统计部门每年都提供各地区的购买力指数(BPI)，其计算方法是

$$\text{某地区购买力指数}=0.5\times\begin{matrix}\text{该地区实际可支配收入总额占}\\\text{全国可支配收入的百分比}\end{matrix}+0.3\times\begin{matrix}\text{该地区零售总额占}\\\text{全国零售总额的百分比}\end{matrix}+0.2\times\begin{matrix}\text{该地区的总人口占}\\\text{全国总人口的百分比}\end{matrix} \tag{4-7}$$

显然，购买力指数越高，购买力越强，零售经营成功的可能性也就越大。因此，购买力指数也可作为商圈范围和店铺规模的重要依据。

3. 确定商圈的具体方法

关于确定商圈的具体方法，现有店铺和新设店铺各有不同。对现有店铺来说，其商圈的确定，可以通过抽样调查销售记录、售后服务登记、顾客意见征询等途径，收集有关顾客居住地点的资料，由资料估计出商圈的范围。而对新设店铺来说，其商圈的确定，可根据当地零售市场的销售潜力，运用趋势分析来确定，如运用城市规划、人口分布、住宅建设、小区开发、公路建设、公共交通等方面的资料来确定确定商圈。下面我们介绍几种简单易行的确定商圈的方法。

(1)通过调查汽车车牌号来确定顾客的来源与分布。这是美国零售经营者常用的方法，因为美国的汽车普及率很高，因此，美国的购物者也大都是汽车的拥有者。具体做法是，调查者首先收集、记录汽车牌号，然后到车辆主管机关核对汽车登记簿，这样就可以了解到汽车拥有者的姓名、居住地、职业等资料，据此便可以制作出顾客的地区分布图。当然，使用这种方法必

须有两个前提:一是汽车的普及率要高;二是要得到车辆主管机关的合作。

(2)通过调查报纸的发行范围来确定商圈。这种方法比较适用于经营选购品店铺的商圈确定。因为报纸(广告)对选购品的购买具有较强的影响力,因此,通过调查某地区主要报纸的发行区域,则可以确定顾客的吸引范围。

(3)通过向现金购买或记账购买的顾客发放问卷调查表来确定商圈。这种方法比较适合于特定商品的商圈确定,即通过确认顾客的住址、姓名、让顾客填写购买商品的原因等来确认顾客的分布、构成与特点。

(4)通过直接访问调查来确定商圈。这种方法是通过选派调查人员直接走访顾客,并向顾客询问诸如在何地购买、为何在那里购买、是否要求配送及每月购买几次等问题,来了解顾客的来源、分布及购买动机。

(5)通过信用卡或支票的支付地来确定商圈。这种方法适用于用信用卡或支票购买商品的顾客调查。

4.2 零售选址

4.2.1 选址的重要性

选址就是店铺位置的选择、确定。对于店铺零售商来说,店铺选址是非常重要,有人甚至认为零售业就是选址产业。这是因为,顾客选择商店进行购物时,店铺的位置是所考虑的最重要的因素,同时,店铺的空间位置也就形成差别化甚至垄断经营的重要条件。零售经营者可以随时改变他们的价格、商品组合、服务内容与促销手段等营销组合要素,但是店铺的位置一旦决定就很难改变了,因此,占据优越的店铺位置是获得其他竞争者不易模仿的竞争优势的重要途径。具体来说,零售店铺选址的重要性主要有以下几点:

1. 店铺选址是一项大的、长期性投资,关系到零售企业的发展前途

零售店铺的地址不管是租借的,还是购买的,一经确定,就需要投入大量的资金进行建设、装修,当外部环境发生变化时,它不可能像其他零售要素那样容易进行调整,具有长期性、固定性特点。因此,店铺选址要作深入细致的调查,周密考虑,精心规划与建设。

2. 店铺选址是零售经营者确定经营目标、制定经营策略的重要依据

不同地区、不同地段有不同的社会环境、地理特点、交通条件、公共设施、人口状况和潜在的顾客群。这些因素既制约着零售店铺的商圈大小和顾客构成,也制约着零售店铺对经营商品、价格、服务及促销方式的选择。因此,零售经营者在确定经营目标、制定经营策略时,必须充分考虑店铺所在地的特点,以达到策略的可实施性和目标的可实现性。

3. 店铺选址是影响经营效率的重要因素

零售店铺的选址优越,就意味着拥有了“地利”优势,店铺就会有“人气”,顾客流量就大,在规模、商品组合、服务水平及促销方式不变的情况下,店铺的销售额就会更大,经营效率也会更高。因此,零售经营者在进行经营分析时,必须考虑到店址的影响,在进行店铺绩效考核、内部管理时也要考虑到这一因素。

4.2.2 选址的原则

零售店铺的选址要以便利顾客为首要原则,以节省顾客的购物时间和交通费用为主,最大限度满足顾客的需要,从而保证足够的顾客流量。同时,还要符合城市规划的要求。

1. 店铺位置选择的地域

具体来说,店铺位置要尽可能选择具有下列特点的区域:

(1)商业活动频度高的地区。闹市区的商业活动极为频繁,因此,将店址选择在该地区,对提高销售额是十分有利的。相反,如果将店址选在非闹市区,则销售额的提高会受到很大的限制。

(2)人口密集度高的地区。居民集中、人口密度高的地区也是理想的店铺地址。因为人口越多,潜在顾客也就越多,需求量也就越大。同时,人口越多、越集中,其消费需求也就越稳定,从而可以保证销售额不会大起大落,进而保证商店的稳定经营。

(3)客流量大的地区。客流量越大,购物的可能性也就越大,因此,选择客流量大的地区开店,是有利于提高销售额的。

(4)交通便利的地区。不论是利用私人交通工具,还是利用公共交通工具购物,交通条件是否便利都是影响顾客是否来店购物的重要因素,因此,不论何种业态的店铺。都应该选择在交通比较便利的地段。

(5)接近集客地。所谓集客地是指能够使顾客集聚的场所,例如,剧院、电影院、公园、车站、码头、机场、写字楼、机关、学校、医院、体育场、博物馆等场所都是重要的集客地。如果在这些集客地附近开设店铺,是有利于销售额提高的。

(6)同类商品集聚地。大量事实证明,对于那些经营选购品、耐用品和特殊品的商品来说,若能集中在某一个地段和街区,则更能吸引顾客。因为顾客在这里有更多的选择和比较的机会。

2. 不宜做店铺的地域

店铺选址要尽可能避免下列地域:

(1)快速车道旁。随着城市化建设的发展,高速公路越来越多,极大地改变了交通条件,也改变了城市街区的规划和布局。为了保证高速公路畅通,公路两边不仅无法穿越,而且也很少有停车场,因此,应尽量避免在高速公路两边开设店铺。

(2)周围居民少且缺乏增长性区域。这种地区是不宜开设新店的,因为在缺乏人口的情况下,有限的购买力不会因为新店铺的开设而增长。

(3)店铺密度过大的地区。店铺密度过大,一方面意味着可能已经没有理想的可供选择的店铺位置,另一方面,也意味着该地区的销售竞争十分激烈,市场空间也十分有限,如果勉强进入,只能导致竞争更加激烈,经营风险更大。

(4)高层建筑物内。店铺的营业场所离地面越高,对增加销售额越不利。一般来说,营业场所高不仅不利于顾客购物,而且也不利于商品补给与提货。

4.2.3 选址的步骤

店铺选址一般要经过三个步骤,进行三个层次的分析:一是要进行地区分析,确定店铺将要进入的地区;二是进行商业区或购物区分析,确定店铺将进入所在地区的哪一类商业区或购物区;三是进行具体位置分析,确定店铺选址的具体地点。

1. 地区分析

地区分析是零售店铺选址的第一步,也是关键的一步,因为地区的环境与条件将决定未来店铺经营的发展前景。如果地区环境和条件不理想,即使店铺的具体位置很好,也无法保证店铺经营的成功。这里所说的"地区",是指能够影响零售店经营的较大的空间范围,它可能是一个国家、一个省或一个城市。对一个店铺来说,所要选择的地区必须有一定量的人口,有充足的购买力,同时还必须符合零售商的目标市场的要求。地区分析主要包括下列内容:

(1)需求预测。零售商通过对一个地区的人口规模及收入水平的调查,可以大致判断出这一地区的购买力状况,从而估计这一地区的大致需求。但是,零售商仅仅依靠人口规模和收入水平分析是不够的,必须依据本企业目标市场的要求,将分析的重点转向特定的人口类别或潜在的顾客群上。例如,如果是一个儿童服装店,收集有关儿童的数字信息就比广泛收集人口数字更有意义。再比如,如果将店铺的目标市场定位于高收入顾客群,则应该注重收集有关高收入家庭的数字信息。为了进行需求测试,一般要收集人口统计资料,包括人口的性别、年龄、收入、家庭规模、类型等,并进行系统分析。同时,应利用消费价格指数或其他方法计算出该地区的购买力指数,以便确定出该地区的购买力水平。

(2)购买力流入与流出额的测算。购买力流入是指本地区对外地区购买力的吸引,具体表现为外地顾客来本地购物。一个地区的购买力流入越多,则表明该地区的零售业越发达,零售吸引力越大。购买力流出是指本地区被外地区所吸引,具体表现为本地区顾客到外地区购物。一个地区购买力流出越多,则表明本地区零售吸引力越小,同时也意味着零售发展潜力越大。因此,一个地区不论是存在购买力流入,还是购买力流出,都是店铺选址的重要考虑因素。如果一个地区存在购买力流入,则表明该地区零售网点比较多,零售基础设施、环境、政策也比较好,但同时也意味着该地区零售业的竞争可能很激烈。相反,如果一个地区存在购买力流出,则表明该地区零售业的基础设施、环境、政策可能不够好,或零售网点不多、零售经营效率较低,但同时也意味着该地区的零售发展潜力也比较大。因此,对零售商来说,是选择购买力流入地区还是选择购买力流出地区开设店铺是需要认真考虑的。但无论如何,对购买力流入或流出的测算都是决策的前提。具体方法如下:

首先,根据有关统计资料计算出某地区某种商品的人均销售额,然后将该商品的人均销售额乘以该地区的人口数得出该地区某种商品的预计销售总额。该预计销售总额只是本地区居民的预计销售总额。然后,将该销售总额与通过零售统计资料所得知的某种商品的实际销售额进行比较。如果该地区的预计销售总额大于该地区的实际销售总额,则表明该地区存在购买力流出,二者的差额就是该地区的购买力流出额;如果该地区的预计销售总额小于该地区的实际销售总额,则表明该地区存在购买力流入,二者的差额就是该地区的购买力流入额。一个地区既可能存在购买力流出,也可能存在购买力流入。现举例说明:假设某城市的家具人均销售额为 500 元,该城市的人口为 10 万人,则该城市的家具预计销售总额就是 5 000 万元,而该地区家具实际销售总额为 6 000 万元,即实际销售总额大于预计销售总额,则该地区存在购买力流入,其流入额为 1 000 万元。同时,可以用该城市的购买力流入额除以该地区城市预计销售总额的商,即 20%来表示该城市的购买力流入程度(指数)。购买力流入指数也就是引力指数。同样,可以用上述方法来测算购买力流出额及购买力流出程度(指数)。当然,购买力流出指数也就是零售潜力指数。

(3)其他因素的分析。在进行当前分析时,除上述分析外,还要对该地区的其他因素进行分析,如该地区的产业结构、物流系统、劳动力供给、地方政府对新设店铺的政策与法律、可能开设的新店铺数量等。这些因素也都对店铺的选址具有重要影响。例如,如果一个地区的产业结构比较单一,甚至被少数几家大企业所控制,那么,一旦这些企业出现前景不景气,就会影响整个地区,从而就会使该地区的零售业陷入困境。因此,在产业结构比较单一的地区开设店铺是有很大风险的。再比如，如果一个地区同时开设新店铺的数量过多，那么，这个地区新店铺成功的可能性也会大大降低，因此，如果准备在某一地区开设新店铺，还必须考虑到其他可能进入者的数量。

2. 商业区域或购物区分析

商业区或购物区分析是指对一个地区的不同类型的商业区或购物区的规模、形态和特点进行分析，从而在一个地区内选择什么样的商业区或购物区作为店铺选址区位。一个地区内的商业区或购物区类型大体包括以下几种：

(1)中心商业区。中心商业区是城市的销售中心，也是一个城市的重要组成部分。中心商业区集聚了很多零售店、饮食店、银行、娱乐场所、酒店、写字楼及其他服务机构，是一个城市的购物、商住、旅游集中区。中心商业区不仅店铺数量多，而且店铺类型即零售业态也多，可提供丰富的商品和多种服务，顾客到中心商业区购物，可以有更多的选择机会，并可得到多样化的服务。因此，中心商业区是一个地区最有零售吸引力的区位。但是，中心商业区的主要缺点是停车地紧张、人口拥挤、货物运输不便、地价昂贵。中心商业区大多是历史形成的，因此，多在一个城市的火车站附近。

(2)副中心商业区或辅助商业区。副中心商业区是一个城市的二级商业区，其规模要小于中心商业区。一个城市一般有几个副中心商业区，每个区内至少有一家规模较大的百货店和数量较多的专业店。副中心商业区的店铺类型及所销售的商品大体上同商业中心区相同，只是店铺数量较少，经营商品的种类也较少。副中心商业区多以综合性为主，但也有专业型的副中心商业区，即在该地区的各家零售店都经营一类商品。与中心商业区相比，副中心商业区的客流相对较少，地价不高。

(3)商业小区。商业小区主要有两种形式，一种是集客地周边的商业小区，如车站、体育场、大学等附近的小型商业街；一种是居民区附近的商业小区。两种小区的店铺类型及经营的商品也不大相同。集客地周边的商业小区主要以经营与集客地的活动相关联的商品，如体育场周边的商业小区主要经营体育用品，其店铺类型则主要以小型专业店为主；而居民区附近的商业小区则主要经营居民日常生活需要的便利品，其店铺类型则以中小型超市及便利店为主。一般来说，商业小区的店铺数量不多，每个店铺的规模也不大，但是这些小区的环境比较安静，停车方便，地价也不高。

(4)购物中心。购物中心是由开发者开发、建设，并进行统一规划、管理的有多家店铺入住的集中购物场所。购物中心很强调各类商店的平衡配置。所谓平衡配置，就是在一个购物中心内，商店的类型和数量是根据购物中心的目标定位来配置的。为了保持这种平衡，一个购物中心往往规定了各类零售商店的营业面积、经营品种及在购物中心内的具体位置，因此，零售商若在购物中心开设店铺，必须考虑购物中心的这些要求。一般来说，一个购物中心往往要有一定数量的核心商店，这些商店必须有较高的知名度。购物中心的店铺类型或业态形式主要有百货店、专业店和超级市场，因此，零售商在进入购物中心时，还要考虑所选择的业态形式是否符合购物中心开发者的要求。购物中心一般有三种类型：一是居民区购物中心，主要经营食品杂货，并提供洗衣、修理、理发等服务；二是社区购物中心，主要经营便利商品、服装、家具等选购品；三是地区性购物中心，主要经营选购品，同时也经营部分便利商品，规模大，服务内容齐全。

(5)独立店区。独立店区是指仅有一家商店，附近没有其他商店的地区。在独立店区开设商店有许多优点，如无竞争者、地价低、灵活性高、道路通畅、容易停车，商店的具体位置也有较大的选择余地等。但是，在独立店区开店也有不少缺点，如难以吸引顾客、广告费用较高、承担的公共费用高。对小型零售商店来说，因其提供的商品种类和服务很有限，因此，在独立店区开店的风险性很大。相反，对大型零售店来说，如果目标定位准确，在独立店区开店也是一种不错的选择。

3. 位置具体分析

在对商业区进行分析、选择以后，还要对店铺具体位置进行分析和选择，因为在同一个商业区内，一个店铺可能会有几个开设地点可供选择，要选择一个最佳的开设地点，还必须对这些可供选择的开设地点的各种条件和影响因素进行全面分析。

(1)交通条件分析。交通条件是影响零售店选择开设地点的一个重要因素，它既决定商店的货流是否通畅，也决定商店的客流是否通畅，从而制约商店的经营效率。对交通条件的分析，重点要考虑：在开设地点或附近是否有足够的停车空间；货物进出是否容易；与车站、码头的距离与方向；是否为单一线或车辆禁行线、与人行横道的远近等。

(2)客流分析。客流量的大小是一个零售店成功与否的关键因素。客流包括现有客流和潜在客流，商店在选址时应尽量选择潜在客流量最多、最集中的地点，以使多数人就近购买商品。但客流规模大，并不一定能产生相应的优势，应作具体分析。

①分析客流类型。商店客流可分为三种类型：一是自身客流，即那些为买某种商品来本店购物的客流。这是商店客流的基础，是商店销售收入的主要来源，因此，新设商店在选址时，应重点分析自身客流的大小及发展趋势。二是分享客流，即一家商店从邻近商店的客流中获取客流。这种分享客流往往产生于经营互补商品的商店之间，或大商店与小商店之间。三是派生客流，即那些顺便来本店购物的客流。这些客流并非由本店产生，而是由其他场所，如旅游景点、交通枢纽、体育场馆等所派生的客流。

②分析客流目标、速度和滞留时间。不同地点的客流规模虽可能相同，但其目的、速度及滞留时间却可能不同，要作具体分析。如在一些公共场所附近、车辆通行干道，虽然客流很大，但客流的目的不是为了购物，同时客流的速度快、滞留时间也短。

③分析街路两侧的客流规模。同样一条街路，由于受交通条件、光照条件、公共设施及行路习惯等的影响，两侧的客流量规模往往不同。因此，应尽量将店铺地址选在客流量大的一侧。

(3)竞争店铺分析。店铺周边的竞争情况对商店的经营也有很大影响，因此，在店铺选址时必须考虑竞争店铺的情况。一般来说，如果本店的经营内容与竞争店铺相同或相近，则应该尽量远离竞争店铺开店；如果本店的经营内容与竞争店铺的内容不同或多为互补性商品，则应该选择在竞争店铺的附近地点开店。因此，是否远离竞争对手，主要取决于本店的经营特色。

(4)地形特点及位置布局分析。分析地形特征就是要选择能见度高的地点开店。所谓能见度是指一个店铺能被往来行人和乘车者所看到的程度。能见度越高越容易吸引顾客来店，因此商店应尽量临街而设，并尽可能选在两面或三面临街的路口，增强能见度。一般来说，一些大型公共场所的对面都是能见度较高的地段。位置布局是指商店在商业区或购物中心的相对位置。一般来说，拐角的位置往往是很理想的，它位于两条街道或两条行人道的交叉处，可以产生“拐角效应”。此外，还应考虑店铺具体位置与周围环境的关系，是否有空间弹性，路面是平坦还是有斜度，采光条件，等等。

(5)城市规划分析。在选择店铺的具体位置时,还要考虑城市建设规划。有的地点从短期来看是最佳的位置,但是随着城市的改造和发展将会出现新的变化而不适合开店;反之,有些地点从短期来看不是理想的位置,但从规划前景来看会成为有发展前途的店址。因此,零售商必须从长期考虑,在了解交通、街道、市政、绿化、公共设施、住宅建设等规划的前提下作出最佳地点的选择。

(6)效益分析。店铺选址的最后一道工序是对店铺的未来效益进行评估,主要包括平均每天经过的人数、来电人数、购物人数及每一购物者的平均购物额等,同时还要详细测算成本费用情况,据此测算未来店铺的经济效益情况,以最后决定是否开店。

4.3 零售店铺设计

4.3.1 店铺设计的一般原则

对有店铺零售商业来说,店铺就是接待顾客的场所,也是零售商的"前沿阵地",因此,店铺的好坏是决定零售商经营成功与否的重要因素。为了有一个好的店铺,充分发挥店铺的销售功能,必须对店铺进行精心设计,为此,应遵循以下原则:

(1)满足需要原则。要根据顾客对商店的判断、期望,并结合商店的业态形式、经营商品的种类及特点确定店铺的规模、形状及装修风格与档次。

(2)适时、适地原则。店铺的内外装修要符合时尚和季节的变化,卖场的气氛也要适时,同时,店铺的外观形象要与周围的环境相协调或与周围的商店相匹配。

(3)魅力原则或吸引力原则。要使店铺和卖场能够增加商品的魅力,刺激顾客的感官,增强顾客的购买欲望。为此,要使顾客感到店铺和卖场的商品丰富,即使是脱销的商品,也要让顾客感到丰满,同时还要通过高级商品的陈列而使顾客"一饱眼福"。

(4)亲密、清洁原则。店铺与卖场必须从顾客生活水平和购买习惯上让顾客感到方便、亲切,同时还要保持卖场与商品的清洁、整齐。

(5)便于挑选原则。由于顾客在购买商品时,不仅要看,而且还要触摸,并尽可能自己挑选,因此,卖场与商品陈列要便于顾客对商品的接触、挑选。正因为如此,卖场销售人员要及时对商品进行整理,尽量保持商品陈列的整齐。

(6)店内流动自由原则。为了让顾客看到更多的商品,增加顾客在店内购买商品的机会,必须保证顾客在店内流动的自由。为此,要充分考虑店铺的开放程度、卖场的设置及通道的宽度。

(7)销售效率原则。为了提高销售效率,方便顾客的购买,应尽量缩短接待顾客、取货、付款、包装及补充商品等销售工作的流通半径。

(8)安全原则。为了避免或减少因地震、火灾、水灾、被盗等意外事故的发生而产生损失,应事先采取一系列的预防措施,做到防患于未然。同时,还要防止商品被晒、被冻,以保证商品品质的安全。

(9)经济原则。店铺规模的大小、店铺设施及内外装修的标准,必须与店铺的市场定位相吻合,避免盲目投资、盲目豪华。

(10)弹性原则或柔软性原则。一般来说,根据商品的市场定位。在一定的投资水平下,店铺的外装修要坚固,而店铺的内装修要相对易变、灵活,以便于根据时令的变化而改装。

4.3.2　店铺的外观设计

店铺的外观设计主要包括店铺的建筑造型与门面设计、店铺的招牌设计和店铺的橱窗设计等。店铺的外观设计取决于零售业种与业态，即根据商店经营商品的种类与经营方式来设计店铺的外观。不同类型的商店，其外观设计也是不同的，但是必须遵循两个基本原则，这就是"让顾客确知店铺的存在"和"让顾客来店"。

1. 店铺的建筑造型与门面设计

(1)店铺的建筑造型。店铺的建筑造型是向顾客传递店铺存在的第一个信息，因此，应使店铺的建筑造型富有特色，具有吸引力与辐射力，同时还要保持店铺的建筑造型符合城市或街区建筑规划的要求，既要与周边地区的建筑物相协调，又要与本店的行业特点相匹配。现代店铺的建筑造型较传统店铺的建筑造型有很大的创新与进步，它集中体现在建筑风格的个性化、建筑材料的轻体化和艺术化，以及表现形式的广告化。因此，在设计构思上应深入了解国内外店铺建筑造型的历史、现状及发展趋势，从中得到有益的启发，开拓设计视野与思路，选择合适的建筑设计单位，以设计出形式新颖、实用、结构合理的建筑造型。当然，要设计出一个好的建筑造型并非易事，它要求设计者必须有较丰富的建筑学知识、较高的艺术修养和较强的空间想象与造型能力，同时还要懂得一点营销知识。这样才能设计出即有艺术性又能体现商业经营规律的建筑造型。

一般来说，在设计店铺的建筑造型时应考虑的因素主要有：建筑物形状；建筑物的高度；建筑材料；建筑物的外表颜色；等等。

(2)门面设计。由于店铺的位置、经营商品的特点不同，因此，店铺门面的开发程度也不同，通常有以下三种形式的店铺门面。

①封闭型。店内店外用门隔开，出入口尽可能小些，面向大街的一面用橱窗或有色玻璃遮挡起来。顾客进入商店，可以安静地挑选商品，不受外界的干扰。经营珠宝首饰、工艺制品、音响器材等高档商品的商店多采用这种门面设计。

②半开放型。商店入口适中，并配有橱窗陈列，使外面的行人能够较方便地看商店的内部，经营化妆品、服装等中档商品的商店多采用这种形式。

③开放型。商店正对大街的一面全部开放，没有橱窗，顾客出入方便没有任何障碍。经营水果、蔬菜和水产品等大众化商品的商店多采用该种方式。我国南方的大多数商店都采用开放型的门面。

(3)店铺出入口的设计。对出入口的设计主要有四个方面的内容。

①出入口的数量。每个店铺都希望既能吸引乘车而来的顾客，也能吸引步行而来的顾客，因此，店铺的出入口最好有两个。其中一个在正面，以吸引步行而来的顾客，另一个则在后面或侧面临近停车场，以吸引乘车而来的顾客。

②出入口的类型。出入口的形式是多种多样的，有旋转式、电动式、自动开启式、推拉式等，因此，根据店铺的具体情况作出选择。

③出入口的通道。零售商应该提供足够的出入口通道的面积，以提高店铺的形象，并使来店顾客感到出入商店方便、愉快和满意。

④出入口的位置。将出入口设在店铺的中央、左边还是右边。要根据具体的客流情况而定。一般来说，大型店铺的出入口可设在中央，顾客进入店铺后可自由向左右延伸，同时，左右两侧可以增设边侧门，以方便顾客走出商店。小型店铺的出入口则可设在两侧，否则，会很浪

费有限的店铺空间。

2. 招牌设计

招牌是指用来展示店名的标记。鲜明醒目的招牌能吸引行人的注意，提高能见度。招牌的功能主要表现在：引导与方便顾客来店；反映经营与服务特色；引起顾客的兴趣；便于记忆、传播。因此，具有高度概括力和强烈吸引力的招牌，可以对顾客的视觉产生强烈的刺激，从而吸引顾客来店。为了使招牌充分发挥其应有的功能，应在招牌的文字设计、招牌的命名、招牌材料的选择、招牌的装饰渲染上多下工夫。

招牌的文字设计日益为零售经营者所重视，一些以标语口号、隶属关系和数目字组合而成的艺术化、立体化和广告化的招牌不断涌现。招牌的文字设计应注意以下几点：店铺的字形、凹凸、色彩、位置应相互协调；文字应尽可能精简，内容立意要深，同时又要上口、易记易识，使消费者一目了然；文字内容必须与本店所销售的商品相吻合；字体要注意大众化，中文和外文美术字的变形要容易辨认。

招牌所使用的材料要反映时代的变化，除木质材料外，还可使用大理石、花岗岩、金属不锈钢、铝合金等材料。石材招牌显得厚重、高贵、庄严；金属材料招牌显得明亮、轻快，富有时代感。

招牌文字使用的材料因店而异，店铺规模较大，且要求考究的店面，可使用铜质、凸出的空心字。此外，瓷质字永不生锈，且反光性好；塑料字有华丽的光泽，且制作方便，但容易老化、变形；木质字也有特殊的效果，但容易变形、断裂。

招牌文字的命名要力求言简意赅、清新不俗、易读易记，并富有美感，使之具有较强的吸引力。命名的方法主要有：

①与经营特色或主营商品属性相联系的命名法。这种方法可以反映经营者的经营特长，或反映主营商品的优良品质，使消费者易于识别店铺的经营范围与特点，从而产生购买欲望。

②与服务精神或经营理念相联系的命名法。这种方法可以反映经营者的信誉，使顾客产生信任感。

③与历史名人或文化典故相联系的命名法。这种方法能反映经营者的经营历史、经验和学识，从而使顾客产生浓厚的兴趣和敬重感。

④与享受意境和美好愿望相联系的命名法。这种方法可以反映经营者愿意为顾客的生活增添乐趣与实惠，同时包含对顾客的良好祝愿，从而使顾客产生有益的联想，对经营者产生亲切感。

为了使招牌引人注目，增强招牌吸引顾客的效果，应使用各种装饰方法对招牌进行渲染。具体方法很多，如用霓虹灯、射灯、彩灯、反光板、灯箱等进行渲染；或使用彩带、彩旗、鲜花等来衬托。总之，格调高雅、清新，手法独特的渲染，可以增强招牌的吸引力。

3. 橱窗设计

(1)橱窗设计的作用。橱窗是店铺的眼睛，是店铺展示商品、介绍商品、传递信息、刺激购买的重要手段。橱窗设计以商品为主体，通过布景和装饰画面的背景衬托，并配合灯光、色彩和文字说明进行商品展示和商品宣传的综合艺术形式。在零售商业经营活动中，橱窗既是表现店铺外观形象的重要手段，也是一种重要的广告形式。一个构思新颖、主题鲜明、风格独特、装饰美观、色调和谐，并与店铺的建筑造型和内外环境相协调的橱窗设计，对树立良好的店铺形象，促进商品销售具有重要作用。

①引起顾客的购买兴趣。根据顾客的兴趣和季节的变化，将店铺经营的代表性商品、畅销商品或新产品陈列在橱窗里，不仅能向顾客传递店铺经营商品的种类和特点等信息，而且还能给顾客以新鲜感和亲切感，引起顾客的购买兴趣。

②激发顾客的购买欲望。橱窗的装饰艺术、民族风格和时代气息，不但使顾客对商品有一个良好的直观影响，还会引起他们对陈列商品的美好联想，获得精神上的满足，从而激发他们的购买欲望。

③增强顾客的购买信心。店铺橱窗用真实的商品组成货样群，如实地介绍商品的样式、性能、用途，直接或间接地反映商品的质量，不但可以提高消费者购买商品的积极性，还可以使顾客产生货真价实的感觉，增强购买的信心。

(2)橱窗设计的原则。橱窗设计与店铺的类型有很大关系，不同类型的店铺，其橱窗设计也是不同的。一般来说，小型日用商品店、超级市场对橱窗设计的要求比较简单，甚至不用橱窗，而百货店和专业店的橱窗设计则比较讲究。百货店橱窗一般采取封闭式，即橱窗内侧四周要与卖场隔离，橱窗底座的高度以成人顾客平视商品的高度为宜，小件商品的陈列高度可高些，大件商品的陈列可低些，并注意注意橱窗的照明与艺术性；专业商店的橱窗设计则更为讲究，一般也是封闭性的，但是专业商店的橱窗设计更要高雅、别致并注意动感与立体感，起到渲染销售的作用。总之，橱窗设计是相当有学问的，应坚持下列原则：

①橱窗中陈列的商品要反映出商店的特点，季节性商品要适时陈列，相关联的商品要进行配套或组合陈列。

②橱窗中陈列商品要有主题，并按主题合理陈列，不能杂乱无章，同时要标明陈列商品的价格。

③橱窗中商品陈列的高度要适当，一般以成年人顾客平视的高度为宜，同时，商品的陈列要便于顾客从不同角度的观看，富有特色的商品要陈列在最引人注目的位置。

④必须考虑防尘、防热、防潮、防晒、防盗等因素，并采取相应的预防措施。

⑤容易液化变质的商品和日光照射下容易损坏的商品，最好用其模型陈列或加以适当的包装。

⑥橱窗内外侧，特别是陈列的商品要经常保持清洁干净。

⑦橱窗陈列的商品要经常调整、更换。

⑧要注意橱窗的照明和色彩的搭配。

⑨陈列方法要尽量简单，陈列前要有周密的计划，并按计划陈列。

(3)橱窗陈列的类型。橱窗陈列的类型通常有以下几种：

①综合性陈列。将许多不相关的商品综合陈列在一个橱窗内，以组成一个完整的橱窗。这种陈列由于商品之间差异较大，设计时一定要谨慎，以免杂乱无章。

②系统性陈列。系统性陈列就是按照商品的类别、性能、材料、用途等因素分别组合陈列在一个橱窗内。

③专题式陈列。专题式陈列是指围绕某一个主题，组织不同商店或同一商店不同类别的商品进行陈列，如绿色食品陈列。

④特写式陈列。特写式陈列是指运用不同的艺术形式和处理方法，在一个橱窗内集中介绍某一零售店的产品。这种陈列适用于新产品和特色产品的广告宣传。

⑤季节性陈列。季节性陈列是指根据季节变化将应季商品进行集中陈列。这种陈列满足

了顾客应季购物的需要，有利于扩大应季商品的销售。

(4)橱窗的制作要求。

①橱窗的建立。建立橱窗时首先要考虑商品便于陈列，最好能有充足的光源。一般新建或改建的橱窗，橱窗玻璃高度应保持在0.6米以上。橱窗玻璃的选择，应充分考虑到陈列商品的特点及商品的种类，有些商品或商店，如咖啡馆、茶馆、酒吧等使用茶色玻璃会产生好的效果，而有些商品，如服装、化妆品等却不能使用茶色玻璃，而最好用透明玻璃。

②橱窗的背景。橱窗的背景分固定背景与活动背景两种。固定背景就是橱窗建立时所设的背板，活动背景就是随时设置的布景、图画等。为了保证橱窗陈列的效果，橱窗的背景形状要大而完整、单纯，避免小而复杂的繁琐装饰，橱窗的背景颜色要尽量用明快的调和色(如粉、绿、天蓝色)，以突出陈列的商品。

③橱窗陈列工具。橱窗的陈列工具主要有人体模型、布架、衣架、小型支架、托板、堆码台机其他辅助工具。

④橱窗的灯光。光和色是密不可分的，按舞台灯光设计的方法，为橱窗配上适当的顶灯和角灯，不仅能起到一定的照明作用，而且还能使橱窗原有的色彩产生戏剧性的变化，给人以新鲜感。对灯光的一般要求是光源隐蔽，色彩柔和，避免使用过于鲜艳、复杂的色光。

⑤橱窗的色彩。橱窗的色彩要清晰明朗、丰富柔和，能增强商品的美感。富有吸引力和感染力。在色彩的调配上，一般根据商品本身的色彩和季节的变化，以及题材的要求，合理灵活地运用单一色、邻近色、对比色等用色规律，处理好色彩上的对比关系、调和关系和冷暖色调的变化，从而给人以集中、深刻的印象，以及新美、舒服的心理感受。

(5)橱窗陈列的一般步骤。

①构思。构思直接影响橱窗陈列的整体效果，因此，在构思过程中，不仅要考虑商品本身，还要考虑陈列形式，结合橱窗陈列的原则，从联想中丰富主体，以确定橱窗陈列的大致思路。

②构图。构思成熟后，接着就是构图。构图是整个橱窗陈列思路的体现，它是橱窗陈列中的组合、配置、摆放艺术的表现手段，是陈列商品的蓝图。构图是橱窗陈列工作的中心环节，是一个从虚到实的过程，它反映出设计者的构思、艺术水平和对商品的理解程度。橱窗的构图要均衡和谐，层次分明，排列新颖，疏密有致，形成一个统一的整体。一般运用对称均衡、不对称均衡、重复均衡以及主次对比、大小对比、虚实对比、远近对比等艺术手法，使构图能把各种物象有机结合起来，显得稳定而不呆板，和谐而不单调，变化而不紊乱，给人以鲜明的、和谐的视觉印象和新颖、轻松的心理感受。

③选择陈列的商品。在选择商品时，首先要确定哪类商品作为陈列的主题，然后就要进一步选择具体商品的颜色、大小、多少等，接着就要确定工具、衬托、装饰等。在选择商品时要注意花色的搭配，大配小、深配浅、高配矮，不同形状要搭配得当，使之在鲜明和对比中显得匀称，丰富多彩，充分显示商品的特点。

④准备陈列工具。构图确定后要根据陈列构图准备陈列工具，然后选择商品样品，制好价格标签、说明牌等。

⑤具体布置与参观。陈列工具和商品准备好之后，即可以找图样进行陈列，陈列完以后，再到橱窗外面进行检查，最后召集有关人员参观，听取意见后再进行修改。

⑥橱窗管理。橱窗建立以后，应指定专人负责管理，并定期检查，收集各方面的意见，以便适时进行修改。

4.3.3 店铺的内部设计

店铺的内部设计主要包括卖场设计、通道设计、货柜货架设计、照明设计、音响设计等。店铺内部设计的好坏，直接关系到商品展示的效果和顾客购物的方便，从而影响商店的经营效率。因此，除了做好店铺的外观设计以外，还要做好店铺的内部设计。

1. 卖场设计

卖场设计是店铺内部设计的核心，包括卖场划分、面积分配、卖场布局。

(1)卖场划分。在进行店铺内部设计时，首先要对店铺内部的有效空间进行分配，划分出来卖场与非卖场。卖场是直接来陈列商品进行商品销售的场所，而非卖场指不能直接用来陈列商品和销售商品的场所，如楼梯、电梯、卫生间、休息室、办公室、卖场仓库等。为了保证店铺的营业效率，要合理确定卖场与非卖场的比例。一般来说，一个店铺的卖场面积应占店铺使用面积的60%～70%。如果一个店铺的规模较大，经营的商品较多，特别是多层建筑的店铺，还要对卖场本身进行划分。其基本原则是：单位价值低、易于选择、所需存放空间较小的商品卖场应设在底层，而单位价值好、不易选择、所需存放空间较大的商品卖场应设在高层，特别是一层卖场所经营的商品必须保证客流的通畅。

(2)面积分配。为了提高卖场的销售效率，必须合理地分配卖场面积。在分配卖场面积时，不能按平均分配的原则进行分配，而必须根据每个商品销售部门的销售能力与获利能力来分配。零售商分配卖场面积，通常使用两种方法：

①销售额分配法。即根据商品销售部门计划的销售额，以及预计的每平方米销售额来决定卖场面积的分配，具体公式是

$$\text{某商品销售部门的卖场面积}=\frac{\text{某商店销售部门的计划销售总额}}{\text{每平方米可能实现的销售额}}$$

对现有商店来说，商品销售部门的计划销售总额及每平方米可能实现的销售额，可根据过去的销售实绩及对未来因素的分析来决定。而对新设商店来说，可根据商店的销售计划并参考同行业的实绩来确定某一商品销售部门的计划销售总额和每平方米可能实现的销售额。至于同行业的有关数据，可通过零售商协会组织的报告商业性杂志或通过直接访问同行来获得。但是，过去的经验和同行业的实绩并不能完全反映未来的情况，而必须把未来的条件变化考虑进去。一般来说，价格上涨、销售量增加都会影响到每平方米销售额的变化。如果因销售量的提高而使每平方米销售额提高，则表明商品销售部门提高了卖场效率；如果因价格的提高而使每平方米销售额提高，则表明商品销售部门的卖场效率没有提高。

②存货分配法。零售商还可以根据每个商品销售部门需要陈列的商品数量和备货数量来分配卖场面积。具体做法是：第一步决定每个商品部门需要陈列的商品数量和备货数量；第二步决定适当的陈列方式和存货方式；第三步决定要使用多少陈列货架和货箱；第四步决定收银台、试衣室等所需要的空间；第五步决定分配面积。

应该说明的是，卖场面积与销售额之间不一定是线性关系。例如，当某一部门的商品销售处于饱和状态时，即使增加卖场面积，也不会使销售额得到相应的增加。因此，在分配卖场面积时，还要考虑获利能力即毛利率因素，应保证毛利率高的商品部门有足够的卖场空间。另外，在考核某一部门的卖场效率时，不能单纯与本店的其他商品部门的卖场效率进行比较，还应该将本店某部门的卖场效率与同行业的相关部门的卖场效率进行比较，这样，才能对某商品部门的卖场效率进行公正的评价。

(3)卖场布局的类型。卖场布局有两层含义:一是指卖场的整体形状,二是指各商品部门在卖场内的具体分布(位置)。卖场布局的类型主要有三种,即直线式、曲线式、斜线式。每个店铺卖场布局的具体类型可根据店铺的空间形状和商品经营的特点来决定。

①直线式。直线式也叫沿墙式,即柜台、货架等设备沿墙布置,由于墙面大多为直线,因此,柜台与货架也成直线布置。这是卖场布局的基本形式。采取这种布局方式,其售货柜台较多,能够陈列储备较多的商品,有利于节约人力,便于营业员互相协作,并有利于卖场的安全管理。

②曲线式。曲线式也叫岛屿式,即柜台以岛状分布,用柜台围城闭合式,中央设置货架,可布置成正方形、长方形、圆形或三角形等多种形式。这种形式一般用于出售体积较小的商品,作为直线式的补充形式。曲线式布局的柜台周边较长,陈列商品较多,便于顾客观赏、选购、同时顾客流动也较灵活。但是,由于曲线式售货现场与辅助业务区隔离,不便于在营业时间临时补充商品,同时容易造成场地面积的浪费。

③斜线式。斜线式布局是将柜台、货架等设备成斜线布置。斜线式布局能使室内视距拉长而造成良好的视觉效果。同时,可能使顾客看到更多的商品,气氛活跃,活动不受拘束,但不如直线式布局充分利用场地面积。

(4)商品部门的具体分析。卖场布局的另一个重要内容是对卖场内的商品销售部门的具体位置进行定位。确定各商品销售部门的具体位置时,必须考虑以下两个因素:

①空间价值因素。由于卖场内每一个位置吸引的顾客量不同,实现的销售额也不同,因而为商品提供空间价值也不同。在一个多楼层的店铺里,各楼层及每一楼层的不同位置所提供的空间价值是不同的。楼层越高,顾客也就越少,从而提供的空间价值也就越低。不论店铺是自建还是租赁的,各层的租金或费用负担都是不同的。有研究者以三层建筑的租赁店铺为例,认为各楼层的租金负担比例大致是:一层为40%,二层为30%,三层为15%,地下层为15%。这说明,高租金的楼层能够创造高销售额。

不仅如此,同一楼层的不同部位,所提供的空间价值也是不同的。一般来说,每一楼层可以大致划分为三个部分,即出入口周围的显露区、出入口的左边区和出入口右边区。同样,也有研究者仍以三层楼的租赁店铺为例,对不同楼层、不同部位租金负担比例进行了研究,其结果如表4.3所示。

表4.3 不同楼层、不同部位租金负担比例

单位:%

楼 层	出入口左边区	出入口	出入口右边区
一层	12	18	18
二层	10	12	14
三层	5	6	5

同样,邻近卖场的通道级别不同,也会对销售产生不同的影响。邻近主通道的卖场,由于通道宽度大,容纳顾客多,创造的购买机会也多,从而实现较多的销售额,因此也应该负担较多的租金或费用;而邻近副通道的卖场,由于通道宽度小,容纳顾客少,创造购买的机会也少,从而实现的销售额也少,因此,应该负担较少的租金或费用。

②商品因素。商品的特征对卖场部位也有特别的要求。属冲动性购买的商品应该布置在顾客流通量高的卖场，以便广泛地引起注意，吸引顾客购买；高频率购买的商品应该被布置在一层卖场，以方便顾客的购买。同样，商品之间的关联性也对卖场布局产生影响。一些连带消费或连带购买的商品卖场应该毗邻而设，以方便顾客的购买，促进关联商品的销售。

2. 通道设计

通道设计的合理与否直接影响顾客在卖场的通行、活动，从而影响商品销售，因此，通道设计也是店铺内部设计的重要组成部分。

(1)通道的宽度。卖场通道是连接顾客与商品的桥梁，因此，通道的设计首先要方便顾客的通行。卖场通道可分为主通道和副通道。通道的宽度因客流量及卖场面积的大小而不同，但最低应保持两人并行时所需要的宽度，即在0.8～0.9米之间。主、副通道的宽度与店铺的业态有很大关系。一般来说，普通零售店的主通道可保持在0.9～1.5米，副通道可保持在0.6～0.9米；超级市场的主通道可保持在2.7～3.5米，副通道可保持在1.8～2.1米。当然，不仅要考虑通道的宽度，还要考虑通道的位置，以有效利用建筑空间。

(2)通道的形式。通道的形式主要有三种，即直线式、斜线式和自由式。

①直线式。直线式又称格子式，即通道与货架平行设置。这种通道的主要优点是：布局规范，顾客易于寻找货位地点；形状笔直，能够充分利用场地面积；能够创造一种富有效率的气氛；易于采用标准化陈列货架；便于快速结算。这种通道的缺点是易于产生冷淡的气氛，在一定程度上限制了顾客的自由浏览，同时较易丢失商品。

②斜线式。通道成斜线状，其主要优点：能够使顾客随意浏览，气氛活跃；易使顾客看到更多的商品，增加购买机会。这种通道的缺点是：不能充分利用场地面积。

③自由式。通道呈不规则路线分布，货位布局灵活，优点是：气氛活跃，可增加即兴购买机会；便于顾客自由浏览，不会产生急切感；顾客可以随意穿行各个货架或柜台之间。缺点是：顾客难以找出口，易导致顾客在店内停留时间过长，不便分散客流；容易造成场地面积的浪费，不便管理。

(3)通道设计的其他要求。为了保证通道设计的科学、合理，除了要根据卖场的空间特征选择适当类型的通道，并保证通道具有足够的宽度以外，通常还有以下要求：

①笔直。通道要尽可能避免迷宫式的，要尽量进行笔直单行设计，即依货架排列方式，将商品以不重复、顾客不回头走的方式设计。

②平坦。通道地面应保持平坦，处于同一层面上。有些店铺由两个建筑物改造连接起来，通道途中要上或下几个楼梯，令顾客眼花缭乱，不知何去何从，显然是不利于商品销售的。

③少拐角。事实上，一侧直线进入，沿同一直线从另一侧出来的店铺并不多见。这里的少拐角是指拐角尽可能少，即通道途中可拐弯的地方和拐的方向要少，有时需要借助于连续展开不间断的商品陈列线来调节。

④要保证足够的照明度。通道的照明要高于卖场的照明度，尤其是主通道，更要保证足够的照明度。

⑤没有障碍物。通道是用来诱导顾客多走、多看、多买商品的，因此，不能有死角。在通道内不能陈设、摆列与陈列商品或促销无关的器具或设备，以免使通道受阻。

3. 货柜与货架设计

货柜与货架是陈列、展示、销售商品的主要设施。货柜有不同的构造形式和规格，普通货柜一般长为1.1～1.3米，宽为0.7～0.9米，高为0.9～1.0米。为陈列商品的方便，货柜里面通常用玻璃隔成2～3个支架，使陈列的商品更多，顾客能更直观地看到商品。货柜的制造材料有玻璃、木制、金属、塑料等。工业消费品一般以玻璃货柜为主。玻璃货柜一般有全玻璃货柜、半玻璃半木制货柜和半玻璃半金属货柜。

通用货柜制作成本低，互换性好，实用、方便，但是，通用货柜陈列商品，会使人感到单调、呆板，缺少变化。为了使商品陈列美观，富于变化，可以采用异型货柜。异型货柜有各种不同的类型，通常有三角形、梯形、半圆形以及多边形。利用异型货柜陈列商品，不但可以合理利用卖场面积，而且可以改变普通货柜呆板、单调的形象，并增添活泼的线条变化，使卖场布置表现出曲线的旋律。采用异型货柜时，要注意因地制宜，应结合卖场的空间结构布置安排。一般来说，三角形货架应放置在卖场的角落，从而可以节约面积，比较适合陈列饮料、食品、日用百货等商品。一组三角形货柜可以排成半圆形、圆形或扇面形布局，给卖场的总体布局带来美感；梯形货柜可以使货柜与货柜之间衔接自然，且能有效地利用空间；半圆形货柜可以使顾客充分地看到展示商品的全貌；多边形货柜可以填补陈列商品的空挡。

货架是用来陈列的放置备售商品的设备。货架也有不同的构造形式和规格，有单面货架、双面货架、单层货架、双层货架、多层货架、金属货架、木制货架等。货架设计应以便于保持陈列商品、整洁清洁、美观大方、易取易放，并能充分显示商品的特点，保证正常销售需要为原则。根据商品特征、规格、正常储备量、卖场的空间结构等设计不同的货架规格和构造形式。

此外，卖场的墙壁也是不可以忽视的。既可以在墙壁上布置各种具有吸引力的广告宣传面，以吸引顾客在不知不觉中巡回店内的每个部位，增加购买商品的机会，也可以利用墙壁陈列一些小型商品，以增加卖场的立体感。

4. 照明设计

店内的照明明亮、柔和，不仅可以保护营业员和顾客的视力，缩短顾客的选购时间，加快营业员的售货速度，而且还可以吸引顾客的注意力。因此，科学地设计照明，可达到良好的销售效果。店内的照明方法很多，可以分为基本照明、特别照明和装饰照明三大类。

(1)基本照明。基本照明的特点是匀称地镶嵌于天棚上的固定照明，这种照明可以为店内提供一个良好的均匀照明。照明光的强弱，一般要视店铺的经营范围和主要销售对象而定，并按店铺的不同位置巧妙配置。一般在卖场的最里面配置的光度最大，卖场的前面和侧面的光度次之，卖场的中部光度可稍微小些。基本照明的这种配置，不仅可以提高卖场空间的有效利用率，使卖场富有朝气，还可以使顾客的视线本能地转向明亮的里面，吸引他们从外到内走完整个卖场，并始终保持较大的选购兴趣。

(2)特别照明。特别照明是为了突出卖场的某一部分或某些商品，而通过设置聚光灯、色灯及射灯等照明设备而进行的重点照明。特别照明的配置，一般要视主营商品的特别而定。例如，珠宝玉器、金银首饰、音响器材、精密的商品，往往用定向光束直接照商品，这不仅可以有助于顾客观看欣赏，选择比较，还可以显示出商品的珠光宝气，给顾客以贵重的感觉。

(3)装饰照明。装饰照明是为了丰富卖场的空间环境，在室内设置一些装饰性灯具进行照明，其目的不在乎采光而是强调装饰效果。装饰照明大多采用彩色灯、壁灯、吊灯、落地灯和霓虹灯等照明设备。装饰照明对美化环境、宣传商品、渲染购物气氛等具有重要作用。

总之，设计适当的照明，是商店展示店容、宣传商品、方便选购的重要手段。当然，照明的设计必须与商店的建筑结构相协调，强弱对比不宜过大，彩色灯具不宜滥用，光线变化不宜强烈,同时要避免使用刺激顾客和营业员视力,以及引起商品变色的光线、亮度和灯色,以免产生紧张、厌恶、顾虑等不利于销售的心理感觉。

5. 声音与音响设计

声音与音响可对卖场的购物环境与购物气氛产生重要的影响,因此,控制好卖场的声音与音响是商店经营者必须认真考虑的因素。卖场内每天都有很多顾客流动,各种声音,如顾客与销售人员的问答声、顾客与顾客的谈话声、顾客的走路声、顾客挑选商品的声音、售货员包装商品的声音等,汇成一片嘈杂声。嘈杂的声音会使人心情烦躁,注意力分散,从而不仅影响顾客的购物而且也影响售货人员的工作效率。因此,卖场除尽量降低各种噪音外,还应该经常播放一些轻松柔和、优美动听的音乐,或报道介绍相关商品的消息,以创造良好的声音和音响环境。

卖场播放音乐的目的是为了减弱噪音,提高顾客购买情绪和售货人员的工作效率,因此,播放音乐的内容和时间要精心安排。由于人的听觉差别很大,因此,音乐与广告的播放音量必须根据卖场的主要顾客对象而控制。同时,还要考虑在不同的时间段应播放不同的音乐和广告。在刚开始营业时,应先播放几分钟幽雅恬静的音乐,然后再播放振奋精神的音乐。究竟播放什么音乐要根据卖场经营的商品及卖场风格来决定。一般来说,卖场播放的音乐要以优雅轻松的室内音乐为主,以创造一种轻松恬静的购物环境,解除顾客的紧张感,使顾客轻松购物。音乐的音量应控制在既不影响正常说话的声音,又不被噪音所淹没。

6. 色彩设计

除声音外,色彩也是影响人们的情绪和行为的重要因素,因此,卖场的色彩安排也是非常重要的。卖场的色彩安排是指对墙壁、地板、天棚、陈列工具和商品之间的色彩搭配,做到既不单调又不过于花哨。

按照人们对色彩的感受,可将色彩分为冷色、暖色和中间色。红、橙、黄色,给人一种温暖的感觉,被称为暖色;青、蓝、紫色给人一种寒冷的感觉,被称为冷色;白、绿则称为中间色。不同的颜色能引起人们不同的联想,产生不同的心理感受。例如,黑色是严肃、悲哀的象征,也能给人以文雅、庄重的感觉;白色是纯真、清洁的象征,也能给人以恬静、新鲜的感觉;紫色是高贵、威严的象征,也能给人以神秘、轻佻的感觉;红色是热情、喜庆的象征,也能给人以焦躁、危险的感觉;蓝色是智慧、安静的象征,也能给人以寒冷、冷淡的感觉等。因此,卖场色彩搭配得是否得当,将直接影响顾客购物情绪和工作人员的工作效率。

在卖场色彩的安排上,不仅要考虑各种色彩的性质与特征,更要考虑卖场空间的特点及所经营商品的种类,使色彩安排与卖场及商品的特点相适应。一个卖场可划分为若干个单元,每个单元可以进行不同的色彩安排,以避免单调,增加顾客的兴趣。同时,在不同的季节或时期,也要及时调整卖场的主色调,使顾客感到一定程度的新鲜感,同时也使售货人员感到工作环境有所变化,从而克服长期在一个环境里工作与劳动所带来的那种单调、沉闷的感受。

7. 气味控制

卖场的气味也会对顾客购物产生影响,因此,也要对卖场的气味进行控制和调节。根据卖场和商品的特点,或放置散发各种香味的花草盆景,或人工制造特别的香味,无疑是对顾客嗅觉的良好刺激,使他们在购物过程中精神愉快、心情舒畅,刺激购物欲望。

为了保证卖场的气味正常,应对各种不正常的气味进行有效控制。这些不正常的气味主要有:地毯的霉味,强烈的染料味,动物和昆虫的气味,燃烧物的气味,汽油、油漆和保管不善的清洁用品的气味,洗手间的气味等。同时,凝聚的不良气味也像外部的声音一样,会给卖场带来不好的影响。为了控制这些气味，首先应该尽量减少这些气味的发生，然后还要使用空气过滤设备来降低它的密度。除对不正常的气味要进行严格控制外，对正常的气味也要适当的控制，使它不致扰乱顾客，甚至使顾客厌恶。例如，化妆品卖场周围，香水的香味会促进顾客对香水或其他化妆品的消费需求，但是，如果香水的香味过于强烈，也会使人厌恶，甚至引起反感，这样，反而不利于销售。

另外，保持卖场内空气流通顺畅，也是控制卖场气味的重要手段。为此，应采用空气净化措施，加强通风系统的建设。通风方式可分为自然通风和机械通风。采用自然通风可以节约能源，保证卖场空气适宜，一般小型商店多采用这种方式。而一些大中型商店则主要采用机械通风，一般可采取紫外线灯光杀菌设施和空气调节设备，以改善卖场的环境质量，为顾客提供舒适、清洁的购物环境。

当然，卖场的空气质量不仅包括空气的气味，还包括空气的温度和湿度。对温度的控制应保持冬季温暖而不燥热，夏季凉爽而不骤冷的原则。空气湿度的控制应该做到既保证顾客的舒适，又不妨碍商品保质。

4.4 零售店的商品陈列

4.4.1 商品陈列的功能

所谓商品陈列就是指商品通过各种工具与设施向目标顾客展示商品。对一个商店来说，商品陈列主要有两种，即橱窗商品陈列和卖场商品陈列。这里所说的商品陈列是指卖场的商品陈列。

在现代社会，商品陈列已深深地融入到了消费者的生活之中，对改善消费者的生活环境，唤起、刺激消费者的需求，促进生产与流通的发展起到了积极的作用。商品陈列以捕捉顾客的目光，唤起、刺激顾客需求，到引起顾客的购买欲为目标，因此，是有店铺零售商开展零售经营的重要手段，对刺激消费，促进商品销售具有重要作用。具体来说，商品陈列主要有以下功能或作用：

(1)表示商品的种类及在店内的位置，帮助顾客寻找需要购买的商品。商品陈列往往是按商品的种类分门别类进行的，并整齐放置于卖场的指定位置，这样，顾客来店以后，便可按相关的指示标志或导购图迅速到达所要购买的商品陈列地点，进行选择、购买。

(2)提高顾客对商品价值的认知程度。商品通过适当的陈列可以进一步的展示其形象、特点与价值，从而提高顾客对该商品的价值评价，以便于顾客进行购买决策。

(3)商品陈列可以引起顾客对商品的注意。因为商品陈列往往是要使用颜色和富有戏剧性的照明，从而可以引起顾客对陈列商品的注意。

(4)商品陈列可以起到广告的作用。一个好的商品陈列是一个好的广告，它可以刺激顾客购买兴趣和购买欲望，因此，商品陈列具有广告功能。

(5)商品陈列还可以使顾客产生消费或是使用陈列商品的动机。

此外，商品陈列还具有促进顾客的冲动购买、创造良好的卖场气氛、提高交易速度和保护商品的功能。

4.4.2 商品陈列的原则

顾客来店往往通过“看、听、嗅、尝、触”五种感觉来进行购买决策，因此，卖场的商品陈列应

达到有刺激顾客五种感觉的效果。为此,要遵循下列原则:

(1)醒目。陈列的目的在于吸引顾客观看,而醒目则能使顾客更好地观看,因此,醒目是商品陈列的首要原则。为了便于顾客观看商品,在陈列商品时要尽量能够直接见到商品的正面。同时,对于小商品的陈列来说,应该积小成大,积少成多,形成立体形象;商品陈列的位置也应尽可能在顾客视力易于触及的地方,不要太高,也不要太低。

(2)亲切。透过玻璃橱窗看商品不会感到亲切,因此,应尽量"裸露陈列",即让顾客能够接触到商品。

(3)丰满。商品本身丰满就能刺激顾客的购买欲望。一般顾客的购买习惯是,即使是同一品质的商品,也愿意从较多的商品在中进行挑选,否则,会认为是别人挑剩下的商品肯定有问题,因此,商品陈列应尽量丰满。

(4)吸引力。除丰满以外,还要注意花色品种的对比,强调造型美,以增强对顾客的吸引力。

(5)方便。这是对商品陈列的基本要求。商品陈列要为顾客提供一种或明或暗的有序的购物指引,帮助顾客迅速找到自己的购买对象。对于一些购买频率高,价格较低的日常用品,应首先排列在最易选购的位置,以满足顾客的求快心里。

(6)展示。商品陈列要求做到充分展示商品的特性,以吸引顾客的注意,刺激顾客的购买。要展示商品的特性,就应该充分考虑不同空间的不同特点,在不同的空间陈列不同的商品,以充分调动顾客的视觉、嗅觉、味觉和听觉等感觉器官,使之望而驻足,不愿离开。

(7)附加说明。在陈列商品时,还要将商品的价格标签、使用说明等一起陈列,以便顾客对商品进行全面认识和了解。

(8)心理。一般来说,商品陈列要符合和满足大多数顾客的求新、求快、求美心理,给顾客以艺术的享受,使之在购物过程中一直处于一种兴奋的心理状态,刺激顾客购买欲望,达到促销的目的。

(9)整体。各种商品之间总是存在着某种程度的联系,因此,在商品陈列时应根据他们的相互联系进行系统性的考虑,使各种商品组成一个具有不同层次的有机整体,充分发挥系统的作用,相互促进、相互影响,实现商品陈列的整体效果。可以将一些关联性的商品陈列在一起或毗邻陈列。

(10)效益。在进行商品陈列时既要考虑成本,也要考虑效益情况,因此,商品陈列空间分配,要充分考虑陈列商品的销售效益。一般来说,销售效益越高,则陈列空间越大;相反,销售效益低,则陈列空间就小。

4.4.3 商品陈列种类

常用的商品陈列形式有以下几种:

(1)分类陈列。分类陈列是根据商品的种类、质量、性能、特点和使用对象对商品进行分类、陈列。具体又可以分为以下几种:按商品的种类陈列;按商品的使用对象陈列;按商品的用途陈列;按商品的制造厂家陈列;等等。分类陈列有利于顾客在不同档次、不同品牌、不同价格之间进行比较挑选。

(2)主题陈列。主题陈列是根据某一主题,将有关商品集中在一起而进行的陈列。主题陈列能够为卖场创造一种独特的气氛,吸引顾客的注意力,促进相关商品的连带销售。在进行主题陈列时,要注意适合季节或促销活动的需要及时改变主题,这样,才能保证卖场的活跃,增加销售机会。

(3)整体陈列。整体陈列就是配套消费的商品进行配套陈列。例如，鞋帽服装作为一个整体，用于人体模型从头到脚完整的进行陈列。整体陈列能为顾客提供某种商品的整体形象和效果，从而有利于商品的销售。

(4)集中陈列。集中陈列就是将同一种商品集中陈列在一个地方，这种陈列是超级市场商品陈列中最常用和适用范围最广的陈列形式，比较适合周转快的商品。

(5)整齐陈列。整齐陈列就是将商品整齐的堆积起来陈列。整齐陈列突出了商品的量感，从而给顾客一种刺激的影响，因此，整齐陈列的商品是商店大量销售的商品、折扣率较高的商品、购买频率高的商品。

(6)随机陈列。随机陈列是将商品随机堆积的陈列。与整齐陈列不同，随机陈列只要在确定的货架上随意地将商品堆积上去即可。随机陈列主要用于特价商品的陈列。

(7)花车陈列。花车陈列就是利用可自由移动的销售柜台进行的商品陈列，通常摆设在门口及主通道间，以临时专柜方式设置，其主要目的是配合有主题性的促销，如特价品、广告品的陈列。

(8)推车陈列。推车陈列就是用装有滑轮的推车式货架进行的商品陈列。这种陈列主要用于大量且笨重商品的陈列。

(9)挂钩陈列。挂钩陈列就是用挂钩式货架，或在货架上设置挂钩而进行的商品陈列。这种陈列方式主要用于容易零散的商品，如袋装商品及小五金等。

(10)包装陈列。包装陈列就是将商品进行包装后再陈列，或不拆包装而直接陈列。包装陈列最适合于超级市场，这种陈列形式可节约陈列费用。

4.4.4 商品陈列的技术要求

为了进行有效的商品陈列，除选择适当的陈列类型外，还要满足商品陈列的技术要求。商品陈列的技术要求主要有：

1. 陈列高度及位置

顾客注意商品、产生兴趣要以看到并接触商品为前提，因此，所有的商品陈列都必须是“易见易触”的陈列。零售学研究者们发现，商品陈列的高度决定顾客“易见易触”的程度，从而直接影响商品的销售。一般来说，商品陈列高度的有效范围在离地面的0.6～1.8米，可为四段，即上段、黄金段、中段和下段。然而，各段的商品陈列效果却是不同的。

(1)上段。上段即货架的最上层，高度在1.2～1.8米，这一范围是顾客比较容易见也比较容易接触的位置，因此，是陈列商品的好位置但不是最佳位置。该区可以陈列一些推荐商品或有意培养的商品。

(2)黄金段。黄金段的高度一般在0.85～1.2米，它是货架的第二层，是顾客最易看见也最易接触到的位置，因此，是最佳的陈列位置。该区段一般用来陈列高毛利水平、自有品牌商品、独家代理或经销的商品。

(3)中段。中段的高度一般为0.5～0.85米，它是货架的第三层，也是顾客较易看也较容易接触的区段，但也不是最好的位置。该区段一般用来陈列一些低毛利的商品、品种补充的商品、顾客不得不买的商品，以及原来陈列在上段和黄金段现在已进入衰退期的商品。

(4)下段。下段即货架的最下层，高度一般为0.1～0.5米，也是顾客不易看也不易接触的区段。该区段通常陈列一些体大笨重、易碎、毛利较低的商品，也可陈列一些顾客认定品牌的商品或需求弹性小的商品。

2. 标题说明

商品陈列要附有简单的标题或文字说明，以帮助顾客了解商品的具体销售地点、商品的性能和用途。卖场的商品陈列标题可分为“大标题”、“中标题”和“小标题”。

(1)大标题。大标题主要按商品大类制作，并布置在不同营业区分界处的货架上方显眼的位置上，以显示此处陈列的是某大类商品，诱使顾客来到此处来选购所需要的商品。大标题要醒目、准确，并要注意表现技巧。

(2)中标题。中标题主要布置在陈列货柜或货架、壁面或推车上，让顾客具体地了解在哪里有某种商品。中标题的布置要表现出店内的立体感与顾客所期待的气氛。

(3)小标题。小标题主要用于表现具体商品。顾客在大标题和中标题的指示和诱导下，很容易了解到自己所要购买的商品在何处，然后，通过小标题的说明进一步确认所要购买的具体的商品。小标题必须按各种不同种类、型号、档次进行布置，同时，小标题中还要附加必要的文字说明，以便让顾客具体了解所购商品的名称、产地、价格、规格、型号和使用方法，从而进行购买决策。

3. 背景色彩

商品的颜色、种类多种多样，因此，背景色彩的选择也很困难，且背景色彩配置的好坏对商品陈列效果也有一定的影响，在选择背景色彩时要注意以下几点：

(1)不能太显眼。如果背景色彩比陈列的商品显眼，则商品就会变得不突出，因此，背景色彩的明亮度、鲜艳度必须低于陈列商品的明亮度和鲜艳度。

(2)不使用补色。如果背景色彩与商品颜色成补色，那么，就会对顾客的视觉产生强烈的刺激，因此，尽量不要使用补色。

(3)选择与商品同系统的色调。为了突出显示商品的颜色，最好使用与商品同系统且明亮度较低的色彩。

(4)多使用冷色。在商品颜色多样的情形下，一般选择低明亮度的冷色，如乳白、灰色等效果会更好。

4. 陈列技巧

商店为了提高销售业绩，可以使用各种技巧进行陈列，以达到吸引顾客注意，唤起顾客购买欲望的目的。现将几种常用的陈列“小技巧”介绍如下：

(1)表现“廉价”的陈列。利用平台或推车进行堆积陈列，可以让顾客产生廉价的感觉，从而增加顾客的购买欲望。

(2)表现“高级”的陈列。采用比商品本身更高级的陈列工具并通过色彩与灯光的配合进行陈列，可以让顾客对陈列商品产生高级感。

(3)表现丰富的陈列。当卖场的商品数量不足时，用空盒子代替商品来陈列，可以使顾客产生丰富的感觉。

(4)表现“别人买过”的陈列。商品陈列过于整齐会使顾客产生“不敢”接触或“无人问津”的感觉，因此，有时可以将秩序井然的陈列稍微弄乱，让顾客产生别人已买过的感觉，以坚定顾客的购买信心。

本章小结

商圈是指店铺能够有效吸引顾客来店的地理区域。商圈可分为三个层次，即核心商圈、次级商圈、边缘商圈；商圈的顾客来源主要有居住人口、工作人口、流动人口；商圈分析是指经营者对商圈构成的情况、特点、范围以及影响商圈规模变化的因素进行实地调查和分析，商圈分析具有以下意义：

商圈分析是店铺选址的重要前提；

商圈分析有助于零售店铺制定竞争策略；

商圈分析有助于零售店铺制定市场开发战略；

商圈分析有助于零售店加快资金周转。

商圈范围的大小受许多因素的影响：店铺的经营特色；店铺的经营规模；经营商品的种类；竞争店铺的位置；顾客的流动性；交通地理条件；店铺的促销手段。

确定商圈的主要理论有：零售引力法则；零售饱和理论；霍夫模型；购买力指数。

选址，就是店铺位置的选择、确定。对有店铺零售商业来说，店铺选址重要性如下：

店铺选址是一项大的、长期性投资，关系到零售企业的发展前途；

店铺选址是零售经营者确定经营目标、制定经营策略的重要依据；

店铺选址是影响经营效率的重要因素。

店铺位置应尽可能选择以下区域：商业活动频度高的地区；人口密集度高的地区；客流量大的地区；交通便利的地区；接近集客地；同类商品集聚地。

店铺选址一般要经过三个步骤，进行三个层次的分析，即地区分析、商业区域或购物区分析、具体位置分析。地区分析：需求预测；购买力流入与流出额的测算；其他因素的分析。

商业区域或购物区分析：中心商业区；副中心商业区或辅助商业区；商业小区；购物中心；独立店区。

具体位置分析：交通条件分析；客流分析；竞争店铺分析；地形特点及位置布局分析；城市规划分析；效益分析。

店铺设计应遵循的原则是：满足需要原则；适时、适地原则；魅力原则或吸引力原则；亲密、清洁原则；便于挑选原则；店内流动自由原则；销售效率原则；安全原则；经济原则；弹性原则或柔软性原则。

店铺的外观设计主要包括店铺的建筑造型与门面设计、店铺的招牌设计和店铺的橱窗设计。店铺的内部设计包括卖场设计、通道设计、货柜货架设计、照明设计、音响设计等。商品陈列是指商店通过各种工具与设施向目标顾客展示商品。商品陈列的主要功能是：

表示商品的种类及在店内的位置，帮助顾客寻找需要购买的商品；

提高顾客对商品价值的认知程度；

商品陈列可以引起顾客对商品的注意；

商品陈列可以起到广告的作用；

商品陈列还可以使顾客产生消费或是使用陈列商品的动机。

商品陈列的一般原则是：醒目；亲切；丰满；吸引力；方便；展示；附加说明；心理；整体；效益。

商品陈列有很多种类，通常有分类陈列、主题陈列、整体陈列、集中陈列、整齐陈列、随机陈列、花车陈列、推车陈列、挂钩陈列、包装陈列等。商品陈列的技术要求主要有：陈列高度及位置；标题说明；背景色彩；陈列技巧。

学习自测题

一、名词解释

商圈　选址　集客地　卖场与通道　商品陈列　购买力流入与购买力流出

二、选择题(将正确的答案填入括号内)

1. 核心商圈的基本顾客来源是(　　)。

A. 工作人口　　B. 流动人口

C. 居住人口　　D. 外地人口

2. 店铺选址时的客流分析主要是对(　　)的分析。

A. 客流类型　　B. 客流规模

C. 客流目标　　D. 客流速度

3. 在进行店铺建筑造型设计时，主要应考虑(　　)。

A. 建筑物形状　　B. 建筑物的高度

C. 建筑材料　　D. 建筑物的外表颜色

4. 一般来说，一个店铺的卖场面积应占店铺使用面积的(　　)。

A. 60％～70％　　B. 70％～80％

C. 80％～90％　　D. 50％～60％

5. 通道的宽度因客流量及卖场面积的大小而不同，但最低应保持在(　　)。

A. 0.5～0.6 米　　B. 0.6～0.7 米

C. 0.7～0.8 米　　D. 0.8～0.9 米

6. 一般来说，商品陈列高度的有效范围在离地面的 0.6～1.8 米之间，其中黄金段的高度一般在(　　)。

A. 1.2～1.8 米　　B. 0.85～1.2 米

C. 0.5～0.85 米　　D. 0.1～0.5 米

三、简答题

1. 商圈可分为几个层次？各层次商圈的范围有多大？
2. 影响商圈大小的主要因素是什么？
3. 为什么说店铺选址对零售经营具有特别重要的意义？
4. 理想的店铺位置应具备哪些条件？
5. 店铺选址时的地区分析一般包括哪些内容？
6. 商业区或购物区的类型及特点是什么？
7. 在确定具体店铺位置时一般要进行哪些分析？
8. 店铺设计的一般原则是什么？
9. 招牌的命名与文字设计应注意哪些问题？

10. 橱窗陈列应坚持哪些原则？

11. 橱窗制作的技术要求是什么？

12. 卖场面积的分配方法有哪些？

13. 店铺的照明一般有几种？

14. 商品陈列有哪些功能？基本原则是什么？

15. 常用的商品陈列形式有几种？

16. 商品陈列有哪些技术要求？

四、计算题

1. 城市A有人口10万人，城市B有人口5万人，城市A与城市B的距离为25千米，那么，城市A与城市B的商圈边界各是多少？

2. 现有城市A、B、C三个地区，每个地区购买某类商品的潜在顾客数、每一顾客平均购买额、经营同类商品的店铺营业总面积如下表所示：

项　　目	A地区	B地区	C地区
潜在顾客人数	100 000	80 000	60 000
每一顾客平均购买额	200	150	150
同类店铺营业面积	30 000	25 000	20 000

请求出各地区的零售饱和指数。

3. 假设一个顾客有机会在A、B、C三个店铺购物，这三个店铺的营业面积分别为2 000平方米、1 500平方米、1 000平方米，同时，这三个店铺与这个顾客的距离分别为8千米、6千米和4千米，再假设参数$a=1$，参数$b=2$。那么，该顾客到A、B、C三个店铺购物的可能性分别是多少？

案例分析

苹果零售店策略：用于展示产品设计和新技术，卖产品不是目的

苹果位于英国伦敦考文特花园的全球最大Apple store零售店正式开业。该店零售业务高级副总裁Ron Johnson表示，苹果公司把Apple Store零售店当作是展示其产品设计和创新技术的平台。10年前，苹果决定如果要成为一家以创新取胜的公司，就应该让消费者有第一手试用产品的机会。到现在苹果已在全球拥有超过300家Apple Store自营零售店。苹果Apple Store的概念不太像是传统中的商店，而更像是产品的展示中心。消费者可以自由地试用苹果的各种产品，而销售只是整个店铺任务的一小部分。一个很有趣的细节是，许多零售商衡量店铺业绩的标准都是面积和销售额，而苹果则把进店人数看作是第一准则："我们的目标不仅仅是开一家商店，更要创造一个人们喜欢呆的地方。"

在苹果店中，如果用户没有要求，店员不会在一旁干预你的试用。而一旦用户决定购买，店员则会马上来到你身边，直接使用由iPod touch改造而成的便携收银机完成支付。Ron Johnson称，高压销售策略与苹果的哲学完全背道而驰。事实上，苹果产品对于消费者和员工

来说都已经形成了一种狂热，完全不需要硬性推销。在培训员工时，苹果都教导他们要“盯着消费者的心，而非钱包”，最重要的是“帮助你购买”。

由于公司业绩的提升，消费者关注度的提高，苹果开始寻找一些面积更大的场所开设新店，以应对越来越多的人流量。同时，苹果还会更多地在地标性地点来开店，比如伦敦考文特花园店和上海浦东店。

（资料来源：作者根据相关资料整理）

案例思考：

1. 为什么苹果零售店将展示产品设计和新技术作为主要的平台？
2. 为了展示产品你认为苹果零售店店内应该怎样设计？

第 5 章 零售商品与顾客管理

学习目标

本章围绕商品管理着重介绍了商品结构的完善与调整、商品目录的规划与商品组合、商品采购原则与方式、采购合同的内容与签订。围绕顾客管理着重介绍了购买过程的消费者心理、顾客接待步骤与方法、顾客服务内容与品质、顾客投诉的处理。完成本章的学习后,应该能够:

(1)说明零售商品的分类和商品目录。

(2)概述商品组合类型和评价商品组合优劣的标志。

(3)简述商品采购的原则和方式。

(4)阐述商品采购策略。

(5)说明商品采购合同的内容、签订原则和程序。

(6)分析顾客购物的心理活动过程。

(7)说明顾客接待的步骤与方法。

(8)描述顾客服务的内容、品质及顾客投诉的处理。

(9)熟记下列概念:商品结构;商品目录;商品组合;主力商品;关联商品。

学习重点

(1)商品组合与商品结构的确定。

(2)商品采购的原则和方法。

(3)顾客接待的步骤与方法。

(4)顾客服务内容、品质及顾客投诉的处理。

学习难点

(1)商品组合的评价。

(2)商品采购策略。

(3)顾客购物的心理活动过程。

(4)顾客服务内容与品质。

教学建议

选择1～2家商业零售企业,对其商品分类、商品结构、商品目录、商品组合、商品采购、顾客服务等进行实地调研。

引导案例

欧式家居饰品店的目标顾客

选准客户群,提供贴心服务。时尚的吴小姐是一位“海归派”,几年前,在加拿大毕业的她拥有一份当地一家大型纺织品公司的会计工作,然而,因为对工作没有太大兴趣,吴小姐辞掉了工作。凭着对于欧式家居用品的爱好,她回到家乡广州开了一家特色家居饰品店。吴小姐认为,家居饰品不同其他生活用品,它讲究的是情调而非实用,这需要有一定的文化底蕴,例如北京、上海就发展得很好。多数广州人现在还是注重用品的实用性,但广州外来人口多、接受能力强,随着教育程度和生活水准的不断提高,广州的特色家居饰品市场还是很有前景的。

经过近一年的考察,吴小姐看中了市场比较成熟、离家方便的淘金路。“其实天河城、建设六路也都是不错的地段,人流量大、白领多、店面集中,容易吸引顾客。”家居装饰品讲究的是一种居家的文化,所以一般对于居家有自己的想法,有一定文化品位的人,才会是小店的买家。“许多人会因为更看重实用性而要求我们的商品打折扣出售,这些人不是我们的目标客户。所以我要找那些有文化的白领、‘海归派’比较多的地方开店。”吴小姐认为,在大型家具市场里做一个特色家居店也是很有发展空间的,“但这些地方一是租金较贵,通常没有小店面可以租,二是如果没有形成一个市场,也很难做到供需平衡。”

有特色还要有服务。淘金路的小店很多,为了能在众多小店中更引人注目,吴小姐非常注意饰品本身的特色,“这里的每一样饰品都是我自己到供应商那里淘回来的,在选择的过程中我会想自己是个买家会喜欢哪样产品。有的客人想要定制一些物品,我会到厂家把相关物品拍下照片,让顾客挑选。”营销手段也很重要,“原来我是不打折的,后来发现人们总是习惯性地问打几折,现在我也开始有选择地进行一些促销活动,比如送一些小礼物。不过有时遇到志同道合的人我会优惠很多的。”

古典的欧式风格的饰品,不同于一般的家居用品,它讲究的是一种情调。许多商品顾客不了解它的价值，甚至不知道如何使用，因此对顾客进行讲解很重要。吴小姐除了向顾客耐心地解释物品的文化内涵以外，还会进行实地的模拟示范。“我会问他们家里的陈设，按照他们的意愿进行一些建议。”有些顾客担心物品买回去了摆着不好看，吴小姐也会送货上门亲自帮他们摆放，如果仍觉得不合适，也不会强求顾客，会把货再拿回来的。正是因为这样耐心周到的服务，吴小姐的店才有了越来越多的熟客。“通过网上订货，可以把小店推开到更远的市场。”吴小姐对网上销售充满期待。

（资料来源：作者根据相关资料整理）

商品与顾客是零售市场的主体，也是零售企业运作的基本要素。因此，商品与顾客的管理，是零售企业管理的重要环节和内容。

5.1 零售商品规划

5.1.1 零售商品的分类

零售经营者，需要对所经营的商品进行适当的分类，根据各类商品的特点制定零售店的商品经营策略，以扩大商品销售，增加企业利润。

零售店经营的商品可以按不同标准进行分类，但从零售店经营的角度看，以顾客的需求特点、商品的用途、顾客的购买方式和习惯等作为分类标准，会更有助于企业采取正确的商品策略。

1. 按商品的耐久性和有形性进行分类

根据商品的耐久性和有形性不同，可将零售商品划分为耐用品、消耗品和服务。

(1)耐用品。耐用品是指在正常情况下，能多次使用的有形物品。例如，电冰箱、电视机等。由于耐用品的使用周期较长，一般价格也比较高，所以消费者在购买时比较慎重。因此，经营耐用消费品，需要更多的销售服务和销售保证，如维修、运送、保修、保退、保换等。企业销售耐用消费品的重点是形成促使顾客购买的气氛，进行耐心细致的商品介绍，说明使用方法，同时还要建立完善的售后服务体系。

(2)消耗品。消耗品也称非耐用品，是指在正常情况下，一次或几次使用就被消耗掉的有形物品，如牙膏、洗衣粉、文具等。由于这类商品多为日常消费，消耗速度快，价格较低，因而顾客购买频繁。经营消耗品，企业必须为顾客购买提供方便，销售网点接近居民区，而且毛利率较低。

(3)服务。服务是向顾客提供无形的效用性劳动。服务产品是非物质实体商品，它与有形商品相比具有自身的特点：①服务基本上是无形的；②服务内容不易标准化；③提供服务是与其消费同时进行的，服务的交易必须在适当的时间和地点进行才能有效地满足服务需要。为顾客提供服务的关键是应加强服务质量管理，提高销售者的信誉和服务技能，以及对顾客的适用性，满足不同类型、不同需要、不同档次顾客的需要。

2. 按商品的用途进行分类

根据商品的用途不同，可将零售商品划分为消费品和资本品。

(1)消费品。消费品是指用于最终消费的商品。消费品多为生活消费。消费者在购买消费品时不像产业用品的购买者那样是技术内行，而是完全依照“性能和价格”进行选择和决策。现实中的消费者往往带有消费偏好和心理方面的因素，例如外观设计的精美程度、商品品牌等，都可以激发购买欲望。

随着消费品的日益丰富和顾客需求的不断提高，消费品需求也日益多元化。因此企业在经营消费品时，必须深入研究消费需求的变化，了解企业目标市场消费者群的要求，做好与销售对象接触的信息传递工作，不断提高销售技能，努力适应顾客的需求变化。

(2)资本品。资本品是指企业为生产商品而购入的商品，资本品的购买目的是用于再生产，属中间消费。因此，与消费品的购买目的是根本不同的。此外，在购买数量和购买方式上也与消费品有很大的差别。资本品的顾客往往是具有专门知识的专家，购买决策多数带有科学性，因此在销售资本品时，必须了解和掌握用户决定意向的审批机构，销售人员应对商品性能、市场行情、价格等方面具备较精通的商品知识。

3. 根据顾客对商品的选择程度，可以分为便利品、选购品和特殊品

(1)便利品。便利品是指顾客经常购买，但又不愿意花过多时间比较选择的商品。便利品又可分为三种：

①日用品。日用品是指单位价值较低，经常使用和购买的商品，如肥皂、火柴、电池以及大部分杂志等。顾客购买日用品的突出要求是随时可以买到，所以愿意接受任何性质相同或相似的代替品，并不坚持特定的品牌和商标。对品牌众多的日用品，顾客常常选择自己熟悉的牌子，因此经营者应利用各种媒体，广泛宣传，并在保证质量的前提下，力求商品外形设计美观，使之更富吸引力。

②冲动购买品。冲动购买品是顾客事先并无购买计划，因视觉、听觉或其他感官直接受到刺激而临时决定购买的商品，如糖果、风味食品等。冲动购买品对感官刺激是商品促销的重要手段，如玩具的示范表演，风味食品的现场制作等。

③应急品。是顾客紧急需要时所购买的商品，如突降大雨时的雨具等。商品陈列的可见度对应急品的销售影响较大。

(2)选购品。选购品是顾客在购买过程中，愿意花费较多的时间观察、询问、比较选择的商品。这类商品的特点是：价格较高，使用期长，多属中高档商品，如家具、组合音响、服装等。选购品的购买者，一般愿意到商店较集中地区或有声望的大商场去购买。

选购品又可分为同质选购品和异质选购品。同质选购品是指商品质量被顾客完全认同，而售价有明显差别者。这类选购品比较的尺度是价格，例如有各种品牌的全自动洗衣机，顾客认为其质量差别不大，就会选择其中价格最低的。异质选购品是指质量因素有重大差别的商品，而且顾客认为质量因素的差别远较价格上的差别重要。例如服装，在顾客看来，款式、面料、剪裁、缝工可能比价格上的差别重要得多。如果对质量不满意，即使价格便宜，顾客也会不屑一顾。由于某些异质选购品的质量不能在直观上加以比较，如电视机的耐用程度、维修保养的难易程度等，因此，购买者往往以商标、品牌为选购的指南，不熟悉有关商标时则以商店的信誉作为选购的标准。

经营选购商品的网点设置应相对集中。选购商品的销售特点是：最大限度地配齐商品，在顾客进行比较选择时，做好参谋。

(3)特殊品。特殊品是具有特定性能、特殊用途、特殊效用和特定品牌的商品。例如，集邮品、花、鸟、戏装等。由于特殊品有特定的消费对象，从而排除了其他商品的竞争。经营特殊品会使经营者获得较大的收益。销售特殊品，宜开设专门商店或专柜，并宜集中经营。

4. 根据顾客的购买习惯可以划分为日用品、日用百货、专用品和流行品

(1)日用品。日用品是家庭中经常消费的商品。顾客购买次数较多，因此购买时并不怎么努力,对日用杂品的价格要求便宜,选择标准一般为方便、坚固、美观,对质量要求不怎么高,顾客一般到附近商店购买。经营日杂用品,越接近越好。

(2)日用百货。日用百货是顾客经常使用和购买的价值较低的商品。顾客对日用百货商品的选择标准是质量好、感觉好和种类丰富。日用百货商品的价格以中等偏上的较易销售。顾客购买日用百货的距离,比日用杂品远些。

(3)专用品。专用品是指对顾客有特定用途的商品。专用品一般价值较高,例如体育用品、绘图仪器及金银饰品等。专用品一般购买次数少,顾客购买时相当谨慎。专用品的质量要求必须好,价格高些没有关系。由于购买次数少,顾客可以去较远的地点购买。

(4)流行商品。流行商品是由于某些因素影响,而在短期内出现大量需求的商品。流行品的消费在一定时期表现为一种时尚。流行品具有较强的实践性,顾客大体购买一次,在流行期内,对流行品的购买非常踊跃,价格高些没有问题。而对质量要求不怎么高,流行品经营的重点是款式漂亮、新潮。

5.1.2 零售商品结构与目录

1. 商品结构在零售店经营中的重要地位

商品结构是零售企业在一定的经营范围内,按一定的标志将经营的商品划分成若干类别和项目,并确定各类别和项目在商品总构成中的比重。商品结构是由类别和项目组合起来的。商品经营范围只是规定经营商品的种类界限,在经营范围内,各类商品应当确定什么样的比例关系,哪些商品是主力商品,哪些商品是辅助商品和一般商品,他们之间保持什么样的比例关系;在各类商品中,品种构成应保持什么样的比例关系,主要经营哪些档次等级、花色规格的商品等,这些直接关系到企业经营目标能否实现。因此,商品结构是否合理,对于零售企业的发展具有重要意义。

(1)合理的商品结构是实现零售经营目标,满足消费需求的基础。一个零售经营者满足消费需要的程度如何,关键决定于有没有适合目标顾客需要的商品,不仅要保证基本需要、共通性需要,还要向顾客提供选择条件,保证不同的需要。如果商品结构不合理,该经营的商品没经营,而不适合目标顾客需要的商品反占较大比重,这就不可能很好地实现企业的经营目标。

(2)确定商品结构是加强商品经营计划的基础。零售店组织购、销、存活动,必须研究确定商品结构,以保持合理的比例关系,这是加强计划管理的基础。以商品购销存的比例关系来看,销售比重、进货比重、库存比重三者之间是相互协调、相互适应的关系,即以销售比重为中心,掌握进货比重和库存比重,达到购销存之间的平衡。零售经营者应研究确定并经常分析三者之间的比例关系,据以指导业务活动。

(3)研究确定商品结构是有效利用经营条件,提高经济效益的基础。确定商品结构,一方面可以按照商品构成比重,合理调配人力、财力、物力,集中力量加强主力商品的经营,突出经营特色,发挥经营优势;另一方面,通过商品结构的检查分析,及时加以调整,以适应市场变化,减少经营损失。总之,合理的商品结构对于零售经营的成功与发展起着举足轻重的作用。

2. 确定商品结构的基本要求

(1)适合顾客对商品的选择。经营者要根据所在地区的特点和目标顾客对各类商品的选择要求来确定商品构成比例,保持适销、应备的花色品种。

(2)适应地区特点和经营条件。确定经营商品的档次和比例,如商品中心区大型综合性商店和专业性商店主要经营高、中档商品,适当经营一部分低档商品;区域性大型商店主要经营中、低档商品，适当经营高档商品；居民区小型商店主要经营中低档商品；有的专业性商店则专门经营低档小商品。

(3)保持顾客的基本需要。顾客需要既包括商品品种构成，也包括同种商品不同规格、质量等方面的构成。对于顾客基本需要的品种、规格、质量，应保持必要的经营比例，保证销售。某些商店还可以确定顾客特殊需要的品种、规格，以满足特殊需要。

(4)保证顾客对商品配套的需要。对于一些配套使用的商品及连带消费的商品，应当列入商品规划，以便利顾客购买。

(5)适合商品销售规模和经济效益的要求。正确处理经济效益与商品构成之间的关系，主要表现在两方面：一是商品构成与商品周转速度之间的关系，品种越多，资金占用越分散，而所有品种并非均可销售，所以不能片面扩大品种，影响经济效益；但也不能片面压缩品种，不便顾客选购，反而会影响经济效益。二是商品构成与商品利润率之间的关系，既要处理好不同利润率的商品之间的关系，保证经济效益；又不能利大就大干，微利就不干，这样就不能保证顾客的需要。

3. 商品结构的分类与内容

零售店经营的商品结构，按照不同标准可以分为不同类型。按照商品自然种类划分，可以分为商品类别、商品品种、商品花色、规格、质量、等级、品牌等；按销售程度划分，可以分为畅销商品、平销商品、滞销商品；按商品使用构成划分，可以分为主机商品和配件商品；按价格、质量划分，可以分为高档、中档、低档商品；按经营商品的构成划分，可以分为主力商品、辅助商品和关联商品等。

按照上述分类标准来研究商品结构，能够使商品结构更趋于合理。由于前几种分类较易于理解，在此不作详细介绍，仅就按商品构成划分的主力商品、辅助商品和关联商品的内容加以详细介绍。

(1)主力商品。主力商品，也称拳头商品，是指那些周转率高、销售量大，在零售经营中，无论是数量还是销售额均占主要部分的商品。一个企业的主力商品体现它的经营方针、经营特点以及企业的性质。可以说，主力商品的经营效果决定着企业经营的成败。主力商品周转快，就可以保证企业取得较好的经营效果，反之，就很难完成企业销售目标。因此，企业应首先将注意力放在主力商品的经营上。

对零售企业来说，主力商品主要是指在市场上具有较强竞争力的商品或名牌、畅销商品。这就要求经营者必须掌握所经营的主力商品发展趋势、增长状况和竞争能力，同时还应注意掌握顾客的需求动向和购买习惯的变化。如果在经营中发现主力商品的某些品种滞销，就必须及时采取措施加以调整，防止由于某些品种的影响而使企业销售额下降。企业掌握了主力商品的变化，也就掌握了经营的主动权。

(2)辅助商品。辅助商品是指在价格、品牌等方面对主力商品起辅助作用的商品，或者以增加商品宽度为目的的商品。零售企业经营的商品必须有辅助商品与主力商品的搭配，否则会显得过分单调。辅助商品不要求与主力商品有关联性。只要是企业能够经营，而且又是顾客需要的商品就可以。辅助商品可以陪衬主力商品的优点，成为顾客选购商品时的比较对象。不但能够刺激顾客的购买欲望，而且可以使商品更加丰满，克服顾客对商品的单调感，增加顾客光顾频率，可以促进主力商品的销售。

辅助商品的配备，必须考虑它的季节性和流行性，不要将过季、过时的商品作为辅助商品，否则，不但不能辅助主力商品的销售，而且会造成商品积压，影响企业资金周转。因此，辅助商品的配备，应随季节变化和流行性变化而调整，做到少进、勤进、快销。当然对于销路好的辅助商品，可以适当增加经营比例，但不应超过主力商品，否则，影响企业的性质和特点，破坏已形成的企业形象。

(3)关联商品。关联商品是指同主力商品或辅助商品共同购买、共同消费的商品。例如，录音机与磁带、西服与领带等都是有关联的商品。配备关联商品，可以方便顾客的购买，可以增强主力商品的销售，扩大商品销售量。配备必要关联商品的目的是适应顾客在购买中图便利的消费倾向，这也是现代零售企业经营中的重要原则。

4. 商品结构的完善与调整

零售企业商品结构的完善，主要有两个方面，一方面完善主力商品、辅助商品和关联商品的结构；另一方面完善高、中、低档商品的结构。

(1)主力商品、辅助商品和关联商品的配备。一般来说，主力商品要占绝大部分，而辅助商品和关联商品的比重则应小一些。主力商品的数量和销售额，要占商品总量和全部销售额的70%～80%，辅助商品和关联商品约占20%～30%，其中关联商品应确实与主力商品具有很强的关联性。在经营过程中，如果发现企业商品结构发生变化，则应迅速调整，使之趋于合理。

(2)高、中、低档商品的配备。高、中、低档商品的配备比例，是由企业目标市场的消费阶层的需求特点决定的。在高收入顾客占多数的地区，高档商品应占大部分，在低收入顾客占多数地区，则应以低档商品为主，这样才能满足顾客的需要。

一般来说，以高消费阶层为目标市场的企业，可以采取高档商品、中档商品占绝大多数的政策，其经营比重，高档商品占50%，中档商品占40%，低档商品占10%；主要面向大众顾客的企业，可以采取低档商品、中档商品占绝大多数的政策，其经营比重可考虑为高档商品占10%，中档商品占30%，低档商品占50%。如果以低消费阶层为目标市场，可以考虑按中档商品30%、低档商品70%的比例分配。

高、中、低档商品结构的配备，受顾客消费结构的制约，当消费结构发生变化时，企业应相应调整高、中、低档商品的比重。

还应指出的是，零售企业经营商品的品种中，有相当部分由于供求的季节性波动而形成周期性的商品替换，这些商品有明显的季节性，所以企业要随季节的不断变更，随时调整商品结构。由于商业的季节性比自然季节性来得早一些，因此，企业应在季节到来之前调整好商品的结构。

5. 商品目录

商品目录是零售企业根据企业的销售目标，把应该经营的商品品种，用一定的书面形式，并经过一定的程序固定下来，成为企业制订商品销售计划及组织购销活动的主要依据。它是零售企业在商品经营范围内确定商品品种结构的进一步具体化和规范化。商品目录包括经营商品目录和必备商品目录。

(1)经营商品目录。经营商品目录，是企业经营范围和方向的具体落实。经营商品目录的制定，应在商品经营范围内，考虑商品货源和市场变化，顾客购买习惯和需求，企业的经营能力和商品的关联性，企业的经营特点和邻近同行企业之间的经营特点等因素，逐一对商品进行分析排队，逐类地确定应该经营什么商品品种，经营到什么程度，并应具体列明常年和季节性商品的详细品种、规格、质量，并规定花色、品种不少于多少种，以便于企业有计划地组织购销活动。

由于商品的特征和顾客的要求不同，因而确定经营品种的粗细程度也不同，一般来说，特征简单的商品可以粗一些，特征复杂的商品则要细一些。既要防止定得太粗，过于笼统；又要防止定得太细，过于繁琐，流于形式。

(2)必备商品目录。必备商品目录，是满足顾客基本需要而必须经常备有的商品品种目录。必备商品目录规定企业在正常情况下，必须保证有货出售的商品品种。它是企业经营全部商品中的主要部分。实际备货时应多于它而不能少于它。制定必备商品目录的目的，是为了使企业在经营活动中能否保证顾客的基本需要有一个衡量标准。凡是客户日常生活基本需要的商品，要定为必备商品品种。这类商品的需求，在较长时期内不发生变化。凡是必备商品，企业应积极组织货源，保证商品供货。必备商品目录的内容一般包括商品的大类、小类、品名、品种、规格等项目。

商品品种的划分取决于商品特征的繁简程度，特征简单的商品如食盐、火柴等可以划分得粗一些，特征复杂的商品如袜子、成衣等则需适当划分得细一些。可以按商品质料划分，按商品使用对象划分，按商品用途划分，也可以按商品规格划分。同一质料、用途、规格的商品有不同的花色式样，可以在目录中提出花色式样的最低数量要求，不列具体花色式样名称。季节性商品应在目录中注明必备的时间界限和正常必备数，以便按不同季节检查必备品种是否齐全。

(3)经营商品目录和必备商品目录的关系。经营商品目录和必备商品目录不是两种商品目录，而是商品目录中表现的两种内容。就是说，经营商品目录包含着必备商品目录，必备商品目录是经营商品目录的一个组成部分。经营商品目录包括企业经营的全部商品品种数，必备商品目录是企业必须备有的品种。必备品种，是企业最低的品种额定。

商品目录已经确定，要认真执行，经常检查，并应根据市场变化情况及时地进行修订。

5.1.3 零售商品组合

1. 零售商品组合的概念

零售商品组合，就是一个零售企业经营的全部商品的结构。它通常包括若干商品大类，即商品系列。每个商品系列又包括数目众多的商品项目(又称商品品目)。

商品大类是指一组密切相关的商品，因为这些商品具有替代性、配套性，能满足人们某一类需要；或者通过同种类商店销售给相同的顾客群，或者属于同一价格档次。商品项目是指某种商品大类中，不同型号、规格、款式、颜色的商品。

零售企业在经营中，可以专门经营一个商品大类，也可以经营几种不同大类的商品，由于商品组合方式不同，会形成企业经营的不同特点。因此认真研究商品组合的策略，对于零售企业开展经营活动具有十分重要的作用。

2. 商品组合的类型

(1)多系列全面型。这种组合是着眼于向任何顾客提供所需要的一切商品。采取这种组合的条件是企业有能力照顾整个市场的需要。整个市场的含义可以是广义的，就是不同行业的商品市场的总体；也可以是狭义的，即某个行业的各个市场面的总体。广义的多系列全面型商品组合就是尽可能增加商品系列的宽度和深度，不受商品系列之间关联性的约束。狭义的多系列全面型商品组合，是指提供在一个行业内所必须有的全部商品，也就是商品系列之间具有密切的关联性。

(2)市场专业型。这种组合是向某个专业市场、某类顾客提供所需要的各种商品。例如，以建筑业为主的商品市场的工程机械公司，其商品组合就应该由推土机、压路机、载重卡车等商品组成。旅游公司其商品组合就应该考虑旅游者所需要的一切商品或劳务，如住宿服务、饮食服务、交通服务以及旅游者所需要的物品，包括纪念品、照相器材、文娱用品等。这种组合方式不考虑各商品系列之间的关联程度。

(3)商品系列专业型。零售店专注于某一类商品的销售，将其商品推销给各类顾客。例如汽车制造厂的商品是汽车，但根据不同的市场需要，而设立小轿车、大客车和货运卡车三种商品系列以适合家庭用户、团体用户以及工业用户的需要。

(4)有限商品系列专业型。采取这种组合的零售店根据自己的专长，集中经营有限的、甚至单一的商品系列以适应有限或单一的市场需要。例如有的企业只经营汽车制造厂专门生产的作为个人交通工具的小汽车，而不经营大客车或货运卡车及其他用途的汽车。

(5)特殊商品专业型。零售店根据自己的专长经营某些具有良好销路的特殊商品项目。这种策略由于商品的特殊性，所能开拓的市场是有限的，但是竞争的威胁也很小。

3. 最佳商品组合

由于市场环境和竞争形势的不断变化，商品组合的每一个决定因素也会在变化的形势中不断变化，商品组合的每一个具体商品项目也必然会在变化的市场环境下发生变化。一部分商品获得较快的成长，并持续取得较高的利润，而另一部分商品则可能趋向衰落。因此，零售商店面临着一个不断根据形势变化调整商品配备，在变动的形势中寻求和保持商品组合最佳化的问题。如果不重视对商品组合的经常调整，不重视新商品开发和过时商品的淘汰，则原有的良好的商品组合必将逐渐地出现不健全和不平衡的结构。因此，每一个零售企业都应该经常分析自己商品组合的状况和结构，判断各商品项目在市场上的生命力，评价其发展的潜力和趋势，不断地对原有的商品组合进行调整。评价商品组合优劣的标志有很多，归纳起来主要有以下三个，即发展性、竞争性和赢利性。

(1)发展性。根据商品生命周期理论，处于生命周期的成长阶段及成熟初期阶段的商品，具有良好的发展前途，而成熟后期或衰退期的商品则已不具备这方面的优势。评价商品的发展性应该超越零售店的范围，从同类商品的同行业的总体情况进行评价。衡量商品发展性的指标主要是行业销售增长率。

(2)竞争性。竞争性表明商品在满足顾客需要方面所具有的实力，具体体现在：商品市场占有率、商品的质量、价格、成本、商标、包装、服务等一系列的综合能力，上述各种指标中，以市场占有率最具综合代表性。

(3)赢利性。由于经济效益既受商品经营管理水平的影响，又受其他因素的影响。因此表现这一特性的指标较多，主要有：利润额、成本利润率、资金利润率、资金周转率等。其中，又以资金利润率更具有综合性的特点。

5.2 零售商品采购

5.2.1 商品采购的原则和方式

1. 商品采购原则

零售商业企业组织采购活动，应当遵循以下原则和要求：

(1)以需定进原则。零售企业采购商品是为了销售出去，以满足消费者的消费需要，获得一定的收益。以需定进，就是要根据市场需求情况来决定进货，保证购进的商品适合消费者的需要，能够尽快地销售出去。

坚持以需定进的原则，能够避免盲目采购，促进商品销售。但这并非说零售企业的购销活动就是完全被动的，购销活动与市场需要之间的平衡，应当是动态的，积极的。这就需要零售企业在购销活动中，结合本企业的实际和各种商品的不同特点，认真研究市场需求态势，分别采取不同的购销策略，以求得购销与市场需求的动态平衡。

①对于消费需求比较稳定的日用品，企业经营商品的销售情况往往与消费需求状况基本一致，在这种情况下，可以以销定购，销售什么，采购什么，销售多少，采购多少。

②对于市场需求波动较大的商品，消费需求往往因消费因素复杂，选择性比较强而呈波动状态。在这种情况下，企业必须认真研究市场需求的变化趋势。当市场需求呈上升趋势时，要积极组织采购，当需求呈下降趋势时，要少购、甚至不购。这就要求企业有一定的市场研究能力，并要承担一定的风险。

③对于一些季节性商品（季节生产、常年消费的商品或常年生产、季节消费的商品），企业需要在认真研究市场环境的条件下，分析消费需求的变化趋势，预测商品的销售量，来决定采购量和时机，防止过季积压和旺季断档。

④对于新特商品投放市场，企业应在研究市场需求的基础上决定购销活动。由于消费需求具有可引导性，企业也可以积极运用各种促销手段来开拓市场，影响刺激消费，引导消费需求。

(2)勤进快销原则。勤进快销是加速资金周转、避免商品积压的重要条件，也是提高零售经营水平的一个根本性措施。零售企业必须利用本身有限的资金，来适应市场变化的需求，以勤进促快销，快销保勤进。力争以较少的资金占用，经营较多、较全的品种，加速商品周转。

"勤"并非越勤越好，它必须视企业的条件以及商品特点、货源、进货方式等多种因素的状况，在保证商品销售不产生脱销的前提下，考虑进货批量。"快"也是相对的，它必须在保证企业经济效益与社会效益的前提下，加快销售速度。

(3)信守合同原则。在市场经济条件下，运用经济合同，以法律形式确立商品买卖双方各自的经济权利和应承担的经济义务，以及各自的经济利益，保证企业经营活动能够有效地进行，已成为企业经营的基本原则。零售企业在采购活动中要信守合同，就要保证合同的合法性、严肃性、有效性，更好地发挥经营合同在企业经营中的作用，树立企业的良好形象，协调好零售企业与商品供应者和需求者之间的相互关系，协调零售企业与信息服务企业、金融企业之间的关系。保证企业购销活动的顺利进行，促进企业经营的发展。

(4)经济核算原则。经济核算的目的是要以尽可能少的劳动占用和劳动消耗，实现尽可能多的劳动成果，取得好的经济效益。零售企业组织商品的进货和销售，涉及资金的合理运用，物资技术设备的充分利用，合理的商品储存、运输，人员安排等事项。购销差价包含着企业经营商品的费用、税金和利润三者之间的此消彼长的关系。因此，零售企业从进货开始，就要精打细算，加强经济核算，以收入抵补尽可能少的一切开支，以保证获得最大的经济效益。

(5)合作共赢原则。在新经济条件下，市场竞争已不再是单个主体、单个企业之间的竞争，而是多个主体、多个企业之间的合作竞争。对零售企业来说，要想向消费者提供满意的商品组合和优质的零售服务，仅仅依靠零售企业自身的努力是远远不够的，因此，必须同供货商建立长期、稳定的战略合作关系，以共同降低商品成本，提高服务质量，满足消费者的需求。具体来说，零售企业要同供货商开展多种形式的合作，稳定供货渠道，共同开发新产品，丰富商品组合，降低采购成本。

2. 商品采购方式

零售企业在经营活动中，应当根据企业自身的经营任务、规模大小、经营范围、专业化程度等情况，选择适当的采购方式。现阶段，我国零售企业的进货方式，大致有以下几种：

(1)市场选购。零售企业可以根据市场需要直接通过市场向生产者或批发商自由选购，协商定价。一般适用于花色品种复杂，规格不一，且生产部门备有现货，选购不受任何限制，有充分的进货自主权。这种方式有利于生产企业以需定产、提高产品质量。

(2)合同定购。这种方式是零售企业为了掌握某些商品的货源，通过与生产部门签订合同，预先向生产部门定购一定数量的商品。生产部门按照合同规定的品种、规格、数量、质量进行生产并按期交货；零售企业按照合同规定的内容、标准、验收商品和交付货款。零售企业可以定购生产企业现在生产的商品，也可以提出自己的样品、设计要求，由生产企业专门生产。这种方式适合于大批量期货交易。

(3)计划收购。计划收购是指对某些计划商品，工商企业双方的上级主管部门分别下达生产计划和收购计划，工商企业具体衔接计划，签订收购合同，工业企业按计划生产，零售企业按计划收购。目前在我国，这一形式的比例已经很小。

(4)预购。零售企业在商品生产前同生产单位协商，签订预购合同，并预付一定数量的定金。一般多用于农产品收购。

此外，还有接受进口商品或选购进口商品，接受国家储备商品等方式。

5.2.2 商品采购策略

商品采购策略是实现零售企业经营计划的重要手段，是为实现零售企业经营战略目标服务的。这就要求零售企业必须根据商品的特点，企业自身的条件和企业面临的市场环境因素，选择适当的采购和销售策略，以保证企业采购任务的顺利完成和促进商品销售。零售经营者在商品采购过程中，重要的问题是要确定采购商品的数量、费用、渠道、组织形式等内容。

1. 商品生命周期不同阶段的采购策略

商品生命周期是指一种商品从投入市场到被淘汰为止所经历的时间。一般分为投入期、成长期、成熟期、衰退期四个阶段。零售企业根据商品所处的生命周期不同阶段的特点，可以选择不同的商品采购策略。

(1)投入期，又称介绍期、试销期。指商品刚刚投放市场后的一段时间内，商品还未被消费者认识和接受，销售量增长缓慢，并且很不稳定。零售企业经营这种商品应慎重进货，数量要少些，可以采取为生产企业代销的方式。

(2)成长期，又称发展期、畅销期。商品经过试销、改进、逐步定型，销路打开，销售量迅速增长。在此阶段，零售企业应积极组织货源，扩大商品购进，促进商品销售。

(3)成熟期，又称饱和期。商品在市场上已被消费者广泛认识和接受，商品销售量趋向稳定。但在这一时期，由于生产部门竞相生产，商业企业竞相经营，同时又有新的替代商品投放市场，商品竞争趋于激烈。因此，在这一阶段，零售企业购进商品就应适当控制，不宜过多贮备，以避免造成商品积压。

(4)衰退期，又称滞销期。商品面临被市场逐步淘汰的趋势，商品的销售量大幅度下降。在此期间，零售企业应当清理库存商品，卖完存货，转营其他商品。

2. 买方市场与卖方市场条件下的采购策略

(1)买方市场条件下的采购策略。买方市场是指市场上商品供应总量大于需求总量,买方居于主动地位,购买方可以随意选购商品,而卖方必须以买方为中心开展经营的市场态势。在买方市场条件下,零售企业在采购商品的数量、价格、付款方式及货源选择等方面享有主动权,而竞争的焦点集中在企业的销售环节,即如何把商品销售出去。因此,企业在采购商品时,必须以需(销)定进,把落脚点放在有利于销售上,充分考虑商品在销售过程中的竞争问题,在保持必备的商品库存前提下,本着以需定进,勤进快销的原则,多销多进,少销少进。

(2)卖方市场条件下的采购策略。卖方市场是指市场上出现供不应求,商品普遍短缺,商品价格上升,多家买方争夺货源情况的市场态势。在卖方市场的条件下,卖者处于有利地位,享有商品供给量、品种、规格和价格等交易条件的主动权,竞争的焦点集中在商品采购环节。企业必须依据市场需要,积极开辟进货来源,随时了解供货情况,随供随进,争取多进多销。零售企业可供选择的进货策略有:

①货源保证策略。企业可以通过与生产厂家建立互惠互利的购销关系,以保证商品的货源;

②扶持策略。企业可以通过为生产厂家提供各种帮助(如资金、材料、设备等),帮助生产企业扩大供不应求商品的生产,从而保证企业进货计划的落实;

③吸引式策略。在卖方市场条件下,由于生产者供应的货源偏紧,容易产生惜售思想,企业可以利用为生产者提供多种优惠条件,如运输津贴优惠、免费广告、上门提货等,以吸引生产者签约,获得充足的货源。

3. 经济订货批量

零售企业在组织商品进货时,在进货次数、进货批量与进货费用、商品储存之间存在着一定的数量关系。

由于采购一次商品,就要花费一次费用,包括采购差旅费、手续费等。当一定时间内的采购总量一定时,每次采购的批量大,采购的次数就少,采购费用越少;反之,采购批量小,采购的次数就多,采购费用越大。所以,采购批量与采购费用成反比例关系。

由于每次的采购批量大,平均库存也大,因而付出的费用就大,如保管费、包装费、存货占用资金的利息、商品消耗等费用;反之,采购批量小,平均库存量小,保管费用就少,所以,采购批量与保管费用成正比例关系。

所谓经济订货批量,是指最经济的一次定购商品的数量,即进货费用和储存费用之和最低的一次定购数量。经济订货批量的计算,有以下三个假设条件:①需求均衡,即销售量比较稳定,变化较小;②货源充足,进货容易,并且能固定进货日期;③库存储量和资金条件不受限制。

经济订货批量的计算公式为

$$Q=\sqrt{\frac{2RK}{H}} \qquad (5-1)$$

式中:Q——每次进货数量(经济订货批量);

R——某商品年进货量;

K——每次进货的进货费用;

H——单位商品年平均储存费用。

$$\text{最佳进货次数}=\frac{R}{Q} \tag{5-2}$$

$$\text{最佳进货周期}=360\times\frac{R}{Q} \tag{5-3}$$

4. 进货渠道策略

进货渠道是指零售企业通过什么线路或通道把商品采购进来，它由商品供应单位和采购单位组成。进货渠道的选择，对商品货源有很大的影响。零售企业选择进货渠道往往面临三个方面的选择：

(1)进货地区的选择，本地还是外地；

(2)采购企业性质的选择，生产企业、批发企业，还是外贸企业；

(3)具体采购单位的选择。

要解决好这三个方面的问题，选择合理的进货渠道，企业必须做好以下工作：

①按照"短渠道、少环节、经济合理"的原则选择渠道，达到加速和扩大商品流通，提高进货效益的目的。"短渠道"就是要在保证商品品种、数量的条件下，尽量就近进货、避免长途跋涉、远距离调运的大流转，使流通渠道越短越好；"少环节"就是尽可能减少进货的中间环节，能从生产部门直接进货的，就不要经过其他商业环节，能从产地批发企业进货的，就不要经过销地批发环节；"经济合理"就要对各条进货渠道进行经济核算，在综合比较的基础上，选择费用最省，经济效益最好的进货渠道。

②综合分析影响进货渠道的因素。影响进货渠道的因素主要来自两个方面，一方面是供货单位的情况，另一方面是企业自身的条件。企业选择进货渠道，必然是在自身条件包括企业的人力、物力、技术力量、经济管理能力等允许的条件下，综合分析比较各个供货单位的情况，来选择最合理的进货渠道。

③实行多渠道进货。多渠道进货有利于企业进货及时畅通，商品品种、花色、式样丰富多彩。企业一方面可以建立固定的进货渠道，使供求双方互相信赖和支持，建立密切的联系；另一方面要注意开辟新的进货渠道，以保持进货渠道的多样化。

5. 组织进货策略

零售企业在组织进货时，要根据企业的类型，各类商品的进货渠道，以及商品的特点，选择合理的组织进货策略，以利于适应企业自身的条件，最经济地组织进货。可供零售企业选择的组织进货形式一般有以下四种：

(1)集中组织进货。由企业的采购部门统一组织采购工作，设专职人员采购，商品部、商品小组等销售部门只负责销售。这种组织进货形式的主要优点是可节省人力、物力，统一使用资金，统一对外，避免多头联系和重复组织工作；主要缺点是易造成购销脱节和增加企业内部各部门、各班组的调拨手续，不利于加速商品流通。这种组织进货形式是用于规模较小的零售企业或货源较远的各类商品。

(2)分散组织进货。即分散由各商品部或商品柜组在核定的资金范围内各自直接组织进货。企业业务部门只掌握各部、各组之间进销业务的统一平衡，适当调控各部、各组之间的资金使用。这种进货形式的主要优点是进销合一，易于做到进货及时，花色、品种适销对路，有利于实现"以需定进、勤进快销"，加速资金周转。主要缺点是容易造成人力、物力的浪费。一般是用于大型企业或货源较近的商品。

(3)集中组织进货和分散组织进货相结合。这是前两种组织进货形式的折中，一般适用于大中型企业。这种进货策略的做法是：从外埠进货，由于渠道较长，由企业业务职能机构统一组织，商品部(组)提出采购计划，企业业务职能机构汇总后集中采购。从企业所在地进货则由各商品部(组)分别组织。这样既可以集中统一使用资金和采购力量，减少重复组织工作，又可以调动各个部、组扩大货源的积极性，组织好进货业务。

(4)联合进货。由若干个零售企业联合，统一组织进货。其主要优点是可以节省人力、物力；集零为整，便于运输，便于获得进货优惠条件，也便于增加花色品种。其缺点在于组织工作比较复杂，容易使企业之间产生矛盾。这种组织形式一般适用于小型零售企业之间或中型零售企业代小型零售企业联合组织进货。

5.2.3　商品采购合同

1. 采购合同的概念

经济合同是自然人、法人及其他组织之间为实现一定的经济目的，明确相互的权利义务关系而签订的书面契约。它是以法治原则管理业务活动的重要手段，是商品交换关系的法律形式的表现。商业合同是经济合同的重要组成部分，是保证商业经营过程顺利进行的重要手段。零售企业的商业合同是指零售企业在经营活动中为实现一定的经济目的，同其他企业(生产企业、其他零售企业、交通运输企业、银行等)明确相互权利义务关系，自愿平等签订的一种具有法律效力的书面契约。商业合同的种类很多，按业务性质不同，可划分为收购合同、销售合同、储运合同、信贷合同等。其中零售企业的采购合同是零售企业在经济活动中使用最频繁、也是最主要的一种合同。零售企业的采购合同是保证企业经营活动顺利进行的主要手段。

2. 采购合同的内容

合同具有法律效力，合同上规定签约者应履行的义务和应获得的权利(不能列入与法律相抵触的条款)，受国家法律的承认、维护和监督，违反时要受到法律的制裁。因此，签订合同既是一种经济活动，同时也是一种法律行为。经济合同既是管理经济的一种有效的经济办法，也是一种依据法律办事的法律办法。

签订双方之间达成的一致意见的各项条款构成经济合同的内容。经济合同的内容一般包括：合同的标的、标的数量和质量、价款和酬金、履行的地点、期限和方式、违约责任、合同附则与签署等。因此，零售企业采购合同的条款，应当在力求具体明确，便于执行，避免不必要纠纷的前提下，具备以下主要条款：

(1)商品的品种、规格和数量。商品的品种应具体，避免使用综合品名；商品的规格应具体规定颜色、式样、尺码和牌号等；商品的数量多少应按国家统一的计量单位标出；必要时可附上商品品种、规格、数量明细表。

(2)商品的质量和包装。合同中应规定商品所应符合的质量标准，注明是国家或部颁标准；无国家和部颁标准的应有双方协商或凭样定(交)货；对于副品、次品应规定一定的比例，并注明其标准；对实行包换、包修、包退办法的商品，应写明具体条款；对商品包装的方法，使用的包装材料，包装式样、规格、体积、重量、标志、包装物的处理等，均应有详细规定。

(3)商品的价格和结算方式。合同中对商品的价格要做具体规定，规定作价的办法和变价处理等，以及规定对副品、次品的折扣办法；规定结算方式和结算程序。

(4)交货期限、地点和发送方式。交(提)货期限(日期)要按照有关规定,并考虑双方的实际情况、商品特点和交通运输条件等确定。同时,应明确商品的发送方式是送货、代运,还是自提。

(5)商品验收办法。合同中要具体规定在数量上验收和质量上验收商品的办法、期限和地点。

(6)违约责任。签约一方不履行合同,必将影响另一方经济活动的进行,因此违约方应负违约责任,赔偿对方遭受的损失。在签订合同时,应明确规定,供应者有以下三种情况应付违约金或赔偿金:一是不按合同规定的商品数量、品种、规格供应商品;二是不按合同中规定的商品质量标准交货;三是逾期发送商品。另外,购买者逾期结算货款或提货,临时更改到货地点等,应付违约金或赔偿金。

(7)合同的变更和解除的条件。合同中应规定,在什么情况下可变更或解除合同,什么情况下不可变更或解除合同,通过什么手续来变更或解除合同等。

3. 采购合同的签订

(1)签订合同的原则。

①合同的当事人必须具备法人资格,即合同的当事人必须是有一定的组织机构和独立支配的财产,能够独立从事商品流通活动或其他经济活动,享有权利和承担义务,依照法定程序成立的企业。

②合同必须合法,即必须遵照国家的法律、法令、方针和政策签订合同,其内容和手续应符合有关合同管理的具体条例和实施细则的规定。

③签订合同必须坚持平等互利、充分协商的原则。

④签订合同必须坚持等价、有偿的原则。

⑤当事人应当以自己的名义签订经济合同。委托别人代签,必须有委托证明。

(2)签订采购合同的程序。签订合同的程序是指合同当事人对合同的内容进行协商,取得一致意见,并签署书面协议的过程。一般有五个步骤:

①订约提议。订约提议是指当事人一方向对方提出的订立合同的要求或建议,也称要约。订约提议应提出订立合同所必须具备的主要条款和希望对方答复的期限等,以供对方考虑是否订立合同。提议人在答复期限内不得拒绝承诺,即提议人在答复期限内受自己提议的约束。

②接受提议。接受提议是指提议被对方接受,双方对合同的主要内容表示同意,经过双方签署书面契约,合同即可以成立,也叫承诺。承诺不能附带任何条件,如果附带其他条件,应认为是拒绝要约,而提出新的要约。新的要约提出后,原要约人变成接受新的要约人,而原承诺人成了新的要约人。实践中签订合同的双方当事人,就合同的内容反复协商的过程,就是要约——新的要约——再要约……直至承诺的过程。

③填写合同文本。合同文本也称协议书有广义和狭义之分。广义的是指社会集团或个人处理各种社会关系、事务时常用的"契约"类文书。狭义的指国家、政党、企业、团体或个人就某个问题经过谈判或共同协商,取得一致意见后,订立的一种具有经济或其他关系的契约性文书。

④履行签约手续。买卖双方认真阅读文本合同,对各条款确定没有问题后需在文本合同上填写单位的全称,并在相关栏目中签字确认。

⑤报请签证机关签证，或报请公证机关公证。有的经济合同，法律规定还应获得主管部门的批准或报工商行政管理部门签证。对没有法律规定必须签证的合同，双方可以协商决定，是否签证或公证。

4. 采购合同的管理

零售企业为了保证采购合同的履行，保证企业购销任务的完成，必须加强对合同的管理工作。从零售企业的角度看，采购合同的管理应当做好以下几个方面的工作：

(1)加强采购合同签订的管理。加强对采购合同的管理，一方面要对签订合同的准备工作要加强管理，在签订合同之前，应当认真研究市场需要和货源情况，掌握企业的经营情况、库存情况和合同对方单位的情况，依据企业的购销任务收集各方面的信息，为签订合同、确定合同条款提供信息依据。另一方面要对签订合同过程加强管理，在签订合同时，要按照有关合同法规规定的要求，严格审查，使签订的合同合理合法。

(2)建立合同管理机构和管理制度，以保证合同的履行。企业应当设置专门机构或专职人员，建立合同登记、汇报检查制度，以统一保管合同、统一监督和检查合同的执行情况，及时发现问题采取措施，处理违约，提出索赔，解决纠纷，保证合同的履行。同时，可以加强与合作对方的联系，密切双方的协作，以利于合同的实现。

(3)当企业的经济合同发生纠纷时，双方当事人可协商解决。协商不成，企业可以向国家工商行政管理部门申请调节或向仲裁委员会申请仲裁，也可以直接向人民法院起诉。

(4)信守合同，树立企业的良好形象。合同履行情况的好坏，不仅关系到企业经营活动的顺利进行，而且也关系到企业的声誉和形象。因此，加强合同管理，有利于树立良好的企业形象。

5.3 零售顾客管理

5.3.1 购买过程中的消费者心理

消费者心理是消费者在购买过程中的内心活动，是由许多因素相互联系、相互作用而有机形成的暂时稳定的完整系统，是一种对客观现实的动态反映，它对消费者的购买行为起关键性作用。要研究出一套接待顾客的好方法，必须先了解顾客购买商品时的心理过程。消费者在购买动机驱使下走入商店，从对商品的选择、评价到购买，在心理上大致要经过如下几个阶段。

1. 观察阶段

消费者跨入店门前及进入店门后，通常都有意或无意地环视商店的门前、橱窗、货架陈列、营业厅装饰、环境卫生、秩序及营业员的仪表等，初步获得对店容店貌的感受。

消费者进店的意图可分为四类：一是有明确购买目标的全确定型顾客；二是有一定购买目标的半确定型顾客；三是以选择为目标的不确定型顾客；四是以闲逛为目的的随意型顾客。

顾客进店后如果想买一件商品，就会去寻找自己所要购买的商品大致所在的柜台，紧接着就会去注视、观察所要购买的商品。消费者注视、观察目标商品的依据就是头脑中的“产品概念”，在这种产品概念的作用下，四处寻找，观察相应的商品，在头脑中进行对比，以发现与产品概念最接近的产品。这种对比主要在观察阶段完成。

2. 兴趣阶段

有些消费者在观察商品过程中，如果发现有目标商品，便会对它产生兴趣。此时，他们所注意到的部分，包括商品的质量、功能、款式、色彩、使用方法以及价格等。当消费者对一件商品感兴趣之后，他不仅会以自己主观的感情去判断商品，而且还会加上客观的条件做出判断。因此，企业应根据自己的条件和特点，努力使自己经营的商品去满足目标消费者兴趣爱好，力争使具有这种爱好的消费者喜欢本商店的商品，成为本商店的顾客。

3. 联想阶段

消费者在对兴趣商品进行研究的过程中，自然而然地产生有关商品的特性、款式、功能、质量以及它能给自己带来的满足和享受的联想。联想是一种由当前感知的事物引起的与之有关的另一事物的思维的心理现象。事物之间的共性以及人们对事物之间存在的某种认识上的关联性，是联想形成的客观与主观基础。正是由于这种基础的存在，才使人们能够有当前感知的事物触景生情地联想到其他事物。消费者因兴趣商品而引起的联想，能够使消费者更加深入地认识商品。因此，在消费者选购商品时，营业员应积极主动促使消费者提高他们的联想力，如把商品展示给消费者，让消费者触摸商品，把商品使用给消费者看等，这些方法都是有助于提高消费者联想力的一种手段。

4. 欲望阶段

当消费者对某种商品产生联想之后，就会产生拥有这种商品的欲望，但同时也会产生疑虑。这种欲望和疑虑，会对消费者的心理产生微妙的影响，虽然他有很强烈的购买欲望，但却不会立即决定购买此种商品，而是在脑中形成对这种商品的“拥有概念”，即想象自己拥有该商品。在消费者头脑中形成“拥有概念”的过程，也就是对商品性能、特征和款式等进行分析的过程。这个分析过程，大致上集中解决的是属于商品的外形、款式和标示性能的问题。

5. 评价阶段

消费者形成关于商品的拥有概念之后，进一步要解决的问题就是对质量和价格的评估。在有些情况下，却不能解决问题。如售货人员的不礼貌而使顾客感到受了伤害，这种情况的投诉就需要有关人员认真听取，礼貌接待，表示歉意，向顾客做出保证。这样才能使顾客心里感到平衡，使顾客感到商店的诚意，增加他重新光顾的信心。处理顾客投诉的组织体系有三种，即集中式、分散式、集中与分散相结合式的投诉处理组织形式。

(1)集中式组织形式。商店成立顾客投诉处理办公室，有的也叫服务质量办公室。全部顾客投诉都由这个组织解决。他们按照商店制定的处理各种投诉的政策和规定处理顾客投诉。这种集中处理方式的优点是：解决投诉具有一致性；是私人性的解决而非公开性，减少顾客围观；同时顾客投诉可以被统计、分析，并从中找出导致顾客投诉的原因，以及商店提供商品、服务与顾客要求相符合的程度。但这种方式也有不足之处，由于处理地点脱离事件发生地，顾客因缺乏现场证人容易产生不公正感。

(2)分散式组织形式。这种形式是由部门的管理人员和销售人员解决顾客投诉。售货人员通常解决不太重要的投诉，而部门的管理者则解决重要的顾客投诉。大部分中小型商店习惯采用这种形式。因为商店小，顾客投诉少，不足以建立一个专门的组织。这种方式的优点是：满足了顾客的意愿，顾客与最初销售给他商品的售货员交谈，会使顾客与售货人员建立亲密关系；在营业现场解决投诉问题比较容易，尤其是因为商品不适当，需要调换时，这种方式最方便。但这种方式也有一些不足:由于营业现场中不同的销售人员处理投诉或抱怨的方式不同,甚至有时处理结果也会不同,这种处理投诉的不一致性,往往给顾客一种不公平感;有些投诉不能报告到管理部门,商店就不能从投诉中发现顾客的要求以及商店的服务质量状况;由于售货人员往往是当事人,所以调节顾客投诉有时效果不好;部门和售货人员没有经过训练,以及从部门和个人的角度考虑问题,缺乏全局观念。

(3)集中与分散相结合式组织形式。这种形式可以获得两种组织形式的优点。具体来说,一般的投诉由部门或售货人员进行处理,重要的投诉以及对部门或售货人员的处理不满意的,顾客可以直接到服务办公室投诉,由办公室解决。

在我国,《中华人民共和国消费者权益保护法》为零售企业如何处理顾客投诉提出了基本准则。不同的商店可以根据本店提供的商品与服务的特点制定不同的投诉处理政策,但不能违反消费者权益保护法。

在投诉处理过程中,商店方面要采取正确的态度。应该明确,所有的顾客都有权利甚至有义务告诉商店关于他们不满意的任何事情。当解决顾客投诉时,零售商店应当遵循以下原则:

①礼貌而热情地接待顾客;②先让顾客表述他们的意见和怨言;③仔细地倾听,不打断,不争论;④尽早表示你将努力改变这种情况;⑤表示你承认顾客的权利和意见;⑥公平,不偏袒员工;⑦以合作精神解决投诉问题;⑧行动迅速;⑨感谢顾客;⑩改进工作。

同时要切忌:对顾客的述说予以贬低或嘲笑;指责顾客或与顾客争论;敷衍了事。商店在处理顾客的投诉中也会遇到一些无理的顾客。但是这些顾客为数不多,通常只占商店总计顾客的极小部分。对待无理顾客与其他有抱怨的顾客没有任何不同,商店应该努力使顾客满意。

此时,消费者会对同类商品进行比较,权衡其优劣、利弊,进行鉴别,做出评价。消费者对商品的评价准则因商品种类的不同而有所不同。但是,价格和质量却是常用的普遍准则。进行比较评价时,消费者往往要淘汰某些品牌的商品,然后再仔细推敲经过筛选的品牌的优缺点。消费者在评价阶段,通常喜欢看看同类产品不同品牌,试试商品,所以营业员应该特别注意商品的陈列方式,一定要排列整齐、美观,而且容易看得清楚。

6. 信心阶段

消费者做了各种比较评价工作之后,有两种可能性,一种是树立购买信心,另一种是失去购买信心。一般来说,消费者产生购买信心主要来自三个方面:

(1)相信营业员的介绍。营业员如果能对顾客提出建设性的建议,消费者便会信赖他。

营业员对顾客介绍商品时,说话要尽量诚恳,语调清晰,要站在消费者的立场上,才能打动消费者的心。

(2)相信商店或制造商。一般来说,年轻消费者青睐品牌,而年纪大的消费者注重商店信誉。这和商店平时的宣传、商店的服务与制造商的知名度有很大的关系。所以商店与制造商都必须加强质量管理,保证商品质量与服务质量,才能吸引更多的消费者。

(3)相信商品。消费者如果习惯购买或使用某种商品,并觉得它不错,就会一直用下去,这就是对商品有信心的表示。这种相信商品的人,大多是擅长于挑选商品的消费者。

消费者经过评价后,失去购买信心,放弃购买愿望,最大的原因是没有他真正需要的、称心的商品。但有时也会由于诸如商品陈列方法和营业员的卖货方法不当、营业员不了解商品知识、消费者对售后服务感到无保证、同购买计划产生矛盾等原因导致消费者放弃购买。

7. 行动阶段

消费者如果对某种商品形成一定的信心与偏爱，便会做出购买行动，同时当场付清货款。这种购买行动，就是成交的过程。成交的关键，在于能不能巧妙地抓住消费的购买时机，能够把握这个机会，便能很快地把商品销售出去，但如果失去了这个好机会，就可能使原有希望成交的商品，仍然滞留在店内。

8. 感受阶段

购后感受是消费者购买心理过程决策的反馈阶段。它是本次购买的结果，又是下一次购买或不购买的开端。如果消费者觉得购买到预期的商品和服务，下次就会再购买同样的商品，或购买其他商品时，首先想到这家商店，而成为商店的固定顾客。如果不满足的话，下一次可能就会购买其他商品和到别家的商店购买。因此，零售企业应重视顾客的购后感受。一般来说，消费者在购买商品时，都会有心理的变化过程。但是，由于消费者及其所选购的商品不同，购买心理过程也会有所差别，即有人会跳过若干阶段，而有的人则会一再地重复某个阶段。

5.3.2 接待步骤与方法

根据消费者的购买行为和心理活动过程，营业员在商品销售过程中有可能按照预想的步骤和方法做好销售接待工作。但是，由于消费者的购买行为与心理的千差万别，在购买商品时所经历的阶段，也必然有简单或复杂、顺利或曲折等方面的差异。所以，营业员还必须根据消费者的不同购买行为和心理，及其发展阶段的差异性，采取相应的、适当的接待步骤和方法，以期取得最佳经营效果。按照消费者在购买活动中心理状态变化的一般规律，营业员接待顾客大体可以采取以下步骤与方法。

1. 待机

待机就是迎接顾客的准备工作，也就是无论顾客什么时候进店，都可以给顾客提供最好的服务。因此，营业员绝对不可以因为没有顾客上门，就聊天或背对顾客进门方向做事，这样很可能错失接待顾客的良机。待机的时间长短与商品价格的高低成正比，价格越高的商品，待机时间越长；价格越低的商品，待机的时间就越短。如何做好待机工作，营业员应当遵循的原则是：第一，营业员应站在规定的位置上；第二要以良好的态度迎接顾客；第三，没有顾客上门时，可以做些整理、检查商品的工作；第四，要引起顾客的注视。

2. 接近顾客

所谓接近顾客就是营业员走向顾客，对顾客说些打招呼的语言或礼貌用语。接近顾客应当把握好尺度和时机，如果太早接近顾客，会给顾客压迫感和产生警戒心。相反，太迟会让顾客感到不亲切而掉头离去。因此，要找到接近顾客的适当时机。

根据消费者购买心理的规律和不同阶段，当顾客对商品表示兴趣时是接近顾客的理想时机。而顾客是否对商品产生兴趣，只要对顾客的表情、行动加以观察注意，便能正确地判断出来。具体地说，若有下列情况发生，就是接近顾客的机会：①当顾客注视特定的商品时；②当顾客手触摸商品时；③当顾客表现出寻找商品的状态时；④当顾客走到商品前停下脚步时；⑤当与顾客的视线相遇时；⑥当顾客抬起头时；⑦当顾客与同伴交谈商品时。

3. 商品展示

营业员在适当时机和顾客进行初步接触后，接下来所要做的工作，就是商品展示。商品展示的目的就是让顾客了解商品，激发顾客对商品的兴趣，使商品给顾客留下较深的印象。要达到这个目的就必须采取迎合顾客心理要求的商品展示方法。

高明的商品展示，不但要能满足顾客对不同商品的选择要求，使之从不同的角度和方向把商品看清楚，还要有意识地诉诸于消费者的感官，提供一定的实际经验，才能达到理想的展示效果。

4. 商品说明

营业员在为顾客作商品说明的服务之前，必须先懂得商品知识。所谓商品知识，就是有关商品的一切知识，包括：商品名称、种类、价格、特征、功能、质量、款式、尺码、制造商、商标、制造过程、原料、颜色、使用方法、流行性等。营业员应该尽量掌握和了解。

商品说明和商品知识不同，商品知识是有关商品的一切知识，任何人讲起来，内容相同。商品说明则是商品知识的一部分。一般来说，商品说明会依商品的不同而有所改变，有时甚至同样的商品，因为顾客的需要不同，所以商品说明的内容也不一样。营业员有义务针对顾客的需要，来为他们作最详细的说明。进行商品说明的语调和口气必须恰如其分、简明扼要，要态度诚挚、实事求是，才能赢得顾客的好感和信赖。

5. 诱导劝说

一般来说，营业员经过商品介绍后，会使顾客对商品的内外质量有一个良好的印象，由此而产生购买欲望。如果是这样，那就将很快地进入采取行动的阶段。但实际情况并非完全如此，而是很多时候由于顾客发生多种购买动机的心理冲突，抑制了购买欲望的进一步增加，阻碍了一笔交易的顺利达成。所以，营业员在柜台接待的第五步，就应细致观察顾客的感知反映，揣摩顾客的心理活动状态，进行诱导劝说，力求满足消费者的主导动机，影响顾客对商品的倾向性，增进购买欲望。

6. 促进成交

顾客在成交过程中发生着一系列极其复杂、微妙的心理活动，包括顾客对商品成交的数量、价格等问题的一些想法及如何成交、如何付款、如何送货等，它可以决定成交的数量甚至交易的成败。

最佳的成交时机是顾客的购买欲望最强、最渴望占有商品的时刻，也就是各方面条件都成熟的时候。要掌握好这个最佳的成交时机，就必须善于观察顾客在整个购买过程中的表情、神态及言行，获取从中折射出来的信号，并加以分析。然后进行有针对性的劝说，促使顾客最终下定决心购买。

7. 办好成交手续

坚定购买决心后，顾客很快做出购买决定，并实施，形成购买行动。这时，营业员要做好以下几项工作：一是表示谢意与赞许；二是为顾客快捷地包装商品；三是收取货款；四是递交商品；五是送走顾客。

8. 售后服务

商品出售后，零售企业向消费者继续提供的必须的劳务和技术服务。售后服务对于提高产品和企业信誉、解除顾客后顾之忧、促进商品销售、了解市场及产品质量信息都有积极的作用。零售企业售后服务的主要形式有：送货服务；安装服务；加工服务；租赁服务；包装运输服务；商品退换货服务等。

5.3.3 顾客服务内容与品质

1. 顾客服务的内容

(1)货真价实的商品。顾客到商店来的最终目的是买到自己满意的商品。商店提供的各种服务目的也是为销售商品。因此，能否为顾客提供货真价实的商品，是顾客服务的实质内容。如果不能提供顾客满意的商品，即使服务再周到，也会使顾客感到失望或遗憾。

(2)舒适优雅的购物环境。在现代社会，商店不仅是人们购物的场所，而且逐渐成为人们闲暇活动的生活空间。人们往往从接受购物环境信息伊始，进而到接受企业的商品、服务信息。商店以其新颖独特的门面，典雅整洁的环境，明亮的光线，艺术的商品陈列，创造一个优美舒适的购物环境，不仅可以减少营业人员体力和精神上的疲劳，而且可以激发顾客的购物情趣，使他们置身于协调和谐的购物环境中，获得美感和舒适的享受。

(3)亲切得体的人员接待。顾客购物的过程也是营业人员的接待过程。在顾客选择目标商品时，能否得到亲切周到的服务，关系到顾客购买的心理感受和最终的购买决定。因此，顾客购物的最终购买行动是顾客对商店提供商品与服务的综合评价结果。

(4)便捷的结算方式。结算是购物服务的一个重要环节，也是最终环节。结算环节服务的最基本要求就是要便捷。如果顾客要花费许多周折和时间去结算，产生厌烦感，就可能取消购买决定，导致整个购买行动的失败。因此，商店应把好购物服务最终一关。

(5)建立购物的配套设施与服务。这是指商店为顾客购物方便而提供的一种配套性服务，如通过提供方便的营业时间、商品包装、餐饮室、休息室、寄存处、停车场等。这种服务有利于吸引顾客进入商店、浏览商店、留在商店。同时，也可以增加顾客的计划购买和非计划购买的可能性。

(6)完善的售后服务。大部分的零售商店需要经常性的顾客支持，售后服务是商品售出后继所提供的服务。这种服务是店内服务的继续。这种服务可以使顾客对商店感到满意，乐于经常购买本店商品，从而成为商店的忠诚顾客，使商店能够与顾客建立起一种长久性的关系。

2. 服务品质

服务品质就是顾客对服务的期望和顾客接触后感觉到服务间的差距，即服务品质＝认知的服务－期望的服务。

(1)服务意识。服务意识是商店做好服务工作的思想基础。在我们国家里，“我为人人，人人为我”是人与人之间关系的基本原则。商店以顾客为中心，想顾客之所想，急顾客之所急，不把售货视为单纯的买卖关系，帮助顾客解决困难和忧虑正是这种关系的体现，也是商店以消费者为中心思想的体现。建立这样的服务意识，售货员的服务才能进入自觉的服务过程之中。

(2)服务态度。服务态度以服务意识为基础，是售货员对顾客服务的认识、情绪的表现，以及行为倾向。其中情绪成分和顾客体察，是最为敏感的。

微笑服务是现今零售商店对售货员服务态度的普遍要求。顾客到商店来，不仅看服务设施，看商店，也看人员的服务态度。如果售货人员语言热情，态度和蔼，会使顾客感到宾至如归，决定在这里购买商品。相反，售货人员对顾客不屑一顾，感情冷漠，语言生硬，顾客会感到话难谈，货难买，商店就会失去顾客。同时，售货人员微笑服务，向顾客表达亲切、友善、礼貌和关怀，给顾客以精神的愉悦，使顾客感到购物的快乐，并把这种快乐凝固在商品上，下次购物会不自觉地再来到这个商店。诚然，微笑服务来自真诚。微笑传达的信息是欢迎顾客的到来，表示乐于帮助顾客的意愿。微笑服务便是售货人员对顾客服务内化认识的表现。售货人员只有热爱、喜欢本职工作，以此为荣，才能真正做到微笑服务。

(3)服务技术与技巧。提供优质的服务只凭服务的意识和态度是远远不够的，还必须具有高超的服务技术和技巧。售货人员为顾客服务的技术是其商品知识、心理学知识、计算能力、书写能力、包装技术等方面的综合体现。售货人员对自己所经管的商品知识应该熟知，不能够对顾客了解商品说“不”，而应有问必答，符合事实，符合情理。虽然市场上的新商品日益增多，但售货员都要先于顾客学习，掌握其性能、特征、操作方法及禁止项目等，以便向顾客传达。

售货人员为顾客服务，使顾客满意，还需要有娴熟的服务技巧。技巧是一种经验，是一种应变能力。服务技巧是售货人员能根据不同顾客特点提供相应的服务，而使顾客满意。

仪表举止。售货员的仪表是指售货员在工作中的打扮以及卫生状态。售货员穿着合体，整齐大方，显得精神饱满，会给顾客带来洁净、安全、愉快、信任感，使顾客乐于与之交换意见，放心地购买商品。实际上顾客在购买商品的过程中也选择售货人员。他们往往通过对售货人员仪表举止，判断并确认某位售货员提供满足自己需要的服务。

售货员的举止是指其动作风度。售货人员的举止要大方文雅，站立自然挺直，行走平衡协调、精神、谈吐大方文明，取递、展示、包扎商品干脆利落，文雅和谐等。这既体现了对事业的自豪感、进取精神，也会获得顾客的好感，增加顾客对商品、商店的满意感。

5.3.4 顾客投诉的处理

对于零售企业来说，顾客投诉是不可避免的。顾客投诉是零售企业了解顾客对商店经营的商品、提供的服务以及其他方面的活动看法的信息资源，也体现了顾客对商店持有的印象和期望。如何处理好顾客投诉，是顾客服务管理中的重要一环。处理得好，矛盾化解，企业信誉和顾客利益得到维护；反之，就会影响到企业的形象和声誉。

1. 顾客投诉的原因

对大多数顾客来说，其投诉的原因主要来自商品方面、服务方面和顾客自身方面。

(1)商品方面的原因。主要有商品质量低劣；商品有损伤；错拿商品；标识不符；商品缺货不能充分选择等。这些原因导致顾客对商店的不满意和投诉。

(2)服务方面的原因。顾客投诉经常发生在与售货人员之间，以及售后服务等方面。主要有售货人员态度不好；业务不熟练；职业道德差；销售方法不当；送货不按时；不适当的交易程序；不适当的结算程序等。

(3)顾客方面的原因。顾客购买有时候是有目的性的，有时候也是无目的性的。顾客可能在购买某种商品时考虑到能和家里的某种商品配套使用，但是购买后发现不能配套使用，结果想退掉商品，然而商店却不同意退货，于是顾客就产生抱怨甚至投诉。有时也会来自顾客“主意的改变”。

2. 顾客投诉的处理方式

零售企业处理顾客投诉有多种方式，如现金退还、商品调节、价格调换、价格调节及向顾客表示歉意等。

(1)现金退还。即按顾客所购商品的价款原数退回。这是处理方式可以免除与顾客的争吵，容易达到，多数顾客的满意。这种方式适宜于商品投诉。

(2)商品调换。顾客投诉的原因如果是商品不适当,那么,零售企业处理的办法就是允许顾客调换商品。商店通过对顾客的商品给予清洁、修理、改制和退换,会使大部分顾客感到满意。

(3)价格调节。零售企业可通过价格调节,如提供免费附品,或是对顾客所购买的商品给予打折以解决顾客的投诉。因为调换商品不是总能解决顾客的抱怨,如顾客投诉的商品,商店已无存货,调换就不可能。类似这种情况,价格调节就会使顾客满意。它向顾客表明商店是尽最大努力解决问题的。

(4)服务调节。这是商店通过继续为顾客服务来解决顾客投诉。服务调节有时比价格调节更能使顾客满意了如顾客购买服装,发现个别处不合适,商店对顾客的服装给予免费改进,顾客会感到满意。因为价格补偿仍旧会使服装不合体,而服务调节就可满足顾客的真正期望。

本章小结

零售商品的规划主要包括商品结构管理和商品采购管理。确定商品结构的基本要求是:

适合顾客对商品的选择;

适合地区特点和经营条件;

保持顾客的基本需求;

保证顾客对商品配套的需求;

适合商品销售规模和经济效益的需求。

完善零售企业的商品结构主要从两个方面着手:

完善主力商品、辅助商品和关联商品的结构;

完善高、中、低档商品的结构。

零售商品组合是一个零售企业的全部商品结构。零售企业在经营中,由于商品组合方式不同,会形成企业经营的不同特点。零售企业商品组合的类型有:多系列全面型;市场专业型;商品系列专业型;有限商品系列专业型;特殊商品专业型。

商品采购是零售企业商品管理的重要内容。零售企业组织商品采购活动,应当遵循的原则是:以需定进原则;勤进快销原则;信守合同原则;经济核算原则;合作共赢原则。

商品采购策略是实现零售企业经营计划的重要手段,是为企业经营战略目标服务的。零售企业必须根据商品的特点、企业自身条件和面临的市场环境,选择适当的商品采购策略,以保证企业采购任务的完成。企业经常采用的采购策略有:

商品生命周期不同阶段的采购策略;

买方市场与卖方市场条件下的采购策略;

经济订货批量采购策略;

进货渠道采购策略;

组织进货采购策略。

在商品采购中,采购合同的管理十分重要。要清楚合同的内容,明确合同签订的原则,严格合同签订的程序。零售企业采购合同管理应当做好以下几个方面的工作:

加强采购合同签订的管理;

建立合同管理机构和管理制度;

发生经济合同纠纷时,可协商、申请调节和仲裁及通过法律解决;

信守合同,树立企业的良好形象。

零售企业的顾客管理要从了解顾客在购买商品时的心理过程和规律入手,从而研究出一套接待顾客的有效方法。按照顾客在购买活动中心理状态变化的一般规律,营业员接待顾客大体可以采取以下方法:

待机;

接近顾客;

商品展示;

商品说明;

诱导劝说;

促成交易;

办好成交手续;

搞好售后服务。

顾客服务的内容应当包括:

货真价实的商品;

舒适优雅的购物环境;

亲切得体的人员接待;

便捷的结算方式;

与购物相关的配套设施和服务;

完善的售后服务。

零售企业服务品质的高低,主要取决于:

服务意识;

服务态度;

服务技术与技巧;

仪表举止。

顾客投诉的原因主要有:商品方面的原因;服务方面的原因;顾客方面的原因。

顾客投诉的处理方式:退换现金;商品调节;价格调节;服务调节;向顾客表示歉意。

顾客投诉处理的组织形式有:集中式组织、分散式组织、集中与分散相结合式组织三种。

学习自测题

一、名词解释

商品结构　商品目录　商品组合　主力商品　关联商品

二、判断题(判断正误并说明理由)

1. 商品结构中的主力商品是指高档商品。 (　　)
2. 商品采购中"勤进快销"原则是指进货越勤越好。 (　　)
3. 成熟期的商品采购策略应积极组织货源,扩大商品销售,促进商品销售。 (　　)
4. 顾客服务的内容就是销售货真价实的商品。 (　　)

三、选择题(将正确的答案填在括号内)

1. 按照经营商品的构成分,可以分为(　　)。

A. 主力商品　　B. 辅助商品

C. 关联商品　　D. 高档商品

2. 企业商品目录一般包括(　　)。

A. 经营商品目录　　B. 残损商品目录

C. 必备商品目录　　D. 降价商品目录

3. 最佳商品组合的标志是(　　)。

A. 发展性　　B. 竞争性

C. 稳定性　　D. 赢利性

4. 消费者产生购买信心主要来自于(　　)。

A. 相信商品

B. 相信商店或制造商

C. 相信营业员介绍

D. 相信第一印象

5. 大多数顾客投诉的原因来自于(　　)。

A. 商品方面　　B. 服务方面

C. 顾客自身方面　　D. 情绪方面

四、简答题

1. 简述零售商品的分类。
2. 简述确定商品结构的基本要求。
3. 简述商品结构的分类与内容。
4. 如何完善和调整商品结构?
5. 阐述商品组合的概念和类型。
6. 简述商品采购应当遵循的原则。
7. 简述商品采购策略。
8. 如何加强采购合同的管理?
9. 简述顾客服务的内容。

五、分析论述题

1. 试述商品结构在零售店经营中的重要作用。
2. 分析顾客在购物中的心理过程。

案例分析

服饰门店"记名促销"方案

未来连锁门店的管理将从传统的人员管理和货品管理进入"顾客管理",那些能够建立完备顾客档案和潜在顾客数据库,并且能对数据库的客人进行良好维护的品牌,将为自己的销售竞争力加分。为了有效建立忠诚和潜在顾客档案，让品牌在顾客脑海中植根，服装企业的零售终端在进行日常销售的时候可采取“记名消费”的方式，具体参考方法如下：

一、事前准备

(1)美观大方的记事本一本，内页页数需要在100页以上。

(2)以字母(a、b、c……x、y、z的顺序)排序，每个字母留出5页左右的篇幅，将每个字母以醒目的方式记录在开篇的位置，以便快速记录和查阅顾客的资料(比如有姓陈的客人加入记名消费活动，那么将该用户归在字母c打头的页数内，对于比较少的a、e、v、u、i、o字母，则不需要留出专门的空白页)。

二、操作步骤

(1)迎宾、销售推介过程……在顾客有表现购买犹豫的时候，适时的向顾客介绍我们的“记名消费”活动；并在结账的时候再次向顾客提醒和解释本活动的内容。

(2)告诉顾客本品牌休闲服饰在进行“记名消费”活动，如果此次消费的时候顾客留下其详细资料，那么可以立即开始享受我们的一系列优惠活动。

本次消费立即可享受九折优惠；

从第二次开始，在以后任何时间顾客来店消费都可以享受我们八折的贵宾优惠折扣；

如果在我们做促销活动的时候进行消费，不仅可以享受促销优惠，而且还可以享受折上折的优惠；(比如我们现在正在做全场八折的促销活动，那么留下资料的顾客将可以享受八折之后再八折的优惠，其他没有留下资料的顾客则只能享受八折而不能再折上折！)；

在顾客生日和重大喜庆节日时，顾客将可以免费享受到我们提供的祝福贺卡和一份精美礼品；

在顾客的购物累积实际金额达到5 000元时，可以再享受到价值200元的现金折扣(可随时在购物时当场抵扣)；折扣后累计金额又从零开始。

(3)顾客如果有兴趣参与本活动则进行下一步骤。

(4)在顾客初次销售结账的时候邀请顾客留下联系资料，包括姓名、身份证号码、手机(或其他联系方式)、职业、家庭成员组成。

(5)顾客第一次留下资料即可立即享受九折优惠，再以后的消费打八折。

(6)每位顾客来店消费结账前，收银员都需要在结账前问顾客是否是老顾客，如果顾客回答是，则请问顾客姓名并核对顾客的身份(比如要求出示身份证或者报出以前留在这里的电话号码等)，在核实完毕后对该顾客进行打折优惠或者折上折。并将客户此次消费的日期、款式名称、统一零售价格、优惠后的实际价格一一记录在该用户的名下，以便将来进行查询和累计奖励。如果顾客回答不是，则重复步骤2。

三、本活动的意义

(1)留驻客户：通过本活动能够留住客户，将短期客户变成本品牌专卖店的长期客户，客户只要在想购买衣服的时候会立即想起本品牌专卖店。

(2)随时享受优惠：方便客户的购买优惠行为，不需要再凭折价券、优惠卡，只需要在每次购买时出示身份证或报上留下的电话，核实完毕就可以立即享受各种优惠活动、获得贵宾待遇，以免客户因为忘记带优惠券或卡而不能享受优惠。

(3)简单实用的会员制销售方式，顾客可享受本品牌休闲服饰专卖店的多重优惠活动；从而加强消费者与专卖店的关系。

(4)降低促销成本：免去了多次印刷促销折价券、优惠卡的成本，利用现有的方式和条件进行促销活动，各个专卖店可在消费者结账时进行提醒。

（资料来源：作者根据相关资料整理）

案例思考：

1. 结合案例分析这个连锁服饰门店实施“记名促销”方案有何利与弊？

2. 实施服饰门店实施“记名促销”方案应注意哪些问题？

第6章 批发商业

学习目标

通过本章的学习,使学员重点掌握批发商业的功能、分类与用户特征;掌握批发商业的经营原则;了解批发商业的发展趋势。完成本章的学习后,应该能够:

(1)简述批发商业的特征与功能。

(2)说明批发商业的分类。

(3)概述批发商业的用户特征与经营原则。

(4)分析批发商业面临的挑战与发展机会。

(5)说明批发商业的发展趋势。

(6)熟记下列概念:批发商业;独立批发商;制造批发商;代理商;经纪人;有限职能批发商;再销售。

学习重点

(1)批发商业的概念特征与功能。

(2)批发商业的用户特征与经营原则。

(3)批发商业面临的挑战与发展机会。

学习难点

(1)批发商业的功能。

(2)批发商业的用户特征与经营原则。

教学建议

(1)重点讲解批发商业的概念、特征与功能。

(2)结合案例分析批发商业的用户特征与经营原则。

(3)各选择一家综合批发商与专业批发商进行实地调研,了解批发商的实际经营情况。

引导案例

国内批发业的混沌

入世以来,外资不仅在中国批发业的史册中实现了零的突破,还一发而不可收。与此形成鲜明对照的是,内资批发业尽管这些年也取得不小的进步,但仍未摆脱小、弱、散、差的格局,面对外资批发商的大举抢滩,内资批发业的变革创新依然任重道远。

按照入世承诺,中国的批发业是在2004年开放的。首次对外商投资商业批发业做出明确规定的,是1999年6月我国发布的《外商投资商业企业试点办法》。在经过近两年的筹备后,2001年7月批准设立我国第一家获国家批准的外资批发企业——上海百红商业贸易有限公司,由上海一百集团和日本大型综合商社丸红公司合资组建。经营业务以国内商品和自营进口商品的国内批发为主,兼营出口、仓储、商品加工和配送等。

直到2004年6月1日起《外商投资商业领域管理办法》正式实施,才意味着结束试点,批发业正常开放。在2004年商务部新批准设立的32个外资商业企业中出现了11个批发企业,而有的零售企业也同时兼有批发业务,如同年2月中贸联万客隆成为第一个在我国获得批发经营权的零售企业,采取会员制的方式经营批发业务。但在2005年,外资批发企业数量开始增加,仅1—6月共批准186家批发企业,占新批准企业总数的75.9%。在2005年商务部批准设立的1 027家外商投资商业企业中,批发企业占到571个,是2004年之前总和的57倍。

而到了2006年数量更是猛增。这些外商经营涉及化妆品及卫生用品、电子计算机外部设备制造、文具用品、厨房卫生间用具及日用杂货、饮料及茶叶、机械设备及电子产品、图书、医疗用品及器材、非金属矿及制品、金属及金属矿、化工产品、鞋帽、交通和汽车、摩托车及零配件、种子饲料、纺织品针织品及原料等批发领域。这与2006年3月1日外商投资商业企业审批权被绝大部分下放到地方政府以后,新政策的刺激效应有关。仅2006年4月3日,来自美国、韩国、马来西亚和保加利亚以及中国台湾等国家和地区的20家外商一起领到了义乌市小商品市场的营业执照。

外资的进入,虽然目前迹象还未表明对国内原有的批发企业所形成的冲击有多大,但是通过合资引进国外先进的经营理念和管理技术,也有助于提升国内批发行业的整体水平,但在针对外资批发商业的快速进入,政府还没有制定出谨慎、稳妥的促进内资批发业和外资批发业发展的政策,特别是如何有序开放批发商业市场的方针政策,以确保我国流通产业健康有序地发展。

以我国农产品批发市场为例,改革开放20多年来从无到有,已有相当规模。"现有4 300

个农产品批发市场，承担着70%以上农产品的流通。农产品批发市场在满足城乡消费、扩大农产品流通、促进农民增收、推动农业产业化方面发挥了积极的作用。"2006年10月，商务部部长助理黄海在发表上述肯定市场作用的同时也指出，由于缺乏必要的资金投入和规范统一的标准，全国大多数农产品批发市场基础设施差，装备水平低，经营秩序不规范，服务功能单一，流通成本高、效率低、效益差，难以发挥引导农业生产和保证农产品流通安全的作用。这种状况既不利于扩大农产品流通规模、提高农产品流通效率和国际竞争力，也不利于大市场、大流通的发展和农民收入的增加。

从目前的一些蛛丝马迹来看，外资批发企业拥有的巨额订单、大规模采购，虽有促进外贸出口的短期作用，但也存在"影响力滥用的垄断"，即凭借网状流通渠道优势和定价优势向制造业终端乃至中上游产业链实施纵深控制的战略考虑。

不论从哪个角度来看，加强内外资批发业发展问题的研究已刻不容缓。批发业的发展是一个国家、一个地区流通力的重要标志，它关系到国民经济发展的广度和深度。

(资料来源：作者根据相关资料整理)

6.1 批发商业的定义功能与分类

批发商业是指向再销售者、产业和事业用户销售商品和服务的商业。与零售商业相比，批发商业具有交易批量大、交易范围广、交易关系稳定的特点，并具有集散商品、调节供求、节约成本、流通加工等功能，在商品流通中发挥着重要作用。随着社会分工的不断深化，批发商业的内部分工也日益细化，批发商业的种类越来越多。由于批发商业的用户与零售商业的用户具有不同的购买动机与购买行为，因此，批发商业也就具有与零售商业不同的经营原则与经营策略。批发商业经营者只有准确把握其用户特征，并根据这些特征制定出相应的经营原则与策略，才能在竞争中求得生存与发展。批发商也在发展过程中不断面临挑战。也不断面临新的发展机会，未来的批发商业将逐渐向组织化、信息化、物流化和专业化方向发展。

6.1.1 批发商业的定义与特点

1. 批发商业的定义

从商业的历史来看，最初没有批发商业的概念。随着商业的不断发展，商业产业内部才陆续出现了分工，于是有了行商和坐商的区分。历史上的行商大致包括两类商人，一类是肩挑货物沿街叫卖的行商，一类是长途贩运的行商。前者，一般是零星贩卖的小商人；后者，一般是批量销售的大商人。历史上的坐商则多指在城内列肆坐卖的小商人，即相当于今日的店铺销售商人。行商与坐商实际上就是今日的批发商与零售商的前身。因此，如果从职能上看，批发与零售的分离时间要远远超过学术界公认的19世纪初，至少中国是这样。

不管批发与零售的分离起源于何时，有一点是肯定的，即批发首先是指大批量销售，而零售是指零星销售。这是批发与零售的第一个区别。然而，随着商品生产的发展，商品流通规模不断扩大，而且零售商业的销售批量也越来越大，从而在销售批量上混淆了批发与零售的界限，为此，不得不从其他方面来加以区分批发与零售。这个其他方面就是销售对象，也就是说，批发商业的销售对象是再销售者、产业与事业用户；而零售商业的销售对象是个人消费者。这就是批发与零售的基本分界线。

因此，所谓批发商就是指向销售者、产业和事业用户销售商品和服务的商业。所谓再销售者是指第二次及其以下的批发商或零售商；所谓产业用户是指农、林、水产业者、矿山、建筑、工业、交通、邮电、服务业者等购买设备及原材料的营业性组织，及第一、二、三产业的企业用户。所谓事业用户是指不以再销售为目的，而是为了业务或事业上的需要购买设备或原材料的非营利性组织。据此，可以将批发商业的销售对象归纳为企业或事业单位，将零售商业的销售对象归纳为家庭。

2. 批发商的特点

根据批发商的定义，我们可以推论出批发商的特点如下：

(1)交易批量大。尽管零售商业，特别是现代许多新兴业态的零售商业，如超级市场、仓库式商店的交易批量很大，但是，由于零售商业的销售对象是家庭，而面向家庭的交易批量毕竟是无法同企业或事业单位的交易批量相比。因此，一般来说，批发商业的交易批量还是要大于零售商业的交易批量。当然，这里所说的交易批量是指在一定时间点上的交易批量，即每笔交易所完成的销售量，而不是指一定时期的交易总量。

(2)交易范围或市场范围广泛。由于批发商业的交易对象是再销售者、产业和事业用户，而且通常不需要用户的“来店购买”，即使需要“来店”谈判、签约，但由于交易批量忽略不计，特别是随着交通或通讯及信息技术的发展与普及，很多批发用户根本不用“来店”购买，而可以通过远程无纸化方式进行交易。因此，批发商业与用户的空间距离不会成为成交与否的决定因素。从这个意义上讲，批发商业的交易范围或市场范围要远远大于零售商业的交易范围或市场范围，即批发商业的商圈要远远大于零售商业的商圈，而且批发商业的经营业不像零售商业那样明显地受到商圈的限制。

(3)交易关系稳定。由于批发商业的交易对象是企业或事业单位，而这些批发用户为了保证生产经营或其他事业的持续进行，就必须按照生产经营上的技术要求持续、稳定地进行重置购买。这种购买不仅是在时间和频次上是相对稳定的，而且在内容和批量上也是相对稳定的，从而决定了批发商业用户与批发商业之间容易达成协作，形成某种交易习惯，建立一种长期、稳定的交易关系，以降低双方的交易成本。

6.1.2 批发商业的功能

批发商业扮演的生产者与再销售者或产业用户中间的角色，决定了它在商品流通过程中具有如下功能：

1. 商品集散功能

一般来说，制造商的生产批量大且品种单一，而零售商或产业用户的一次需要量要小于制造商的生产批量，而且品种也比较多。为了调节生产与需要之间存在的品种与数量的矛盾，在制造商与零售商之间、制造商与产业用户之间就需要一个中间调节者——批发商。批发商可以从制造商大量进货，经过编配后再分批销售给零售商或其他产业用户，以满足制造商的小品种、大批量销售与零售商或其他产业用户的多品种、小批量购进商品的需要。因此，集散商品的功能，是批发商业的首要功能。

从历史上看，制造商与零售商都是小规模经营，而且在地域上是分散的，因此，制造商与零售商对批发商的依赖度很高。而在现代社会。却出现了很多大型制造商和零售商，从而使批发商业的集散商品功能降低。然而，从全社会来看，仍然有不少分散在各地的小型制造商与零售商，因此，批发商业的集散商品的功能依然存在。

2. 供求调节功能

供求调节功能是商品流通的重要功能。在社会化、专业化生产条件下，生产(供给)与消费(需求)不仅在时间上是分离的，而且在空间上也是分离的，为了调节生产与消费在时间与空间上的矛盾，客观上就需要专门的流通机构，而作为重要的流通机构的批发商业正是调节这一矛盾的主体。

供求调节不单纯是物理意义上的调节，否则，只要有运输业的存在就可以了。但是，之所以需要批发商业，是因为它可以承担非物理意义上的供求调节功能，即通过交易价格的形成和销售促进来调节供求之间的矛盾。事实上，在生产者自由地进行生产，消费者自由地进行购买的市场经济条件下，全社会之所以没有经常发生极度的供不应求和供过于求，也正是因为流通过程中的供求调节功能在发挥作用。具体来说，批发商业是通过以下活动来发挥供求调节功能的：一方面向生产者提供需求信息、相关生产信息和新技术信息，并作为生产者的销售代理人为生产者销售产品；另一方面零售商或产业用户传递生产信息，并作为零售商或产业用户的购买代理人为其采购所需要的商品。

不仅如此，供给与需求的矛盾还表现在时间上。例如，有的商品是常年生产，季节消费；有的商品是季节生产，常年消费。为了解决生产与消费在时间上的目的，就需要对商品进行储存与保管。当然，从理论上讲，制造商与零售商也可以对这些商品进行储存，以解决生产与消费的时间矛盾。但是，由制造商或零售商来储存与保管的商品，会使储存商品缺乏流动性与社会性，这是不经济的。相反，如果由批发商来储存这些商品，由于批发商的储存商品具有较高的流动性与社会性，使得其不仅可以节约制造商或零售商的储存成本，还可以节约流通成本。

3. 成本节约功能

这里所说的成本主要是流通成本。从社会来说，流通成本是指花费在商品流通过程中的各种费用，包括商流费用与物流费用。商流费用是指用于商品交易即商品所有权转移的费用，主要有搜寻费用、谈判费用、签约及履约费用等；物流费用是指用于商品实体流通的费用，主要有运输费用、储存保管费用等。批发商业的存在，不仅可以节约商流费用，而且还可以节约物流费用，从而发挥着节约流通成本的功能。批发商业之所以能够节约商流费用，是因为批发商业的存在可以节约商品交易的次数；批发商业之所以能够节约物流费用，是因为批发商业的存在可以节约储存保管费用和运输费用。

批发商业之所以能够节约商品交易次数，是因为批发商业的存在可以大大减少制造商与零售商之间的直接交易。例如，假定有5家制造商和8家零售商，如果他们进行直接交易，其交易总数就是5×8=40次；如果在他们之间有一家批发商，而且假定他们的全部交易都通过这家批发商来进行，这时，他们的总交易次数则为5+8=13次。同样，如果制造商有m家、零售商有n家，那么，在没有批发商存在的条件下，制造商与零售商的总交易次数的任何一方大于2，而另一方大于3的情况下，$m\times n$就会大于$m+n$，即批发商的存在可以减少制造商与零售商的交易次数，从社会来看，就可以大大节约商流费用。

同样，批发商的存在还可以大大减少社会的商品储存量费用，从而可以节约物流费用。例如，假定有10家零售商，为了应付不稳定的供给与需求，各家零售商都需要拥有100个单位的商品储存，在没有批发商存在的条件下，这10家零售商的总储存量就是100×10=1 000个单位。现在，假定批发商存在，而且可随时接受零售商的订货，那么，每个零售商可能就不需要拥有100个单位的商品储存量，而可能只需要(100−30)×10=700个单位的存储量就够了。当然，这 700 个单位的储存量可以满足这 10 家零售商同时出现缺货时的订货需要。事实上，这 10 家零售商同时出现缺货的概率就是 0.5 的 10 次方，也就是说，10 家零售商同时出现缺货的可能性是极低的。这样，批发商就不需要拥有 700 个单位的储存量，仅仅只需要 300 个单位的储存量就可以了。这样，整个社会的商品储存量就由 1 000 个单位减少到 30×10＝300 个单位，从而可以大大节约储存费用。

4. 信息传递功能

批发商能够担负信息传递功能是由其在商品流通过程中的地位决定的。批发商在集散商品过程中，既可以获得来自制造商（商品供给者）的信息，也可以获得来自零售商（商品需求者）的信息。以有利于进行供求信息的比较分析，并将分析、加工后的信息分别传递给制造商和零售商，进而有利于制造商和零售商制定科学的生产经营决策。一般来说，批发商向制造商提供的信息则主要是有关制造商的新产品信息和商品流行趋势等。如果说批发商具有天赋的信息收集与传递优势的话，那么，使这种优势转化为现实的信息传递者的动力和压力在于他们是最大的风险承担者。如果批发商不能及时而准确地传递信息，那么最先成为牺牲者的就是他们自己。

5. 流通加工功能

批发商在进行批发业务时，不是单纯地将从制造商那里采购的商品原封不动地销售出去，而往往要对采购的商品进行分类、分级、分等、整理、编配、包装和初加工，即流通加工。只有如此，才能增加商品的可流通性，适应再销售者或其他产业用户的需要，提高流通效率，降低社会流通成本。显然，流通加工功能也是批发商业的重要功能，一个批发商的流通加工能力的强弱，将直接影响其对用户的服务质量，从而直接制约着批发商的竞争能力和经营水平。事实证明，一些具有竞争实力的批发商往往都是具流通加工能力的批发商。

6. 物流功能

批发商业的供求调节功能是通过媒介制造商和零售商的商品交易实现的，也就是说，批发商从制造商那里采购商品，经过流通加工，再将商品销售给零售商，从而实现商品供给和商品需求的结合。但是，批发商业对商品供求的调节不仅要通过商品所有权的转移即商流来实现，而且还要通过商品实体的转移来实现，即将商品运送到零售商的手里。但是，对批发商来说，具备一定的商品运输能力，以便向零售商提供及时、便利的运输和配送服务仍是十分重要的。

此外，批发商业通过集中储存，并按实际需要向零售商及时补充库存，不仅可以降低零售商库存量，而且可以降低全社会的商品库存量，这就是批发商的社会储存功能或“蓄水池”功能。批发商通过“蓄水”（从制造商采购商品）与“供水”（向零售商销售商品）来调节商品供求，保证商品流通的顺利进行。当然，为了保证商品在储存过程中的安全，批发商还要在保管储存商品方面做出努力，不仅需要一定的储存场所与设施，而且还需要实施科学的仓库管理，承担着商品保管的功能。

7. 流通金融功能

所谓流通金融就是指批发商或零售商提供的商业信用，其具体形式有分期付款、赊销、信用卡、各种购物券及消费信贷等。显然，不论是批发商业还是零售商业都具有流通金融功能。批发商业的流通金融功能主要体现为批发商向制造商或零售商提供商业信誉，而零售商的流通金融功能主要体现为零售商向个人消费者提供商业信用。对批发商来说，通过向制造商特别是中小型制造商和零售商提供金融支持，可以解决制造商和零售商在生产经营资金上的困难，从而有利于制造商和零售商建立长期、稳定的合作关系，巩固自己的资源基地和销售基地，从而保证经营的持续、稳定，增强竞争力。

当然，批发商向制造商和零售商提供金融支持的方式有所不同。对制造商的进入支持形式主要是现金购买和预付贷款等；对零售商的金融支持形式则主要是赊销和分期付款等。由此可见，一个批发商要很好地发挥功能并具有竞争实力，必须是一个资金能力上的强者，否则是无资格做批发商的。

8. 风险负担功能

商品在流通过程中，存在着各种各样的风险，既有破损、腐烂、变质、潮湿、烧毁等物理化学性风险，也有被盗、欺骗、伪造、模仿等道德风险，同时还有价格下降、商品过时、呆账、坏账等经济风险。由于批发商业是商品集散者。因此，自然也是这些风险的主要承担者。当然，批发商可以利用自己的经营经验、专业知识和管理能力，并有效地利用社会保险机制中对上述风险进行防范与规避，因而也是上述风险的化解者。同时，由于批发商集中储存商品，拥有的信息比较多，商品储存的社会性与流动性也比较强。因此，相对来说，批发商比单个制造商或零售商更具有化解、规避风险的条件能力，从而也是有实力的风险化解者。

9. 销售支援功能

所谓销售支援主要是指批发商对零售商的销售支援，即批发商为了促进零售商的订货，通过诊断、咨询帮助零售商研究、制定营销方案并指导零售商经营的活动。随着商业竞争的日益激烈，能否向零售商提供销售支援，以及提供销售支援的质量如何，已经成为批发商能否维持生存与发展的重要手段，因此已经成为了批发商业的一项必备功能。

一般来说，批发商向零售商提供的销售支援主要有：根据零售商的店铺条件和顾客阶层帮助零售商选择，确定商品；根据实际情况指导零售商店铺设计和商品陈列；指导零售商进行有效促销；派人协助零售商进行销售等。

6.1.3 批发商业的分类

如上所述，从规范研究的角度概括了批发商业的功能，当然，这种“规范性”研究也不是研究者们的主观设计，而是对历史与现实的总结与提炼。事实上，要成为一个真正意义的批发商，或者说能够在激烈的市场竞争中得以生存与发展的批发商必须是一个资金、信息、设施设备、管理能力等的“富裕户”。这正是历史上的“富商大贾”为什么以批发商或“行商”居多的主要原因。当然，随着商品经济的发展，富的标准与内容发生了变化，现代批发商已不大可能为所有方面的“富裕户”。由于社会分工的日益精细，生产与消费越来越多样化。从而也促进了批发商业内部分工的细化。虽然“商业大贾”式的批发商仍不失往日的风采，但是大量的拥有某种资源的优势的中小批发商业可以找到自己的生存空间。总之，现代批发商的队伍日益庞大，而且种类繁多。对种类繁多的批发商如何分类，学术界虽有分歧，但大同小异。以下五种分类方法是比较常见的：

1. 按经营主体分类

按经营主体不同，可将批发商分为独立批发商、制造批发商、共同批发商、批兼零批发商、连锁批发商和商业代理商。

(1)独立批发商。独立批发商也称商人批发商，不依附于生产部门，独立从事批发交易活动并对所经营的商品拥有所有权的批发商。独立批发商是最传统、最标准的批发商，其组织形式多种多样，但以批发公司的形式居多。独立批发商从制造商大批量进货，然后经过分类、整理、编配、包装后再向销售者或产业用户销售，它是现代批发商业的主要形式。

(2)制造批发商。制造批发商有双重含义：一是指大型制造商自设的以批发业务为主的销售机构；二是指拥有制造工厂的批发商，或者是指将指定商品委托特定制造商声称的批发商。我国各生产企业自设的销售公司在整个社会批发商业中占有很重要的地位，其所从事的批发业务一般称为“工业自销”。严格来说，这种“工业自销”不是真正意义上的批发，因此，专门从事“工业自销”活动的生产企业自设的销售机构也不是真正意义上的批发商。但是，随着经济体制特别是企业经营管理体制的改革，我国的大部分生产企业的销售公司已不仅仅从事“工业自销”业务，而开始从事大量的“社会销售”业务，从而也具有了批发商的性质。但是，就第二层含义的制造批发商而言，实际上具有独立批发商的性质，与独立批发商所不同的是对采购或销售的商品有生产或生产干预权，之所以称其制造批发商，是因为这类批发商具有生产商品的能力。因此，制造批发商的出现意味着制造商与批发商的相互渗透，即制造商向批发商的渗透及批发商向制造商的渗透。

(3)共同批发商。共同批发商是指为了与大型制造商、大型批发商或大型零售商相抗衡，而由多数中小零售商组成的共同批发企业。共同批发商的目的是通过大量采购，争取价格折扣，降低流通费用，提高竞争能力。

(4)批兼零批发商。批兼零批发商是指以批发业务为主，同时也兼营零售业务的批发商，一般以中小型批发商居多。我国中小批发商兼营零售业务的现象相当普遍，因此。大部分中小批发商应属这类型批发商。

(5)连锁批发商。连锁批发商是指由多数中小批发商组成的连锁商业组织。这种批发商一次采购量大，成员分布广，市场范围大。从而可以获得规模经济，是组织化程度较高的一种批发商形式。由于体制、观念、商业信用状况及市场竞争压力等方面原因，我国的中小批发商还普遍缺乏联合、协作的理念，习惯于单兵作战，因此，这种形式的批发商在我国还不多见。

(6)代理商。代理商是指接受委托人的委托，在一定范围内以委托人的名义代理委托人从事销售或采购业务，而对代理商品不拥有所有权的批发商。代理商的种类很多，主要有以下几种：

①销售代理商。销售代理商是指在签订有关价格、销售条件等长期合同的基础上，为委托人销售某些特定商品或全部商品的代理商。

②采购代理。采购代理商是指在同委托人签订长期契约的基础上，为委托人长期寻找、采购商品的代理商。

③经纪人，经纪人也叫掮客，是指既不取得商品所有权，也不实际取得商品，而只是在买卖双方之间从事介绍、撮合，促进双方成交的商人。

④进出口代理商。进出口代理商是指受委托人委托，为委托人代理商品进口或出口的商人。进出口代理商又可为进口代理商、出口代理商。

⑤拍卖商。拍卖商是指接受委托人委托，对一些无法精确认定等级与价格的商品通过公开叫价出售的商人，如拍卖公司、拍卖行等。

2. 按经营商品分类

按经营商品不同，可将批发商分为普通批发商和专业批发商。

(1)普通批发商。普通批发商是指经营一般商品且种类繁多、经营范围很宽的商人批发商，也叫综合批发商。这种批发商可适合各种再销售者或产业用户的需要，但从发展趋势上看，普通批发商呈减少倾向，逐渐向专业化方向转化。例如，作为大型综合批发商典型代表的日本综合商社，近年来由于经营效益逐渐滑坡，因此也开始进行“破旧立新”的结构调整，不断收缩经营领域，逐渐向功能专业化方向发展。同样，我国的综合批发商业近年来也具有向专业化方向发展的趋势。

(2)专业批发商。专业批发商是指专业化程度较高，专门经营某一类或少数几类商品的批发商。由于商品的种类繁多，因此专业批发商的种类也很多，可按经营商品的类别进行细分类，如食品批发商、钢材批发商、电器产品批发商、水产品批发商等。由于专业批发商易于掌握所经营商品的性能、特点、用途、价格、渠道等知识和信息，备货齐全，成本较低，因此轻易获得竞争优势，尤其在商品资源极大丰富，新产品层出不穷的现代社会，专业批发商的优势则更明显。

3. 按销售地区或商圈大小分类

按销售地区或商圈大小不同，可将批发商分为全国批发商、区域批发商和地方批发商。

(1)全国批发商。全国批发商是指承担全国性的批发业务，在全国设有分支机构，具有全国性销售网点，其销售范围延伸到全国的批发商。全国批发商的优点是可以利用大量采购而获得利益，同时由于在全国具有声誉和销售网络，从而有利于扩大销售。其缺点是，销售领域太广，与用户接触较少，有时提供的商品不一定适合当地用户的需要。

(2)区域批发商。区域批发商是指介于全国批发商与地方批发商之间的批发商，其经营地区比全国批发商小，比地方批发商大，经常在全国某一地区或几个经营地区进行经营活动。显然，区域批发商的信誉度、知名度不及全国批发商高，其影响力也不如全国批发商。

(3)地方批发商。地方批发商是指在一个城市，一个交易地区进行经营活动，经营规模较小的批发商。地方批发商由于接近消费者与用户，因此，能详细了解当地的需求状况，并能迅速将商品以较低的运输成本送到用户手中。但是，由于规模较小，因而具有不能大量进货和充分备货的缺点。

4. 按职能分类

按职能或提供的服务不同，可将批发商分为完全职能批发商和有限职能批发商。

(1)完全职能批发商。完全职能批发商是指履行批发商的全部职能或提供全部批发服务的批发商。这种多指大型的独立批发商，如大型批发商业公司、大型综合贸易公司、综合商社等。

(2)有限职能批发商。有限职能批发商是指只履行一部分批发职能或只提供一部分批发服务的批发商。有限职能批发商的种类较多，主要包括现金自运批发商、直运批发商、卡车批发商、邮购批发商和货架批发商等。

①现金自运批发商。现金自运批发商是指不赊销、不送货，顾客需用现金交易且自备工具运输货物的批发商。

②直运批发商。直运批发商是指按用户的需要，直接向制造商订货并由制造商直接将商品运到用户的批发商。这种批发商大多与制造商有长期的订供货协议。

③卡车批发商。卡车批发商是指用卡车将商品定期送到用户的批发商。这种批发商兼有运输与销售的功能，一般以现金交易为主。

④邮购批发商。邮购批发商是指利用邮购方式接受订货、发送货物的批发商。这种批发商一般适用于经营汽车零件、服装、家具、药品、机械等商品，但不经营易腐变质商品和流行

商品。

⑤货架批发商。货架批发商是指通过在零售商的店铺内设置货架来展示并销售商品的批发商。这种批发商一般经营食品、家用器具、药品、化妆品及玩具等商品。

5. 按流通阶段分类

按流通阶段分类,可按批发商分为一次批发商、二次批发商和三次批发商。

(1)一次批发商。一次批发商是指从制造商直接采购商品的批发商,也称产地批发商。这种批发商一般设在某种商品的集中产地,因此,可以随时收购商品,然后再销售给二次批发商或其他用户。

(2)二次批发商。二次批发商是指从一次批发商那里采购商品然后再将商品销售给下一级批发商的批发商。二次批发商一般设在交通枢纽或商品集散地,因此,也称集散地批发商或中转地批发商。

(3)三次批发商。三次批发商是指从二次批发商那里进货,然后将商品直接销售给零售商或其他用户的批发商。这种批发商一般设在商品的销售地,因此,也叫销售地批发商。

6.2 批发商业的用户特征与经营原则

6.2.1 批发商业的用户特征

1. 用户类型

与零售商业不同,批发商业的用户主要包括四类,即再销售者、产业用户、事业用户和政府部门。

(1)再销售者。再销售者是指通过转卖商品而获得利润的营利性组织,具体包括批发商与零售商。再销售者是批发商业的基本用户,其主要目的是为卖而买,通过赚取买卖价差——毛利而获得利润。对再销售者来说最关心的问题是所采购的商品能否有理想的毛利率与好的销路。这就要求批发商业要尽量控制成本和销售价格,以便让用户有利可图,同时要认真研究消费者的需求动向,以便组织消费者所需要的商品。

(2)产业用户。产业用户是指通过生产商品或提供服务而获得利润的营利性组织,具体包括生产或制造类产业用户和服务类产业用户。前者主要是指各类生产企业,如工业企业、建筑企业及农业企业等;后者主要是指不包括再销售者的服务类企业,如交通运输企业、通信服务企业、金融保险企业等。产业用户与再销售者获取利润的途径有很大不同,因此,对产业用户来说,最关心的是批发商业所提供的商品能否有利于他的价值创造,而不是该商品本身的营利性。这就要求批发商业要熟悉产业用户的生产或服务特点,掌握用户的业务流程及所生产的产品或服务的性能、特点,以便用户利用该商品创造最大的价值。

(3)事业用户。事业用户是指各种非营利性组织,主要包括学校、医院、博物馆、纪念馆、公园、疗养院、监狱等。事业用户的一个重要特点是预算比较低,而且与顾客的关系比较密切,因此,在采购商品时,预算或成本约束较有刚性。当批发产业以这些用户为服务对象时,就应该组织一些价廉物美的商品,以满足用户的预算要求。

(4)政府部门。不管在哪个国家,政府部门都是商品和服务的主要购买者,不仅购买数量与金额大,且购买种类也多,因此,争取政府部门成为用户,对任何企业来说都是重要的发展机会。但政府采购有许多不同于民间组织的采购特点。由于政府采购要受到公众的监督,因此他们要求供货者提供大量的书面材料，而且规则严格、程序繁琐、决策缓慢、人员更迭频繁。因此，对供货者来说就应该尽可能地了解、掌握这些规则、程序，以便设法找到突破繁琐程序的途径。同时政府采购还经常要求供货者竞价投标。多数情况下他们选择索价最低者，但同时也选择那些能提供优质产品或具有及时履约信誉的供货者。

2. 购买特点

与零售商业的用户相比，批发商业的用户有如下购买特点：

(1)购买数量比较大。批发商业的用户数量虽然较小，但用户的购买数量却很大。这是因为有许多产业的市场集中程度很高，甚至被少数几家大公司所垄断，这些大公司对某种商品的购买量往往占该产品供货量的绝大部分。因此，为了更好地为这些大客户服务，成为他们的供货者，就必须有针对性地进行营销。开展大用户营销是批发商的重要经营策略。

(2)与供货者关系比较密切，交易关系比较稳定。由于批发商业的用户数量较少，大用户对批发商来说具有特别重要的意义，因而，批发商与用户之间的关系比较融洽，交易关系也比较稳定。对用户来说，总是希望批发商能够按自己的要求提供商品，对批发商来说，则总是希望能同用户维持交易关系，为此要积极地与用户合作，并满足用户的技术与交货条件的要求。

(3)需求的派生性。对批发商业的许多用户，特别是产业用户的需求多属派生需求。也就是说，批发商业的用户需求归根到底是由其所服务对象的需求引申、派生出来的需求。因此，对批发商来说，不用只关注自己的目标市场状况，还必须重视研究用户服务市场的变化。

(4)需求缺乏弹性。对批发商业的许多用户来说，其对产品与服务的需求受价格变动的影响并不大。这是因为批发商业的用户多为组织而非个人，其固定成本与沉没成本都较高，而且生产工艺或服务流程的改变不可能很迅速。同时，如果中间商的成本占产品或服务总成本的比例较小，则这种中间商的需求弹性也比较小。

(5)需求的波动性。批发商业用户对商品或服务的需求要比零售商用户——个人消费者对商品或服务的需求具有更大的变动性。这是因为批发商业的用户的需求是一种派生性需求，因此，个人消费者市场需求的微小变化，会引起产业市场需求的很大波动。批发商业用户的这一特点，要求批发商必须时刻关注产品的市场寿命周期、新产品、新技术的应用情况，以及个人消费者市场需求的变化，以便及时组织更加适合用户需求的商品。

(6)购买的专业性强。由于批发用户购买商品的目的是为了组织的营利或正常营运，因此，对所购商品有较强的技术要求，并由经过专业训练的采购人员进行采购，很少有冲动性购买行为。这就要求批发商要熟悉经营商品的技术特点、性能、用途等专业知识，并向用户提供较为详细的技术资料和特殊服务。

(7)购买决策慎重且影响着较多。同个人消费者的购买决策相比，批发商用户的购买决策过程复杂、慎重且影响者较多。由于批发商用户的购买目的是为了营利或维系组织的正常营运，其购买过程复杂、慎重，属理智型购买，因此，通常由技术专家和高层管理者来进行采购决策，并有许多相关者参与决策。这就要求批发商必须选派训练有素的销售代表，甚至销售团队来应付这些高素质的采购者，在促销手段的选择上应以人员销售为主。

(8)其他特征。除上述特点以外，批发商业用户还有其他一些购买特征。例如，许多用户特别是产业用户往往从制造商那里直接购买，而不经过批发商采购，尤其是那些技术复杂或耗资巨大的商品更是如此；再比如，一些产业用户还进行互惠式购买，即相互购买对方的产品；还有的用户并不购买商品而是通过租赁的方式获得他们所需要的商品等。这些特点也是批发商应该予以注意的。

3. 购买行为

(1)购买类型。批发商用户的购买类型主要有三种：

①直接重购。直接重购是指用户的采购部门根据过去的一贯性要求，按原有的订货目录和供应关系所进行的重复购买。用户在进行直接重复购买时，主要是根据以往购买的满意度，从自己认可的供货者中做出选择。对批发商来说，用户的直接重复购买则有利于简化交易手续，节约交易成本，稳定交易关系。因此，如果用户是直接重复购买者，则要求批发商应最大限度地保持提供商品和服务的质量，以使用户满意，并持续重复购买。

②修正重购。修正重购是一种有条件的重购，即购买者对产品价格、规格、交货条件等进行修正后再进行重购。这种购买类型要求批发商要及时调整供货条件，以满足修正重购者的要求。同时，用户修正重购也为批发商拓展新用户提供了机会。

③全新购买。全新购买是指用户对所需要的产品或服务进行的首次购买。全新购买是比较复杂的购买类型，且成本与风险都比较大，参与决策的人数及所需要的决策信息也比较多。全新购买对批发商来说，是最大的挑战，同时也是最大的机会。因此，批发商应力图多接触那些对购买决策起关键作用的人物，并为他们提供有用的信息和帮助，以促进用户的购买。

(2)购买行为的影响因素。批发商业用户的购买行为要受许多因素的影响，认真研究这些影响因素，掌握用户的购买行为规律，对批发商制定针对性的营销策略具有重要意义。根据营销学者的研究，影响产业用户购买行为的主要因素有：

①环境因素。产业用户在很大程度上受当前及未来经济环境的影响，如需求水平、经济发展前景、资金成本等。经济不景气时，产业用户会降低各种投资，从而会影响对各种商品的需求。一个不可忽视的问题是，重要原材料的日益短缺，许多产业用户更愿意购买和持有大量的稀缺原材料，以保证充足的供应。另外，许多产业用户还会受到政治、技术、竞争对手以及文化与风俗习惯的影响。因此，批发商应密切注意这些环境因素的变化，并测定它们将如何影响用户的购买行为，以变不利为有利，变问题为机会。

②组织因素。产业用户的购买多由采购组织来进行，每个采购组织又有自己的目标、政策、程序、组织结构和制度。因此，批发商应尽可能地了解、掌握下列信息：购买决策涉及多少人？这些人是谁？他们的评价标准是什么？公司对采购人员有什么政策和限制？

③人际因素。产业用户的采购组织往往由许多不同地位、不同职权、不同兴趣、不同说服诱导力的人员所组成，这些人在采购决策中发挥着不同的作用，详细了解这些人的人际因素，对现实批发商的目的是有利的。人与人之间的关系很复杂，也很微妙，批发商必须尽可能多地了解用户采购组织的人际关系。

④个人因素。每一位参与采购决策的人都带有个人动机、直觉与偏好。这些个人因素往往影响购买决策，同时这些个人因素又受他们自身的年龄、收入、受教育程度、职业态度、性格、风险态度和文化的影响。因此，深入了解采购决策参与者的个人因素，对批发商的经营也是十分重要的。

(3)购买决策者及影响者。购买类型不同，参与购买决策人员的类型及作用也不同。例如，在进行直接重购或修正重购时，采购部门负责人或代理人的影响和作用最大；而在进行重新购买时，其他部门人员的影响力则更大。一般来说，在选择采购什么样的商品时，工程技术人员的影响和作用最大，而在选择具体的供货者时，则采购人员的决策权最大。因此，对批发商来说，既要及时、准确地向技术工程人员提供有关商品的技术信息，也要及时同采购部门进行沟通，并提供有关价格、交货条件及其他服务信息，以促使交易关系的建立。通常参与或影响购买决策的人员主要有：

①使用者。使用者是指那些将要使用产品或服务的人。在多数情况下，使用者会首先提出购买建议，并协助决定购买价格。

②影响者。影响者是指影响购买决策的人员。他们可协助决定产品规格，并提供购买决策所需要的各种评价信息。技术人员是特别重要的影响者。

③决策者。决策者指有权决定产品需要及供货者的人。

④批准者。批准者是指有权批准决策者或购买者所提出的购买行为方案的人。

⑤购买者。购买者是指有权选择供货者并直接参与购买谈判、商定购买条件的人。

⑥把关者。把关者是指有权阻止供货者向采购人员传递信息的人。采购代理商、接待员、电话接线员都可能阻止推销者与使用者或决策者的联系。

(4)购买过程。批发商业的用户购买商品或服务的目的不是为了个人消费，而是为了营利，为了降低成本，或者为了履行自己应承担的社会责任或法律义务，因此，其购买过程往往比较复杂。对批发商来说，了解用户的购买过程，可以及时采取相应的营销对策，进而促使交易的成功。一般来说，批发商业用户的购买过程可分为8个阶段：

①发现问题。购买过程起始于公司内部有人发现可以通过购买某种商品或服务满足公司的要求，或解决公司的某种问题。发现问题可能起因于公司内部刺激或外部刺激。就内部刺激而言，公司决定推出新产品，因而需要生产该产品的设备和材料，或者是机器发生故障，需要新的或购买新零件，或者是一位采购经理对目前供货者的产品质量、服务或价格不满意等。就外部刺激而言，采购者可能在某个商品展览会上产生了新设想，或者看到了新广告，或者接到了某位推销员的一个电话，说他们可能提供价格更低或质量更好的产品。为了促进用户发现问题、产生需求，批发商可以通过广告宣传和访问潜在顾客等办法来促进用户发现问题、产生需求。

②确认需求。发现问题并产生需求后，购买者要进一步明确所需要产品的数量、性能和各项技术指标。对于标准化的产品来说，确认需求并不难，但如果产品复杂，采购者就必须与技术人员、使用者等来共同研究确定产品的一般特征。他们将对产品的可靠性、耐用性、价格及其他属性按重要程度进行排列。在这一阶段，批发商可通过向购买者描述产品特性的方式向他们提供有关信息，帮助他们确定公司的需求。

③确定产品规格。确认需求之后，采购组织还要确定产品的技术规格，进行产品价值分析。价值分析的目的在于降低成本，也就是通过对每种零件的分析研究来决定是否可以进行重新设计、标准化，或用成本更低的方法进行生产。对批发商来说，可以通过价值分析来获得订单，也可以向购买者展示生产某产品的更好方法，将直接重购转变为全新购买，从而获得全新交易的机会。

④寻找供货商。购买者往往可以通过咨询商业指导机构、查询电脑信息、请同行推荐、观看商业广告、参加展览会等途径寻找供货商。因此，批发商可以通过广告，或到商业咨询机构或宣传机构进行登记等方法争取成为购买者的选择对象。

⑤征询报价。购买者会邀请合格的供货者提交报价说明书，如果购买的商品复杂而昂贵，购买者往往还要求供货者提交内容详细的报价说明书，据此来选择最佳的供货者。因此，批发

商的销售人员必须善于调研、写作,精心撰写报价说明书。

⑥选择供货商。购买者在选择供货商时,往往对各供货商提供的各种价值属性进行分类,并按其重要程度进行排列,然后根据这些属性对各供货商进行评价,最后选出最佳者。一项调查表明,购买者在选择供货者时所考虑的重要因素是:优质的产品或服务、交货及时、良好的商业信誉、诚实的沟通、具有竞争力的价格。另外,其他因素也很重要,如维修和服务能力、技术援助、地理位置、过去的业绩。当然,在做出最终选择之前,购买者会试图与其偏好的供货者进行谈判,以争取更有利的交易条件。

⑦确定日常订货规则。选定供货者之后,购买者还要制定一份日常订货规则,以供日后重复订货时使用,这样可以大大节约谈判费用。日常订货规则主要包括产品的技术规格、所需数量、交货时间、退款政策、担保条款等。对进行重复购买的商品,购买者还希望同供货者签订一揽子合同而不是每次临时订货。一揽子合同是一种长期契约,购买者希望供货者在一定时期内以固定价格在规定时期内提供所需商品。显然,一揽子合同要求供货者持有库存,因此,可以使购买者做到"零库存",以降低购买者的库存成本,同时,通过签订一揽子合同,还可以节约购买者重复购买的谈判费用。

⑧绩效评价。最后,购买者还要对供货者的业绩或表现进行评价,以此决定继续、修正或停止向该供货者采购。对供货者来说,应密切注意购买者的评价标准,并检验自己的表现是否达到了购买者的预期。

6.2.2 批发商业的经营原则

一个批发商想要在不断变化的市场环境中求得生存与发展,必须充分了解用户的各种特征,并据此制定出科学的经营战略与策略。由于每个批发商的规模、种类、功能及所服务的用户性质不同,因此,其具体的经营战略与策略也不同。但是,从总体上看,各个批发商仍有许多共同之处,面临许多共同问题,也有许多共同的经营规则。这些共同的经营规则正是每个批发商制定具体经营战略与策略的前提与出发点。因此,对批发商业一般经营原则的探讨,不仅对整个批发商业的发展具有理论与现实意义,而且对每个批发商增强体质,调高经营效率也是具有参考借鉴价值的。

1. 增强实力,奠定坚实的经营基础

不论批发商的规模大小,增强与自身规模或目标相适应的经营实力,奠定坚实的经营基础都是其生存与发展的必要条件。为此,必须在以下几方面努力。

(1)通过增资或利润积累来充实自有资本。从前述关于批发商的特点与功能的研究结论来看,一个真正的批发商必须是一个资本,特别是自有资本比较充实的经营组织,否则是无法承担社会分工赋予它的各种功能的。因为一个批发商首先必须是一个商品集散者,其次还必须是一个商业信用的提供者,而要更好地承担这两种功能就必须以充实的批发业资本为支撑。当然,对一个现实的批发商来说,要充实自有资本,则有两个最基本,也是最常见的途径,即增资和利润积累。增资的主要途径有原始投资人追加投资、增加投资人数、举债(非银行借款)。利润积累是因变量而不是自变量,利润积累的有无与多少主要取决于有无经营利润及利润大小。因此,利润积累的前提是批发商必须盈利,没有利润也就没有利润积累,而盈利的前提又是批发商的有效经营。也就是说,批发商的经营好坏、有无利润及大小将直接制约批发商的增资能力或可能性。

(2)通过新建或改建提高设施、设备的水平。批发商为了更好地执行自身的各种功能,提高为用户的服务水平，就必须有良好的设施、设备。例如，批发商承受着对商品的分类、整理、包装、运输、保管及流通加工等物流功能与流通加工功能，要更好地执行这些功能，就必须有完备的仓库保管、装卸运输及加工包装等物流设施与设备，以便按用户的要求及时、准确、安全地将商品配送到用户指定的场所。再比如，批发商为向用户及时、准确地提供各种商品或市场需求信息，以便用户更好地生产或组织市场所需要的商品或服务，就需要有完善的信息处理与分析设备，建立快捷、完全的信息网络系统，否则就无法更好地执行其信息传递功能，也无法在市场竞争中获得优势。

(3)通过内部完善与外部联合建立高效的内外部组织系统。在现代组织社会，任何组织的运营与目标的实现，除必要的资金与物质设备外，还必须有强大的组织系统的保证。这种组织系统主要包括两个层次：一是内部组织系统；二是外部组织系统。内部组织系统是组织运营与目标实现的基础，它由组织内部的各种机构及人员构成。内部组织系统的建设主要涉及机构的建立、机构的职能划分、机构之间的关系以及人员的配置等问题。当然，内部组织系统的建设应遵循合理分工、管理高效的原则，因此，应根据组织的规模、性质、目标与任务来选择内部组织的类型(职能式、事业部式或矩阵式等)，界定各组织机构的职能分工、管理权限、隶属关系和人员配置。外部组织系统是组织运营与目标实现的辅助和加速器，在现代社会，任何一个组织，不论其规模大小，事实上都不能离开外部组织系统的支持与协作。对批发商而言，外部组织系统主要有：行业协会、政府及其他公共机构与制造商及零售商共同建立的战略协作组织等。外部组织系统的建设主要包括是否以及怎样建立或加入外部组织系统，以及如何与外部组织系统保持协调等两方面内容。从实践来看，一个组织的营运能否顺利、目标能否实现，在很大程度上取决于外部组织系统的建设状况。一个明显的趋势是，批发商与制造商及零售商的供应链系统的建设已成为各国批发商最关心、最重视的外部组织系统建设问题，这是因为，许多批发商已经认识到供应链关系是决定其能否生存与发展的关键。因此，对现代批发商来说，既要建设好内部组织系统，也要建设好外部组织系统，这样，才能为其生存与发展提供组织保证。

(4)通过经验与理论建立科学的经营管理机制。作为一个企业组织的批发商，其经营管理机制大体包括三个层次的内容：一是企业的组织形式，即企业的公司形式；二是企业的治理结构；三是企业经营管理制度。就企业的组织形式而言，主要有个人企业、合伙企业、有限责任公司及股份有限公司等。对一个批发商来说，显然应根据其自身的条件选择适当的企业形式。企业的治理结构类型取决于企业形式，例如，有限责任公司或股份有限公司的治理结构与合伙企业或个人企业的治理结构就相差很大，因此，批发商应根据所选择的企业形式及相关的法律规定来选择相应的企业治理结构。企业治理结构是否科学将直接决定企业的经营管理效率。企业经营管理制度是经营管理机制中比较微观、具体的方面，具体内容很多，但最重要的是工作人员的激励与约束机制。从原则上来讲，企业的激励与约束机制应与企业形式以及企业的治理结构相适应，同时要考虑不同时期、不同岗位、不同人员的特点，以便建立起行之有效的激励与约束机制。对我国的批发商特别是国有批发商而言，其经营管理机制的建立、完善可能更加迫切，更加困难，为此，应该认真总结自身的经验、教训，广泛吸收、借鉴国内外同行的成功经验，学习相关理论与知识，建立与完善符合法律与政策要求并适合中国文化特点的经营管理机制，这是我国批发商特别是国有批发商摆脱困境、走向繁荣的重要途径。

(5)通过录用、招聘和教育培训建立优质人才队伍。不论是资本充实、设备完善，还是组织建设和经营管理机制的转换，都离不开人的努力。没有一支拥有丰富的专业知识，了解用户的需求特点，熟练掌握营销技能，并富有勤奋、开拓、诚信、敬业精神的批发人才队伍，是无法实现批发商的成功经营的。当然，不仅对批发商，而且对任何企业或组织来说，人力资源管理都是极为重要的。人力资源管理包括三个层次，即选聘、使用及培养。这三个层次构成了人力资源管理的核心，对企业或组织来说这三个层次都十分重要，而且是相互制约、相互促进的。没有广泛的选聘，就没有更多的具有优秀潜质的人才可供使用；没有合理的使用，不仅无法实现企业或组织的目标，同时也是对人才本身的浪费和损害；而没有培养，则不仅无法提高人才的附加价值，同时也无法吸引并留住人才。对我国的批发商业来说，当前面临的重大困难之一就是批发人才的极度匮乏，因此，人力资源战略应是我国批发商业走出困境、实现繁荣的基本战略。

2. 增强批发经营者的研究与进取意识

从世界范围来看，批发商面对的经营环境正在发生深刻的变化。

(1)批发商的用户之一——制造商正在向两极化方向发展：一是大型化、垄断化，即部分产业的大型厂商通过自行扩张或企业购并、联合等途径向超大规模发展，有的产业甚至被少数几家大型厂商所垄断；二是小型化、高科技化，即随着社会分工的日益精细和高科技的快速发展，大量的以某一细分化的市场和产品为目标或以高科技产品的研发、生产为主体的小型制造商不断涌现。制造商的两极化发展，对批发商业的经营产生了重要的影响。那些大型化、垄断化的制造商为了控制流通过程，往往自建流通系统，从而具有排挤批发商的倾向。而那些小型化的制造商则具有依赖批发商的倾向，但要求的产品或服务却发生了很大变化。总之，制造商的两极化发展在很大程度上改变了批发商的经营环境。

(2)批发商的另一用户群——零售商也具有大型化、组织化的倾向，如大型超级市场、连锁店的发展速度越来越快，其规模也越来越大。一些大型零售商为了获得更多的利润，也自行建立了流通系统，并直接与制造商合作开发商品，从而也具有排挤批发商的倾向。然而，同制造商的两极化发展一样，大量的小规模零售商依然存在。这是因为随着经济的发展，消费的需求也越来越多样化、个性化和便利化，从而支撑了大量的以个性化、便利化为经营特点的小型零售商的生存。而这些大量的小型零售商仍需要批发商的服务与支持，但需要批发商提供的服务与支持也必须是个性化和便利化的。

(3)零售商的业态变迁及其多样化也是批发商经营环境变化的重要内容。不同零售业态的零售商需要批发商提供不同的商品组合与服务支持，这就要求批发商的经营范围、经营品种及所提供的服务内容与方式必须适应零售商的业态特点，致使批发商的经营由以特定商品(业种)为中心向以特定用户(业态)为中心转变，进而促进了批发商业态形式的开发。以特定业态形式的零售商为服务对象，就要求批发商的商品组合必须同所服务的特定业态形式的零售商的商品组合相适应，这意味着批发商的经营结构与经营形态必须进行相适应的调整，从社会看来，也意味着批发商业结构的变化。

(4)信息技术的发展大大降低了批发商用户收集、处理、分析信息的难度与成本，从而使许多批发商用户有能力构建自己的信息管理系统，降低了对批发商的信息依赖。同时，现代信息技术电子商务的兴起，也在一定程度上具有排挤批发商的倾向。

面对变化的经营环境，批发商必须及时地把握经营环境的变化及其对自身的影响，这就要求批发经营者必须具有敏锐的洞察力、研究力和判断力，并始终保持旺盛的进取意识和企业家精神。唯有如此，才能进行科学的社会决策，在环境变化中求生存、求发展。

3. 适应用户的需要

批发商的用户既包括营利组织，也包括非营利组织。对营利组织来说，其组织目标是利润最大化；对非营利组织来说其组织目标或是降低成本，或者是提高效率，或是更好地履行义务或职责。不论是营利组织还是非营利组织，其组织目标的实现程度都与作为供应商的批发商所提供的商品或服务有密切关系。因此，批发商的用户在购买商品时往往对商品的品种、性能、价格、交易费用、物流费用以及所购商品的盈利可能性等有更高的要求。

然而，用户的具体需求却因组织性质、行业特点及组织自身的规模、生产或服务的技术特点、经营方针等而不同，因而要求批发商所提供的商品或服务也不同。例如，对制造商来说，则要求批发商所提供的商品能够在生产过程中具有最大的价值创造能力，而不是商品本身的盈利性，因此，它可能要求批发商所提供的商品在性能价格比、使用的便利性与使用成本方面具有较大的优势；对零售商来说，则要求批发商所提供的商品要有较高的盈利性、较广的销路和较大的销量，同时也要求批发商能够提供及时、准确、安全的配送服务及零售支援服务；对各种非营利组织来说，则要求批发商所提供的商品或服务能够提高工作效率和质量、改善工作环境与条件、降低成本，且使用便利、简单，同时也要求批发商能够提供及时、正确的使用与维修服务。这就要求批发商要根据用户的不同特点，适应用户的不同需求，提供相应的商品或服务。唯有如此，才取得批发经营的成功。

4. 加强同用户的合作，实现共同发展

从最终消费者的角度来看，不论是制造商、批发商还是零售商，都是以盈利为目的的商品供给者。受各种因素的影响，消费者的生活观念、生活方式不仅不断变化，而且变化非常迅速，致使消费者的需求及购买行为也迅速且不断发生变化。这些变化直接导致了商品或服务的市场寿命周期的加速缩短，市场需求稍纵即逝。这就要求各类商品供给者不仅能够准确地捕捉到消费者的需求，而且更要迅速满足这种需求，否则就无法在迅速且不断变化的市场竞争中求得生存与发展。这意味着速度经济的时代已经到来。

在速度经济时代，为了适应快速且不断变化的消费者需求，进而满足消费者的需求，要求向消费者供给商品或服务的制造商、批发商、零售商必须协同作战，迅速反应，从而在它们之间构建一个能够迅速向消费者提供所需商品或服务的供应链系统。在速度经济时代，之所以需要一个统一的商品或服务的供应链系统，是因为任何单独的组织，不论是制造商、批发商还是零售商，都不可能完全解决商品或服务的快速供应，也就是说，是否能够向消费者迅速供应商品或服务，不仅取决于批发商或零售商的快速反应，而且还取决于制造商的快速反应，同时，也不仅取决于他们是否各自独立地快速反应，而且还取决于他们是否协调、系统地进行快速反应。

显然，批发商也是消费者的商品或服务供应链系统的重要成员，并处于中间地位，上连制造商，下连零售商。对批发商来说，首先要充分发挥其信息传递功能，并建立快速反应的供应链系统奠定基础，即把零售商或消费者的需求信息及时传递给制造商，以便制造商生产适应消费者需求的商品或服务，同时还要将制造商的生产特别是新产品信息及时传递给零售商或消费者，以便动员消费者购买制造商提供的新产品或服务。不仅如此，对批发商来说，还要向零售商提供适销对路的商品或服务，并协助、支援零售商提高销售力，以扩大自己的销售额；同时还要向制造商提供所需要的商品或服务，并对制造商的商品品质与性能的改善、新产品的开发，以及价格、促销、渠道策略的制定作出贡献，使制造商提高竞争力，生产出更多的畅销商品，以满足消费者或零售商的需求，促进自身经营业绩的提高。因此，批发商只有同制造商、零售商等用户合作，才能建立起快速反应的商品或服务的供应链系统，适应迅速且不断变化的消费者需求，同时也才能从根本上提高自己的经营业绩。

5. 增加经营商品的宽度与深度

现代零售的商品策略具有两个趋势：一是日用品零售商日趋综合化，经营商品的宽度越来越宽；二是选购品零售商日趋专业化，经营商品的深度则越来越深。因此，作为零售商的商品供给者——批发商来说，就应该不断扩大经营商品的品种，以适应零售商增加经营商品的宽度和深度的需求。

对大规模全国性批发商来说，应该综合经营包括竞争商品在内的全国性品牌或制造商品牌的商品，也可以利用全国各地的分支机构或与地方批发商合作，经营适合当地需要的商品；对中小规模的地方批发商来说，应该同有较高知名度的制造商或全国性批发商进行合作，以建立一个能够稳定、充足供给全国性品牌或制造商品牌商品的系统；对专业批发商来说，要按专业零售商的要求，扩大经营商品的深度。

当然，对具备条件的批发商来说，还应该注意自有品牌或中间商品牌商品的开发与经营。这是因为，自有品牌商品的开发是批发商实施差别化竞争策略的重要手段，而且由于批发商处于制造商与零售商的中间位置，既可以从上游获得制造商的有关信息，也可以从下游获得零售商的信息，具备开发自有品牌商品的先天优势。

6. 改善物流体制

物流是批发商的重要功能，物流水平的高低也是衡量批发商服务水平和市场竞争能力的重要标志。从国内外批发商业的发展现状来看，无论是制造商的“零库存”需要，还是零售商的“多品种、少批量、高频度”配送要求，都预示着对批发商物流功能的高要求、高依赖，同时也意味着批发商具有较大的开发物流、经营物流的市场机会。因此，对批发商来说，物流不仅是同用户保持和发展交易关系的辅助条件，而且本身就蕴藏着巨大的经营机会，是一个有巨大增值空间的经营领域。

从物流作为批发商进行商品交易的辅助条件来看，批发商提供的物流服务水平常常是用户是否选择其作为交易对象的重要条件。毫无疑问，一个批发商要想成为用户的选择对象，必须向用户提供满意的物流服务。因此，不断建设、更新物流设施、设备、改革现行的不适应用户要求的物流体制，引进先进的物流管理技术与方法，控制物流成本，建立高效的物流、配送系统是批发商保持竞争优势的永恒主题。对大批发商来说，因为经营规模较大，物流资源丰富且整合比较容易，因此建立一个体制健全、设施先进、功能齐全、运转高效的自用或营业性物流中心（系统）是可能的，而且是必要的。批发商拥有这样的物流中心，不仅能为其交易用户提供良好的物流服务，而且还可以在物流产业经营方面发挥出自己的优势，以确保在市场竞争中的优势，扩大事业发展空间。

然而，对于人员少、物流配送设施有限的中小批发商来说，要自行建立一个适应用户，特别是零售商用户需要的“多品种、少批量、高频度”物流系统是困难的，而且也是不经济的。为此，可采取“窗口批发”制度或通过协作、合并的途径来解决这一问题。

所谓“窗口批发”是指众多中小批发商将各自接受的高频度、小批量的供货任务集中委托给在物流、仓储、信息等方面具有优势与实力的大型批发商的物流中心，并由这个物流中心集中且有计划地向指定的供货单位供货。“窗口批发”制度既可以满足中小批发商向其用户供货的需要，也可以解决其人员与物流设施、设备的不足，以及分散供货的不经济。事实上，在发达国家，很多大型批发商的物流中心都在经营“窗口批发”业务。

中小批发商除实行“窗口批发”制度外，还可以通过人员、物流设施、信息、技术等方面的协作，甚至通过企业合并来实现物流的合理化。应该说明的是，中小批发商的协作甚至合并在国外也是比较普遍的。

7. 强化促销

对批发商来说，促销能力的强弱主要取决于销售人员的促销能力和用户——零售商的经营活力。为了提高批发商的促销能力，除注意培养销售人员，提高其促销能力外，还应注意向零售商提供有效的信息、经营指导与援助。

销售人员的基本职能是沟通信息。然而，在现代社会，信息传播手段高度发达，既有所谓的冷媒体，如报纸、杂志、广播、电视等，也有所谓的热媒体，如人际沟通等，特别是冷媒体已越来越高科技化，从而使信息流量极为庞大。在信息流量越来越大的社会，批发商的销售人员要想捕捉到对自己真正有价值的信息则越来越困难。为此，销售人员必须不断地学习，用新知识武装自己，提高对信息的判别能力，并对所获得的信息进行加工、过滤，不断向用户提供有价值的信息服务，成为顾问式武装人员。

为了强化批发商的促销能力，除提高销售人员的促销能力外，还要设法向自己的用户——零售商提供指导与援助。具体可采取以下对策：

(1)促进零售商适时转换业态，以适应不断变化的消费者需求；

(2)丰富零售商的经营品种，特别是向零售商提供畅销商品；

(3)与零售商共建或共用信息系统与物流系统，加强与零售商的沟通；

(4)向零售商提供有关商品及其需求变化的各种信息，提高零售商的经营管理水平。

8. 强化信息收集与提供能力

对零售商来说，最需要的信息则是有关畅销商品的信息。畅销商品一般有四个层次，即本店的畅销商品、本公司的畅销商品、本地区的畅销商品和全国的畅销商品。零售商一般较容易了解本店及本公司的畅销商品，而不大容易了解本地区或全国的畅销商品。但是，对零售商来说，仅仅了解本店或本公司的畅销商品信息是远远不够的，因为本地区或全国的畅销商品很可能就是本店或本公司将来的畅销商品。因此，了解本地区或全国畅销商品的信息，对零售商的未来发展是非常重要的，而向零售商提供全面的畅销商品信息正是批发商的重要职责。之所以称为职责，是因为向零售商提供畅销商品信息，不仅有利于改善零售商的经营，而且也是批发商扩大销售的有效手段。

当然，零售商除需要畅销商品的信息外，还需要其他方面的信息。因此，具有信息优势的批发商，还应该向零售商提供其他方面的信息，这样才能保证批发商与零售商的共同发展。批发商要及时、准确地向零售商提供各种信息，就必须完善自身的信息收集、加工与输出系统，提高信息收集与提供能力，实现“商品批发商”到“信息批发商”的转换。

9. 提高组织化程度

批发商要实现对用户的优质服务，提高竞争力，也必须提高组织化程度，特别是中小批发商更应如此。批发商可以通过各种形式的连锁经营实现组织化。批发商的组织化可收到如下效果：

(1)可以扩大进货批量，降低进货成本；

(2)可以灵活调度库存商品,提高商品供给能力;

(3)可以扩大信息源,提高信息收集与提供能力;

(4)可以加强协作,提高销售能力;

(5)可以共用物流设施,提高物流效率。因此,实现批发商的组织化,是批发商尤其是中小批发商维持生存与发展的有效途径。

10. 采用多种批发形式开展特色经营

批发商的经营环境,特别是用户的需求不断变化,批发商应该根据经营环境的变化,积极发展新的批发形式,开展特色经营。对中小批发商来说,先进自运批发、窗口批发(直接批发)、卡车批发、货架批发等都是可供选择的批发形式。除此之外,还可以积极尝试其他形式的批发,进行批发形式的创新。例如,超市批发就可能是一种很有前途的批发形式。超市批发实际上是货架批发的一种发展。货架批发是在零售商的店铺内设置货架,陈列批发商品,开展批发业务,而超市批发是批发商按超市的经营原理,常设货架陈列批发商品,并进行自助式的批发业务。这种批发形式也是一种类似"零售"的批发,因此,也可以说是传统批发与现代零售的一种结合。当然,这种批发形式的主要服务对象是中小生产者或中小零售商及部分"大批量"购买的个人消费者,经营的商品则以"小、轻、薄"的生产资料和大部分生活资料为主。

6.3 批发商业面临的挑战与发展趋势

6.3.1 批发商业面临的挑战

批发商业的生存与发展要受社会分工、经济发展、技术进步、用户需求及国际化程度等多种因素的影响。从总体上看,这些影响因素既有利于批发商生存与发展的方面,也有不利于批发商生存与发展的方面。这些不利于批发商生存与发展的影响因素,就是批发商业所面临的挑战。只有正确认识批发商业面临的挑战,才能沉着应战,并在挑战中求得生存与发展。

1. 来自制造商的挑战

在不断变化的社会环境中,批发商所面临的第一个挑战就是来自制造商的挑战。制造商既是批发商的用户,同时也是批发商的商品供给者,因此,制造商的需求与供给变化,使批发商面临一系列挑战。

(1)生产集中程度高。生产集中程度的提高主要表现在两个方面:一是生产的空间集聚日益明显,形成了许多颇具规模的工业区、工业园,某些产业的制造商甚至集中在一个或少数几个地区或城市,以至形成了以某一产业甚至某一产品为主的产业城市或企业城市,如服装城、汽车城、钢铁城等。生产的空间集聚提高了集聚在一个地区或城市的制造商之间直接交易的机会与条件,而且交易商品的运输也极为方便,从而降低了这些制造商对批发商的依赖度,具有排挤批发商的倾向;二是生产的规模集聚也日益显著,即少数大型制造商通过自行扩张或兼并、收购得以迅速膨胀,控制了某些产品的产量和价格,从而对批发商形成了巨大压力,大大降低了批发商的价格谈判能力,面对被这些大型垄断厂商挤出的危险。

(2)生产的纵向一体化程度的提高。大型制造商为了获得更多的发展机会,也为了获取更多的利润,不仅追求规模经济,而且还努力谋求范围经济。为此,许多大型制造商不断扩大自己的生产经营范围,围绕主导产品向其上下游延伸,将许多与本企业主导产品相关的中小型制造商通过联合、协作或购并的方式,纳入自己的生产经营系列,从而使原来的市场化交易转化为组织的内部交易，进而具有排挤批发商的倾向。

(3)产品生产范围的扩大。许多制造商特别是大型制造商，为了分散风险，增加竞争力，获取范围经济，往往有扩大产品生产范围的趋势，或者使产品系列化，增加品种、规格、花色，以扩大市场占有率。制造商产品生产范围的扩大，满足了零售商商品组合或最终用户对产品多样化的需求，从而增强了与零售商或最终消费者直接交易的能力，进而降低了批发商在商品集散、编配、分类、备货等方面的传统优势。

(4)自建营销系统。许多制造商为了控制商品销售渠道、掌握市场动态、及时退出新产品、节约流通费用、获取流通阶段的利润，往往自设销售机构，实现生产、批发甚至零售一体化，从而降低了对批发商的依赖。

2. 来自零售商的挑战

随着经济的发展，作为批发商主要用户的零售商也发生了很大变化，从而也向批发商提出了挑战。

(1)零售规模的扩大，采购能力的增强。随着大量生产、大量消费时代的到来，许多零售商不仅经营商品的品种越来越多，而且其店铺规模、卖场面积和销售量也不断扩大，经营方式不断更新，增强了与批发商的价格谈判能力，同时也增加了与制造商直接交易的机会。不仅如此，许多大型零售商由于经营规模巨大、知名度高、影响力大、销售网络发达，因而具有开发和经营自有品牌的实力，从而也大大降低了从批发商进货的比例。还有的大型零售商自营批发业务，因而更具有排挤批发商的能力。

(2)零售商组织化程度的提高。不仅大型零售商具有排挤批发商的倾向，而且一些中小型零售商也通过联合、协作或自由连锁或特许连锁的形式提高了组织化程度，从而也获得了与批发商的抗衡能力和直接从制造商进货的成本。例如，许多以中小型零售商为主的商店街、就自发成立了共同采购组织，以提高对批发商的谈判能力，或直接从制造商提货。显然，中小型零售商组织化或协作化程度的提高也具有排挤批发商的作用。

(3)零售业态的多样化。零售业态的多样化意味着零售商需求结构的多元化，从而增加了批发商的满足零售商需求的难度。因为不同零售业态的经营商品的组合、营销特点、服务要求有很大不同。例如，百货店业态可能更要求商品的高档次、品牌的知名度及其多样化，同时也要求批发商能够提供退货服务；超级市场业态可能更要求商品价格低廉，由于超级市场特别是食品超市以经营生鲜食品为主，因此更要求商品的鲜度；专业店业态往往更要求商品组合的深度与配套性；便利店往往更要求商品包装方便、流通加工程度较高以及供货的及时性；等等。可见，一个批发商要想同时满足不同业态零售商的需求是非常困难的。同时，零售商在选择批发商时，也往往看其是否适应自己的业态特点，并将那些不适合自己业态特点的批发商排除在外。

3. 来自信息化的挑战

信息化对批发商的挑战也是多方面的，主要有：

(1)来自用户自建信息系统的挑战。信息技术的发展与普及大大降低了批发商用户搜集、加工、处理信息的难度与成本，从而使批发商拥有的信息优势也大大降低了，进而降低了对批发商的信息依赖度。不论是制造商还是零售商，都十分重视以电子计算机为基础的信息管理系统的开发、应用，纷纷投资建设现代化的信息管理系统，使制造商或零售商的信息管理系统更加完善，不仅信息量巨大、内容丰富，而且其加工、处理的速度也很快。例如，世界著名零售商美国沃尔玛公司不仅拥有完善的POS系统和EOS系统，甚至还拥有自己的商业通信卫星，其搜集、加工与处理信息的能力是一般批发商无法比拟的。不仅如此，一些零售商还与制造商建立了以EDI系统、QR系统为核心的信息共享体制，从而更加摆脱了对批发商的信息依赖。

(2)来自专业化信息机构的挑战。信息化对批发商挑战的另一个主要表现是专业化信息公司的大量涌现。随着人们对信息的越发重视及信息技术的发展，以专门搜集、提供各种商业信息为主要事业内容的信息咨询机构不断增多，且专业化和产业化的程度越来越高，经营零售商提供很多所需要的各种信息；一些专业化的咨询公司还可以为制造商或零售商提供诸如营销策划、经营策划等经营指导信息。这些都向批发商的信息传递者的地位提出了挑战。

(3)来自电子商务的挑战。20世纪90年代以来，随着网络技术的发展普及，一种新的商业形式——电子商务发展十分迅猛，特别是企业与企业之间的电子商务发展更快。有人甚至认为，企业与企业之间的电子商务是对传统批发商的一种替代。显然，企业与企业之间的电子商务会对传统批发商业产生严重的冲击。

4. 来自用户自建物流系统及物流产业化的挑战

随着经济的发展，物流在整个社会经济运行及企业经营中心的地位与作用越来越重要，特别是随着市场竞争的日益激烈，物流已经成为企业利润的重要来源，即所谓"第三利润源"向物流要利润已成为许多企业的经营方针。一方面，那些依靠批发商提供物流服务制造的制造商或零售商还纷纷建立了自用的物流中心或配送中心，以便提供物流管理水平、降低物流成本，提高竞争力，从而降低了对批发商物流功能的依赖。不仅如此，一些专业化的物流公司，即所谓的"第三方物流"也纷纷崛起，其专业化的经营、专业化的服务更对批发商的物流功能产生重大的冲击。

6.3.2 批发商业面临的发展机会

社会经济环境的变化对批发商业的影响是双重的，不仅使批发商业面临许多挑战，同时也使批发商业面临许多发展机会，因为挑战与机会总是并存的。

1. 技术进步增强了批发商业的经营能力

对批发商来说，具有直接且重要影响的技术进步主要是物流技术与信息技术。

物流技术的进步具体体现为运输工具与方式、包装机械与材料、装卸与搬运工具、仓库设备与保管技术、流通加工机械等方面的技术进步。物流技术进步可以扩大批发商的商圈范围，增加市场机会，而且还可以提高批发商的物流效率，降低物流成本，提高对用户的物流服务水平，增强对用户的吸引力。如运输工具种类、质量与性能的不断提高，极大方便了商品的运输；集装箱运输、低温冷藏运输、各种运输工具的组合联运等运输方式的进步，对提高商品运输的速度与安全性也起到了积极作用；包装机械及包装材料的革新、自动化立体仓库技术的应用、商品储存防护技术的发展、自动化装卸工具的引进等都极大地改变了批发商的物流能力，也提高了竞争力。

信息技术的进步主要表现为以计算机及网络技术为主的信息搜集、加工与处理技术的普及与应用。信息技术的进步提高了批发商搜集、加工、处理、使用信息的能力，从而为批发商更好地发挥信息传递者的功能奠定了坚实的基础。同时，信息技术的进步也促进了批发商自身的信息化建设，提高了自身的信息管理水平，增强了自身的经营实力。显然，批发商自身经营实力的增强，也是有利于吸引用户的。

2. 制造商与零售商的"两极化"为批发商提供了生存空间

与前面的挑战相对应，制造商与零售商虽然有明显的大型化、集中化趋势，从而对批发商提出严重挑战。但是，从整个市场来看，小型化、分散化的制造商与零售商的大量存在为批发商的生产与发展提供了广阔的空间。不仅如此，不论是大型制造商还是大型零售商，其纵向一体化或横向集中化的规模与速度往往要小于社会分工的规模与速度，因此，即使原有的迂回生产与水平分工已被大型制造商或零售商的一体化或集中化经营所减少甚至消失，但新的社会分工又会再度恢复神智加剧迂回生产与水平分工，从而又为批发商开辟新天地。

3. 消费需求的多样化增强了对批发商集散商品的需求

消费需求的多样化，一方面要求制造商生产制造出品种更多、规格更全的商品服务，另一方面要求零售商业要提供相应的商品组合，从而增强了对批发商集散、编配、分类商品的需求。在现代社会，消费需求不仅多样化，而且还是瞬息万变的，商品的市场寿命周期不断缩减，从而要求制造商或零售商要随时改变产品结构或商品组合，这意味着制造商或零售商的生产经营方式由原来的"投机生产"转变为"延期生产"。所谓"投机生产"是指根据对消费者需求的预测而进行生产或采购，即根据预测完成产品的最终形态，然后准备销售；所谓"延期生产"是指根据用户的实际订货而不是生产者的需求预测进行生产，即推迟产品最终形态的完成。显然，"延期生产"是一种快速反应的生产经营方式，要求原材料或半成品的快速供应，否则就无法满足用户的需求。"延期生产"方式是适应消费者需求迅速变化的生产方式，它要以"小批量、多品种、高频度"的快速供货系统为前提，而批发商在这方面是具有优势的，因此，制造商或零售商生产经营方式的这种变化，为批发商的发展提供了发展空间。

4. 零售业态的多样化为批发商的发展提供了机会

零售业的多样化为批发商提出了新的课题，要求批发商必须按每种零售业态的特点提供商品或服务。但是，零售业态的多样化也为批发商寻找新的增长点、拓宽市场经营范围提供了前提。零售业态的多样化，加速了批发商的内部分工、结构调整和经营方式的革新，因此，从总体上看零售业态的多样化对整个批发商的发展是有利的，对那些具有创新意识与创新能力的批发商来说，无疑也提供了很多发展机会。

6.3.3 批发商业的发展趋势

随着政治、经济、科技、消费者需求等各种因素的不断变化，批发商业将不断发生变化。了解和把握批发商的发展变化趋势，对批发商积极应对挑战，发现并利用各种机会，制定科学的经营决策，提高批发商的经营效率，促进整个批发商业的发展具有重要的意义。从总体上看，批发商业将呈现以下发展趋势。

1. 组织化

这里所说的组织化包括两层含义：一是批发商自身的组织化；二是用户组织化。

批发商自身组织化包括经营组织化和地域组织化。经营组织化主要通过组建批发商业企业集团或通过批发商业的连锁经营来实现。经营组织化有利于开展规模化、集约化经营，获得规模经济效益，并有利于更好地发挥批发商业的各种功能，提高对用户的服务水平，增强竞争实力。从发展趋势来看，连锁批发商业企业、跨国批发公司及各种形式的批发商业企业集团会越来越多，对商品流通的影响力和控制力也会越来越大。地域组织化主要通过组建批发商业团体的方式来实现。地域组织化有利于批发商之间相互沟通信息、共同建设和使用物流设施，提高物流设施的利用率，节约物流成本，同时也有利于集中交易。在国外，批发商业团体早已出现，在我国也开始出现众多批发商向某一地区或地点集聚的现象。

用户组织化是指批发商以各种方式参与用户合作并结成合作关系或组织，主要包括三种形式：一是批发商与制造商的组织化，二是批发商与零售商的组织化，三是批发商与制造商、零售商的组织化。批发商与用户的组织化有利于发挥各自的资源与功能优势，稳定交易关系，降低交易成本与物流成本，提高用户服务水平，促进双方或多方利益的增长。从国外来看，批发商与零售商、制造商的战略合作非常普遍，而且发展很快，参与组织化的零售商和制造商也不限于中小企业，一些大型制造商或零售商也同批发商建立了战略合作关系，即形成了批发商、制造商与零售商共同向最终消费者提供价值供应链。在我国，这种组织化也开始出现。因此，从发展趋势来看，批发商的用户组织化也会逐渐扩大、发展，是批发商业的一个重要发展方向。

2. 信息化

随着信息经济时代的到来，各行业都面临着信息化的冲击，批发商业也不例外，因此，信息化无疑也是批发商业的重要发展趋势。批发商的信息化建设主要包括两项内容：一是高效率的信息搜集和技术处理系统；二是向用户提供高质量的信息。从现状来看，许多批发商都拥有与用户自动交互的电子数据交换系统与自动订货、补货系统，从而大大方便了用户的订货与补货；另外，许多批发商都在致力于为用户提供包括商品和经营信息在内的各种信息，以满足用户的信息需求。从发展趋势来看，全社会化的信息化程度越高，用户希望批发商提供的信息量越大、内容越多、质量越好、速度越快，这就要求未来的批发商不仅要进一步改进、完善以计算机为基础的信息管理系统，而且还要进一步提高提供信息的质量。因此，信息化是批发商业的重要发展趋势。

3. 物流化

物流功能是批发商业的重要功能，因此对批发商来说，物流服务水平的高低直接决定其经营的成功与否。从发展趋势来看，批发商用户对物流服务水平的要求越来越高，也越来越苛刻，因此，批发商业必须在提高物流服务水平上作出更大的努力，特别是随着电子商务的兴起，批发商就更应该将工作重点转向物流，将提高物流服务能力作为自己的核心竞争力来培养。因为电子商务越发展，就越需要高效、快速、安全的商品配送系统与之相适应，而对许多批发商来说，又具有很多发展物流的比较优势，因此，电子商务的发展为批发商发展物流、强化物流功能创造了很好的机会，从而促使许多批发商将有传统的“商品批发”转变为现代的“物流批发”。

4. 专业化

与零售业态的多样化特点相适应，批发商的专业化趋势将越来越明显，各种专业批发商将成为批发商的主流，并由“业种批发”向“业态批发”转变。“业种批发”是指经营商品划分的批发类型，其划分依据是“商品”；“业态批发”是按用户——零售商的业态划分的批发类型，其划分依据是“业态”。“业态批发”的经营逻辑，是以特定业态的零售商作为自己的用户，并根据不同的零售业态特点来提供商品服务。例如，“百货店类批发”就是以百货店这种业态的零售商作为用户的批发商，专业百货店业态的商品组合或服务，满足百货店的需要。再比如，“超级市场类批发”就是以超级市场这种业态的零售商作为用户的批发商，它专门提供适合超级市场业态特点的商品组合或服务，以满足超级市场的需要。传统的“业种批发”考虑的重点是商品，而没有考虑业态的特点，因此，从发展趋势来看，这种类型的批发商已经越来越不适合零售业态多样化的需要，并逐渐被“业态批发”所替代。

本章小结

批发商是指向再销售者、产业和事业用户销售商品或服务的商业。与零售商业相比批发业具有交易批量大、交易范围广、交易关系稳定等特点，并具有如下功能：商品集散功能；供求调节功能；成本节约功能；信息传递功能；流通加工功能；物流功能；流通金融功能；风险负担功能；销售支援功能。

批发商业的种类很多，可按不同分类方法对批发商业进行分类：

按经营主体分类，可分为独立批发商、制造批发商、共同批发商、批兼零批发商、连锁批发商、代理商；

按经营商品分类，可分为普通批发商或综合批发商、专业批发商；

按销售地区或商圈大小分类，可分为全国批发商、区域批发商和地方批发商；

按职能分类，可分为完全职能批发商和有限职能批发商；

按流通阶段分类，可分为一次批发商、二次批发商和三次批发商。

与零售商业不同，批发商业的用户主要包括再销售、产业用户、事业用户和政府部门，这些用户具有如下购买特点：购买数量比较大；与供货者的关系比较密切；需求的派生性；需求缺乏弹性；需求的波动性；购买的专业性强；购买决策慎重且影响者多；其他特性。

批发商业用户的购买类型主要有三种，即直接重购、修正重购、全新购买；影响其购买行为的主要因素有环境因素、组织因素、人际因素和个人因素。

根据用户特征，批发商业的经营原则是：增强实力，奠定坚实的经营基础；增强批发商经营者的研究与进取意识；适应用户的需要；加强同用户的合作，实现共同发展；增强经营商品的宽度与深度；改善物流体制；强化促销；强化信息搜集与提供能力；提高组织化程度；采用多种批发形式，开展特色经营。

批发商业面临的主要挑战有：来自制造商的挑战；来自零售商的挑战；来自信息化的挑战；来自物流产业化的挑战。

批发商业在面临挑战的同时，也面临新的发展机会：技术进步增强了批发商业的经营能力；制造商与零售商的“两极化”为批发商提供了生存的空间；消费需求的多样化增强了对批发商集散商品的需求；零售业态的多样化为批发商的发展提供了机会。

学习自测题

一、名词解释

批发商业　再销售者　流通金融　商人批发商　代理商　直接重购

二、判断题（判断正误并说明理由）

1. 批发商业的顾客通常也要“来店购物”。　（　）
2. 批发商业的销售对象是企业或事业单位，零售商业的销售对象是家庭。　（　）
3. 销售批量的大小是区分批发商业余零售商业的重要标准。　（　）
4. 批发商业存在的必要性是因为可以节约商流费用。　（　）

5. 流通金融功能是批发商业的特有功能。 ( )
6. 批发商既是制造商的销售代理人,也是零售商的采购代理人。 ( )
7. 拍卖公司也是一种商业形态。 ( )
8. 批发商业用户购买决策中"把关者"是指有权阻止供货者向采购人员传递信息的人。 ( )
9. "延期生产"要以"小批量、多品种、高频度"的快速供货系统为前提。 ( )

三、选择题(将正确的答案填入括号内)

1. 批发商业的用户主要包括( )。
A. 批发商 B. 零售商
C. 制造商 D. 个人消费者

2. 不依附于生产部门,独立从事批发交易活动并对所经营的商品拥有所有权的批发商叫( )。
A. 制造批发商 B. 商人批发商
C. 代理商 D. 共同批发商

3. 所谓"冷媒体"是指( )。
A. 报纸 B. 杂志
C. 电视 D. 广播

4. 畅销商品信息包括( )信息。
A. 本店的畅销商品 B. 本公司的畅销商品
C. 本地区的畅销商品 D. 全国的畅销商品

5. 制造商与零售商的"两极化"是指( )并存现象。
A. 大型化与垄断化 B. 小型化与分散化
C. 大型化与小型化 D. 垄断化与分散化

6. 批发商业面临的挑战主要是来自( )。
A. 制造商的挑战 B. 零售商的挑战
C. 信息化的挑战 D. 物流产业化的挑战

7. 未来批发商业的发展方向是( )。
A. 组织化 B. 信息化
C. 物流化 D. 专业化

8. 运输业主要调节商品供求的( )矛盾。
A. 时间矛盾 B. 空间矛盾
C. 价格矛盾 D. 品质与数量矛盾

四、简答题

1. 与零售商业相比,批发商业有哪些特点?
2. 为什么说批发商业可以节约流通成本?
3. 批发商业是怎样发挥供求调节功能的?
4. 按经营主体进行分类,可将批发商划分为几种类型?
5. 批发商业用户的购买特点是什么?
6. 影响批发商业用户购买行为的主要因素有哪些?

7. 简要说明批发商业用户的购买过程。

8. 未来批发商业的发展方向是什么?

五、分析论述题

1. 试论述批发商业的经营原则。

2. 分析批发商业的挑战与发展机会。

案例分析

探访寿光批发市场菜价上涨“推手”

2010年8月21日,寿光蔬菜批发市场上,菠菜、黄瓜、生菜、苦瓜的平均价格分别上涨了11.75%、5.2%、35%和8.5%,茄子的平均价格下跌了约14.6%;冬瓜的平均价格则持平。与4天前相比,菠菜、黄瓜、生菜、苦瓜的平均价格涨幅分别约为59.1%、31.5%、83.7%和7.6%,茄子的平均价格下跌了约8.5%,冬瓜的平均价格则持平。寿光蔬菜批发市场,是中国北方最大的蔬菜集散中心、价格形成中心和信息交流中心。这里的蔬菜运往全国20多个省、市、自治区,该市场上蔬菜的价格,也一直被认为是全国蔬菜价格的“风向标”。

蔬菜价格为何会一路走高,极端天气和自然灾害被普遍认为是导致菜价上涨的一个重要原因。南方水灾等自然灾害,一方面造成当地蔬菜减产,另一方面也给流通带来困难,运输不畅无疑会加剧蔬菜价格的波动。农资成本上涨也是推动蔬菜价格上涨的重要原因。“去年一袋50公斤的农用复合肥价格为70～80元,今年则上涨到100元;塑料薄膜价格也从去年的10元/千克上涨到17元/千克。同样是种1亩菜,今年的生产成本比去年要高出40%左右。虽然生产成本高了,但是蔬菜价格上涨幅度大大超过了生产成本的上涨幅度。但菜农却表示,如果收成正常的话,今年的毛收入的确会增加1倍左右,但除掉成本,净收入不会比去年多多少。

价格波动很大程度上是发生在流通环节,但几位经销商叫苦不迭。芹菜经销商21日一大车芹菜是从章北拉过来的,收购价是4毛1斤,由于路上堵了几个小时的车,芹菜已经不是很新鲜,所以只能卖7毛1斤。“虽然一斤能挣3毛钱,但除去运费、装车费什么的,一车就赚几百块钱。”她说,“装车费贵了,一个人要90块,一车菜得6个人装,这就要540块钱。”

徐女士批发的这些辣椒将运到青岛,再批发给小摊小贩。“6毛钱买进来的话,一般会9毛钱卖出去。除掉运费,也挣不多。”小摊小贩、超市这些零售商才是最大的获利者?“如果他们9毛拿货,一般会卖到1.8元,加1倍的钱,超市就更贵了。”但对于获利较多,菜宜园市场里的零售商黄先生给予否认:“我们这一个摊位,税费加起来1年就得3万多,而且我们拿货时是不能挑的,都是一箱一箱地拿。除掉里面烂的不说,消费者买时会挑,挑剩的那些也是贱卖了。”

(资料来源:作者根据相关资料整理)

案例思考:分析寿光批发市场菜价上涨的推手是什么。

第7章 批发市场

学习目标

通过本章的学习,使学员重点掌握批发市场的分类和功能;掌握批发市场原则与交易方法;了解商品交易所的组织机构与交易者。完成本章的学习后,应该能够:

(1)掌握批发市场的分类和功能。

(2)知道批发市场交易者的职责分工。

(3)简述商品交易所的分类和功能。

(4)简述批发市场原则与交易方法。

(5)说明商品交易所的组织机构与交易者。

(6)概述商品交易所的交易原则与交易方法。

(7)熟记下列概念:批发市场;商品交易所。

学习重点

(1)批发市场交易者的职责分工。

(2)批发市场的交易规则,形式与方法。

(3)商品交易所的组织机构与交易者。

(4)商品交易所的交易规则。

学习难点

(1)批发市场的交易规则,形式与方法。

(2)商品交易所的交易规则。

教学建议

(1)重点讲授批发市场与商品交易所的交易规则。

(2)请有经验者介绍批发市场与商品交易所的交易程序与交易方法。

(3)组织学员到批发市场或商品交易所进行参观。

引导案例

沙河服装商圈东起广州大道,西至先烈东路,北到濂泉路,是广州第二大服装批发商圈。沙河可以说是打包客户最多的批发市场了,主要是销到外地的批发市场。因此沙河服装批发市场的货品流通量之大,与物流运作项目紧密相关,下面将做简要的说明介绍。

一、包装

沙河批发市场的顾客主要是以外地客户为主,需求量大。批发市场以档口形式独立存在,每当顾客来取货时,每个摊位的摊主则立刻验货装袋。因为服装比较柔软,体积相对来说比较可变,为了保护商品便于储运、方便包装,经常用普通的麻袋包装,再用塑料绳封口。而为了方便搬运,体积不能过大,重量不能过重,因而袋子一般为长宽1米左右的。批发市场的包装主要是以外包装为主,基于物品输送为目的。麻袋包装虽防水性能不好,但成本低,一般为档口包装的首选。为了方便运输,一般在袋口编好包装后,就写上运输的物流档口的编号和运送的目的地、运输时间,方便发生意外好容易找到出货的档口。

二、装卸和搬运

批发市场局限于以个人档口的形式独立存在,分散性大,不集中分配,而又导致了批发市场中的流通过道不大,因而装卸只能采取以人工为主的人手搬运,借助于手推车动作。这是劳动力消耗很大的水平装卸方式。首先,是以批发市场内的人员装卸搬运到各物流运输各个分摊点上,各分摊点主要是以公司和运送的目的来划分的。再由各物流摊点公司集中收集要运往的目的地相同的货物,一起装卸上车。这种物流摊点上机械程度也不高,一般也是借用于手推车。

三、运输物流

批发市场档口是独立单位,因为顾客需要不同,用的物流公司也不同,下面以其中一家日昱物流有限公司为例来说明沙河批发商场的运输物流。

日昱物流有限公司是专业的从事道路货物运输为主仓储、配送为辅的现代物流企业。拥有奔驰、日产UD、五十铃、东风等各种大中类型载重货运汽车100多辆,仓储面积达3万平方米,各地货运网点60余个,其中沙河只是其中的一个小网点而已。在沙河批发市场网点上,日昱一般使用18米长的货运车来运输,运输过程中走全程高速,货物称重后上车,运输以重量为单位收钱付款,而且以收款人货到付款的方式进行交易。一般的小摊点日出量为3~4吨,每天进行运送。虽说衣服的损坏率小,但如果有事故发生时,不属于人为造成的意外,经双方协商可延迟交货。一般的站点都只需一天的时间就可收到货物。有时还可根据客户的需要进行空运,不过这在沙河服装批发市场一般不可能出现,因为衣服的单价不高,而空运的成本很高。

物流公司的责任就只是将货物运到各个的不同站点(目的地),再由站点分配到各地的小摊点上。

四、仓储保管

沙河服装批发市场中,主要是以各分摊点独立存货,在运送过程中未被运送出去的货物主要是存放在市场的摊点中,各档口独立存仓,而且每楼又有独立的仓库放衣服。急运的货物就在物流公司中存放,等待运送。仓库对储存的货物实施保管和控制功能,方便及时出货,调节货物运输能力的功能。而仓库的物源主要来自于省内各地的衣服制造厂,如产牛仔裤的中山和新塘等。

五、总结和建议

沙河批发市场的机械程度低,主要是因为每个摊位以独自谋利为目的,因此很散乱。当很多摊口一起出货时经常发生阻滞的情况,效率很低。而且每个摊口都各自选择要运送的物流公司,使货物分散化,本来可以一次运送的货物,因为摊位的人委托不同的物流公司而要分开两次运送到同一个地点。这是一种资源的浪费,也是一种能源的消耗,降低了社会效益。

建议:

每个摊点可以形成合作伙伴的关系,相互帮助,共同出货,达到双赢。他们可以通过合并经营的方式,储存货物以使用地面积达到最大化利用,则每个摊点可减缩一点空间,通过协商可以增大过道的大小使运送速度加快。运送的时候可相互联系,如果双方的货物都不多的时候可以联合运送,使时间和费用都可以节约。

各物流公司也可增强合作,在同一个小范围的地方不用设太多去往同一个地方的摊点,这样不仅竞争激烈,效率又不高。

(资料来源:作者根据相关资料整理)

7.1 批发市场的定义、功能与分类

7.1.1 批发市场的定义

批发随着社会分工与商品经济的发展,商业产业内部分工也日益深化,批发商业与零售商市场的产生也开始分离。而随着批发交易从零售交易中出来以后,独立批发商队伍也日益壮大,于是,许多批发商为了沟通信息,扩大交易,开始自发地集聚在商品产地,销售地或集散地,进行集中交易,这样,就自发地产生了原始的批发市场。随着自发性批发市场的形成,商品流通规模进一步扩大,参加批发市场交易的个人和组织也越来越多。因此,为了规范批发市场的交易行为和交易秩序,创造公开竞争与公平交易的市场的组织化程度也逐渐提高,由行业自律发展到政府规制,从而使自发性的批发市场发展成为有一系列制度与规则的现代批发市场。

在批发市场的发展过程中,主要发生了两种转变,一是由自发形成到自觉建设的转变,二是由民间开办到政府开办的转变。然而从现实的批发市场来看,既有自发形成的批发市场,也有自觉建设的批发市场;既有民间投资开办的批发市场,也有政府投资开办的批发市场。但是,无论是哪种类型的批发市场,其交易规则,管理制度都是日趋规范化的,这是现代批发市场的基本特征。

所谓批发市场是指集中进行现货批量交易的场所。这里所说的批发市场是具体的商品交易场所,而且是进行现货批量交易的场所,因此,是一种有形市场。为了进一步理解批发市场

的含义，有必要指出批发市场与几个有关概念的区别。

(1)批发市场与集市的区别。从交易时间上看，集市有两种形式，一种是在指定地点定期进行的集市，如定期举办的博览会、订货会、批发交易会等；另一种是常设集市，主要指自发状态的常设集市。但是，这种常设集市一般没有固定的和稳定的商品交易者，而且交易条件和交易规则也比较简单。批发市场必须是常设的交易市场，必须具有连续不断的交易特性。另外，批发市场一般实行会员制，有相当稳定的商品交易者，交易规则也较严格。

(2)批发市场与商品交易所的区别。批发市场与商品交易所虽然都是集中进行商品批发的常设场所，但二者也有区别：批发市场主要进行现货交易，而商品交易所主要进行期货交易；商品交易所的交易批量一般大于批发市场的交易批量；批发市场的主要功能是组织商品的集散、调配、分类，推动大量商品向消费领域转移，而商品交易所的主要功能是发现价格、回避风险、套期保值。商品交易所交易的商品一般有特殊要求，如要具有经济寿命长，品级标准易于确定，生产量大，需求普遍等特点，而批发市场交易的商品则无特别要求。

(3)批发市场与批发商或批发企业的区别。批发市场一般是不以营利为目的的事业法人，而批发商是以营利为目的的企业法人或自然人；批发商的主要任务是通过对商品的采购、销售、运输与储存，把商品转手给再销售者或产业用户，而批发市场的任务是保证批量交易公正、合理的进行，并为商品交易者提供各种交易服务，本身不从事商品交易；批发市场是包括批发商在内的复数交易者的集聚形式，而批发商是个体交易者或单体批发组织。

7.1.2 批发市场的功能

批发市场既不同于集市和商品交易所，也不同于单体批发商或批发企业，是一个独特的批发组织，因而也具有独特的功能。

1. 媒介功能

媒介功能，即媒介商品交易的功能。批发市场的媒介功能是通过将商品交易者集中到一定的空间场所，以提高商品交易者的交易效率来实现的。批发市场内万商云集，交易者众多，成交率高，同时由于集中交易，商品交易者可以共同利用批发市场的商流，物流和信息流设施、设备，从而可以大大提高交易效率，降低交易成本。

2. 服务功能

服务功能是指批发市场为商品交易者提供各种服务的功能，主要包括信息服务功能、物流服务功能与生活服务功能。从信息服务功能来看，批发市场可以为每个商品交易者及社会公众提供商品价格信息和商品供求信息，以促进生产和消费更好地结合。由于批发市场的交易量大而集中，而且又是充分竞争的，因此，批发市场形成的价格是比较权威和准确的，是场内交易者与场外社会公众进行经营决策的重要信息。此外，批发市场还可以为市场交易者提供交易场所和设施，通信服务、货款结算、金融服务、储运服务及生活服务等，从而使市场交易者的交易顺利进行。可见，服务功能是批发市场的最重要的功能，只有充分的服务功能，批发市场才有存在的必要。

3. 管理功能

管理功能是指批发市场对场内交易进行规范与管理的功能。为了保证批发市场的公开、公正和公平交易，批发市场需要有统一的交易规则，交易程序、交易方法和管理制度，并有专门的管理机构和管理人员。同时，由于批发市场的开设者本身不参加商品交易，而只为进场交易者进行公正的管理。当然，管理功能能否充分发挥不仅直接关系到每个交易者能否进行公平的交易,而且也直接制约着批发市场的运行效果。

7.1.3 批发市场的分类

同批发商一样,批发市场也有许多种类,并可按不同的分类标准进行分类。例如,按交易的商品不同,可将其划分为农产品批发市场,日用品批发市场和生产资料批发市场;按交易商品的种类不同,可将其划分为专业批发市场与综合批发市场;按交易批量的大小及规范化程度的高低,可将批发市场划分为中央批发市场,地方批发市场和自由批发市场。本书将按最后一种分类方法对批发市场进行分类。

1. 中央批发市场

中央批发市场也称国家级批发市场,是规范化程度最高,交易规模最大的一种批发市场。其主要特点是:

(1)中央批发市场大多设在商品集散中心,交通中心或消费者密集的大城市。有些国家规定必须达到一定的人口规模的城市才能开办中央批发市场。例如,日本规定居住人口在20万以上的城市才有资格申请在该市建立中央批发市场。

(2)中央批发市场一般是“官办的”,中央批发市场既可以由一个符合开办条件的地方政府独立开办,也可由中央政府的有关机构和地方政府联办。在后一种情况下,中央财政与地方财政按一定比例出资,中央政府向市场派出监督人员,市场的其他日常管理则有地方政府负责。

(3)中央批发市场的交易者不多,但交易量却很大。一般来说,中央批发市场的买者往往是一些大批商,而卖者则往往是一些大型企业或企业集团,以及农业合作组织。

2. 地方批发市场

地方批发市场又称区域中央批发市场,是中央批发市场以外,达到法定规模的批发市场。地方批发市场一般设在产地,有些是露天市场,有些则设在建筑物内,并配有一定量的仓储设备。地方批发市场的存在,多是因为商品的产销地距离较远,需要中间人介入再次中转,或是需要加工才能销售。地方批发市场的市场交易者主要是批发商、代理商或是地方零售商和部分生产企业,前面提到的中转地批发市场多数也是地方批发市场。

3. 自由批发市场

自由批发市场是指除中央批发市场和地方批发市场以外的批发市场。自由批发市场的规范化程度很低,其申办也不像中央批发市场那样严格,不需要特别批准,只要登记注册领取营业执照便可开办。另外,自由批发市场的规模也比较小,甚至还进行少量的零售交易。但是,自由批发市场也是一种有组织的市场,其开办者与市场交易者也要遵守一定的规则。因此,这里的自由也是有规则的自由。我国的大部分的专业批发市场和集贸市场就属于自由批发市场的范畴。它们大多经地方政府批准,有官办的,也有民办的;不实行会员制,交易者自由进出;交易方式多以现货为主;价格多以讨价还价方式形成。此外,许多自由批发市场还与地方的工业特色有关。

总之,自由批发市场、地方批发市场和中央批发市场是批量交易规范化程度由低到高,辐射范围由小到大的批发市场的三个层次。各类批发市场在商品流通中发挥着不同的功能与作用,因此,保持各类批发市场的合理布局与分工,对完善我国的商品市场体系,促进商品流通的合理化、层次化和效率化是具有重要意义的。

7.1.4 批发市场的主体

批发市场的主体是指与批发市场有关的组织或机构,主要包括批发市场的开办者、批发市场的交易者及批发市场的关联者。

1. 批发市场的开办者

批发市场的开办者是指投资兴办批发市场的组织或机构，主要由中央或地方政府、政府与民间的合作组织及民间组织等。

中央或地方政府是大部分中央批发市场的开办者。例如，我国的“郑州粮食批发市场”就是由中央政府与河南省人民政府联办的；被称为世界上最大的食品柜的法国“伦吉斯蔬菜批发市场”是由法国政府与巴黎市政府以及市场所在省联合开办的；日本著名的“东京筑地鱼肉批发市场”是由日本政府与东京首都联合开办的。地方批发市场和自由批发市场则由地方政府单独开办。

在我国，许多批发市场，特别是各类专业市场都是由民间组织开办的。但是，由于受资金能力的限制以及过度的营利性倾向，从而使这类批发市场规范化程度与运行效果不是十分理想，有的批发市场甚至处于有“场”无市的状态。

2. 批发市场的交易者

顾名思义，批发市场的交易者是指参与批发市场交易的组织或团体，具体又可分为上市者、代理批发商、中间批发商和交易参加者等。

(1)上市者。上市者是指将货物运到批发市场，并委托代理批发商销售的组织或团体。上市者一般包括商品生产者、商品运输者、产地批发商、进口批发商等，他们是批发市场货源的提供者。

(2)代理批发商。代理批发商是指接受上市者的委托向中间批发商及其他交易者销售商品的批发商。批发市场内的代理批发商要具有良好的商业信誉和丰富的业务经验及雄厚的资本实力，而且不能有违法劣迹。一般来说，每个批发市场内要有两个以上的代理批发商以防止垄断经营。因此，代理批发商的进场条件是相当严格的，特别是中央批发市场的代理批发商，一般都要由政府有关部门指定。

(3)中间批发商。中间批发商是指在批发市场内从事批发买卖业务的商人。在规范的批发市场中，中间批发商从代理商手中购进商品并开展批发交易活动，而不得从上市者手中直接购进货物。中间批发商须经市场开办者审查，批准，并交纳其所从事的商品批发业务的法定保证金后，才能在批发市场内开展批发业务。

(4)交易参加者。交易参加者是指经市场开办者批准，可以直接从该批发市场购买商品，但不得从事商品转卖交易的人或经济团体，如大型零售商、生产企业等。小型零售或个人消费者则只能从批发商那里购进商品，而不能进场参加批发交易。

3. 批发市场的关联者

批发市场的关联者是指专门为批发市场交易活动提供服务的个人或企业。主要包括负责货物仓储托运业务的服务组织，提供通讯的服务组织，提供金融业务的服务组织，提供检疫和安全警卫业务的服务组织及提供衣、食、住、行服务的组织，等等。

7.2 批发市场的交易规则、形式与方法

7.2.1 批发市场的交易原则

批发市场不仅是商品集散的场所，而且更是人的组织，因此，要保证批发市场的正常运营，

除对上市商品进行限制外，还要对批发市场的主体及其行为进行规范，建立一整套旨在规范上市商品与上市交易者的交易规则。一般来说，批发市场的交易规则主要包括三个层次，即交易原则、会员制度和保证金制度。

1. 批发市场的交易原则

一个规范的批发市场首先要遵循一定的交易原则。从国内外批发市场的实际情况来看，拍卖或投标原则、委托代理原则、公平原则、限制性原则、收费原则是批发市场应遵循的基本原则。

(1)拍卖或投标原则。拍卖是指拍卖人对拍卖物公开叫价，购买人公开报价，由拍卖人当场拍定成交的一种买卖行为，是实现批发市场公开、公正、公平交易的主要方式。当然，一些较为繁杂的商品，有时也可以采用投标方式进行交易，即由购买者以公告或标书形式说明所需要商品的条件和要求，邀请各供货人在指定时间内填制标书进行投标，招标人在规定时间内开标，对各投标人的报价进行比较，选择最佳者达成交易。因此，投标也是在一定范围内体现公平竞争原则的交易方式。

(2)委托代理原则。规范的批发市场一般规定，上市者不得直接将上市商品销售给需要者，而必须通过批发市场的代理批发商代理销售，同时，批发市场的代理批发商也只能以委托销售的方式接受上市者的货物，不得采取收购批发的形式。因此，批发市场内的代理批发商只能从事代理业务，不能拥有商品所有权。

(3)公平原则。公平原则也叫无差别对待原则，是只对代理批发商而言的，即代理批发商不得以不正当理由拒绝委托方的委托。当然，对上市者、中间批发商和交易参加者也要一视同仁，在交易中不得歧视或给予任何一方不公平的待遇。

(4)限制性原则。限制性原则是指对批发市场内进行的交易要有一定的限制，主要包括：

①对交易场地的限制，即交易活动必须在交易厅内进行，禁止场外交易；

②对交易品种的限制，即不论是专业批发市场还是综合批发市场，对交易的商品品种都有一定的限制，任何交易者都不得从事非指定商品的交易；

③对交易合同的限制，即批发市场交易中签订的合同及合同的转让，一经市场有关部门的确认便具有法律效力，买卖双方必须遵守；

④对业务关系的限制，即代理批发商不得同批发市场中的中间批发商和交易参加者以外的任何人进行交易，中间批发商亦不能从代理批发商以外的人手中购进货物，只有在可能出现大量积压或法定的特殊情况下，并经有关管理部门批准，才能调整业务关系；

⑤对交易时间的限制，即批发市场一般实行定期开市制度，批发市场要根据实际情况和国家的有关政策，明确规定各自的交易日期，交易时间一旦明确，则不得随意变更。

(5)收费原则。批发市场是一种流通服务组织，虽然不以营利为目的，但也不能不计成本，因此，要对进场交易者收取一定的费用。代理批发商可以依法向委托方收取规定比率的手续费；场内的摊位、通信设备、冷藏设施、搬运机械等的租用也要按规定的标准收取费用。

2. 批发市场的会员制度

批发市场是一种有组织的市场形式，特别是比较规范的批发市场一般都实行会员制度，并由会员来共同维持与管理批发市场的有关业务。

(1)会员的资格审查与审批。凡是批发市场规定上市商品的代理批发商、中间批发商、生产企业，都可以申请成为批发市场的会员。但会员申请者必须拥有较高的资信度才能被接受为会员。例如申请者必须是独立的法人,其拥有的财产不低于规定的资产限额,等等。当然,批发市场的规模或层次不同,对会员资信度的要求也不同;批发市场的规模越大、层次越高,对会员的资信度也越高。此外,批发市场的会员总数也是有限制的,一般不得超越。申请者经过有关管理部门的资格审查,并交纳一定保证金后可成为正式会员。会员依法行使自己的权利,并履行自己的义务。

(2) 批发市场组织结构。由会员法人共同组成的批发市场,当然也要有自己的管理机构与管理组织,以便维持批发市场的正常运行,维持会员的利益。批发市场的最高管理机构是会员大会,日常事务则由会员大会选出的理事会来处理,作为理事会的咨询机构,设有各种常设委员会和特别委员会。常设委员会一般包括负责经济纠纷调解和仲裁、上市商品鉴定、财务管理、教育运行、资格审查、信息发布、市场管理、总务等方面的委员会;特别委员会则包括防止操纵委员会等处理特殊情况的委员会。

3. 批发市场的保证金制度

为了保证批发市场内商品交易的进行,商品交易者要按照批发市场的有关规定,预付一定数额的批发交易保证金。批发市场的保证金主要有两种,即委托保证金和合同保证金。

(1)委托保证金。批发市场内的商品交易市场者中间存在着大量的委托代理业务。为了保证受托方的利益,批发市场一般要求委托方向受托方预付一定数额的委托保证金,作为受托方交易上的担保,即委托业务保证金。同时,为了不使委托方的利益受到侵害,受委托也必须在市场有关管理部门寄存一定数额的受托业务保证金,备其破产时由市场对委托者债权优先偿还之用。

(2)合同保证金。批发市场中进行的批发交易大多采取合同交易形式。为了确保交易双方完全按照合同要求履约,批发市场往往要求交易双方每成交一笔交易,均向市场结算部门交纳一定数额的保证金。这笔保证金仍旧归拨付者所有,只是由市场结算部门代替,用于交易资信保证。如果合同能够履行,交易双方的交易合同保证金连本带息如数退还;如果交易一方违约,市场结算部门将违约方保证金本息的部分或全部划拨给受损的另一方,以作补偿。交易合同保证金也可分为基础保证金和追加保证金两类。

7.2.2 批发市场的交易形式

批发市场的交易形式基本上有两种,一种是交易所形式,一种是摊位制。

1. 交易所形式

交易所形式是指在一指定地点及周围,由有关人员或指示器报价,购买或竞价的交易形式。由于这种交易形式常要在一个范围内进行,以划定交易活动范围,所以,交易所形式的批发交易又称"圈内交易"。这种交易形式通过公开拍卖、竞相报价形式达成交易,交易集中化程度很高,市场公开程度也很高,因此,常成为规范化批发市场的典型交易形式。

2. 摊位制

除交易所形式外,不少批发市场也采用摊位制的交易形式。所谓摊位制是在交易场所或场地内划分为若干个"摊位",每个商品交易者各自租用一定面积的交易场地,与买者进行批量交易,并按租用面积上缴费用的交易形式。由于商品交易者在分散地与买者接洽,交易的集中程度较低,而且通过个别协商形成的价格也不一定能保证公开,因此,摊位制是比较低级的交易形式,不宜在大型批发市场中采用。目前,我国的批发市场大多数都采用摊位制的交易形式。

7.2.3 市场的交易方法

根据批发市场的交易原则，批发市场的交易方法主要有以下几种。

1. 拍卖交易

在规范化的批发市场中绝大部分商品是通过拍卖形式交易的。拍卖时依次叫价的方法有两种，一种是上增叫价，一种是下减叫价。在上增叫价拍卖中，拍卖人使用铁锤或木槌在桌上一敲，表示成交，俗称"敲定"；在下减叫价拍卖中，先有拍卖人叫出一个最高价，如无人应买，便逐渐向下降价，直到有人应买时，拍卖者就敲一下桌子，表示此价格成交。

2. 投标交易

除上述的拍卖交易外，在批发市场中有时还采用投标式交易法。这种交易方法是先由拍卖人公布商品，然后由竞买人在规定时间内将密封标书交给拍卖人，拍卖人在预约时间内公开开标，并将商品拍卖给出价最高的投标人。这种交易方法也能招徕买主，加快货物周转，调节商品供求，因此，在不少工业品批发市场中经常使用。

3. 协商交易

协商交易是指交易双方分别报出自己的价格，在二者所报价格分歧不大时，双方相互做出某种让步，最后在高、低之间形成一个统一价格，以示成交。协商交易大多在不太规范的批发市场中使用。

4. 凭样品交易

凭样品交易是指通过眼力观察样品的质量而进行交易。这是比较传统的交易方式，许多工业品批发市场采用这种交易方式。

5. 凭规格交易

凭规格交易是指交易双方以商品的一定规定，如大小、长短、粗细等作为依据而进行的交易。凭规格交易在生产资料批发市场和部分工业日用品批发市场中经常使用。

6. 凭标准品级交易

凭标准品级交易是指交易双方对某些商品以其标准品质，如成分、含量、纯度等作为依据而进行的交易。

7.3 商品交易所

7.3.1 商品交易所的定义、功能与分类

1. 商品交易所的定义

商品交易所的定义经过了两个发展阶段，最初的定义是指处理商品交易的场所，在这一阶段，商品交易所中的商品交易还只是现货交易。所谓现货交易是指交易双方即期进行商品与货款相向交割的交易。因此，早期的商品交易所实际上就是集中进行现货交易的场所。但是，随着商品经济的发展，交易规则的不断扩大，大宗商品，特别是农产品的交易风险日益增大，同时，因商品品质、交货日期、交易数量等问题而引起交易纠纷也不断增加，从而刺激了商人对新交易方式的需求。于是，在 19 世纪中叶，由美国芝加哥谷物商在现货交易的基础上又发明了一种新的商品交易方式，即期货交易。所谓期货交易是指远期进行的标准化合约的交易，其一般形式是交易双方先就交易商品的品牌、数量、价格、交货日期和交货方式等签订合约，而实际的货款交割则在规定的期限内以实物交割或非实物交割，即补齐现货与合约的价差或出卖合

约等方式履行。因此，期货交易既有利于降低因价格波动而产生的交易风险，也有利于减少交易纠纷。

由于期货交易的产生，而且必须在商品交易所内进行，从而就使原来进行现货交易的商品交易所演变成了进行期货交易的交易所。这样，商品交易所的定义也就进入了第二个阶段，即现代阶段。现代意义的商品交易所，这一点可以从各国商品交易所法中关于商品交易所的定义中得到印证。例如，日本的《商品交易所法》就将商品交易所定义为："所谓商品交易所，是指根据《商品交易所法》而开设的以进行一种或数种商品的期货交易为目的的市场。"

为了进一步理解商品交易所的概念，有的研究者还对商品交易所的特点进行了更为详细的阐述。

(1)商品交易所内进行的是合约买卖，交易双方成交时不是凭现货，而是凭既定的标准品质的商品成交，实物商品不进入交易所。而且，绝大多数的交易都是由合约的对冲来了结，很少进行实际商品交割。

(2)参加商品交易所交易的必须是交易所的会员单位，非会员单位只能通过会员单位的代理来进行交易。会员要经过严格资信审查，交纳会费，享受一些特许的交易权利，会员通常分为若干等级，每个等级的会员享有不同的权利。

(3)商品交易所是规范化的有形市场，交易方式、结算与担保、合约的转让或对冲、风险的处理、实物交割等都有严格而详尽的规定，任何个人或组织不得违背。

(4)商品交易所里的期货交易是一种特殊的交易方式，因此，并非任何商品都能进入商品交易所进行期货交易，交易所的上市商品通常是那些"达到公认的质量标准，适于大宗交易，又能长期储藏的且可自由交易的商品"。

(5)商品交易所的交易集中、信息通畅、价格公平、买卖公平。

2. 商品交易所的功能

商品交易所的上述特点，决定了商品交易所具有供求调节功能、公正价格形成功能、价格平抑功能及风险转移与规避功能。

(1)供求调节功能。商品交易所的首要功能是调节供求的功能。根据商品供求的动机不同，可以将其划分为实际供求与投机供求。所谓实际供求是指出于现实经济生活的实际需要而产生的对商品的实际供给和实际需求。所谓投机供求是指与现实经济生活的实际需要无关，而只以获得买卖价差为目的的商品供给与商品需求。由于商品交易所不仅集中了大量的上市商品的实际供给与供给需求，而且更集中了大量的上市商品的投机供给与投机需求，因此，不论是实际供求还是投机供求，都可以在商品交易所的集中交易中得到有效结合，也正是从这个意义讲，商品交易所具有调节供求的功能。

(2)价格形成功能。由于上市商品的实际供求与投机供求是通过商品交易所的大量集中交易得到结合的，从而也必然要伴随交易价格的形成，因此，价格形成功能也是商品交易所的一个重要经济功能。不仅如此，商品交易所形成的上市商品的价格还是一种公正价格。这是因为：①商品交易所形成的价格是通过多数买者与卖者的公开而自由的竞争形成的。商品交易所是依据国家的法律而开设的，不允许任何组织或个人随意开设，因此，要想从事上市商品的交易必须在有限的商品交易所中进行，这样在交易所里就集中了大量的上市商品的买者和卖者。买者和卖者大量集中，再加上商品交易所严格交易规则，从而使商品交易所的公开而自由竞争的交易成为可能；②商品交易所的价格是在吸纳、消化所有信息的过程中形成的。商品价格是由商品供求关系决定的，而商品供求关系又是由各种经济、政治、法律、社会乃至文化等因素决定的。商品交易所的买者和卖者为了自身的经济利益，要对影响商品供求关系的各种信息进行搜索、分析和判断，并反映在各自对商品价格的"意见"上，而最终价格的形成正是对各种价格意见的综合。因此，充分反映各种信息和大量交易的价格既是公正的也是合理的。

(3)平抑价格功能。如前所述，商品交易所不仅集中了大量的上市商品的实际供求，而且还集中了大量的上市商品的投机供求。正是这种投机供求的介入，从而调节了上市商品的实际供求，平抑了上市商品的价格。一般来说，平抑价格的交易有两种，一种是贩运交易，一种是投机交易。在贩运交易下，当某种商品存在地区差价时，贩运者在低价地区购进商品，并将其运往高价地区销售，从中取得差价收益。这种交易的动机显然是为了取得差价收益，但是，这种交易一方面抑制了某些地区的价格过低，另一方面也抑制了某些地区的价格过高，从而在客观上起到了缩小甚至消灭地区差价即平抑价格的作用。如果说，贩运交易时在空间上平抑了价格的话，那么投机交易则是在时间上平抑了价格。在投机交易下，当某种商品价格急剧上升时，投机交易者就会抛售这种商品，以获得差价收益，从而使价格上升得以控制甚至会下降；当某种商品价格急剧下降时，投机交易者就会收购这种商品，以备将来获得差价收益，从而使价格下跌得以控制甚至会上升。因此，投机交易也具有平抑价格的作用。

(4)风险转移或风险规避功能。这种功能主要是通过套期保值交易实现的。所谓套期保值交易是指商品交易者通过商品交易所买进或卖出与现货交易数量相当，但交易方向相反的期货合约，以期在未来某一时间通过卖出或买进期货合约来规避价格风险的交易。具体来说就是，如果在现货市场上购进商品的话，那么，就在商品交易所中买进相当数量的该种商品的期货合约。这样，通过在商品交易所中的期货交易，可以有效地规避现货交易中因价格波动而带来的风险。当现货市场的商品价格上升时，期货市场的价格也会相应上升，如果这时将事先在低价时买进的期货合约(当时已低价在现货市场上出售了商品)卖出，就会弥补先前在现货市场价格下降时出售商品的损失；反之，当现货市场的价格下降时，期货市场的价格也会相应下降，如果这时将先前卖出(当时已高价在现货市场上买进了商品)的期货合约买进，就会弥补先前在现货市场价格上升时买进商品的损失。

3. 商品交易所的分类

由于商品交易所从事的是期货交易，因而对上市商品及交易者、交易规则都有极严格的限制，因此，各国对商品交易所的开设都是严加限制，即使是市场经济比较发达的国家，商品交易所的数量也是很有限的，可以说是一种高度垄断的流通组织。正因为如此，商品交易所的分类也远没有其他流通组织的分类复杂。一般来说，商品交易所的分类方法主要有四种，一是按上市商品进行分类；二是按开设或主管机关进行分类；三是按上市商品种类多少进行分类；四是按组织形式进行分类。

(1)按上市商品进行分类。按上市商品，可将商品交易所分为两大类，一类是农产品交易所，主要上市商品有谷物、棉花及畜产品等；另一类是矿产品交易所，主要上市商品有金、银、铜等有色金属及石油产品。

(2)按开设或主管机关分类。按开设或主管机关，可将商品交易所分为国家商品交易所和地方商品交易所。但是，大多数国家的商品交易所都是由作为中央政府代表的农业部和商业部开设或主管的。

(3)按上市商品的种类多少分类。按上市商品的种类多少，可将商品交易划分为专业商品交易所和综合商品交易所。显然，专业商品交易所的上市商品的品种比较单一，而综合商品交易所的上市商品的品种则比较综合。例如，美国的纽约棉花交易所(NYCE)、英国的伦敦金属交易所(LME)、日本的东京砂糖交易所等都是专业商品交易所，而美国的芝加哥期货交易所(CBOT)和纽约期货交易所(NYFE)等则属综合商品交易所。从世界各国商品交易所的上市商品的种类来看，大有综合化的趋势，许多商品交易所甚至还有外汇、债券及股票指数等金融商品上市。然而，不论是专业商品交易所还是综合商品交易所，也不论是农产品交易所还是矿产品交易所，都有十分健全的组织机构和极为严格的交易规则，并以此来保证商品交易的有序运行。

(4)按商品交易所的组织形式分类。从各国商品交易所的组织形式来看，基本上有两类，一是股份有限公司形式的商品交易所；二是会员式商品交易所。

股份有限公司式的商品交易所是指民间股份有限公司组织开设的商品交易所。这种形式的商品交易所通过收取进场交易者的手续费而维持交易所的成本支出，并从中获取利润，交易所的所有者与进场交易者不是同一主体。

会员组织形式的商品交易所是指由参加交易所的会员共同出资开设的商品交易所。这种交易所的所有者、经营者与进场交易者是同一主体，会员出资开设商品交易所的目的不是为了从交易所本身的经营中取得利润。因此，这种形式的商品交易所的手续费收费标准大大低于股份有限公司形式的商品交易所收费标准，基本上按实费主义原则收费。

但是，由于股份有限公司式的商品交易所具有强烈营利倾向，加之收费标准过高，从而不利于进场交易者的交易。同时，随着各国对商品交易所控制与干预力度的加大，使得股份公司式的商品交易所逐渐转化成了会员组织式的商品交易所，特别是第二次世界大战以后，会员组织式的商品交易所已成为许多国家商品交易所的主要形式甚至是唯一形式。

7.3.2 商品交易所的组织机构与交易者

1. 商品交易所的组织结构

世界上大多数商品交易所都采取会员组织形式的商品交易所，作为会员组织形式的商品交易所其内部组织机构大致包括四部分。

(1)交易所会员。这是商品交易所的主题，也是商品交易所的所有者、经营者及进场交易者。会员可以进入交易所的交易场，可以支付较低的佣金、手续费或享有其他优惠。但申请者申请入会必须向交易所提出申请，然后由交易所详细调查申请者的信誉、财务能力及品德，符合条件的须经理事会批准方可取得会员资格。在我国，商品交易所的会员必须是在中国境内注册登记的企业法人。另外，交易所的会员资格是有等级的，不同等级资格的会员，具有不同的权利与优惠条件。交易所的会员一般分为普通会员或全权会员两种。普通会员是指只能在期货交易所内从事与自身长期经营业务有关的买卖活动的会员。普通会员可以经商品交易所批准，指派全权代表在交易所内进行交易，但普通会员不能接受非交易所会员委托，在交易所内进行交易；全权会员是指既能在交易所内为自己从事交易，也能接受非会员单位委托在交易所内进行交易的会员。从会员的内部结构来看，主要有独立交易商、厂商、谷物加工商、出口商、经纪公司、银行及投资公司等。

(2)交易所理事会。交易所理事会是商品交易所的最高权力机构和决策机构，负责交易所的日常工作和制定重大决策。理事会由交易所会员大会选举产生，设主席、副主席、总裁和若干名理事。理事会成员主要由会员理事组成，但也有少数非会员理事。非会员理事一般由理事会主席指定。理事会一般有下列职权:召集会员大会,并向会员大会报告工作;监督会员大会决议的实施及总裁履行职务行为;审议交易所章程、交易规则的修改方案,提交会员大会通过;审议总裁提出的财务预决算方案,提交会员大会通过;审议交易所合并、分立、解散和清算方案,提交会员大会通过;决定和设置专门委员会;决定会员的接纳和退出;决定对严重违规会员的处罚;决定交易所的变更事项;异常情况下的临时处置权;审定根据交易所规则制定的细则和实施办法;审定风险准备金的使用;审定总裁提出的交易所发展规划和年度工作总结;交易所章程规定和会员大会授予的其他职权。

(3)专业委员会。为保证和协助交易所理事会更加有效地开展工作,交易所还在理事会下设若干专业委员会,各专业委员会对理事会负责。专业委员会或者由会员大会选举产生,或者由理事会直接任命。专业委员会主要有:会员资格委员会、仲裁委员会、交易行为委员会、业务委员会、新品种委员会、合约规定委员会、交易控制委员会等。专业委员会有权向理事会提出各种建议,协助理事会监督、管理交易所的交易活动。另外,交易所还下设总裁,总裁是交易所的首席执行官,负责交易所的日常业务。总裁下设若干名执行副总裁和业务副总裁,副总裁负责各自分管的业务并定期向总裁报告。

(4)清算机构。交易所的清算机构是为交易所交易提供清算和保证业务的职能机构,其主要作用是简化结算手续、方便交易并保证合同的履行。交易所清算机构的设置一般有两种情况:一种是独立于交易所之外的清算机构,如清算机构等;另一种是交易所下设的作为交易所内部的一个职能部门的清算机构。我国商品交易所的清算机构,大多是第一种类型。

2. 商品交易所的交易者

除上述组织机构外,商品交易所还必须有大量的从事期货交易的交易者。这些交易者主要有四种,即投机散户、投机大户、经纪公司和场内经纪人。

(1)投机散户。投机散户俗称"抢帽子交易者",是场内最活跃的交易者。由于他们的存在使交易所的交易异常活跃,也使交易所得以运行。但是,他们的作用也具有两面性,一方面会使价格趋于稳定;另一方面,当市场波动较大时,他们又是加剧价格波动的重要因素。

(2)投机大户。投机大户也称"池内交易人",是交易所的主要交易者。投机大户的交易特点是交易量大、资金雄厚、获得期望值大,且交易速度比较慢,常常采取与市场反方向的交易行为,因此,是影响交易所市场行情的主要力量。

(3)经纪公司。经纪公司是专门从事接受非会员委托进行期货交易并收取佣金的代理公司。经纪公司一般自身不参与交易,主要是代客户进行交易,佣金是其主要经营收入。在商品交易所中绝大部分的期货交易是通过经纪公司来进行的,所以经纪公司是商品交易所的重要交易者。经纪公司是专业性炒家,交易范围很广,交易量大,一旦入市,不论是买进还是卖出,都会对市场的波动产生很大影响。

(4)场内经纪人。场内经纪人是交易所中数量最多的交易人,他们是客户进行买卖的场上代理人,靠收取佣金获得收入。由于经纪人也能为自己进行交易从而可能损害委托人的利益,因此,目前许多商品交易所的交易管制条例都倾向于限制经纪人为自己交易的权利,使经纪人专职化,公平交易。

7.3.3 商品交易所的交易规则

商品交易所的交易规则主要包括上市产品的规定、清算方式的规定及保证金制度和会员制度等。

1. 上市商品

世界各地的商品交易所对上市商品都有较严格的规定，一般来说，交易所的上市商品必须具备以下条件：

(1)必须是耐久性商品。这一条保证了上市商品可以长期储藏，以保证日后的实物交割，从而便于期货合约的形成及其交易的连续进行。

(2)必须是代替性商品。这一条保证了上市的同种商品之间不存在形状与品质的差别，易于比较和标准化。而只有商品易于标准化，才能形成标准化的期货合约，进而才能进行标准化合约的买卖。

(3)必须是大量需求与大量供给的商品。这一条件保证了上市商品能够有大量的买主与大量的卖主，以便进行竞争买卖。

(4)必须是供求波动或价格波动较大，且没有管制或不具垄断性质的商品。这一条件保证了上市商品交易的高度灵活性、流通性和自由竞争性，从而保证市场机制的形成及其作用的充分发挥。

可见，不具备上述条件的商品是不能进入商品交易所的，这是由商品交易所的期货交易的基本特征所决定的。当然，由于商品供给与商品需求条件或环境的变化，可以使具体的上市商品发生变化，即有些原来不具备上市条件的商品，在新的供给与需求条件下具备了上市条件，而原来具备上市条件的商品，也可能失去上市的资格。

2. 交易方式

商品交易所是进行期货交易的场所，而且上市商品又有各种条件的限制，因此，商品交易所的交易方式也就不同于现货市场的交易方式，商品交易所的一般原则是：

(1)公开竞价原则。公开竞价是商品交易所交易的基本原则，也是交易所价格形成和风险转移的保障机制。这一原则具体体现为公开性原则、价格优先原则和时间优先原则。

(2)公开性原则。公开性是指任何一个交易者都有权进行期货交易，但交易时必须依照交易所规定的程序公开买进或卖出。

(3)价格优先原则。价格优先是指买方欲买进某种上市商品的期货合约时，必须向所有的卖方报价，此时，所有卖方进行竞价，哪个卖方的价格最低，就可以将期货合约卖给买方，卖方所报价格由低到高排成一个序列与买方的价格配对成交；卖方欲卖出期货合约时，也必须向所有的买方报价，所有的买方进行竞争，谁的出价格最高，谁就可以从卖方那里买进期货合约，买方所报价格由高到低排成一个序列与卖方的价格配对成交。

(4)时间优先原则。时间优先是指买方或卖方在定价过程中，如果有许多买方或者卖方报价相同，那么就按卖方报价的时间先后顺序来决定成交的顺序。

总之，公开竞价原则要求所有交易必须公开进行。为保障交易的公平与公正，在报价时间相同的条件下，谁出的价格优先谁就先成交；在报价相同的条件下，谁报价的时间最早谁就先成交，以避免交易过程中出现的由交易量的大小来决定交易先后次序的不公平竞争的现象。商品交易所的公开交易方式主要包括两种：

(1)叫价交易。叫价交易是指交易大厅内的出市代表以口头叫价的方式来表达交易意愿的一种交易方式。叫价交易的一个突出特点是卖方先公开喊出卖价，然后由买方应价，因此，这实质上是一种拍卖的交易方式，双方按照价格优先、时间优先的原则，经过公开竞价达成公开、公平的交易。叫价交易的优点是能够形成活跃的交易气氛，买卖双方直接交易，意愿的透明度高,交易设施的成本较低,但缺点是占用交易空间较多,投入的交易人员的数量也较多,监管难度大。

(2)电子系统交易。电子系统交易是指交易所内的交易员(出市代表)通过电子交易系统输入交易指令报价的一种交易形式。电子系统交易的优点是可以节约交易空间,减少交易人员,交易效率较高,易于监管,但缺点是不易形成活跃的交易气氛,交易设施的投资较大,而且要求交易员能熟练使用计算机。

目前,商品交易所普遍采用的定价方式是自由叫价制和集体一价制。

(1)自由叫价制。自由叫价制是指在商品交易所内,众多的买方和卖方通过自由叫价和讨价还价形成交易价格的一种定价方式。在期货交易中,就是对某一具体商品或品种的某一笔交易而言,都是众多的买主和众多的卖主,众多的买主之间是竞买关系,众多的卖主之间是竞卖关系。自由叫价式的定价形式就是针对这种竞买和竞卖关系的特点而设计的。在交易过程中的某一时点上,众多的买主和卖主之间,只要有一个买主与某一个卖主之间的报价一致,那么这两者之间就达成了交易,其成交价格即被认定为该市场形成的并为市场认可的价格。因此,在一个交易时段中,会有若干笔的成交,因而也会产生若干个价格水平不尽相同的价格。自由叫价制的特点在于重视个别交易的活跃性,以局部的价格水平来影响整体的价格水平,当一个交易日结束后,再按照规定的计算方法计算出当天的平均交易价格水平,这一价格水平反映的不是当天某一交易时间上的供需关系,而是这一天的供需关系。

(2)集体一价制。集体一价制是指在商品交易所内,众多的买方和卖方通过双方竞争,不断调整价格与数量关系,从而在一个价格水平上共同达成交易的一种定价方式。在实行集体一价制的交易中,首先由交易所的工作人员报出一个价格,然后场内代表表示出在这一价格水平上愿意买进或卖出的数量。当场内报价在某一水平时买入的数量大于卖出的数量时,则该报价按最小的变动价位规定提高价位,在新的价格水平上,买入的数量可能有所减少,而卖出的数量则可能增加,如果在新的价位上,依然是买入数量大于卖出数量,则报价持续上升,直到在一个价位上出现买入数量与卖出数量相等;如果在某报价水平上出现卖出数量大于买入数量,则该报价将降低价位,直到在某一个价位上出现卖出数量与买入数量相等。当场内所有的卖出数量与买入数量之和在某一个价格水平上相等时,这个价格即为所有买单和卖单的共同成交价格。集体一价制着眼于市场上买方和卖方之间整体力量的对比,因此,往往在一个交易时段中只有一个市场价格,而这个价格与当日的结算价格会十分接近。集体一价制的特点是,强调共性的权威性和稳定性,即整体的价格水平的形成,并不取决于个别买主和个别卖主的报价,成交价一旦产生,便直接成为这一交易时段乃至这一天市场供求整体的平衡点。

3. 清算方式

与现货市场上的交易不同,商品交易所的交易是标准化合约的交易,每笔交易不必进行"钱货两清"的全额结算,而只需要将一定时期内的买进与卖出的合约相互对冲即可。因此,商品交易所的结算业务不是由买卖当事人分别进行的,而是由"第三者"集中进行的,这个"第三者"就是商品交易所中专门从事结算业务的组织,即清算结构。清算结构的清算包括两个层次,一是对会员的清算,二是会员对客户的清算。清算的内容包括两个方面,一是对市场全部成交情况进行核对、登记和计算,二是根据计算的结果调整保证金账户,以及根据账户盈亏情况处理有关资金的清退和收缴。

4. 会员制度与保证金制度

会员制度意味着只有商品交易所的会员才能进场参加交易，而非会员单位或个人则只能通过商品交易所的会员进行代理交易。另外，商品交易所还实行保证金制度。保证金一般分为清算保证金、履约保证金和变更追加保证金。

(1)清算保证金也称基础保证金或开户保证金。这种保证金是指在交易行为发生之前，交易所会员存入交易所给其设立交易账户的资金，或者是指经纪公司客户存入经纪公司给其设立交易账户的资金。清算保证金主要是用于期货合约成交后的清算。

(2)履行保证金是指为买入或卖出一定数量的期货合约而必须从清算资金中扣除的那部分资金。履约保证金又分为初始保证金、维持保证金和追加保证金。初始保证金是交易者开始交易时所需占用的那部分资金，它是根据交易额和保证金比率确定的，即初始保证金＝交易金额×保证金比率。我国实行的保证金比率为交易金额的5%～10%。为了保证履约和控制风险，期货交易规定交易账户中的资金不能低于某一规定的最低余额，这一最低余额的保证金，就叫维持保证金。如果交易者的交易方向与市场走势相反时，就会产生浮动亏损，如果浮动亏损使账户中的资金余额低于维持保证金水平时，交易所的清算机构就会要求客户在规定的时间内追加资金使其交易账户中的保证金金额最少达到维持保证金的水平，这部分追加的资金就称为追加保证金。

(3)变更追加保证金是指当市场出现剧烈波动，或当交易账户有较大的风险时，清算机构可能会要求会员另行增加一笔资金，或会员要求客户也另行增加一笔资金，这部分另行增加的资金通常叫做“变更追加保证金”。这种额外的保证金通常只用于较短时间内的清算，而不归入常设的保证金账户，当行情趋于稳定或交易账户存在的风险程度较低时，这笔资金就会被退还。

本章小结

批发市场是指集中进行现货交易的场所。批发市场既不同于集市和商品交易所，也不同于单体批发商，是一个独特的批发组织，具有媒介功能、服务功能和管理功能。

批发市场有许多种类，通常可分为中央批发市场、地方批发市场和自由批发市场等三种。

批发市场的主体是指与批发市场有关的组织或机构、主要包括批发市场的开办者、批发市场的交易者及批发市场的关联者。

批发市场的开办者主要有中央或地方政府、政府与民间的合作组织及民间组织等。

批发市场的交易者主要包括上市者、代理批发商、中间批发商及交易参加者。

批发市场的关联者是指专门为批发市场交易活动提供服务的个人或企业。

一个规范的批发市场通常要遵循以下交易原则：拍卖或投标原则；委托代理原则；公平原则；限制性原则；收费原则。

批发市场是一种有组织的市场形式，特别是比较规范的批发市场一般都实行会员制度，并由会员来共同维持与管理批发市场的有关业务。

批发市场实行保证金制度，主要有委托保证金和合同保证金两种。

批发市场的组织形式一般有两种，一种是交易所形式，另一种是摊位制。批发市场的交易方法主要有以下几种：拍卖交易；投标交易；协商交易；凭样品交易；凭价格交易；凭标准品级交易。

商品交易所是集中进行期货交易的场所。商品交易所具有如下特点:商品交易所内进行的是合约的买卖;参加商品交易所交易的必须是交易所的会员单位;商品交易所是规范化的有形市场;商品交易所的交易商品有特别限制;商品交易所的交易集中、信息畅通、价格公开、买卖公平。

商品交易所的上述特点,决定了商品交易所具有如下功能:供求调节功能;价格形成功能;平抑价格功能;风险规避功能。

商品交易所可按下列分类方法进行分类:按上市商品进行分类;按开设或主管机关进行分类;按上市商品的种类多少分类;按商品交易所的组织形式分类。

世界上大多数商品交易所采取会员制形式,作为会员制形式的商品交易所其内部组织机构大致包括四部分:交易所会员;交易所理事会;专业委员会;清算机构。

商品交易所的交易者通常有以下几种:投机散户;投机大户;经纪公司;场内经纪人。

商品交易所的交易规则主要包括:上市商品的规定;交易方式的规定;清算方式的规定及保证金制度与会员制度。

商品交易所的上市商品必须具备以下条件:必须是耐久性商品;必须是替代性商品;必须是大量需要与大量供给商品;必须是供求波动或价格波动较大,且没有管制或不具有垄断性质的商品。

商品交易所的交易原则是:公开性原则;价格优先原则;时间优先原则。

商品交易所的公开交易方式主要包括两种:叫价交易和电子系统交易。

商品交易所的结算业务不是由买卖当事人分别进行的,而是由专门从事结算业务的组织,即清算机构集中进行的。商品交易所一般实行会员制度,即非会员者不能在交易所内进行交易,而只能通过会员进行代理交易;商品交易所也实行保证金制度,主要有:清算保证金、履约保证金和变更追加保证金。

学习自测题

一、名词解释

批发市场　商品交易所　上市者　代理批发商　中间批发商　交易参加者　经纪公司　自由叫价制　集体一价制

二、判断题(判断正误并说明理由)

1. 批发市场也是以盈利为目的的批发商企业。（　）
2. 批发市场是集中进行现货交易的场所。（　）
3. 商品交易所的结算业务由买卖当事人进行。（　）
4. 在规范的批发市场中,中间批发商不得从上市者手中直接购进商品。（　）
5. 在规范的批发市场中,上市者可以直接将上市商品销售给需要者。（　）
6. 公开竞价是商品交易所的基本原则。（　）
7. 清算机构的清算业务主要包括两个层次,一是对会员的清算,二是会员对客户的清算。（　）

8. 非会员单位也可以在交易所内直接进行交易。 （ ）

三、选择题(将正确答案填入括号内)

1. 批发市场具有（ ）。

A. 媒介功能　B. 风险转移功能
C. 服务功能　D. 管理功能

2. 按交易量的大小及规范化程度不同,可将批发市场分为（ ）。

A. 中央批发市场　B. 专业批发市场
C. 地方批发市场　D. 自由批发市场

3. 批发市场的交易者主要有（ ）。

A. 上市者　B. 代理批发商
C. 中间批发商　D. 交易参加者

4. 批发市场的保证金主要有（ ）。

A. 委托保证金　B. 清算保证金
C. 合同保证金　D. 变更追加保证金

5. 交易双方对某些商品以其标准品质,如成分、含量、纯度等作为依据而进行的交易是（ ）。

A. 协商交易　B. 凭样品交易
C. 凭规格交易　D. 凭标准品级交易

6. 商品交易所的商品交易是（ ）。

A. 分期付款交易　B. 现金交易
C. 合约交易　D. 现货交易

7. 商品交易所的主要功能是（ ）。

A. 供求调节功能　B. 价格形成功能
C. 平抑价格功能　D. 风险规避功能

8. 商品交易所的组织机构主要包括（ ）。

A. 交易所会员　B. 交易所理事会
C. 专业委员会　D. 清算机构

9. 商品交易所的交易者主要有（ ）。

A. 投机散户　B. 投机大户
C. 经纪公司　D. 场内经纪人

四、简答题

1. 批发市场有哪些功能?
2. 批发市场的交易者有哪些?
3. 批发市场的交易原则是什么?
4. 说明批发市场的交易方法。
5. 商品交易所有哪些特点?
6. 商品交易所的基本功能是什么?
7. 简述商品交易所的交易者。
8. 商品交易所对上市商品有哪些规定?

案例分析

大连商品交易所建亚洲期货交易中心

大连商品交易所成立于1993年2月28日，是经国务院批准并由中国证监会监督管理的四家期货交易所之一，也是中国东北地区唯一一家期货交易所。经中国证监会批准，目前上市交易的有玉米、黄大豆1号、黄大豆2号、豆粕、豆油、棕榈油、线形低密度聚乙烯和聚氯乙烯8个期货品种。

成立十多年以来，大商所规范运营、稳步发展，已经成为我国重要的期货交易中心。近几年来发展尤为迅速，2006—2009年，成交量由2.41亿手增长至8.34亿手，成交额由5.22万亿元增长至37.64万亿元，实现了跨越式的发展。2009年在全球交易所期货期权交易量排名中，大商所位列第11位，并是全球第二大农产品期货市场。

截至2009年年底，大连商品交易所共有会员182家，指定交割库137个，投资者开户数超过90万户，分布在全国28个省、直辖市、自治区。从1993年开业至2009年年底，大商所累计成交期货合约29.92亿手，累计成交额104.84万亿元，实现实物交割1228万吨，在发现商品价格、保护农民利益、引导农产品生产与流通、为市场主体提供避险工具等方面，发挥了重要作用，也为大连区域性金融中心建设、东北亚航运中心建设和东北地区振兴作出了积极贡献。

2006年年底，大商所领导班子提出了用一流的人才、一流的管理、一流的技术、一流的服务建设一流期货交易所的目标，积极向综合性和全国性、国际性的交易所转变。2007年8月国务院批准的《东北地区振兴规划》提出，"依托大连商品交易所，大力发展期货贸易，建设亚洲重要的期货交易中心。"对大商所的建设提出了新的更高的要求，也为大商所的发展提供了新的机遇。目前，大商所正朝着这一崭新的目标不断努力。

(资料来源：作者根据相关资料整理)

案例思考：期货交易所的完善与发展对相关产业有什么样的拉动作用。

第 8 章　商品质量监督与认证

学习目标

本章主要介绍了商品质量监督和认证的概念和作用;商品质量监督的种类、形式和我国的质量认证概况;明确中国质量认证的主要原因和基本做法;初步掌握国家认可制度和认可机构;产品质量认证和管理体系认证;有关 ISO 9000 系列标准、ISO 14000 环境管理体系系列标准的基本知识。完成本章的学习后,应该能够:

(1)掌握国家认可制度和认可机构。

(2)掌握产品质量认证和管理体系认证。

(3)简述有关 ISO 9000 系列标准、ISO 14000 环境管理体系系列标准的基本知识。

学习重点

(1)了解中国质量认证的主要原因和基本做法。

(2)产品质量认证和管理体系认证。

学习难点

(1)ISO 9000 系列标准、ISO 14000 环境管理体系系列标准把握。

(2)商品质量监督和认证的概念。

教学建议

(1)用案例教学法讲解质量监督和认证的概念。

(2)观看质量监督和认证录像资料。

(3)组织学员对ISO 9000系列标准、ISO 14000环境管理体系系列标准的基本知识的讨论。

引导案例

"冬冬食品"做市民的放心后厨

买一份早餐还要排队,这不禁让人想起计划经济时代职工食堂打饭的场景:隔着橱窗,一份豆浆、几个馒头豆沙包,就那么多,也就那么几样,那时没得选择。但如今市场经济了,人们的选择变得多样化,可还是有人为了一份豆浆、几个馒头豆沙包耐着性子站在橱窗外排队等候,这就是现代美食的魅力了。在沈阳,能够拥有这样魅力的美食并不多,"冬冬食品"就是其中的一家。

"放心后厨"得民心于天下。在沈阳,沿街走上几百米,就能看见一家有消费者排起"长龙"的"冬冬食品"店。或许是为家人筹备餐桌的家庭主妇,或许是行色匆匆的上班族,很多人来此选择"冬冬食品"已经不仅仅是为了免除烧饭的烦恼,更多的是选择一份安全和放心。冬冬食品的中式面点符合北方人的饮食习惯,而且口味地道,论品质,其实比自家做的还要精致。城市生活中,人们已经不太有耐心去制作工序麻烦的面点,而馒头、豆沙包虽然吃起来简单,但做起来却很烦琐,而要买到称心的,自然是精挑细选。光顾"冬冬食品"的人各有偏爱:经典的红豆包、酥糯的炸糕、浓香的葱油饼每个产品都各有不同"Fans",它们虽是主食,却吃出了不同的风味,"食惠"、"食尚"、"食全食美",也许便是这家食品企业的成功之处。

奉行宗旨"每日新鲜"。"冬冬食品"目前在沈阳、大连、抚顺、本溪已经开设了50余家门店,又把分店开到了北京。同时,"冬冬食品"还以高品质的产品受到各大超市卖场的盛情邀请,目前已进驻了沃尔玛、家乐福、华联超市的食品广场,受到消费者的热烈欢迎。实际上,冬冬食品获得消费者的欢迎也是有原因的,首先,"冬冬食品"是沈阳为数不多的几家获得蒸制品QS认证的食品企业,先后获得了"辽宁省名牌产品"、"沈阳市特产食品"、"首届辽沈百姓放心食品上榜品牌"等荣誉称号。其次,"冬冬"至今仍在坚持着一项引以为傲的承诺——24小时的新鲜,那就是通过调整生产模式,依靠强大、快捷的配送能力,保证消费者每天购买的蒸制品都是24小时之内生产的。对于没有售出的蒸制产品则实行返厂销毁,这就是"冬冬食品"一贯奉行的宗旨——"每日新鲜"。

真材实料保证品质。要问"冬冬食品"与街头的面点作坊的产品有什么差别,也许就在"品质"二字上。"冬冬食品"一直坚持从提升食品安全卫生系数的角度研发与制作产品,他们的选料更是普通作坊所无法比拟的:"面粉是中粮集团的进口小麦,红豆则是黑龙江宝清优质红小豆,就连豆浆的浓度都是市面上普通豆浆两倍。""冬冬人"无不自豪地说,这样的选料和用料是普通食品企业难以做到的。

(资料来源:作者根据相关资料整理)

8.1 商品质量监督

8.1.1 商品质量监督的概念和作用

1. 商品质量监督的概念

商品质量监督，是指根据国家的商品质量法规和商品质量标准，由国家指定的商品质量监督机构对生产和流通领域的商品质量和质量保证体系进行监督的活动。

商品质量监督的主体通常是用户或第三方。我国各级人民政府都设有商品质量监督机构，各级质量监督机构按照国家有关规定，可单独组织或会同有关部门，对商品的生产、储运和经销等各个环节实行经常性的监督抽查，并定期公布商品质量抽查结果。社会团体、新闻机构和广大消费者也有权对商品质量进行社会监督。商品质量监督的目的是保证商品满足质量要求，维护国家和消费者的利益。

国家对商品质量的监督是技术监督，因此监督检验是商品质量监督的重要手段。监督检验是指由政府规定的商品检验机构，按照国家颁布的质量法规和商品标准，对企业生产的产品和市场销售的商品进行抽样的检验和质量评价，对企业的质量保证体系进行检查。

2. 商品质量监督的作用

商品质量监督是国家对生产领域和流通领域商品质量进行宏观调控的一种手段。它对于维护正常的社会经济秩序，保护消费者利益，保证和提高商品质量，增强我国商品的竞争能力等方面都具有重要的作用。

(1)维护社会主义市场经济的正常秩序。在市场经济的条件下，企业和个人对各自利益的追求，不可避免地会出现对产品的粗制滥造、以次充好、缺斤少两、弄虚作假来欺骗广大的消费者和用户等牟取暴利的现象。这必然会扰乱市场的正常秩序。通过有关部门加强对生产领域和流通领域商品质量的监督，可以及时发现和纠正商品质量中存在的问题，打击各种损害商品质量的不正之风，从而可以维护市场的良好秩序。

(2)维护消费者的合法权益，保障人民安全健康。商品质量的好坏，直接关系到广大消费者的切身利益。不符合国家质量要求的商品，特别是一些伪劣商品流入市场，会直接危害消费者的安全和健康。国家有关部门通过对商品质量的监督抽查，可以防止不合格品，尤其是假冒伪劣商品进入消费领域，依法查处假冒伪劣商品的责任者，帮助解决商品质量问题，从而有效地维护了消费者的合法权益，保护了消费者的安全和健康。

(3)促进企业增强质量意识，健全质量保证体系。通过质量监督部门对工商企业质量的检查和评价，可以促进企业强化质量意识，帮助企业认识到商品质量对于企业生存、发展的重大意义，促使其健全质量保证体系，使商品质量不断提高。

(4)通过对商品质量的监督，可以推动国家质量法规和技术标准的贯彻执行。国家颁布的质量法规，需要通过质量监督予以维护和贯彻执行。因此，质量监督是贯彻质量法规的有力措施。同时，国家颁布的强制性标准和推荐性标准，也需要通过商品质量监督部门进行监察和督导，以促进企业贯彻执行。因此，商品质量监督又是实现和推广质量标准的重要途径。

(5)加强商品质量监督有利于国家计划质量目标的实现。国家为保证商品质量的提高，在国民经济计划中制定了质量方针和目标。而质量方针和目标的实现，需要通过具体工作落实到各产业部门和基层企业。强化商品质量监督，可以促使企业采用先进的技术和设备，开发新产品，提高商品质量，从而保证国家计划质量目标的实现。

8.1.2 商品质量监督的种类和形式

1. 商品质量监督的种类

我国的商品质量监督有国家质量监督、社会质量监督和用户质量监督三种。

(1)国家质量监督。国家质量监督是指国家授权指定第三方专门机构对商品质量进行公正的监督检查。国家监督的商品质量主要是对那些影响国计民生的重要工业品，对有可能危害人体健康和人身、财产安全的商品，消费者、组织反映有质量问题的商品进行定期或不定期的监督检查，公开公布商品质量检查的结果，并依据有关法律处理商品质量问题。国家的商品质量监督由国家质量监督检验检疫总局规划和具体组织。

(2)社会质量监督。社会质量监督是指社会团体、组织和新闻机构根据消费者和用户对商品质量的反映，对商品质量进行的监督。这种监督的特点是具有及时性、广泛性和实践性。它通过社会对商品质量的监督能够造成强大的社会舆论压力，迫使生产不合格产品的企业尽快地改进质量，停止生产和销售不合格产品，对消费者和用户承担质量责任。同时由于有广大消费者的参与，也增强了消费者自我保护的意识。

(3)用户的质量监督。用户的质量监督是指使用单位为确保所购商品的质量而进行的监督和检查。

2. 商品质量监督的形式

商品质量监督的形式多种多样，大致可以分为抽查型质量监督、评价型质量监督和仲裁型质量监督三种类型。

(1)抽查型质量监督。抽查型质量监督是指国家质量监督机构通过从市场或企业抽取的样品按照技术标准进行监督检验，判定其是否合格，从而采取强制措施以到达技术要求的一种监督活动。它具体包括极度质量监督抽查、日常监督检验和市场商品质量监督抽查等。

(2)评价型质量监督。评价型质量监督是指国家质量监督机构通过对企业的产品质量和质量保证体系进行检验和检查，考核合格后，用颁发产品质量证书、标志等方法确认和证明产品已经达到某一质量水平，并向社会提供质量评价信息，实行必要的事后监督的一种质量监督活动。

评价型质量监督是国家对产品质量的干预，是对商品质量进行宏观调控的重要措施。

(3)仲裁型质量监督。仲裁型质量监督是指质量监督检验机构通过对有质量争议的商品进行检验和质量调查，在查明情况的基础上进行公正处理的一种质量监督活动。目前它包括争议方委托的质量仲裁、司法机构和合同管理部门委托的仲裁检验以及群众的质量投诉等。

8.1.3 国家质量监督机构

1. 国家质量监督检验检疫总局(国家质检总局)及其工作范围

2001 年 4 月国务院决定国家质量技术监督局与国家出入境检验检疫局合并，组建中华人民共和国国家质量监督检验检疫局，简称“国家质检总局”(正部级)。

国家质量总局是国务院主管全国质量、计量、出入境商品检验、出入境卫生检疫、出入境动植物检疫和认证认可、标准化等工作，并行使行政执法职能的直属机构。国家质检总局下设如下各司局：计量司、动植物检疫监管司、锅炉压力容器安全监察局、国际合作与科技司、法规司、通关业务司、检验监管司、产品质量监管司、质量管理司、卫生检疫监管司、进出口食品安全局、执法检查司(打假办公室)。

按照国务院授权，将认证认可和标准化行政管理职能，分别交给国家质检总局管理的中国国家认证认可监督管理委员会，简称“国家认证委”（中华人民共和国国家认证认可监督管理局）和中国国家标准化管理委员会（中华人民共和国国家标准化管理局）承担。它们是国家质检总局管理的事业单位。国家认证认可监督管理委员会是国务院授权的履行行政管理职能，统一管理、监督和综合协调全国认证认可工作的主管机构。国家标准化管理委员会是国务院授权的履行行政管理职能，统一管理、监督和综合协调全国标准化工作的主管机构。

2. 国家质检总局的工作职责

(1)组织起草有关质量监督检验检疫方面的法律、法规草案，研究拟定质量监督检验检疫工作的方针、政策，制定和发布有关规章、制度；组织实施与质量监督检验检疫相关的法律、法规，指导、监督检验检疫的行政执法工作；负责与质量监督检验检疫有关的技术法规工作。

(2)宏观管理和指导全国质量工作，研究拟定提高国家质量水平的发展战略，组织实施《质量振兴纲要》，组织推广先进的质量管理经验和方法，推进品牌战略的实施；会同有关部门建立重大工程设备质量监理制度；负责组织重大产品质量事故的调查；依法负责产品防伪的监督管理工作。

(3)统一管理计量工作。推行法定计量单位和国家计量制度，组织建立、审批和管理国家计量基准和标准物质，制定计量器具的国家检定系统表、检定规程和计量技术规范，组织量值传递，负责规范和监督商品量的计量行为。

(4)拟定出入境检验检疫综合业务规章制度；负责口岸出入境检验检疫业务管理；负责商品普惠制原产地证和一般原产地证的签证管理。

(5)组织实施出入境卫生检疫、传染病监测和卫生监督工作；管理国外疫情的收集、分析和整理，提供信息指导和咨询服务。

(6)组织实施出入境动植物检疫和监督管理；管理国内外重大动植物疫情的收集、分析和整理，提供信息指导和咨询服务；依法负责出入境转基因生物及其产品的检验检疫工作。

(7)组织实施进出口食品和化妆品的安全、卫生、质量监督检验和监督管理；管理进出口食品和化妆品生产、加工单位的卫生注册登记；管理出口企业对外卫生注册工作。

(8)组织实施进出口商品法定检验和监督管理，监督管理进出口商品检定和外商投资财产价值鉴定；管理国家实行进出口许可制度的民用商品入境验证工作，审查批准法定检验商品免验和组织办理复验；组织进出口商品检验检疫的前期监督和后续管理；管理出入境检验检疫标志(标识)、进出后安全质量许可、出口质量许可，并负责监督管理。

(9)依法监督管理质量检验机构；依法审批并监督管理涉外检验、检定机构(含中外合资、合作的检验、鉴定机构)。

(10)综合管理锅炉、压力容器、电梯等特种设备的安全监察、监督工作，制定有关规章制度并组织实施；对锅炉、压力容器实施进出口监督检查。

(11)管理产品质量监督工作；管理和指导质量监督检查；负责对国内生产企业实施产品质量监控和强制检验；组织实施国家产品免检制度，管理产品质量仲裁的检验、鉴定；管理前未经质量监督检验工作；管理工业产品生产许可证工作；组织依法查处违反标准化、计量、质量法律、法规的违法行为，打击假冒伪劣违法活动。

(12)管理与监督质量检验检疫方面的国际合作与交流；代表国家参加与质量监督检验检疫有关的国际组织或区域性组织，签署并负责执行有关国际合作协定、协议和议定书，审批与实施有关国际合作与交流项目。按规定承担技术性贸易壁垒协议和卫生与植物检疫协议的实施工作，管理上述协议的通报和咨询工作。

(13)制定并组织实施质量监督检验检疫的科技发展、实验室建设规划，组织重大科研和技术引进；负责质量监督检验检疫的统计、信息、宣传、教育、培训及相关专业职业资格管理工作；负责质量监督检验检疫的情报的收集、分析、整理，提供信息指导和咨询服务。

(14)垂直管理出入境检验检疫机构；对省(自治区、直辖市)质量技术监督机构实行业务领导。

(15)管理国家认证认可监督管理委员会和国家标准化管理委员会。

(16)承办国务院交办的其他事项。

8.2 质量认证制度

8.2.1 什么是认证

"认证"一词的英文原意是一种出具证明的文件的行动。ISOIEC 指南中对"认证"的定义是："由可以充分信任的第三方证实某一经鉴定的产品或服务符合特定标准或规范性文件的活动。"举例来说，对第一方(供方或卖方)生产的产品，第二方(需方或买方)无法判定其质量是否合格，而由第三方来判定。第三方既要对第一方负责，又要对第二方负责，不偏不倚，出具的证明要获得双方的信任，这样的活动就叫做"认证"。

这就是说，第三方的认证活动必须公开、公正、公平，才能有效。这就要求第三方必须有绝对的权利和威信，必须独立于第一方和第二方之外，必须与第一方和第二方没有经济上的利害关系，才能获得双方的充分信任。由国家认可的组织去担任这样的第三方，这样的机关或组织就叫做"认证机构"。

现在，各国的认证机构主要开展以下两方面的认证业务：产品质量认证、管理体系认证。

8.2.2 我国的质量认证概况

1. 发展概况

1978 年 9 月我国加入国际标准化组织(ISO)，开始了解到认证是对产品质量进行评价、监督、管理的有效手段。此后三年，原国家标准总局分别组织对 ISO 有关认证政策及主要发达国家的认证制度进行了实地考察、分析和研究。我国的质量认证工作是从 1980 年开始的，并随着改革开放的不断深入而逐步发展。其特点是起步晚、起点高、成效显著。

1981 年 4 月，我国开始认证试点工作，建立了第一个认证机构中国电子元器件认证委员会。该认证委员会依据 IEC 有关技术规范，对有关电子元器件实行自愿性质认证。1983 年，该认证委员会代表中国正式作为国际电子元器件认证组织(IECQ)的管理委员会成员，1987 年 5 月被接纳为全权成员国。1984 年成立了中国电工产品认证委员会，于 1985 年 9 月成为国际电工产品认证组织 (IECEE)管理委员会成员，1989 年 6 月成为认证机构委员会(CCB)成员。1990 年 6 月该认证委员会 9 个实验室被批准为 IECEE 的 CB 实验室。该委员会成立以来，分别对电动工具、电线电缆、低压电器、电子和家电等五大类产品实行安全认证。到目前为止，该委员会 CB 实验室的形成实验报告已被所有 IECEE 成员国承认。1986—1990 年期间还分别成立了中国卫星地面站接收设备质量保证能力认证委员会、中国橡胶避孕套质量认证委员会等。

1991 年 5 月 7 日国务院第 83 号令，正式颁布了《中华人民共和国产品质量认证管理条例》(以下简称《条例》)，表明我国的质量认证工作由试点进入了全面推行的新阶段。

1994 年 4 月原国家技术监督局成立了中国质量体系认证机构国家认可委员会(CNACR)。CNACR 由有关各方代表组成，已经制定了《中国质量体系认证机构认可规则》和《中国质量体系认证实施程序规定》，并正在正常运作之中。

1994 年 12 月成立了中国认证人员股价注册委员会(CRBA)。CRBA 组织严格的国家考试办法审核人员的注册证书。

中国正在和亚太地区的有关国家商讨开展双边合作的可行性以及合作程序。中国积极参加了国际认可论坛(IAF)，以及 ISO/CASCO 有关的认证方面活动，积极支持和参与商讨 ISO/IEC 质量体系评定国际承认制度(ISO/IEC QSAR)的建立。

2001 年 4 月组建国家认证认可监督管理委员会(国家认监委)，统一监督管理全国的认证认可工作。同时，将原中国进出口质量认证中心和原中国电工产品认证委员会秘书处合并，成立中国质量认证中心(英文缩写:CQC)。

2002 年 10 月 8 日成立 CQC 产品认证分中心，为保证 CCC 认证制度的顺利实施，经国家质检总局和国家认监委批准，CQC 又在全国 11 个中心城市成立 CQC 产品认证分中心，在 CQC 总部的统一部署下，开展辖区内的 CCC 认证企业的工厂检查工作。

2. 质量认证的相关法律、法规和规章

(1)《中华人民共和国标准化法》。该法将我国认证工作纳入法制管理轨道。此法明确规定了国务院标准化行政主管部门(CSBTS)统一管理我国的产品质量认证，同时亦原则规定了认证的刑事、认证产品的管理和监督。

(2)《中华人民共和国产品质量法》(1993 年 2 月 22 日)。

(3)《中华人民共和国产品质量认证管理条例》(1991 年 5 月 7 日)、《中华人民共和国产品质量法》和《中华人民共和国产品质量认证管理条例》是我国实施质量认证的基本法律、法规。特别是《中华人民共和国产品质量认证管理条例》，从认证的宗旨、性质、组织管理、条件和程序、检验机构和检查人员、罚则，对我国认证工作做了全面的规定，为建立我国认证制度提供了根本保证。

(4)《中华人民共和国产品质量认证管理条例实施办法》(1992 年 1 月 3 日)。

(5)《产品质量认证委员会管理办法》(1992 年 1 月 30 日)。

(6)《产品质量认证检验机构管理办法》(1992 年 1 月 30 日)。

(7)《质量体系审核员和实验室评审员国家注册管理办法》(1995 年 3 月 18 日颁布)。

(8)《产品质量认证证书和认证标志管理办法》(1992 年 1 月 30 日)。

(9)《质量体系认证机构认可管理办法》(技监局认函[1995]361 号批准)。

(10)《产品质量认证机构认可管理办法》(1995 年 4 月 13 日)。

8.2.3　我国质量认证的主要原则

1993 年 5 月原国家技术监督局依据我国法律、法规，参照国际通行做法制定了我国认证制度总体方案。这个总体方案体现并提出了实施我国质量认证工作的主要原则。

(1)统一管理。国家对质量认证工作实行统一管理。质量认证在一个国家内实行统一管理，这是世界各国管理认证工作的趋势。其基本做法是对认证机构、检验机构、审核机构、评定人员等规定认可准则，成立全国性的认可机构。根据认可准则对这些机构、人员进行审查、认可并注册，以确保认证结果的可信性。

(2)对检验机构一视同仁。《产品质量认证检验机构管理办法》第二条规定:“国家产品质量监督检验中心、行业(部门)产品质量监督检验中心、地方产品质量监督检验机构，凡经升级以上技术监督行政部门计量认证和审查认可，并具有对有关产品进行评价或者检验工作实践的，均可以向有关认证委员会申请承担认证检验任务。”这一规定体现了对检验机构一视同仁，只看条件是否具备，不同隶属关系，有利于检验机构质检的竞争，提高检验机构的能力。

(3)按照国际通行准则开展认证活动。按照国际通行准则和我国国情规范我国的质量认证活动，积极参与国际双边和多边互认合作。我国发布的有关质量认证的法律、行政法规和规章是以 ISO 和 IEC 联合发布的有关国际指南为基础制定的，符合《贸易技术壁垒协定》的规定，因而有利于国际承认。例如，我国实行的质量认证制定是 ISO 和 IEC 推荐的典型第三方产品认证制；以 ISOIEC 指南的第 25 条为依据评定检验机构的质量保证能力；按 ISOIEC 指南的第 38、39、40 条对检验机构、审核机构和认证机构实行认可制定；按国际通行做法对审核员和评审员实行注册制度。

(4)引入竞争机制。对从事认证工作的机构，引入竞争机制，使认证机构成为具有明确法律地位的第三方实体，并以其公正性、科学性及有效性来提供优质服务，赢得信誉。

(5)资源与强制相结合。坚持企业自愿申请的原则，同时对国家规定实行安全认证的产品，再进入流通领域时实行强制性管理。

(6)明确目的。认证的目的是一方面帮助企业取得进入国际市场的通行证；另一方面是促进企业加强技术基础工作，建立企业的质量体系，提高产品质量，增强企业在市场中的竞争能力。

8.2.4 认可制度

1. 我国的认可制度

认可是指对认证机构、审核机构、检验机构和评定人员(包括质量体系审核员和检验机构评审员)的能力的正式承认。实行认可制度是为了确保认证结果的公正性和可信性，有利于获得国际承认，因此，实行国家认可制度是实现认证结果的国际承认的基础，原国家技术监督局参照国外成功的经验，建立了适合我国国情的认可制度，其要点是:依法实行认可制度；关于产品认证机构的认可；关于经验机构的认可；关于评定人员资格的认可。

认可准则符合有关的国际指南和国际标准。为实施对体系认证机构、产品认证机构、经验机构和评定人员(含审核员和评审员)资格的认可，制定了相应管理办法，作为认可的准则。体系和产品认证机构的认可准则须满足 ISOIEC 指南第 40 条“验收认证机构的基本要求”的规定；经验机构的认可准则须满足 ISOIEC 指南第 25 条“校准和经验试验室能力的通用要求”和 ISOIEC 指南第 38 条“验收经验机构的基本要求”的规定；评定人员资格的认可(通常称为注册)须满足 ISO 10011—2 审核员的要求。

认可机构的组成。认可机构由有关部门的代表和专家组成。

2. 国际互认制度

QSAR(质量体系评定国际承认制度)及国际互认制度。一旦某个供方(生产部门方)取得参加 QSAR 的某个质量体系认证/注册机构的质量体系注册，无论有关的认证/注册机构、供方或顾客位于何地，该认证注册应得到其顾客的承认。QSAR 仅向质量投资认证机构的国家认可机构开放，各国家认可机构通过 QSAR 秘书处组织的国际同行评定及 QSAR 管理委员会评定后，方可加入 QSAR，成为 QSAR 的成员。

8.3　产品质量认证

8.3.1　产品质量认证

1. 质量认证的概念

质量认证，是由一个公认的权威机构(第三方)对企业的质量体系、产品、过程或服务是否符合质量要求、标准、规范和有关政府法规的鉴别，并提供文件证明的活动。现代的第三方产品质量认证制度在1903年发源于英国，是由英国工程标准委员会(BSI的前身)首创。1971年ISO成立了“认证委员会”(CERTICO)，1985年，易名为“合格评定委员会”(CASCO)，促进了各国产品质量认证制度的发展。现在，全世界各国的产品质量认证一般都依据国际标准进行认证。国际标准中的60%是由ISO制定的，20%是由IEC制定的，20%是由其他国际标准化组织制定的，也有很多是依据各国自己的国家标准和国外先进标准进行认证的产品质量认证工作。从20世纪30年代后国际质量认证制度发展迅速。到了50年代，所有工业发达国家基本普及了国际标准。第二世界的国家多数在20世纪70年代逐步推行。

我国是从1981年4月才成立了第一个认证机构“中国电子器件质量认证委员会”，虽然起步晚，但起点高，发展快。

2. 质量认证制度的类型

(1)从认证性质来说，可分为自我认证制和第三方认证制。

(2)从法制性质上看，可分为自愿认证和强制认证。

(3)从认证标志分，可分为产品合格认证标志、产品安全认证标志、优质产品认证标志等。

(4)从认证范围来分，可分为国际认证、国家认证、地区认证、实验室认证等。

8.3.2　世界各国实行的质量认证制度

世界各国实行的质量认证制度主要有8种。

(1)形式检验。按规定的检验方法对产品的样品进行检验，以验证样品符合指定标准或技术规范要求。

(2)形式检验认证后监督——市场抽样检验。这是一种带有监督措施的形式检验。监督的办法是从市场上购买样品或从批发商、零售商的仓库中随机抽样进行检验，以验证认证产品的质量持续符合标准或技术规范的要求。

(3)检验认证后监督——工厂抽样检验。这种质量认证制度和第2种相类似，只是监督的方式有所不同，不是从市场上抽样，而是从生产厂发货前的产品中随机抽样进行检验。

(4)形式检验加认证后监督——市场和工厂抽样检验。这种认证制度是第2、3两种认证制的综合。

(5)典型的产品认证制度。形式检验加工厂质量体系评定再加上认证后监督，即质量体系复查加工厂和市场抽样检验。此种认证制度是应用比较广泛的认证制度，称为典型的产品认证制度。其显著特点是，在批准认证的条件中增大了对产品生产厂质量体系检查评定，在批准认证后的监督措施中也增加了对生产厂质量体系的复查。

因此，典型的产品认证制度包括四个基本要素：形式检验、质量体系检查评定、监督检验、监督检查。前两个要素是取得认证资格必须具备的基本条件，后两个要素是认证后的监督措施。ISOIEC指南第28条“典型的第三方产品认证制度通则”规定了实施这种认证制度应遵循的一般原则。

(6)工厂质量体系评定(质量体系认证)。这种认证制度是对生产厂按所要求的技术规范生产产品的质量体系进行检查评定,批准认证后对该体系的保存性进行监督复查,此种认证制度常被称之为质量体系认证。

(7)批验。根据规定的抽样方案对一批产品进行抽样检验,并据此做出该批产品是否符合标准或技术规范要求的判断。

(8)百分之百检验。对每一件产品在出厂前都要依据标准经认可的独立检验机构进行检验。

上述 8 种类型的质量认证制度所提供的信任程度不同。第 5 种和第 6 种是各国普遍采用的,也是 ISO 向各国推荐的认证制,ISO 和 IEO 联合发布的所有有关认证工作的国际指南,都是以这两种认证制为基础。

8.3.3 我国产品质量认证标志

我国产品质量认证标志主要有以下几种。

1. 方圆标志

“方圆”产品认证标志(见图 8.1)分为产品合格认证标志(见图 8.2)和产品安全认证标志(见图 8.3)等。在获得合格认证的产品上使用产品合格认证标志,表明产品质量符合认证用标准的全部要求。在获得安全认证的产品上使用产品安全认证标志,表明产品的安全性能符合认证用标准中的安全要求等。

图 8.1 方圆标志

图 8.2 产品合格认证标志

图 8.3 产品安全认证标志

2. “CCC”(China Compulsory Certification)标志

中国强制性产品认证标志(英文缩写:CCC)(CNCA,2001 年第 1 号)。

长期以来,我国强制性产品认证存在着对内、对外的两套认证管理体制:原国家质量技术监督局负责对境内销售使用的产品实行安全认证(即“长城”认证),原国家出入境检验检疫局负责对进出口商品实行安全质量许可制度(即“CCIB”认证)。为了解决对国产产品和进出口产品认证不一致的问题,按照入世后世贸组织国民待遇原则,国家质量监督检验检疫总局和国家认证认可监督管理委员会于2001年12月公布了国家强制性产品认证制度“四个统一”，即实现统一目录；统一标准、技术法规和合格评定程序；统一标志；统一收费标准的有关法规性文件。

从2003年8月1日起，首批19个大类132种产品，如厂商没有贴上3C强制性安全认证标志，将被禁止销售。同时，“长城”、“CCIB”等质量标准将全部停止使用，如有违反者，将依法受到处罚。

中国强制性产品认证标志细分有“CCCS”、“CCCS&E”、“CCCEMC”、“CCCF”几种标志，本书只给出“CCCS”一种认证标志，其余标志的图形结构都与图8.4相似。

(1)“CCCS”：中国强制产品安全认证标志，英文缩写“CCCS”，其中“S”代表安全认证，CNCA 2001年第1号，如图8.4所示。

(2)“CCCS&E”：中国强制产品安全与电子兼容认证标志，英文缩写“CCCS&E”，其中“S&E”代表安全与电子兼容认证。

(3)“CCCEMC”：中国强制产品电子兼容认证标志，英文缩写“CCCEMC”，其中“EMC”代表电子兼容认证。

(4)“CCCF”：中国强制产品消防认证标志，英文缩写“CCCF”，其中“F”代表消防认证。

3. QS认证标志

QS是质量安全的英文(quality safety)首字母缩写，其标志由“QS”和中文字样组成，如图8.5所示。标志主色调为蓝色，字母“Q”与“质量安全”四个中文字样为蓝色，字母“S”为白色。从2004年1月1日起，国家将对小麦粉、大米、食用植物油、酱油、食醋5类产品的质量安全实行执法，没有获得认证的食品将不得上市销售。按国家的部署，将由5类食品逐步扩大到10类食品。

图8.4 “中国强制认证”产品安全认证标志

图8.5 “QS食品质量”安全强制认证标志

4. 中国绿色食品标志

绿色食品标志由3部分构成，即上方的太阳、下方的叶片和中心的蓓蕾。标志为正圆形，意味着保护。整个图形描绘了一幅明媚阳光照耀下的和谐生机，告诉人们绿色食品正是出自纯净、良好生态环境的安全无污染食品，并提醒人们要保护环境，通过改善人与环境的关系，创造自然界新的和谐。如图8.6所示。

5. 中国环境标志

中国环境标志由五部分组成，图形中心由太阳、山脉、水面三部分构成了一幅美丽和谐的大自然景象；第四部分由环环相扣的圆环构成，表示自然界的生物链的相互制约、相互依存的关系，暗示着环境保护的重要性，这个环境系统若有一环打开，链锁都将遭到破坏；第五部分是外面的文字——中国环境标志。如图 8.7 所示。

图 8.6　中国绿色食品标志

图 8.7　中国环境标志

8.3.4　国外产品质量标准认证

国外产品质量认证标志有许多种，这里只介绍 CE 标志。

CE 标志(CE marketing)型如字母“CE”，是法文句子“Conformite Europeene”的缩写。其意为“符合欧洲标准”，如图 8.8 所示。近年来，在欧洲经济区(欧洲联盟、欧洲自由贸易协会成员国，瑞士除外)市场上销售的商品中，CE 标志的使用越来越多，加贴 CE 标志的商品表示其符合安全、卫生、环保和消费者保护等一系列欧洲指令所要表达的要求。一个产品带有 CE 标志也就意味着其制造商宣告该产品符合欧洲的健康、安全等与环境保护之相关法律中所规定的基本要求。

图 8.8　CE 标志

8.4　管理体系认证

8.4.1　管理体系认证的产生与发展

这种认证是由西方的质量保证活动发展起来的。1959 年，美国国防部向国防部供应局下属的军工企业提出了质量保证要求，要求承包商“应制定和保持与其经营管理规程相一致的有效的和经济的质量保证体系”，“应在实现合同要求的所有领域和过程(例如：设计、研制、制造、加工、装配、检验、试验、维修、装箱、储存和安装)中充分的质量保证”，并对质量保证体系规定了两种统一的模式：军标 MIL－Q－9858A《质量大纲要求》和军标 MIL－I－45208《检验系统要求》。承包商要根据这两个模式编制“质量保证手册”，并有效实施。政府要对照文件逐步检查、评定实施情况。这实际上就是现代的第二方质量体系审核的雏形。这种办法在促使承包商进行全面质量管理方面，取得了极大的成功。后来，美国军工企业的这个经验很快被其他工业发达国家军工部门所采用，并逐步推广到民用企业，在西方各国蓬勃发展起来。

随着上述质量保证活动的迅速发展，各国的认证机构在进行产品质量认证的时候，逐渐增加了对企业的质量保证体系进行审核的内容，进一步推动了质量保证活动的发展。到了 20 世纪 70 年代后期，英国一家认证机构 BSI(英国标准协会)首先开展了单独的质量保证体系认证业务，使质量保证活动由第二方审核发展到第三方认证，受到了各方面的欢迎，更加推动了质量保证活动的迅速发展。

1. ISO 9000 现象

通过三年的实践，BSI 认为，这种质量保证体系的认证适应面广，灵活性大，有向国际社会推广的价值。于是，在 1979 年向 ISO 提交了一项建议。ISO 根据 BSI 的建议，当年即决定在 ISO 认证委员会“质量保证工作组”的基础上成立“质量保证委员会”。1980 年，ISO 正式批准成立了"质量保证技术委员会"(BPTC176)着手这一工作，从而导致了前述"ISO 9000 族"标准的诞生，健全了单独的质量体系认证的制度，一方面扩大了原有质量认证机构的业务范围，另一方面又导致了一大批新的专门的质量体系认证机构的诞生。

自从 1987 年 ISO 9000 系列标准问世以来，为了加强质量管理，适应质量竞争的需要，企业家们纷纷采用 ISO 9000 系列标准在企业内部建立质量管理体系，申请质量体系认证，很快形成了一个世界性的潮流。目前，全世界已有近 100 个国家和地区正在积极推行 ISO 9000 国际标准，约有 40 个质量体系认证机构，认可了约 300 家质量体系认证机构，20 多万家企业拿到了 ISO 9000 质量体系认证证书，第一个国际多边承认协议和区域多边承认协议也于 1998 年 1 月 22 日和 1998 年 1 月 24 日先后在中国广州诞生。一套国际标准，在这短短的时间内被这么多国家采用，影响如此广泛，这是在国际标准化史上从未有过的现象，已经被公认为"CE 9000 现象"。

2. ISO 14000 热

为适应人类社会实施可持续发展战略的世界潮流的发展，ISO 于 1993 年 6 月成立了一个庞大的技术委员会——环境管理标准化技术委员会(简称 TC 207)，按照 ISO 9000 的理念和方法，开始制定环境管理体系方面的国际标准，并很快于 1996 年 10 月 1 日发布了 5 个属于环境管理体系(EMS)和环境审核(EA)方面的国际标准，1998 年又发布了一个环境管理(EM)方面的国际标准。此后，全世界又兴起一个"ISO 14000 热"。

3. 职业健康安全管理体系认证的发展

(1)"OHSAS 18001 热"。世界经济贸易活动的发展，促使企业的活动、产品或服务中所涉及的职业健康安全问题受到普遍关注，极大地促进了国际职业安全与卫生管理体系标准化的发展。1996 年 9 月，英国率先颁布了 BS 8800《职业安全与卫生管理体系指南》标准。随后，美国、澳大利亚、日本、挪威等 20 余个国家也有相应的职业安全与卫生管理体系标准，发展十分迅速。为此，英国标准协会(BSI)、挪威船级社(DNV)等 13 个组织于 1999 年共同制定了职业安全与卫生(Occupational Health and Safety Assessment Series，简称 OHSAS)评价系列标准：OHSAS 18001、OHSAS 18002。

国际标准化组织(ISO)也多次提议制定相关国际标准。不少国家已将 OHSAS 18001 标准作为企业实施职业安全与卫生管理体系的标准，成为继实施 ISO 9000、ISO 14000 国际标准之后的又一个热点。

(2)我国 GBT 28001 的实施。为了尽快提高我国安全生产水平，保障广大劳动人们的根本利益，也为了促进国际贸易的发展，符合 WTO 规则的要求，中国国家质量监督检验检疫总局于 2001 年 7 月组织了专门起草组，借鉴 ISO 9000 和 ISO 14000 国际标准的成功经验和先进的管理思想与理论，充分考虑了目前在国际上得到广泛认可的 OHSAS 18001 标准的技术内容，起草了我国的国家标准 GBT 28001《职业健康安全管理体系规范》，并于 2001 年 11 月 12 日正式批准发布，2002 年 1 月 1 日正式实施。

综上所述，在我国现在一共贯彻三种管理体系的认证：贯彻 ISO 9000 国际标准的质量管理体系认证(QMS)；贯彻 ISO 14000 国际标准的环境管理体系认证(EMS)；贯彻 OHSAS 18000 国际标准的职业健康安全管理体系认证(Occupational Health Safety Manage Systems Specification，简称 OHSMS)。

4. 世界各国质量体系认证机构的认可情况

目前已实施质量体系认证机构认可制度的27个国家及国家认可机构为：澳大利亚和新西兰(JAS-ANZ)、奥地利(FMEA)、比利时(NAC-QS)、巴西(ISNMETRO)、加拿大(SCC)、中国(CHACR)、捷克(CIA)、丹麦（DANAK）、芬兰（FINAS)、德国（TGA)、冰岛（ICEAC)、印度尼西亚(KNA)、爱尔兰(ICLAB)、意大利(SINCERT)、日本(JAB)、韩国(IAA)、荷兰(RVC)、挪威(NA)、葡萄牙(IPQ)、俄罗斯(GOSTR)、斯洛伐克（UNMS)、西班牙（RELE)、瑞典(SWEDAC)、瑞士(SAS)、英国（NACCB)、美国（ANSI/RAB)、委内瑞拉(SENORCA)。

我国的质量体系认证工作自从1991年正式提出，国家技术监督局于1992年正式成立质量认证办公室体系认证处，同时筹建第三方实体机构，开展质量体系认证工作。经过1993年的国家试点，1994年已进入全面规范化实施阶段。到目前为止，已获准国家认可的质量体系认证机构包括质量体系审核机构共有30个。

由于我国质量体系认证机构国家认可委员会是ISO承认的中国国家认可机构，上述获准国家认可的质量体系认证机构均列入ISO向全世界发布的《质量体系注册机构名录》。

此外，为适应形式发展的需要，各有关方面正在积极筹备和组建新的质量体系认证机构。目前质量体系认证机构国家认可委员会正在对一批新的质量体系认证机构进行认可与评审。

8.4.2 我国质量体系认证管理机构

1. 国家质检总局

国家质检总局依法统一管理全国质量体系认证工作。其主要工作内容是：制定我国质量体系认证的方针政策；联合各有关方面，组建和授权国家认可委员会开展国家认可工作；对获准认可的质量体系认证机构及其活动实施管理；与国际标准化组织的相应机构和各国认可机构、认证机构积极开展双边合作。

2. 国家认监委

国家质检总局授权国家认监委，负责实施质量体系认证机构国家认可制度。中国国家认监委是国际标准化组织(ISO)承认的中国体系认证机构和国家认可机构。

3. 认证的机构

认证的机构是第三方质量体系评价机构。要使供方质量体系认证能有公正性和可信性，认证必须由与被认证单位(供方)在经济上没有利害关系，行政上没有隶属关系的第三方机构来承担。而这个机构除必须拥有经验丰富、训练有素的人员、符合要求的资源和程序外，还必须以其优良的认证实践来赢得政府的支持和社会的信任，具有权威性和公正性。

8.4.3 产品质量认证和质量体系认证的关系与区别

产品质量认证制度和质量体系认证制度都是由第三方机构从事的活动，两者都要对申请企业的质量体系进行检查评审。质量体系认证进行检查评定的依据是GB T 19001或19002或19003，即ISO 9001或9002或9003，国内外的质量体系认证都是这样实施的，已取得共识。产品质量认证中的质量体系检查评定的依据是GB T 19002。质量体系认证和产品质量认证有如下的关系与区别：

从理论上分析，产品质量认证之所以要检查评定企业的质量体系，目的是评定工厂是否具有持续生产符合技术规范产品的能力。评定的主要因素是工厂的质量管理体系(见ISO出版的《认证的原则与实践》)。质量体系认证正如GB T 19000所述："顾客可能关心供方质量体系中的某些要素，这些要素影响供方持续按要求生产产品的能力"、"质量体系认证或注册常能减少顾客质量体系评定的次数和(或)范围”。这就是说,产品认证和体系认证都要求企业建立质量体系,具有持续生产符合规定要求的产品的能力。两者是一致的。因此,检查评定的依据从总体上说也应是相同的,都是三个质量保证标准。至于具体使用其中的哪一个标准,产品认证由认证机构视认证产品的程度确定,体系认证由申请的企业与认证机构协商确定。

从实践的角度分析,产品认证中的质量体系要求取决于各认证机构的规定。产品认证和质量体系认证的比较表如表 8.1 所示。

表 8.1　产品认证和质量体系认证的比较

项　　目	产品认证	质量体系认证
对　　象	特定产品	企业的质量体系
获准认证条件	产品质量符合制定标准要求;质量体系符合指定的质量保证标准(一般是 GB T 19002)及特定产品的补充要求	质量体系符合申请的质量保证标准(GB T 19001 或 19002 或 19003)和必要的补充要求
证明方式	产品认证证书,认证标志	体系认证证书,认证标志
证明的实用	证书不能用于产品,标志可用于获准认证的产品上	证书和标志都不能在产品上使用
性　　质	自愿,强制	自愿
两者关系	相互充分利用对方质量体系审核的结果	

8.4.4　企业在选择产品认证或体系认证时应考虑的原则

1. 优先考虑申请产品认证

因为产品认证已包括对质量体系的检查和评定,它既证明产品的质量符合指定的国家标准或行业标准,又证明企业的质量体系符合 GB T 19000—ISO 9000 系列标准的要求,并可在认证的产品上使用认证标志。体系认证通过后在产品上不能使用认证标志,消费者购买时无法区分是否经过认证。

2. 分两步申请认证

对于一些产品品种多、范围广的企业,如对产品全部认证是非常不经济的,也是不可能的。在这种情况下,企业可以考虑先通过体系认证。在此基础上对一些重点产品进行产品认证时,可以免除对企业质量体系的审核,只对产品进行检验。

3. 申请体系认证

体系认证是指企业,通过一个第三方机构对企业的管理体系或产品,进行第三方评价。该机构必须是独立的、公正的。体系认证国际标准化活动最早开始于电子领域,于 1906 年成立了世界上最早的国际标准化机构——国际电工委员会(IEC)。其他技术领域的工作原先由成立于 1926 年的国家标准化协会的国际联盟(International Federation of the National Standardizing Associations,简称 ISA)承担,重点在于机械工程方面。ISA 的工作由于二次大战在 1942 年终止。1946 年,来自 25 个国家的代表在伦敦召开会议,决定成立一个新的国际组织,其目的是促进国际间的合作和工业标准的统一。于是,体系认证的统称 ISO 这一新组织于 1947 年 2 月 23 日正式成立,总部设在瑞士的日内瓦。ISO 于 1951 年发布了第一个标准——工业长度测量用标准参考温度。

4. 必须申请产品认证

我国法律、行政法规或联合规章(国家技术监督局与有关部门联合发布的)规定实行强制认证的产品,必须申请产品认证。在产品出口时,进口国的法律、法令要求强制认证的安全性产品,例如电器产品、儿童玩具、汽车安全玻璃、汽车安全带、摩托车驾驶员头盔、某些建筑材料等,必须取得产品认证的资格。

5. 申请体系认证

在产品出口时,外商只要求企业通过质量体系认证的证明,可申请体系认证。顺便指出任何国家和欧共体都没有对质量体系实行强制认证的规定,那种认为未取得体系认证的资格,产品就不能进入欧洲市场或其他国际市场的说法是没有根据的。

8.5 质量管理和质量保证系列标准

8.5.1 ISO 9000 系列标准

1. ISO 9000 质量体系

ISO 9000 不是指一个标准,而是一种标志的统称。根据 ISO 9000 - 1:1994 的定义,ISO 9000 族是由 ISO、TC 176 制定的所有国际标准。

2. 推行 ISO 9000 的作用

(1)强化管理扩大市场占有率。负责 ISO 9000 质量体系认证的认证机构都是经过国家认可机构认可的权威机构,对企业的质量体系的审核是非常严格的。这样,对于企业的内部来说,可按照经过严格审核的国际标准化的质量体系进行质量管理,真正达到法制、科学化的要求,极大地提高工作效率和产品合格率,迅速提高企业的经济效益。对于企业外部来说,当顾客得知供方按照国际标准实施管理,拿到了 ISO 9000 质量体系认证证书,并且有认证机构的严格审核和定期监督,就可以确信该企业是能够稳定的生产合格产品乃至优秀产品的信得过的企业,从而放心地与企业订立供销合同,扩大了企业的市场占有率。可以说,在这两方面都收到了立竿见影的功效。

(2)获得认证是消除贸易壁垒的主要途径。许多国家为了保护自身的利益,设置了各种贸易壁垒,包括关税壁垒和非关税壁垒。其中非关税壁垒主要是技术壁垒,在技术壁垒中,主要是产品质量认证和 ISO 9000 质量体系认证的壁垒。特别是在世界贸易组织内,各成员国之间互相排除了关税壁垒,只能设置技术壁垒,所以,获得认证就获得了国际贸易通行证,是消除贸易壁垒的主要途径。在我国入世以后,失去了区分国内贸易和国际贸易的严格界限,所有贸易都有可能遭遇到技术壁垒,应该引起企业界的高度重视,及早防范。

(3)在产品质量竞争中取胜。国际贸易竞争的手段主要是价格竞争和质量竞争。由于低价销售的方法不仅使利润锐减,如果构成倾销,还会受到贸易制裁,所以,价格竞争的手段越来越不可取。20 世纪 70 年代以来,质量竞争已成为国际贸易竞争的主要手段,不少国家把提高进口商品的质量要求作为限制贸易保护主义的重要措施。实行 ISO 9000 国际标准化的质量管理,可以稳定地提高产品质量,使企业在产品质量竞争中立于强者之林。

(4)有利于国际间的经济合作和技术交流。按照国际间经济合作和技术交流的惯例,合作双方必须在产品(包括服务)方面有共同的语言、统一的认识和共守的规范,方能进行合作与交流。ISO 9000 质量体系认证正好提供了这样的信任,有利于双方迅速达成协议。作为企业,只需选用以下三个标准之一即可。

ISO 9001:1994《设计、开发、生产、安装和服务的质量保证模式》。

ISO 9002:1994《生产、安装和服务的质量保证模式》。

ISO 9003:1994《最终检验和试验的质量保证模式》。

3. ISO 9000 族的版本

(1)第一版(即1987版)的ISO 9000族标准只有6个,当时称为"ISO 9000系列标准"。从1990年开始,TC 176又陆续增加了一些质量管理和质量保证标准。

(2)第二版,1994年对上述ISO 9000系列标准进行了第一次修订,至此ISO 9000族标准共有16个。1994年之后ISO 9000族标准的队伍不断扩大,至2000年改版之前,共有22个标准和2个技术报告。

(3)第三版,2000年对ISO 9000族系列标准的修订结果如下:

①规定如下四个核心标准:

ISO 9000(GB T 19000)《质量管理体系基础和术语》;

ISO 9001(GB T 19001)《质量管理体系要求》;

ISO 9004(GB T 19004)《质量管理体系业绩改进指南》;

ISO 19011(GB T 19011)《质量和环境管理体系审核指南》。

②其他标准:ISO 10012。

③技术报告:

ISO 10005《质量管理原则及其应用》;

ISO 10006《选择和使用指南》;

ISO 10007《小型企业使用指南》;

ISO 10014、ISO 10015、ISO 10017。

8.5.2 ISO 14000 环境管理体系系列标准

1. 系列标准组成

ISO 14000系列标准,其标准号从ISO 14001至ISO 14100,共100个标准号,统称为"ISO 14000系列标准"。它是顺应国际环境保护的发展,依据国际经济贸易发展的需要而制定的。目前正式颁布的有ISO 14000、ISO 14004、ISO 14010、ISO 14011、ISO 14012、ISO 14050等6个标准。其中,ISO 14001是系列标准的核心标准,也是唯一可用于第三方认证的标准。以上6个标准统称为"ISO 14000系列标准"。

ISO 14001:1996《环境管理体系规范及使用指南》;

ISO 14004:1996《环境管理体系原则、体系和支持技术指南》;

ISO 14010:1996《环境审核体系通用原则》;

ISO 14011:1996《环境审核体系审核程序环境管理体系审核》;

ISO 14012:1996《环境审核体系环境审核员资格要求》;

ISO 14050:1998《环境管理术语》。

该标准包括环境因素识别,重要环境因素评价与控制,适用于环境法律、法规的识别与获取,遵循状况评价和跟踪最新法规,环境目标指标方案的制定和实施完成,以期达到预防污、节能降耗、提高资源能源利用率的目的,最终达到环境行为的持续改进的目的。

2. 企业应如何申请 ISO 14001 标准的认证和需要的基本条件

企业建立的环境管理体系要申请认证,必须满足两个基本条件:

(1)遵守中国的环境法律、法规、标准和总量控制的要求;

(2)体系试运行满 3 个月。

8.5.3 ISO 14000 体系与 ISO 9000 体系的关系

1. 相似之处

ISO 9000 体系与 ISO 14000 体系有相似之处,ISO 9000 体系的一些方面经过部分修改就可与 ISO 14000 体系共用。企业未建立 ISO 9000 体系,可以直接建立 ISO 14000 体系。

2. 本质的不同

但 ISO 14000 体系与 ISO 9000 体系又有本质的不同,主要体现在:

(1)识别环境因素;

(2)评价重要环境因素;

(3)制定环境目标、指标、方案、运行程序;

(4)对重要环境因素进行控制、识别;

(5)获取适用本企业的环境法律、法规并定期评价遵循情况。

这些是 ISO 9000 体系没有的,也是每一个企业都通用的。

本章小结

商品质量监督是根据国家的商品质量法规和商品质量标准,由国家指定的商品质量监督机构对生产和流通领域的商品质量和质量保证体系进行监督活动。我国的商品质量监督有国家质量监督、社会质量监督和用户质量监督三种。国家质检总局是国务院主管全国质量、计量、出入境商品检验、出入境卫生检疫、出入境动植物检疫和认可认证、标准化等工作,并行使行政执法职能的直属机构。

质量认证工作由国家实行统一管理。认可制是指对认证机构、审核机构、检查机构和评定人员的能力的正式承认。质量认证是由一个公认的权威机构(第三方)对企业的质量体系、产品、过程或服务是否符合质量要求、标准、规范和有关政府法规的鉴别,并提供文件证明的活动。世界各国实行的质量认证制度主要有 8 种。我国产品质量认证标志主要有:方圆标志;“CCC”标志;中国绿色食品标志;中国环境标志。

管理体系认证是由西方的质量保证活动发展起来的,主要包括:ISO 9000 质量管理体系及其系列标准;ISO 14000 环境管理体系及其系列标准;OHSAS 18001 职业健康安全管理体系认证及其系列标准。

学习自测题

一、名词解释

商品质量监督　认证　产品质量认证

二、简答题

1. 商品质量监督的作用是什么?
2. 商品质量监督有哪些种类和形式?
3. 我国的质量认证概况如何?

4. 国家确定中国质量认证的主要原则和基本做法有哪些?
5. 世界各国实行的质量认证制度主要有几种形式?
6. 产品质量认证有几种类型?

三、实训题

调查当地产品质量认证机构的基本概况。

四、简述题

1. 试述管理体系认证的产生与发展概况。
2. 试述 ISO 9000 系列标准和 ISO 14000 环境管理体系系列标准的主要内容。
3. 试述产品质量认证和质量体系认证的关系与区别。
4. 试述中国产品质量认证机构。
5. 试述管理体系认证的产生与发展状况。

五、论述题

论商品质量监督与认证和提高商品质量的关系。

案例分析

"质量提升服务进万企"活动全面启动

2010 年 4 月 28 日,全国质检系统"质量提升服务进万企"活动启动仪式在重庆市、江苏省、吉林省同时启动。国家质检总局副局长刘平均、江苏省副省长李小敏在南京出席了江苏省的活动启动仪式并讲话。

刘平均在启动仪式上指出,今年是"保增长、调结构"的关键一年,全面提升产品质量已成为转变经济发展方式的一项重要内容。开展"质量提升服务进万企"活动的关键点,就是要通过增加服务内容,拓展服务领域,转变服务方式,引导全系统进一步提升服务质量和水平。刘平均要求,各级质检部门要结合企业实际,根据企业需求提供个性化服务,确保服务有成效;要寓监管于服务之中,不断提高监管水平;要紧紧围绕地方党委和政府的中心工作,针对企业质量工作中存在的突出问题,引导企业建立完善质量保证体系和诚信体系,推动企业切实落实质量安全主体责任,不断提高产品质量安全水平。

江苏省副省长李小敏指出,国家质检总局部署开展"质量提升"和"质量提升服务进万企"活动,找准了服务大局的切入点和着力点,必将对加快转变经济发展方式起到有力的促进作用。李小敏要求,江苏质检系统要以活动为契机,切实推动"抓质量、促转型"的各项工作,充分发挥技术标准的基础作用、名牌的引领作用、优质基地的示范作用,努力提升全省质量水平,促进产业结构调整和转型升级。

据了解,"质量提升服务进万企"活动 4 月 28 日—11 月 20 日在全国统一展开。活动期间,全国质检系统将突出重点区域、重点行业、重点产品,组织技术专家走进 1 万多家生产企业开展服务活动,解读质量安全知识,将质检工作与提升经济运行质量、企业产品质量和百姓生活质量切实联系起来,增强质检工作服务企业、服务民生、引导消费、促进发展的有效性,推动企业整体质量水平和全民质量意识的提高。

届时，全国各地质检部门将开展各具特色的服务活动。江苏省质检系统将紧紧瞄准全省大力发展新兴产业和重点产业调整振兴的战略目标，选择360家不同类型企业有针对性地开展质量会诊和技术帮扶活动。通过开展“送法进千企”、“送检进百企”、“专家把诊质量”、“每周质量讲堂”等一系列活动，将服务落到实处；促进低碳经济和绿色经济发展，支持节能减排重点工程建设；促进口岸高效通关，全力推动江苏开放型经济转型升级，全面提升服务江苏经济发展的能力和水平。

（资料来源：作者根据相关资料整理）

案例思考：开展质量体系认证的重要性。

第9章 商品检验

学习目标

本章在介绍商品检验和商品鉴定概念的基础上，分析商品鉴定与商品检验的关系；商品质量检验的分类、抽样方法，并阐述了商品质量检验方法、感官检验法和理化检验法的概念及优缺点以及识别伪劣商品的一般方法，完成本章的学习后，应该能够：

(1)掌握商品质量检验的种类。

(2)掌握商品检验与商品鉴定的关系。

(3)掌握商品抽样有哪些方法。

(4)掌握商品分级有哪些方法。

(5)熟悉识别伪劣商品的一般方法。

(6)掌握品级的概念和商品分级方法。

(7)掌握识别伪劣商品的一般方法。

学习重点

(1)商品检验与商品鉴定的关系。

(2)商品抽样的方法。

(3)识别伪劣商品的一般方法。

(4)商品检验的方法。

学习难点

(1)商品检验与商品鉴定的关系。

(2)掌握商品检验与商品鉴定的关系。

(3)商品抽样有哪些方法。

(4)商品分级有哪些方法。

(5)熟悉识别伪劣商品的一般方法。

(6)掌握品级的概念和商品分级方法。

(7)感官检验法和理化检验法的概念及优缺点。

引导案例

公众走进质检实验室

全国各地涉及产品质量、食品安全、环境安全、人身安全等的国家质检中心和重点实验室将向社会公众开放。全国质检系统"实验室开放"集中展示月活动于2010年9月1日在全国同时启动。全国质检系统将向全社会展示涉及国计民生和国家质量安全的技术机构和检测实验室。主办方将根据社会关注热点,通过专家现场咨询答疑、观摩现场测试过程等形式,全方位展示质检实验室水平。作为今年全国"质量月"13项重大活动之一,以"履职把关服务社会"为主题的全国质检系统"实验室开放"集中展示月活动今天启动,到2010年9月30日结束。

北京市副市长苟仲文等共同为北京的5家国家重点实验室、3家国家质检中心揭牌。实验室代表宣读了倡议书,倡议全国质检系统实验室要做到科学公正,服务周到,加强管理,完善制度,严格检测,保证质量,真正做到履职尽责、服务社会。

展示月期间,将向全社会展示服务国计民生和国家质量安全的技术机构和检测实验室。将根据社会关注的热点,通过专家现场咨询答疑、观摩现场测试过程、在线访谈、专题短片、展板展示、制作宣传手册等多种形式,全方位展示质检实验室水平,宣传质量知识,提高社会质量意识。

在为期一个月的时间里,各地质检部门将邀请人大代表、政协委员、两院院士、专家学者、学生、企业、消费者代表等走进质检实验室,采取现场讲解、展板展示、发放宣传手册等方式全方位地展示质检实验室技术水平和质检部门保障产品质量安全的能力与决心。针对社会关注的热点问题,主办者还将通过知识讲座、专家现场咨询答疑、观摩现场测试过程等现场开放互动活动,搭建起质检部门与社会各界代表近距离互动的平台。

国家质检总局副局长孙大伟表示,经过多年的发展,目前全国质检系统建立了具有一定规模,汇集了一批高级科技人才,拥有较为先进水平的仪器设备,可以覆盖全国的质量监督实验室系统,为我国的产品质量安全提供了可靠的技术保证。作为今年"质量月"活动的重要组成部分,"实验室开放"集中展示活动将使社会各界进一步了解和支持质检工作,促进我国产品质量提升和产品安全。

(资料来源:作者根据相关资料整理)

9.1 商品检验与鉴定

9.1.1 商品检验和商品鉴定的概念

商品检验是商业部门开展质量管理工作的基础,是防止假冒伪劣商品进入流通领域的关键环节。进行商品质量的评比及优质商品的评选、对新产品的质量分析与鉴定、商品标准的制定与修订等都是以商品检验的结果为依据的。因此,商品检验对指导生产部门不断地提高产品质量,争创名优产品,有效地进行产品更新换代,更好地促进商品流通等具有重要意义。通过商品质量检验,实施商品质量监督,可向销售企业和消费者传递准确的商品质量信息,维护消费者的利益和合法权益,也是发展贸易、提高商品竞争能力、维护国家利益和信誉的重要手段。因此,世界各国都非常重视商品检验工作。在大力发展商品生产的同时,努力为商品检验工作注入新技术、新方法,全面提高商品检验工作的科学性和准确性。

1. 商品检验

商品检验也称商品质量检验,是指根据各级商品标准规定的质量指标,来评价和确定商品质量优劣及商品品级的工作。商品检验是商品的供货方、购货方或者第三方在一定条件下,借助某种检验手段和检验方法,按照合同、标准或国际、国家有关法律、法规、惯例对商品的质量、规格、重量、数量以及包装的方面进行检查,并做出合格与否、通过与否的判定,或为维护买卖双方合法权益,避免或解决各种风险损失和责任划分的争议,便利商品交接结算而出具各种有关证书的业务活动。商品的质量检验是商品检验的中心内容,是评价商品质量优劣的最重要的方法和手段。

2. 商品鉴定

商品鉴定指评价商品质量的全部工作,即对商品满足人们某种需要的程度做出审评和估价。具体说来,商品鉴定包括以下工作内容:根据商品的用途和使用条件,研究商品的成分、结构、性质及其对商品质量的影响;拟定商品的质量指标并确定检验方法;进行商品检验并确定商品质量的高低;根据实际情况,对商品发展提出可行性意见等。

3. 商品鉴定与商品检验的关系

商品鉴定是评价商品质量的全部工作,而商品检验工作仅是评价和确定商品质量优劣及商品品级的工作。因此,商品检验包含在商品鉴定的范围之内,是商品鉴定的一个组成部分,二者是一种从属关系。

9.1.2 商品质量检验的分类

从不同角度,用不同标准可以将商品检验分成若干种类:

1. 按检验方所处的位置和地位分

(1)第一方检验。第一方检验也叫自检,即生产部门或经销部门在企业内部自行设立检验机构进行自检,目的是及时发现不合格产品。生产企业确保不合格品不流入下道工序,确保出厂产品达到质量标准和其他规定要求;商业部门发现有质量问题的商品及时处理,使不合格商品不能进入消费领域,以保证消费者的利益和企业信誉。对商业企业和生产企业来说,第一方检验,是企业质量管理的职能之一,也是企业质量体系的基本要素之一。这项工作做好了,就可以保证顾客买到质量可靠的商品。

(2)第二方检验。第二方检验也叫验收检验或买方检验,即买方(如工、商企业或用户)为维护自身及其顾客利益,保证其所购商品满足合同或质量标准要求所进行的检验活动。这样可及时发现问题,分清质量责任。在实践中,企业还常常派出"驻厂员"对商品质量形成的全过程进行监控,及时发现问题,并要求厂方解决。

(3)第三方检验。第三方检验是指处于买卖利益之外的第三方,所以公正、权威的非当事人身份根据有关法律、合同或标准所进行的商品检验。其目的在于维护各方合法权益和国家权益，协调矛盾，保证商品交换活动的正常进行。第三方检验由于具有公正性、权威性，其检验结果被国内外所公认，具有法律效力。

2. 按检验的目的分

(1)监督性检验。监督性检验是根据政府法令或规定，由政府技术监督部门代表国家实施产品质量管理职能，对产品(商品)质量进行的检验。监督检验的依据是国家有关质量的法律，政府有关质量的标准、法规、规章、条例等。其目的是检查商品是否符合上述有关规定，以保证正常的经济秩序。对不符合规定要求的产品及企业，有权进行行政、经济和法律的处罚。其中强制性的监督检验最具有公正性、科学性和权威性。

(2)公正性检验。公正性检验是由检验机构进行的，这些机构是政府有关部门认可的，具有公正性、权威性，其检验结果具有法律性，检验机构具有符合规定的检验设备、技术条件和技术人员，为他人进行第三方检验。公正性检验的特征是对商品提供科学的质量信息，出具检验结果，供他人应用。

(3)仲裁性检验。仲裁性检验是对有质量争议的商品进行的检验，以分清质量责任，做出公正、科学的仲裁结论。

(4)评价性检验。评价性检验，即由质量监督管理部门，对企业的产品或市场上的商品进行检查或验证，做出质量综合评价，以证书、标志和发布信息的方式向社会提供质量评价信息。

(5)委托性检验。委托性检验即供货方或购货方委托国家法定的质量检验机构所进行的验收性检验。

(6)企业生产管理检验。企业生产管理检验，即生产企业(工厂)内部所进行的质量检验。工业企业都设有检验机构、设备和质检人员。

(7)验收检验。验收检验是用户为验收商品而进行的买方检验。比如生产企业对所进行的原材料，商业企业对所进的商品，消费者对所购买的商品的检验。

3. 按检验对象的流向分

(1)国内商品的检验。国内商品检验只有法定检验、企业自检和用户检验三种。

①法定检验是指质量监督检验机构对国内营销的商品依据有关的标准和法定对商品所进行的检验活动。我国《产品质量法》第二十一条规定：经营者应当执行进货检查验收制度，验明产品合格证明和其他标识；《消费者权益保护法》第五十条规定：经营者销售的商品应当进行检验、检疫，而未经检验、检疫或者伪造检验、检疫结果的，按《中华人民共和国产品质量法》和有关法律、法规处罚。对法律、法规未作规定的由工商行政管理部门责其改正，可以根据情节处以警告、没收违法所得或处以违法所得一倍以上五倍以下的罚款的处分。情节严重的，责令停业整顿、吊销营业执照。

②企业自检是生产企业和商业企业依据技术标准自我进行的检验。

③用户检验是用户对自己购买的商品进行检验。

(2)进出口商品检验。进出口商品检验是由商检机构依照有关法律、法规、合同规定、技术标准、国际贸易惯例和公约等，对进出口商品进行的法定检验、鉴定检验和监督管理检验。

①法定检验是根据国家法律、法规，对指定的重要进出口商品进行强制性检验。非经检验合格的产品不许出口或进口，以维护国家的信誉和利益。其范围是：列入《商检机构实施检验的进出口商种类表》的商品；应实施卫生检验的食品；有关国际条约规定须经商检机构检验的进出口商品；实施性能坚硬和使用坚硬的出口危险货物包装容器；进行运载检验的装运出口易

腐烂变质食品和冷冻品的船舱、集装箱等运载工具;其他法律、法规规定的须经商检机构检验的进出口商品。

②鉴定检验是质量监督检验机构依据合同、标准和国际条约规定以及国际惯例的要求,按对外贸易部门(进口商、出口商、承鉴定运部门、仓储部门、保险公司等)的申请项目办理的检验。提供检验、鉴定结果与结论,提供有关数据,签发检验、鉴定证书或其他有关证明。鉴定检验与法定检验性质不同,不是强制性检验。其工作范围和内容十分广泛,包括运用各种技术方法和手段,检验、鉴定各种进出口商品的品质、数量、重量、包装、积载、残损、载损、海损等实际情况,以及商品的运载工具、装卸等事实状态和其他有关业务是否符合要求等。

③监督管理检验是商检机构经过国家商检局、商检机构指定或认可的检验机构对生产企业所使用各种认证标志、进口安全质量许可、出口质量许可证件、卫生注册登记的证件的验查和对商品质量所实施的检验。

4. 按检验方法分

感官检验法,理化检验法,微生物检验法(详见7.3章节)。

5. 按检验时对样品处理情况分

(1)破坏性检验。破坏性检验即为取得必要的质量信息,需将样品解剖、破坏来进行测定或试验的检验。如纺织品、橡胶制品、塑料制品、皮革制品、纸张制品、食品等的各种力学和微生物学检验。

(2)非破坏性检验。非破坏性检验也称无损检验,即指经测定、试验后的商品仍能使用的检验。

6. 按受检商品的几率分

(1)全数检验。全数检验即对被检批量商品逐个(件)地进行检验,也称百分之百检验。它可以提供较多的商品质量信息,适用于批量小、质量指标数量少、比较贵重、非破坏性的商品检验。其缺点是费时、费工,适用性差。除非特殊情况是不采用的。

(2)抽样检验。抽样检验即按照事先已确定的抽样方案,从被检批量商品中随机抽取少量商品成为样品,再对样品逐一测试,并将结果与标准或合同技术要求进行比较,最后由样本质量状况统计推断受检批量商品整体质量合格与否的检验。优点是受检的商品数量较少,节约检验时间和费用,是普遍适用的方法,抽样检验适用于批量较大、质量较稳定的商品检验。缺点是所提供的商品质量信息少,不适用于质量差异程度大的商品。

9.2 商品抽样

9.2.1 抽样概念和意义

1. 抽样的概念

在检验整批商品质量时,用科学的方法从中抽取具有代表性的一定数量的样品,作为评定该批商品的质量依据。这种抽取样品的工作,被称为抽样(或拣样)。企业在验收批量产品时,验收人员必须根据合同规定,从交验批量产品中抽取一定比例的样品进行检验,根据样品的检验结果,决定接受还是拒收。

2. 抽样的实践意义

抽样检验的理论基础是概率论和数理统计,随着科学和经济的发展,抽样方法得到了越来越广泛地应用。

(1)对批量商品抽样检验的理论根据。在对批量商品进行检验时,采用什么样的方法使其结果比较准确地代表整批商品的质量,是一个实际问题,也是理论界多年探讨的问题。抽样检验的方法是公认的方法,而全数检验受到客观条件的限制和主观因素的影响,可行性受到限制。

①凡属破坏性试验或检验后可能使商品实体受损害的商品,不能全检。例如,检验搪瓷制品的密度性能、各种食品质量、灯泡的使用寿命、电子设备的抗震性能等项目,都是带有破坏性的,对批量商品显然不能全检。

②对不易分成单位体的商品,不能全检,如粒状、流体状商品,连续的电缆、导线等。

属自动化、大批量生产的产品,检验项目即使不带破坏性,也不能全检。其原因凡有三:其一是由于生产量太大,全检需要大批人力、物理,经济上很不合算;其二是即使是自动化检验,检验设备也不是百分之百可靠的,而因测试结果不见得全部可靠;其三是即使批量不大,因检验人员长期持续工作和某些人为因素影响,也会经常造成错检或漏检现象。

美国的塞拉森试验证明,在全检中,第一次只能发现全检不合格品的68%;第二次全检又会发现其中的18%;第三次是8%;第四次是4%。显然,对一批产品经四次全检,仍有2%的不合格品没有检出。所以,即使不带破坏性的试验,在现代化大规模生产的今天,全检也是不切实际的。

抽样检验可以对每个样品进行认真检查,对由抽样可能造成的误差,可用数理统计的方法控制在一定范围内。可见,抽样检验是目前检验产品质量的唯一经济而又切实可行的有效办法。

(2)抽样检验的社会效果。抽样检验的社会效果可概括为以下几个方面:

①保护用户,不致接收不符合标准的产品,使用户风险(错判率)限定在用户愿意承担的范围内。

②保护厂方,使厂方风险(错判率)保持在厂方愿意承担的范围内。目前国际上公认的一般标准为:生产者承担5%的风险;消费者承担10%的风险比较合理。

③督促厂方必须经常地对产品质量实行严格控制。

④为双方提供产品质量信息,并有利于生产的科学管理。

⑤以少数样品的检验结果,来判断大批产品的质量状况,并决定是否合格,实属是关系着生产者和消费者双方利益的大事。倘若样品的质量不能代表整批质量,则可能出现两种情况:其一是样品的质量低于整批的质量,则合格品被拒收的几率增大,将给生产部门代理损失;其二是样品的质量高于整批质量,则不合格品被拒收的几率增大,将给消费者带来损失。

由此可知,正确选择抽样方法,对控制抽样误差、获取较为准确的检验结果至关重要。

9.2.2 随机抽样的方法

抽样方法很多,但随机抽样法是公认最为合理,并为世界广泛采用的方法。百分比抽样法一般情况已不被采用。

随机抽样法是指被抽检批量中的任一单位产品,都有同等机会被抽取的方法,又称为无限制的随机抽样法。该法的特点是整批商品中的每一个单位产品被选取的机会均等,并不受任何主观意志的限制。抽样者完全是用偶然方法抽取,事先并不考虑或选择应抽取哪一个样品。与此相反,其他抽样方法对获选的样品大多都有所限制。

目前,随机抽样方法有以下几种类型,即单纯随机抽样法、分层随机抽样法和规律性抽样法。

1. 单纯随机抽样法

单纯随机抽样法又称简单随机抽样法。它是所有随机抽样法中最为简单的一种方法,也是最有代表性的抽样方法。通常是按照随机原则,不加任何分组、划类、排序等先行工作,从总体商品中直接抽取检验样品。采取此法,对验收的全部产品,可以完全做到随机化抽取。

简单随机抽样,一般常采用掷骰子、掷硬币、抽签、查随机数表等方法抽取样品。在实际工作中多采用后两种方法。

(1)抽签。将交验批量中产品的号码,逐个写在签条或卡片上,投入箱(罐)中摇拌均匀,然后按抽签方法不加任何限制地在全部签条或卡片中随机抽取所需样品的号码。

(2)查随机表数。随机表数又称乱表数,即把 0~9 的数字,随机排成一张表:

0347437846	3697658190	4967389592
5793274851	4579321478	5793214663
6921569324	5692147963	6953764880
…	…	…

采用查随机数表抽取样品,也是先将受验批中的产品进行编号;其号码从一编起,多为二位数,也可为三位数或更多位数,编号之次序与方法不受任何限制。然后使用随机数表,从随机数表中任何一例的任何一行开始,一次选取与样品数相等的号码个数,然后按选取的号码对号抽取样品。

2. 分层随机抽样法

分层随机抽样法又称分类随机抽样法。它是将一批同类商品划分成若干层次(分层时应注意每个层次内部是均匀的),再从每一层次中按比例随机抽取若干样品,最后将抽取的样品放在一起作为试样。由于生产过程中的质量问题事故常常是间隔出现,采取分层随机抽样法能克服简单随机抽样法可能漏掉的规律性缺陷。

例如:油皮待检零件 5 000 个,是某产甲、乙、丙三条生产线生产加工出来的产品,即甲生产线的产品 2 500 个;乙生产线的产品 1 500 个;丙生产线的产品 1 000 个。现欲取 250 个样品进行试验,采取分层随机抽样方法如下:

从甲生产线抽取:$250\times2\,500\div5\,000 = 125$(个)

从乙生产线抽取:$250\times1\,500\div5\,000 = 75$(个)

从丙生产线抽取:$250\times1\,000\div5\,000 = 50$(个)

3. 规律性抽样法

规律性抽样法又称系统随机抽样法,是指按一定规律,从整批同类产品中抽取样品的方法。一般做法是:对一批同类商品或同批商品先按顺序编号,从中任意选定一个号码,如选定 5 是基准号码,则逢 5(即 5,15,25,35,45,…)就将商品抽出作为试样。这样抽出的试样,在整批商品中的分布是比较均匀的,更具有代表性。此法对产品的质量缺陷呈有规律性变化的商品的风险性要加大。

9.2.3 抽样检验方法和相关标准

抽样检验方法在相应的商品标准中均有具体规定。根据商品标准中的规定选取正确的抽样检验方法和相关标准,抽样时必须按抽样方法正确地抽取样品,不得随心所欲。否则,即便花气力进行了精确的分析、检测，其检验结果也会失去实际意义。此外，对整批商品而言，试样总是很少的一部分，应尽量使试样能代表整批商品的质量。还必须注意，试样的包装和保管应按标准规定执行，以保证试样在检验前不发生任何变质现象。其抽样检验方法和相关标准有如下3种：

(1)计量和计数抽样检验方法。计量抽样检验方法相关标准有 ISO 3051、GB 6378；计数抽样检验方法，相关标准有 ISO 2859、GB 2828、GB 2829。

(2)调整型和非调整型抽样检验方法。调整型有正常，加宽和加严3种类型；非调整型则不考虑加宽和加严。

(3)按抽样次数的抽样检验方法。按抽样的次数分1次、2次、3次甚至更多次抽样的检验方法，如 GB 2828、GB 2829 为5次抽样检验法，ISO 2859 为7次抽样检验法。

9.3 商品检验的方法

商品质量检验方法，根据检验原理，条件，设备的不同特点，一般可分为三大类，即感官检验法、理化检验法和微生物检验法。

9.3.1 感官检验法

1. 感官检验法的概念及优缺点

感官检验法，又称感官分析法，感官检查法或感官评价法，它是用人的感觉器官作为检验器具，对商品的色、香、味、形、手感、音色等感官质量特性，在一定条件下做出判定或评价的检验方法。

感官检验法的优点是：不需要专门的仪器和复杂的设备，方法简便易行，不易破坏商品实体，不受抽样数量的限制。缺点是感官检验法会受到鉴定人的生理条件、工作经验及鉴定时的外界环境干扰等限制，使检验结果往往带有主观片面性；感官检验的结果难以用准确数字来表示，商品质量的表示只能用专业术语或记分法表述。在实际工作中，为提高感官检验结果的准确性，通常是组织审评小组进行检验，以修正检验结果的误差。

2. 感官检验法的种类

(1)按感受器官分。按感受器官分有视觉检验法，听觉检验法，味觉检验法，嗅觉检验法，触觉检验法，可以单一使用，多数是混合使用，统称感官检验法。

感官检验法是通过感官来检验商品质量。这是由于目前一些产品的某些质量特性，还难以用仪器来进行检验，需要靠感官(视觉，听觉，味觉，嗅觉，触觉)检验来完成检验，如机电商品中的噪声和杂音、外表缺陷、锈蚀、表面粗糙度；纺织品中的水分、色泽、面料的疵点、污染、颜色、色调和手感；食用油的透明度、颜色、气味；医药制品的色与味；针剂注射的疼痛感；粮食的外观、干湿度、杂物、新鲜程度；酒类的品尝；烹调制品的色、香、味；罐头食品的外观、味道、保鲜程度等。

(2)按检验目的和组成人员的不同分。按检验目的和组成人员的不同，感官检验法分为分析型感官检验法与偏爱型感官检验法两大类。

分析型感官检验法，又称Ⅰ型或A型感官检验法。它是以经过培训的评价员感觉器官作为“仪器”来测定商品的质量特性或鉴别商品质量的优劣，以及同种商品之间的差异等。这种检验法要求评价员在检验商品时，必须保证以下三点：统一的标准评价尺度和评价基准物；规范化的实验条件;训练有素的评价员。评价员在经过适当的选择和训练后,应保持一定水平。

偏爱型感官检验法,又称Ⅱ型或B型感官检验法。它是以未经训练的消费者对商品的感觉来评判消费者对商品的偏爱程度,所以是一种主观评价方法。这种检验不像分析型那样需要统一的评价标准和条件,全凭评价者生理,心理的综合感觉而定,即其感觉程度和主观意识起着决定性作用,因而评价结果往往因人,因时,因地而异,并且允许有相反的判断。

3. 感官检验法应用实例

(1)茶叶的色、香、味、型。各种不同类型的茶叶,具有不同的外形、香气、汤色、滋味和叶底,因此有不同的质量要求。茶叶的质量优劣取决于看外形和湿评内质(包括香气、汤色、滋味和叶底)的结果。

外形。茶叶的外形优劣,是由茶身形态、整碎、色泽和净度四方面决定的。一般紧结重实,完整饱满,芽头多有锋苗,长短粗细均匀,筋、梗、片、末少,光泽明亮,油润鲜活为佳。

香气。以浓厚,芬芳馥郁的嫩香及持久力强者为优,而粗老低淡或带异味者为劣。

汤色。红茶汤色以红艳鲜浓,澄清明亮为优,而暗淡不明,浑浊不清为劣。

绿茶汤色则以鲜翠明亮,清澈为优,而橙黄不清或黄而微红不清为劣。

滋味。红茶滋味以醇厚甜和,富有收敛性为优;绿茶滋味以醇厚甘浓爽口,微带苦味,富有收敛性为优。

叶底。红茶以细嫩柔软,红艳明亮,色泽调匀者为优,粗老暗褐,硬薄者为劣;绿茶以细嫩匀整,具有鲜明调匀的橄榄色,厚实柔软者为优,以叶底杂乱,叶肉薄而粗硬者为劣。

(2)白酒的色、香、味。品质良好的白酒,其色泽应为无色透明带有极微的浅黄色,无悬浮物和沉淀;有明显的溢香,不应有杂气;滋味则应醇厚、甘冽、回甜,回味悠长等。

(3)日用工业品和服装的外形。日用工业品和服装的外形,如式样、花色等是否合适消费者需要,直接关系到其质量。造型美观,样式新颖别致,花色丰富多彩,即说明其质量优良,进而能够很好地满足消费者需求;否则造型粗笨,样式陈旧过时,花色单调,则难以满足消费者需求。

9.3.2 理化检验法

1. 理化检验法的概念及优缺点

理化检验法是在实验室的一定环境条件下,利用各种仪器,器具和试剂作手段,运用物理和化学的方法来检验试验商品质量。它主要用于检验商品的成分、结构、物理性质、化学性质和安全性等。

理化检验的结果可用数据定量表示,较感官检验更为客观与精确,但对检验设备和检验条件的要求较为严格,同时要求检验人员应具备扎实的基础理论知识和熟练的操作技术。

2. 理化检验的分类

理化检验方法分为物理检验法和化学检验法。

(1)物理检验法。物理检验法是指对商品的物理量及其在力、电、声、光热的作用下所表现的物理性能和机械性能的检验。这种检验要通过仪器测量进行。物理检验可分为三类:

第一类是几何量检验。商品的几何量,如商品长、宽、高、内外径、角度、形状、表面粗糙度等。

第二类是物理量检验。商品的物理量指标如重量、密度、细度、黏度、熔点、沸点、导热、导电、磁性、吸水率、胀缩性、电阻、功率、电流、电压、频率等。

第三类是机械性能检验。商品的机械性能检验很广泛如抗拉强度、抗压强度、抗剪切强度、抗冲击强度、硬度、弹性、韧性、脆性、塑性、伸长率、应力、应变、最大负荷、耐磨性等。

(2)化学检验法。化学检验法又称化学分析法。商品的某些热性要通过化学反应才能显示出来，商品的这种性质成为化学性质。其方法有化学分析法和仪器分析法。

化学分析法又分为定性分析和定量分析。定量分析中又可分为重量分析和容量分析。

仪器分析法通常按使用仪器的类型分。通过检验试样溶液的光学和电化学性质等物理和化学性质而求出待测物组分的含量，如比色分析法、浊分析法、光度法、发射光谱分析法、原子吸收光谱分析法、荧光分析法、紫外线分析法、气相分析法、X 光分析法、核磁分析法和容量分析法等。

例如，气相分析法在名酒鉴别中的应用，操作时使用气相色谱仪将被分析样品(气体或液体汽化后的蒸汽)在流速保持一定的惰性气体带动下进入填充有固体相的色谱柱，在色谱柱中样品被分离为一个个单一组分，并以一定先后次序从色谱柱中流入检测器，转变为点信号，再经放大后，用记录器记录，在记录纸上得到一组色谱峰，根据色谱峰峰高或峰面积就可定量样品中组分含量。

9.3.3 微生物检验法

微生物检验法是对部分商品(主要是直接入口的商品)被细菌污染的定性或定量检验，通常也称卫生检验，检查卫生性以及对环境的污染和破坏性等。目前，我国对食品(如肉及肉制品、乳及乳制品、蛋品、水产、清凉饮料、罐头、糕点、调味品、蔬菜、瓜果、豆制品、酒类等)、饮用水、口服及外用药品、化妆品及需灭菌的商品均规定了卫生标准，以严格控制细菌污染，防止各种有害的病原体微生物侵入人身体而直接危害广大消费者的人身健康。微生物常规检验项目包括细菌总数测定、霉菌总数测定、大肠杆菌群的检验、肠道病菌的检验、化脓性细菌的检验、食物中毒菌的检验、破伤风厌氧菌的检验、活螨虫及螨虫卵的检验等。

9.4 商品品级

9.4.1 商品品级与商品分级

1. 商品品级与商品分级的概念

商品品级是依商品质量高低所确定的商品等级。根据商品质量标准(包括实物质量标准)和实际质量检验结果，将同种商品区分为若干等级的工作，称为商品分级。

商品品级通常用等或级的顺序来表示，其顺序反映商品质量的高低，如一等(级)、二等(级)、三等(级)或甲等(级)、乙等(级)、丙等(级)、丁等(级)等。我国国家标准 GB 12707—91《工业产品质量分等导则》，规定了我国境内生产和销售的工业产品质量登记的划分和评定原则。它将工业产品的实物质量，原则上按照国际先进水平，国际一般水平和国内一般分为三个档次，相应地划分为优等品、一等品和合格品三个等级。这样有利于从整体上综合反映我国工业产品质量水平，有助于推动技术和管理进步，促进产品更新换代和质量提高。

2. 商品质量等级的确定

商品质量等级的确定主要依据商品的标准和实物指标的检验结果，由行业归口部门统一负责。优等品和一等品等级的确认，须有国家级检验中心、行业专职检验机构或受国家、行业委托的检验机构出具的实物质量水平的检验证明。合格品由企业检验判定。

商品种类不同，分等(级)的质量指标内容也不同。例如，粗、精纺呢绒是按实物质量、物理指标、染色牢度和外观疵点四个大项综合确定登记；茶叶按其感官质量标准分级；食糖按其主要成分(蔗糖)含量和杂质含量分级；乳和乳制品则同时按感官指标、理化指标、微生物指标进行分级。对每种商品每一等级的具体要求和分级方法，通常在该商品标准中都已经规定。

商品分级工作，既有利于促进生产部门加强管理，提高生产技术水平和产品质量，也有利于限制劣质商品进入流通领域，并且便于消费者选购商品。此外，商品分级还有利于物价管理和监督。

9.4.2 商品分级方法

商品分级的方法可归纳为百分法和限定法两类。

1. 百分法

百分法是将商品各项质量指标规定为一定的分数，其中重要的质量指标所占分数高，次要的质量指标所占分数低。各项质量指标完全符合标准规定的总分为100分，如果某一项或几项质量指标达不到标准规定的要求，相应扣分，则相应降低等级。这种方法在食品商品评级中被广泛采用。如酒类的评分方法，满分为100分。

白酒：色10分，香25分，味50分，风格15分。

啤酒：色10分，香20分，味50分，泡沫20分。

葡萄酒：色20分，香30分，味40分，风格10分。

香槟酒：色15分，香20分，味40分，风格10分，气15分。

其中风格是指香与味的结合。

2. 限定法

限定法是将商品的各种质量缺陷规定为一定的限量。限定法有限定记分法、限定数量与程度法。

(1)限定记分法。限定记分法是将商品的各种质量缺陷规定为一定的分数。由缺陷的分数总合来确定商品的等级，质量缺陷越多，分数的总合越高，则商品的品级越低。该方法主要用于工业商品分级。

(2)限定数量与程度法。限定数量与程度法即在标准中规定，在商品每个等级中，限定疵点的种类、数量和疵点程度。例如，全胶鞋有13个外观标准，其总鞋面起皱或麻点：一极品稍有，二极品有；鞋面砂眼：一极品不准有，在二极品中，砂眼直径不超过1.5毫米、深不超过鞋面厚度者，低筒鞋限2处，半高筒鞋限4处，但不得集中于下部，弯曲处不许有。此外，还有其他疵点限制要求。在13项指标中，如果一极品超过4项不合要求者，降为二极品；二极品超过6项不符合要求者，则降为不合格品。

9.5 假冒伪劣商品的识别

9.5.1 假冒伪劣商品

1. 假冒伪劣商品的含义

根据国务院办公厅转发原国家技术监督局《关于严厉惩处经销伪劣商品责任者意见》的通知精神，伪劣商品是指生产、经销的商品，违反国家有关法律、法规规定，其质量、性能达不到强制性标准的要求，或冒用、伪造商标、优质产品标志、认证标志、生产许可证，或失去了使用价值的物品。就是说假冒伪劣商品的商品实体和它的有形或无形附加物存在与事实不符的情况。

(1)假商品:内质与名称不符,以假称真。

(2)冒牌商品:假冒其他人产品的产地、厂名或者代号。

(3)劣质商品:主要质量指标不符合标准,影响正常使用。

(4)假冒商标:在同一种或者类似的商品上,有意使用他人与注册商标相同或相近的商标;有意使用他人的认证标志,侵犯他人的注册商标专用权和知识产权;擅自制造或者销售他人的注册商标。

2. 假冒伪劣商品的范围

(1)商品失效和变质;

(2)不安全和对人身健康有危害的商品;

(3)商品所标明的指标与实际不符;

(4)冒用优质或认证标志和伪造许可证标志商品;

(5)掺杂使假、以假充真或以旧充新的商品;

(6)国家有关法律、法规明令禁止生产、销售的商品。

3. 经销下列商品,经指出不予改正的,即视为经销伪劣产品

(1)无检验合格证或无有关单位允许销售证明的商品;

(2)不用中文标明名称、生产者和生产地(重要工业品未标明厂址)的商品;

(3)限时使用而未标明失效时间的商品;

(4)实施生产(制造)许可证管理而未标明许可证编号和有效期的商品;

(5)按有关规定应用中文标明规格、等级等主要技术指标或成分、含量而未标明的商品;

(6)高档耐用消费品无中文使用说明书的商品;

(7)属处理品(含次品、等外品)而未在商品或包装的显著部位标明"处理品"字样的商品;

(8)剧毒、易燃、易爆等危险品而未标明有关标识和使用说明的商品。

其中"所标明的指标与实际不符"有广泛的含义,包括按规定应该标明的规格、等级、成分、含量及主要的技术指标等。"高档耐用消费品"是指使用时间较长、价格较贵的商品。

4. 国家关于禁止生产、经销假冒伪劣商品的法律和法规

(1)《工业产品质量责任条例》;

(2)《标准化法》;

(3)《计量法》;

(4)《民法通则》;

(5)《产品质量监督试行办法》;

(6)《食品卫生法》;

(7)《药品管理法》;

(8)《商标法》;

(9)《全国人大常委会关于严惩严重破坏经济犯罪的决定》;

(10)《投机倒把行政处罚暂行条例》;

(11)《广告管理条例》;

(12)《城乡个体工商户管理暂行条例》;

(13)《锅炉压力容器安全监督暂行条例》;

(14)《种子管理条例》;

(15)《国务院关于化肥、农药、农膜实行专营的决定》;

(16)《建筑工程质量监督条例》;

(17)《工业产品生产许可证试行条例》。

5. 国家明令禁止生产和经销的商品

(1)机械电子工业部等单位公布的机械工业 1—11 批次淘汰产品;

(2)卫生部(82)卫药字第 21 号文件公布淘汰的 127 种药品。

6. 国务院规定废除和禁止使用的非法定计量单位的计量器具

(1)度量器有:英制尺,公制、英制并刻尺、市制尺;

(2)衡量器有:十六两秤、司马秤、管式弹簧秤、市制秤、拉带式架盘天平;

(3)量器有:波美表(比重计)、市制升。

7."经销伪劣商品"与"视为经销伪劣商品"在性质上不同

"经销伪劣商品"其商品本身可以确认为伪或劣;"视为经销伪劣商品"其商品本身可能既不伪,又不劣,只是不符合或违反经销环节的有关规定,并经指出后仍执意不改或顽固坚持,因而必须按经销伪劣商品追究法律责任。但在查处时,可根据其性质的不同和情节的轻重加以区别。

9.5.2 识别伪劣商品的一般方法

1. 看商品外包装的标志和标记

按国家规定,名优商品在外包装上,分别标有:

(1)商标标识。样品的商标均在国家工商行政管理部门登记注册。其商标标识和"注册商标"或"注册"字样印在商品的包装上,假冒劣质商品在外包装上多数没有商标标识、"注册商标"或"注册"字样,即使伪造,其图案与真品标识总有不同之处。

(2)商品名称。

(3)条形码。

(4)认证标志,如国家强制性认证"CCC"标志、食品的"QS"标志等。

(5)防伪标志。

(6)荣获优质奖的商品有优质奖标识。

(7)执行的技术标准、技术编号。

(8)检验合格证标记。

(9)厂名、厂址。

(10)出厂日期、生产批号。

(11)限时使用的商品,一般还注明有效期限。

(12)规格、型号、成分、重量。

假冒劣质商品对上述应标明的标记残缺不齐或乱用标记,有的无厂名或用假名,有的厂名不用中文而用汉语拼音,故弄玄虚、制造假象。

2. 看包装

多数名优商品图案装潢清晰、形象逼真、色彩调和、做工精细、包装用料质量好;假冒劣质商品多数图案装潢迷糊、形象不真、色彩陈旧、包装用料质量差、做工粗糙。

3. 看特有标记

有些名优商品,除在商品包装的主要部位有商标标识外,还在商品的某些部位上有其特有的标记(记号)。

4. 看厂名

一些传统名优商品，以地名为商品名称的生产厂家很多，但正宗的传统名优商品只有一家，如正宗名优“孝感麻糖”的生产厂家是湖北省孝感麻糖厂，注册商标是孝感牌；正宗名优“镇江香醋”的生产厂家是江苏省镇江恒顺酱醋厂，注册商标是金山牌。凡商品相同而厂名不同或只一字之差，又无注册商标的。均为非正宗传统名优商品。

5. 看商品包装封口

大多数名优商品采用先进机械封口，封口处凭证光洁、无折皱或重封黏迹；假冒劣质商品不论是套购的商品包装还是伪造或回收旧包装，多数为手工操作，封口处不平整，有折皱或有重封黏迹。

6. 注意售货企业的可信度

企业信誉是使公众认知的心理转变过程，是企业行为取得社会认可，从而取得资源、机会和支持，进而完成价值创造的能力的总和。从理论上讲，企业存在的所有信息都可以被看成为企业信誉的内容。

本章小结

商品检验是商品鉴定的一个组成部分。商品质量检验是评价商品质量优劣的最重要的方法和手段。商品检验从不同角度，用不同标准分类，有若干种分类方式。

抽样检验是目前检验产品质量的唯一经济而又切实可行的有效办法。抽样方法很多，但随机抽样法是大多数公认最为合理，并为世界广泛采用的方法。

商品质量检验方法一般可分为三大类：感官检验法；理化检验法；微生物检验法。

商品质量等级的确定主要依据商品的标准和实物指标的检测结果。商品分级的方法：百分法和限定法。

假冒劣质商品的商品实体和它的有形或无形附加物存在与事实不符的情况。

学习自测题

一、名词解释

商品检验　商品鉴定　抽样　品级　商品分级　假冒劣质商品

二、简答题

1. 商品质量检验有哪些种类？
2. 商品检验与商品鉴定有什么关系？
3. 商品抽样有哪些方法？
4. 商品分级有哪些方法？

三、实训题

1. 感官检验茶叶的色、香、味、形。
2. 感官检验白酒的色、香、味。
3. 根据识别伪劣商品的方法，识别一下你将要购买商品的真伪。

四、简述题

1. 试述商品鉴定与商品检验的关系。

2. 试述商品检验方法的类别及特点。

五、论述题

试论商品检验抽样的实践意义。

案例分析

问题熟食何以越过超市“防线”

武汉大小超市销售的熟食销售额约为12亿元，众多顾客就是冲着“放心”两字，纷纷到超市里购买熟食，然而，前段时间的“假冒酱牛肉”事件，却让不少顾客心中犯起了嘀咕。

在不少市民心目中，去超市买熟食几乎就等于是买放心食品——整洁干净的购物环境，相对规范的进货渠道，是超市吸引顾客的一大原因。

武昌某事业单位梁先生说，他最反对家人在一些路边店和卫生条件差的集贸市场买卤牛肉、卤鸭子等自制熟食，而是要求家人一律在超市购买：“有人把了一道关，应该会安全一些吧。”然而，前些日子的“假冒酱牛肉”事件，却让他心中犯起了嘀咕。

过去，像梁先生这样，视超市为安全食品购买地的顾客数量众多。来自武汉商业总会连锁经营分会的数据显示，去年，武汉本地、外地、外资11家超市公司共开设大卖场108家，这些超市的营业额约为150亿元。一超市业资深人士称，通常超市的熟食销售额占比约为8%，如此测算下来，仅超市的熟食销售额就为12亿元。

凭借顾客信任带来的数量惊人的销售额，超市的熟食销售自此风生水起：有的超市把一些知名的卤菜店引入店内销售，有的超市从生产厂家进来散装的各式卤鸡、卤猪蹄、卤鸭子、炸鱼块等各式熟食售卖，还有的超市甚至自己进原材料，做起了红烧鱼块、梅菜扣肉、鱼糕等熟食销售。

据武汉市商业局行业监管处一负责人介绍，熟食要进入超市销售，需经过两个环节：一是进货环节，即熟食获得超市的许可进场。通常情况下，熟食进入超市销售，要通过超市进货审查委员会的审核，必要时，超市买手还会到熟食的生产现场察看，与此同时，熟食产品还要有主管部门颁发的卫生许可证等各种证照，缺一不可；二是现场销售环节，熟食获得入场券后，上柜销售时，其保质期、保鲜期都必须符合规范。

（资料来源：作者根据相关资料整理）

思考：

经过两道“门槛”把关，为何还会出现“假冒酱牛肉”事件？这一事件后，武汉某超市一负责人曾语出惊人：“超市的熟食销售面临信任危机。”为何超市内部人士也有着如此顾虑？号称上了两道保险的环节何以出现纰漏？

第 10 章　信　息　流

学习目标

本章将就有关信息流的特征、分类、功能及流通信息系统和网络方面的问题加以探讨。完成本章的学习后，应该能够：

(1)掌握信息流及其特征。

(2)掌握流通信息的分类和功能。

(3)掌握信息流的运行过程。

(4)掌握流通信息系统和网络。

学习重点

(1)流通信息与信息流的关系。

(2)流通信息流的特征。

(3)流通信息流的功能。

(4)信息流的运行过程。

学习难点

(1)掌握流通信息的分类和功能。

(2)信息流的运行过程。

(3)信息流的运行流向。

(4)流通信息系统的管理功能。

引导案例

打通信息流,实现物流全程透明化管理

全国从事公路运输的物流企业近100万家,但自有车辆在200辆以上的企业极少。绝大部分物流企业只拥有几辆甚至完全没有自有车辆。因而几乎所有从事公路运输的物流企业都在调用社会个体运力,承载最终的运输任务。但由于社会个体车辆组织化程度极低,同时国内物流企业的管理水平普遍低下,信息化管理手段的应用十分有限,使得物流企业很难满足货主企业逐步提高的物流运输服务质量需求。

"多、散、小、乱、差"的发展障碍如何跨越?如何让超过1 000万的货运司机大军有效支撑起整个公路货运产业?物流企业利用社会运力的同时,又该如何确保运输服务质量?主管部门与物流企业往往百思不得其解。顺着物流链条向上看,上游生产制造商作为货主企业,将货物交给依靠大量使用外部社会车辆完成运输业务的物流公司,虽然支付了大量物流费用,却依然无法实现对整个物流过程的有效监管,物流信息黑洞又该如何弥补?

可以说,我国物流业发展过程中存在的矛盾不仅困扰着政府管理部门,也让物流企业力不从心,更给作为货主的诸多生产制造型企业带来了不少麻烦——物流服务不到位、客户投诉电话不断上升、物流经理们疲于应付,增加了沟通成本,降低了工作效率,而且使公司的客户服务质量大受影响。

上述问题也曾一直困扰着李锦记(中国)销售有限公司的物流经理陈戈宁。他所在的公司是香港李锦记集团在广州开办的独资企业,主要业务是在全国销售李锦记旗下公司生产的所有调味产品。

"原来,我们公司的物流部只有陈经理一个人,他负责管理公司分设在全国各地的7个业务中转仓,近20个大大小小的物流服务商,业务非常繁忙。客户的投诉电话一打进来,他就要火急火燎打电话给物流服务商,了解情况,然后物流服务商再打一系列电话去了解,再反馈,来来回回。这种被动应付、救火式管理让各方都很无奈。"李锦记(中国)销售有限公司运作总监潘葛介绍说。

潘葛2008年12月加入李锦记(中国)销售有限公司,加入公司前,在与总裁探讨论有关管理层对物流业务的期望时,运输管理成为大家公认最棘手的难题,他当时立下"军令状",3个月内拿出具体解决方案。时间紧,任务重。虽然有些担心,但潘葛还是很快进入到对整个运输市场摸底调查的角色中,并尽快找到了问题的关键点。基于对国内物流业发展现状的了解,潘葛知道物流承运商不可避免地会调用社会分散的运力资源来协助他们的业务。他们的订单发下去后,运输任务会被层层转包,而要把这个复杂的过程监控起来,只能是华山一条路——利用IT技术将各方信息整合到一个平台之上,通过透明化的过程管理来保证一个好的结果。

于是,潘葛热切期望通过信息化手段来解决问题,他想寻到一种软件,能够实现对公司下发给各物流服务商的订单进行全程信息化管理,最好成本不高且简单易行,最终让生产制造企业在物流业务中变被动为主动,争取到应有的"主导"地位。

全新发现,速定解决方案

"物流企业本身运力资源不够,不得不动用社会车辆,我们也能够理解,但关键问题就在于

货主企业如何达成对物流企业、外派的运输公司、车主、收货单位的有效管理。”潘葛继续揭示问题的实质。

一个偶然的机会，潘葛在一本物流杂志上看到了有关路歌协同运输管理系统的介绍，这让他眼前一亮。该系统运用非常简单的手机定位方式就可实现对物流过程的监控！于是，潘葛立即让物流经理陈戈宁打电话询问该系统在广州的一个代售点，并获取了详细资料。

“可以说，这个系统非常接近我们的思路，我们当时就决定找到该系统的研发单位——北京怡和佳讯信息技术有限责任公司，进行深入交流，以期尽早达成合作。”陈戈宁兴奋地表示。

潘葛、陈戈宁便重点研究了该系统的几个使用案例，确定该系统能够有效解决物流过程中信息脱节的问题，且系统还有很大的升级改进空间，于是作了一个解决方案拿给总裁定夺，得到总裁认可后，他们便奉命进一步调查系统的有效性，系统其他客户到目前为止的使用状况等。

他们了解到，路歌协同运输管理系统是在“管车宝”这个软件运作成熟的基础上发展而来的。“管车宝”软件利用卡车司机的手机作为移动管理终端，让运输公司实现对社会车辆的虚拟整合，凡成功注册管车宝系统的司机与车辆，均可被运输公司进行实时定位跟踪，既方便调度，也能实现运输过程的透明化管理。

而“路歌运输服务管理系统”创造性地提出利用国际先进的SaaS技术，以信息管理系统互联进行公路运输服务优化的思路，目标是为货主企业提升公路运输管理水平提供成本低廉、简便实用的解决方案。

“对于我们的承运商来讲，用了‘管车宝’软件，就能够迅速整合社会车辆资源，并对所筛选到的车辆通过手机定位方式进行有效管理。而对于我们货主而言，派单的时候就可以使用‘路歌协同运输管理系统’，利用它，我们能够实现对运输服务商由粗放的合约控制转变为细致的运作管理，我们能够很清楚地记录所有订单的执行情况。包括提货时间、货物在途状况、货物到达后客户签收、完结信息反馈在内的诸多环节能够实现信息流畅通无阻。”

陈戈宁表示，系统的使用不仅能增强运输服务商的服务水平，让其服务更细致、更周全，而且还能轻轻松松帮公司物流经理实现对庞大分散的物流过程的监管，增强公司内部及外部客户的满意度。

看到系统方案能与需求思路有效结合，这让陈戈宁喜出望外，他立刻联系北京怡和佳讯信息技术有限责任公司派市场人员来公司深入分析企业需求，并进行具体技术上的探讨，开始谋划在原有系统基础上定制个性化服务功能。

思利及人，打破低水平均衡

存在于行业中很久的问题有了解决的可能，潘葛至今难掩当日激动之情。但当问及本该属于承运一方，即货运物流企业应该消化的难题，为什么由货主一方主动来帮助解决时，潘葛坦率地表示：“在和承运商多次的沟通过程中，我们发现，他们在管理自有车队和外派协作车辆时存在很大困难，而我们对他们提出更高要求时，他们压力非常大。因此，我们认为，在业务合作中，双方应该处于一个双赢的局面，他们做不到，我们应该帮助他们做到，只有帮他们解决了问题，才能解决我们自己的问题。再说，提供准确的货运信息流，能够解决的是承运商和货主企业共同面对的问题，使双方共同受益。我始终相信：大家好才是真的好！”

这样的回答显然渗透了李锦记（中国）销售有限公司以“思利及人”为核心价值观的企业文化，即凡事先考虑到他人，站在对方的角度来想问题。也渗透了李锦记（中国）销售有限公司

“自动波”管理秘诀，即通过合理的原则、人性化的方式，让员工及合作伙伴共同参与公司目标的制定，达成共识，做到思想一致，行动一致。

思路明晰了，解决方案找到了，与北京怡和佳讯信息技术公司的合作也顺利达成，路歌协同运输管理系统便水到渠成引入李锦记(中国)销售有限公司。

为了让承运商接受这套全新的系统，并感受到新系统即将带来的便利，陈戈宁告诉记者，他曾专门把所有承运商组织到一起，进行了两期培训。

“培训的过程中我才发现，我们有几个承运商对这套系统并不陌生，他们已经是‘管车宝’软件的用户。”这让陈戈宁又惊又喜，但陈戈宁坦率地表示，也有承运商在刚接触到软件的时候本能地抵触，提出很多顾虑，认为做不到，并怀疑北京怡和佳讯信息技术公司是物流经理的关系户，意图变相多收他们的钱。但通过软件开发人员现场演示、培训及接下来两个月的试用，他们最终心悦诚服地接受了这套管理系统，并明显感受到自身对车队的运输管理能力得到了很大提升，在当前金融危机大环境下反而增强了企业竞争力。

“既然引进了新系统，我们就要严格按照制度执行。召开服务商大会之前，我们就按照新的系统要求准备了与承运商的新合同，将使用这个系统作为必要条款之一，同时，还对于录入系统的信息真实性有一个严格的考核制度。”陈戈宁介绍说。

另外，他们还要求每一个合同承运商成立“李锦记客户服务小组”，招聘专门为李锦记(中国)销售有限公司服务的客服人员。“这些客服人员直接面对他们管理的司机，通过系统，他们每天要统计所有司机的在途情况，及时准确地汇总并反馈到李锦记公司物流部门。这样，我们就能随时知道货物在运输过程中是否出现了问题，并能够提前着手处理，变被动为主动。”潘葛解释说。

通过这个与各物流承运商协同建立的管理平台，李锦记(中国)销售有限公司只用了一套系统，加上一个系统管理员，便实现了与物流承运商共同对整个物流过程的透明化实时管控。

问及成本，陈戈宁毫不掩饰，“说出来你都不信，挺实惠的！我们和承运商一起承担软件使用费，一年也就4千元左右。其余便是系统使用过程中产生的定位查询费、短信费用等，均由各承运商消化。这比起以前承运商通过不断打电话了解在途情况反而省了不少费用。”

对于很多生产制造企业而言，花了几百万，甚至上亿元去搭建信息管理平台，但往往平台只限于企业内部，因各种原因，到了运输环节就变成发传真、打电话了。而李锦记(中国)销售有限公司只花了很少的费用，便加强了对物流信息链条的透明化管理，打破了长时间存在于物流市场的低水平均衡问题，使其物流服务商的能力从此提高到一个新的运作水平。

成功试验以服务为核心，制定全新游戏规则

“这套系统的核心是服务。在李锦记，销售是我们物流运作部门的‘内部客户’，经销商和卖场客户是我们的‘外部客户’。我们的职责就是服务好他们。而物流商的责任就是和我们一起完成好这个服务。但什么是好的服务，这个简单的问题实际上很多物流商并不明白。”陈戈宁说。

“好的服务就是让我们的客户感受到我们的工作是稳妥可靠的。这个可靠稳妥是要靠我们的物流经理协同物流商们共同取得，所以，物流经理其实是一个有着庞大外部团队的虚拟总经理，这个总经理管的是外部的物流商，没有一套好用的系统，他的游戏规则可玩不转”潘葛接着说到。

“上了这套系统之后,我不用再每个月很苦恼地等着被客户投诉,然后一遍遍打电话问承运商货在哪里?为什么到货时间晚了?为什么出现了货损的情况?也不用很无奈地向客户解释原因,比如提货晚了、爆胎了、堵车了等,系统能够即时反映出提货、在途、签收整个信息流,我们的物流系统管理员和物流商的客服人员都能清晰看到并及时处理和反馈。”陈戈宁对于系统使用后的效果非常满意。

同时,他认为该系统的引进也大大方便了公司的销售人员。“我们的销售人员不可能每天都坐在电脑面前,唯一可以获取信息的方式就是手机,有了这套系统,他们在外面跑业务时,也能通过手机短信获知已签订单的具体执行情况。”

但对于陈戈宁而言,该系统最重要的作用在于,通过系统记载的信息和统计的数据,公司的物流部就能够对各承运商进行公平、公正的考核,避免以前签订合同后被他们“绑架”的可能。

“现在,我们每个月结算费用时,都要对承运商进行评估,根据他的运输服务质量决定是否该罚款,是否该奖励。”

陈戈宁介绍说,系统引进后,他们把物流合同中的很多游戏规则进行了标准化的核定,制定了针对承运商的考核内容、考核方法、考核目标,而且将考核的过程与结果都公开显示在系统上面,让承运商之间形成良好的竞争关系。

“有了这个系统,我们就有大量详细而真实的数据可查,能清晰看到每个月哪个订单‘亮了红灯’,原因是什么,也能每月获取非常明确的报表。提货率、及时到达率、货物短缺率、客户投诉频次,签收回单的准确性,准时率等,这几个重要的指标都会在系统上面进行统计,据此对承运商进行奖罚。”

陈戈宁自信地说,承运商之间是竞争关系,因此不可能出现串通、虚报信息的情况,并且,李锦记(中国)销售有限公司对虚报信息的罚款也让承运商不敢去冒险,通过如此严格的游戏规则,他们顺利实现了对各承运商的绩效管理和优胜劣汰。

“合同上,我们有很多的罚款条目,虚报信息会罚款,迟到会罚款,不及时提货会罚款……但我们的目的不是罚款,我也不认为这是节约成本的有效手段。罚款的背后有很多原因,或许也会是我们自己的原因,比如客户爆仓,无法收货等,因此,每次罚款,我们都会找承运商分析具体问题,根据具体原因来执行罚款。”陈戈宁补充说。

而每次罚款执行后,潘葛会自掏腰包很诚心地请被罚的承运商吃饭,在饭桌上了解具体问题和协同改进方法,调侃他们的工作失误,用这种人情味儿的沟通方式让承运商感到惭愧,在今后的服务中更加用心。

“我们很重视客户服务,我们严格要求承运商,是想通过他们的优质服务对我们的内部和外部客户负责,而我们对他们而言是外部客户,他们也应该对我们负责。因此,大家都是客户服务的关系,我们能否提供一个好的客户服务,在于他们能否提供给我们很好的服务。引进这套系统,并确保它能够很好地运行下去,我们就能共同实现大家的愿望,在业务上不断得到提升,实现双赢。”在全新的游戏规则框架下,陈戈宁心气更高,认识更明确,非常期望能不打折扣地执行下去。

升级系统,人和程序的磨合

一个全新的软件在研发阶段不可能考虑得万分周全,必然会在客户使用中根据具体需求,不断完善、升级,路歌协同运输管理系统也同样经历了一个这样的过程。

据陈戈宁介绍，经过试用，他们也向北京怡和佳讯信息技术公司提出了不少个性化的系统改进建议，北京怡和佳讯信息技术公司虚心接受，对李锦记(中国)销售有限公司提出的十几个问题进行了一一研究，并在慎重考虑的基础上进行了升级。

对此，北京怡和佳讯信息技术公司董事长冯雷接受记者采访时表示，“我们路歌系统采用标准的 SaaS 模式，在这个模式上，我们不可能做到客户说什么我们就改什么，众口难调，但对于客户提出的核心、通用的问题，我们一定要改，这对我们而言非常有价值。”

按照冯雷的意思，李锦记(中国)销售有限公司真正从物流业内用户关注的层面帮助他们的软件进行了迅速升级，帮助他们大大缩短了人和程序的磨合周期。

据了解，根据李锦记(中国)销售有限公司物流部门的建议，路歌运输服务系统在信息模块的设定、标准化语言的明晰、信息传输内容的分类、复杂运输情况的处理等方面作了不少改进。截至目前，整个系统积累了不少通用性和个性化之间的结合经验。

“路歌运输管理系统 80%是通用的，20%可以定制。这是我们与李锦记(中国)销售有限公司合作后，在软件服务领域做出的独特探索。”冯雷如是说。

“通过几个月时间的磨合，我认为，这个软件是个很实用的工具，让很多承运商的服务理念、价值观有了具体外在表现的可能，它称得上是一个完完全全的客户服务系统。”陈戈宁直言。

对此，冯雷表示认同，“通过这个系统，物流经理要把下面的所有承运商协同管理起来，因此，它的确不单单是一个运输管理的软件。”

随着路歌协同运输管理系统的渐趋完善，真切体会到其利好的陈戈宁最后还提出了他更多的希冀，“期待路歌协同运输管理系统能够最终发展成为一个生产制造企业物流部门的专用管理软件，帮生产制造企业的物流经理们更好地服务内、外部客户，更有效地管理承运商，同时物流承运商也能够不断地得到提升，增强竞争力。”

(资料来源：运输经理世界)

10.1 信息流及其特征

10.1.1 信息概念及其属性

1. 信息的概念

信息遍布于我们生存的自然界、人类社会和人们认识思维过程之中，它与材料、能源一起被称为现代科学的三大支柱。得到人们的极大关注。一般在定义信息这一概念时，可以用广义和狭义两种方式来表述。

广义的信息概念，是指事物存在方式和运动状态的反映。这一定义包含的意思是：首先，世界一切事物，即自然界、人类社会和人们思想领域，都处在不停的运动变化中，这种运动是绝对的，无条件的，而在绝对的运动过程中呈现的运动状态、特征及其各自的规律，又是多种多样，各不相同的，所以，信息正是对世界一切事物及其事物运动变化状态的客观描述，信息的产生正是由于事物运动变化过程中所存在的差异；其次，世界一切事物，不仅处在绝对的不停运动过程中，而且也处在相互联系、相互依赖、相互作用之中，因此，信息是客观事物之间相互作用，相互联系的反映；最后，信息不是事物本身，而是事物的表征，信息对客观事物的描述和反映是通过信号、信息、情报、资料等形式表现出来。同时，信息与信号、消息、情报、资料等的关系，是内容与形式之间的关系。

狭义的信息概念，是指能反映事物存在和运动差异的，对解决问题有用的，可以被理解的，被接收的新的情报、消息的总称。这一定义的含义是：首先，客观世界的信息资源有许多尚未被人类主观认识、接收和利用，而狭义信息概念，从信息应用出发，指出信息必须被人类理解、接收和利用，发挥其使用价值，所以，狭义信息是信息资源客观性与信息接收源主观认识的统一，是客观世界与主观世界、自然属性与社会属性的统一；其次，由于人类主观认识客观事物具有的局限性，和客观事物发展变化的不确定性，世界一切事物在未来的发展变化中往往存在多种变化的可能性，狭义信息的本质特性在于人类对事物认识过程中不确定性的消除和减少；最后，客观信息源发出的信息是非常多的，同时信息具有时效性和有用性，狭义信息概念，从信息功能出发，指出信息必须是"新的"、"适用"的消息内容。所以，狭义信息不是人类旧闻的重复，而是新消息的内容。

信息作为一个科学术语被提出和使用，可追溯到 1928 年 R. VHartly 在《信息传输》一文中的描述。他认为：信息是指有新内容、新知识的消息。而关于信息，就有多种定义。1948 年，C. E. Shannon 博士在《通信的数学理论》中，给出信息的数学定义，认为信息是用以消除随机不确定性的东西，并提出信息量的概念和信息熵的计算方法，从而奠定了信息论的基础。Norbert Wiener 教授在其专著《控制论——动物和机器中的通信和控制问题》中，阐述信息是"我们在适应外部世界、控制外部世界的过程中，同外部世界交换内容的名称"。1956 年，英国学者 Ashby 提出"信息是集合的变异度"。认为信息的本性在于事物本身具有变异度。1975 年，意大利学者 G. Longo 在《信息论：心得趋势与未决问题》指出：信息是反映事物构成、关系和差别的东西，它包含在事物的差异之中，而不在事物的本身。可见，至今为止，信息的概念仍然仁者见仁智者见智。

2. 信息的属性

信息具有以下属性：

(1)信息具有普遍性。信息是事物的存在方式和运动状态的反映，因此，只要有事物存在，只要有事物在运动，就存在着信息。无论是在自然界，还是人类社会，以至人类的思维领域，没有不运动的事物，也就没有无信息的真空。信息是无处不在，无时不在的，因而信息是普遍存在的。

(2)信息具有中介性。信息来源于物质，但并非物质本身，它是物质运动变化状态的表征；信息也来源于精神世界，如人的思维状况就是一种信息，人们思考问题的方法、思想、意志情绪等，都是各种各样的信息，但信息又不限于精神领域，同时精神世界产生的各种信息具有一定的独立性，可以保持、复制或重现。信息普遍存在于物质世界和精神之中，具有中介性，是沟通人类主观世界和客观世界的桥梁和工具。

(3)信息具有知识性。信息之所以能成为一种社会资源为人类所用，就在于它具有知识性。人们接收信息，目的在于增长知识，认识世界，进而改造世界。如果信息不具备有用性，它就会失去其存在的意义。信息对人类价值的大小，客观上决定于信息所含知识量的大小。

(4)信息具有时效性。信息是事物存在方式和运动状态的反映，客观事物总是在不断地发展变化，因而信息也会发展变化，信息存在于一定时间、地点和条件下，否则就会失去其存在的价值。

(5)信息具有对物质载体的依附性。信息不能单独存在于某种物质外壳之外，必须借助于某种物质载体才能存在、存贮和传递。

(6)信息具有可传递性。一方面信息可以依附于一定的物质载体，借助于一定的信道进行传递；另一方面人们要获得、感受或接收信息，也必须依赖于信息的传递。

(7)信息具有可处理性。人们可以按照既定目标要求，对信息进行收集、加工整理、分析归纳、抽象概括，通过筛选和整理，去粗取精、去伪存真、由此及彼、由表及里，使信息或者精炼浓缩，或者增殖放大，或者转换形式，变成对人类有用的情报。

(8)信息具有可共享性。信息通过传递扩散后，人们可以共同分享信息资源。

10.1.2 流通信息与信息流

在现代化大生产的条件下，商品流通对各种信息的需要量急剧增长，但是并不是所有的信息都可称为商品流通信息，只有我们对大量信息进行加工整理，收集与商品流通有关的那些信息，如货币发行量、价格、供需情况、市场环境等等能用的信息，才能提高信息对商品流通的适应性、可靠性，发挥信息对商品流通的实际使用价值。所以，商品流通信息属于社会经济信息的范畴，其狭义的概念为：在商品流通中反映商品交换以及与之相互联系、相互作用，对商品流通有使用价值的那些消息和情报的总称。对这一概念可以这样理解：商品流通信息是反映流通领域各种活动状态、特征的信息；能够被接收者吸收、理解和利用的信息；是对商品流通经济活动的运动变化、相互作用、相互联系的真实反映。

商品流通总是处在不断运动变化中，因而商品流通信息也是处在不断传递运动变化中。信息流就是指处于运动状态的信息系列，由信息源向信息接收者，通过信道传递的全部信息集合。信息流反映和提示了信息传递运动的动态特征。从信息流的内容角度看，商品流通信息流实质上就是商品在流通过程中，商品价值与使用价值相互适应状况和适应程度的反映和反馈。按照信息论的基本观点，一个社会信息传递运动的基本模式是：

信源亦称信息源，指的是信息发生来源，信源广泛地存在于自然界和人类社会。商品流通信息源的种类很多，按照其物质载体的不同，可分为人脑信源、实物信源、文件信源、声像信源、计算机信源等几种；由于其物质运动状态和特征不同，可分为离散信源和连续信源；按其产生过程，可分为一次生成信息源、二次再生信息源等。对于企业信息源，按企业进行商品流通经济活动的外部环境和内部条件，可把企业信息来源划分为企业外部信息源和内部信息源。

信息接收源也称信宿，指的是信息的接收者。要使信息源发生的各种信息为接收主体所利用，必须具有接收者，即称为信宿或信息接收源。商品流通信息接收源是生产者、经营者和消费者的总称。商品流通信息接收源是信息流动态运行的最后一道环节，它的功能是接收信息，并选择对它有用的信息加以利用。此外，接收源的作用不仅在于通过信息接收，可以实现信息的社会效应，把信息资源转化为巨大的物质财富，而且还会对信息的再生产起着巨大反馈作用。如市场信息的作用放大，必然会给市场带来一定反响，不仅能促进商流、物流的发展，而且能刺激市场信息流功能的加强。

信道指的是信息传递的通道或途径。随着商品经济和科学技术的发展，信息传递的媒质多种多样，信息通道也越来越多。一般选择信息通道的条件主要是考虑信道容量大、时效性高、保真度好。从信息的传播方式来看，可分为有序传递和无序传递两种。

编码是人们把信息转换成文字、语言及其他专用符号形式的过程。通过编码可以把信息附载在一定的通信工具之上；可以使信源与信宿之间按照一定的信息编码进行信息传输；通过编码可以压缩信息量，提高信息传输速度，适应各种信道传输要求。

通过与编码相反的过程，可以把从信道传输来的信号翻译成编码前的信息形式，这一过程则称为解码或译码。常见的信息解码是把信道传输过来的特殊形式语法信息（符号、图像等）按照一定的编译码机制再翻译为语义信息。在简单的信息传递中，信息源起着编码作用，信宿起着解码作用，两者必须具有共同的编码和解码机制，才能进行信息传递。

信息反馈，指的是信息源把信息传输给信宿后，信宿将接收信息后的反应逆向传输回来，并对信息源的再输出起到控制作用。信息从发生源发出并进行编码后，经过一定的信道传输给信宿，但是，输出和接收的效果、编码的正误、信道传输中的保真度以及是否符合信源的预定要求，都需要信宿对信息接收后的反应，从逆向反馈回来，信源通过对反馈信息的分析对比，查清原因，做适当调整，再进行新的输出。

商品流通信息，是社会生产及人们生活需要的发展变化在商品流通交换关系上的综合反映。因此，商品流通信息虽然是客观流通实际内容及其发展变化具体情况的写照，但也具有其明显的抽象性，是客观事物与主观能动性相结合的产物。所以，商品流通信息流也必然具备其本身的特征。

(1)流通信息流具有系统性。

从宏观看，可以把商品流通看成一个复杂的大系统，这个系统具有目的性、层次性、整体相关性、环境适应性等若干特征。流通信息流的系统性表现在，商品流通信息不是零星的、个别的信息集合，而是若干具有特定内容的同质信息在一定时间和空间范围内形成的系统集合，具有层次性和可分性；商品流通信息的收集、加工、传递、存贮、检索、应用是通过有组织的信息管理系统进行的；商品流通信息在时间上具有纵向连续性，在空间上具有最大的广泛性，在内容上具有全面性和完善性。

(2)流通信息流具有多信源和多信宿的特征。

商品流通信息源主要有：社会商品生产水平和结构，社会消费水平和消费结构，社会政治、文化、教育、民族风俗习惯，国家的有关方针、政策和法律，以及市场商品供求关系，物价、交通运输和商业企业经营状况等。这些信息的变化都影响和制约着商品经营，这些信息的发展变化对商品生产和流通有着非常重要的意义。商品流通信息就是这些方面状况的变化和发展趋势的反映。同时，全国数百万生产经营企业和数千万个体经营户，以及广大城乡消费者、在商品交换过程中总是以买者或卖者的身份交替出现。他们既是信息的发出者——信源，又是信息的接收者——信宿。

(3)流通信息流具有综合的多向性特征。

在发达的商品经济条件下，流通信息流是沟通整个社会再生产全过程的一条动脉，关系着整个国民经济按比例的、协调均衡的发展和运行。因此，信息流不仅具有多信源性和多信宿性，而且在流向上具有多向性。从社会再生产过程来看，生产、分配、交换和消费四个环节之间，其运行过程生产是起点，分配、交换是中介，消费是终点。这是商品总体的流向，其相互关系是相互制约、相互依存、互为条件的对立统一关系，从而形成流通信息流的多向性。生产领域、分配领域和流通领域的信息沿着商品运动的方向作同向的流动，成为信息的正向流；消费领域、流通领域和分配领域的信息会沿着商品流通的反向流动，成为信息的逆向流，即反馈。这样，中间环节分配和流通的信息则沿着商品流通的正反两向进行运动。从社会上企业之间的关系来看，它们也都有着密切的联系，都有了解彼此情况的需要，信息必然在它们之间进行往返的传递，形成错综复杂的流向。从不同地区来看，地区之间不仅生产力发展水平不平衡，配置情况也不一样，而且各地区的需求也不同。地区之间一般都是互为市场、互为商品基地的，从而形成商品信息交互传递的客观要求，构成信息流的纵横交错的流向。正是由于商品流通的上述特征，决定了商品流通信息流的多向性特征。

(4)流通信息流具有较强的时效性和准确性的特征。

信息是决定生产企业、商业企业经营活动的客观依据，在现代化生产和经营的条件下，经济发展速度快，市场竞争激烈，供求、行情等等瞬息万变，信息生成速度快，活动频繁，时效性强。因此，对决定生成和经营的信息，既要准确又要及时。信息不准确，或准确而不及时都会导致企业生产和经营的失败。信息的准确性和时效性决定于信息流的手段、方式和方法，以及信息流的组织体系。

(5)共同性。信息是客观事物的描述和反映，是通过信号、数据、消息、资料等形式表现出来的，信息的表现形式是一种信息语言。在流通过程中，并非所有的信息都是流通信息，只有经过一定程度处理，对商品流通有用的信息，才是流通信息。商品流通是交换关系，在流通过程中产生的信息，至少要涉及两个交换主体。如果信息语言不同，双方无法接收和理解对方信息所反映的内容，交换就不可能成立，信息也就失去了意义。更何况现代流通的交换关系非常复杂，涉及的范围相当广泛。因此，共同的信息语言是流通信息存在和运行的客观要求，是共享信息、共同利用信息的条件。在流通领域广泛采用电子技术、信息技术，形成流通信息网络的今天，信息语言的共同性就更加突出。

10.2 流通信息的分类和功能

1. 流通信息的分类

商品流通信息的种类可以按不同标准进行划分，一般有以下类型：

(1)按信息的来源划分，可分为商品流通内信息与商品流通外信息。

商品流通内信息主要来自商品销售、商品流转以及在商品流通过程中，人、财、物使用的情况等有关资料和数据，它一般是通过商品流转计划、会计统计报表、财务分析报告、商情分析等资料获得信息。商品流通外信息主要是指通过政府有关商品流通的法规、法令、国家计划、政策、物价、市场产销、供求变化等情况中获得信息。

(2)按信息来源的稳定程度划分，可分为固定信息、流动信息与偶然信息。

固定信息的主要特征是有相对的稳定性，在一段时间内可以在商品流通的各项管理活动中反复运用，而不会发生根本性的变化。如定额指标、规章制度等。流动信息主要是反映商品流通某一时期在进、销、存、运各个流通环节活动中的实际情况。这些情况是在不断地变化着的，时间性强，因而只具有极短期的使用价值。如生产进度记录、购销原始凭证等。偶然性信息主要是来自外部经营环境偶然性变化的信息。

(3)按信息产生的过程划分，可分为原始信息和加工信息。

原始信息是经营活动中直接产生和记录的原始凭证、单据、数据、记录等。加工信息是对营销活动实况记录的原始信息进行加工的基础上而获得的信息，如企业内报表、合同、计划等等。一般说来加工信息比原始信息具有较大的信息量，对接收者具有更大的使用价值。

(4)按信息发生的时间划分，可分为滞后信息、实时信息和预测信息。

滞后信息和实时信息是商品流通变化状态及其相互联系的客观反映，属于描述性信息，常作为商品流通活动的记录和反馈，供决策者决策和控制使用。预测信息是管理者对滞后和实时信息的系统分析结果，是推测未来判断未知的一种主观性分析信息。

(5)按信息的作用划分，可分为决策信息、控制信息和业务信息。

决策信息是最高管理层或决策层，制定商品流通或经营的目标、方针、计划所需要的信息，主要来源于国家经济政策的变化，市场供求的变化和购销渠道的变化等。控制信息是系统内部管理人员进行经营管理控制过程所需要的信息。其目的是使经营管理符合经营目标的要求，并监督内部各分级目标的实现。它为中层管理人员、职能管理人员提供检查实际经营效果是否符合计划的依据。业务信息主要包括日常经营和管理活动所必需的信息。一般来自具体的业务部门，由基层管理者使用，供控制业务进度及作业计划调整时使用。

(6)按信息的内容划分，可分为市场营销信息、流通管理信息、商品科技信息和流通环境信息等。

市场营销信息主要包括：①商品生产和供应信息，如商品生产能力、规模、布局、结构、渠道以及产地、产量、质量、品种、规格性能、价格等；②商品需求信息，如消费者人数、收入、心理变化特征，以及购买力增减和投向变化，消费水平和结构变化等；③商品竞争信息，指的是同行业竞购、竞销能力及其竞争战略与策略，如产品开发、销售渠道、网点分布以及价格策略等。

流通管理信息既包括国家宏观调控管理信息，也包括企业内部进行商品业务管理的信息。宏观调控管理信息包括国家制定和颁布的经济法规、政策和计划，财政、税收、银行、物价等部门运用经济杠杆的变化信息，工商行政管理有关新的规定等。企业内部管理信息指的是商品产供计划，购销合同的签订和履行，以及业务、财务、审计、物价等管理措施的制定信息。

商品科技信息包括新产品的开发、设计，以及各类产品在加工、包装、储运、采购、服务等环节所出现的科学技术发明成果和改革所形成的信息。

流通环境信息指的是影响商品流通经营活动的各种因素所形成的信息。包括：①政治环境信息，如国家重大方针政策的变化；②经济环境信息，如经济政策、经济结构、经济发展速度、消费水平和消费结构变化的信息等；③社会环境信息，如城乡建设发展、人口分布、商流和物流网点建设、交通状况等信息；④自然环境信息，如土地资源开发利用，农作物生长态势等信息。

总之，流通信息流的内容很繁杂，分类也有很多种，应根据实际工作中对信息的应用角度不同来进行合理划分，以便能充分而有效地利用信息，使信息流发挥其更大的功能。

2. 流通信息流的功能

流通信息流在商品流通过程中具有十分重要的作用。其功能的发挥越来越被人们所关注。流通信息流的主要功能有：

(1)流通信息流的沟通联系功能。

社会再生产过程，是由许多个行业、部门以及众多流通企业群体构成的经济大系统。系统内部正是通过流通信息流的沟通和联系功能，才使社会再生产过程正常、协调地运行。如各种指令、计划、文件、数据、报表、凭证、广告、商情等信息流，在社会再生产运行过程中，广泛地沟通其纵向和横向联系，调整其运行，如果没有流通信息流的沟通和联系功能，经济系统就会处于混乱或瘫痪状态，产销联系中断。因此，流通信息流是沟通社会再生产过程环节之间联系的桥梁。

(2)流通信息流的反馈具有引导和协调功能。

流通信息流随着商品、货币及流通当事人的行为等信息载体进入流通领域，同时信息的反馈也随着信息载体反馈给生产者和需求者。流通信息的反馈引导着产业结构的变动和生产力布局的优化;协调着商品结构,以使供需之间平衡;同时信息反馈还协调人、财、物资源配置,求得资源的合理使用。正是靠流通信息流这样广泛而迅速的运动,才使生产者和消费者获得决策行为的依据。流通对生产的作用,很大程度上,就是通过信息的反馈功能得以实现的。

(3)流通信息流的决策功能。

流通信息是制定决策方案的重要基础和关键依据,一个科学决策过程的本身就应当是一种对信息进行深加工的过程,是主观对客观事物发展变化规律性认识的过程。有关商品流通的决策与计划必须以能够全面、正确地反映客观经济活动过程的信息流为依据,才能够全面、正确地反映客观经济活动过程的信息流为依据,才能指导和促进商品流通的发展,才能科学管理企业经营活动,才能适应商品流通环境的变化,不失时机地调整决策,使其取得良好的效果。

(4)流通信息流的增值功能。

流通信息本身是有价值的,而在商品流通领域中,流通信息在实现其使用价值的同时,其自身的价值又呈现增长的趋势,即流通信息本身具有增值特征。另一方面,流通信息是影响生产力的重要因素,它把生产力的各个要素以及有关因素有机地组合并联结起来,以形成现实的生产力和创造出效能更高的社会生产力。同时,在社会化大生产条件下,生产过程日益复杂,社会生产力诸要素都渗透着知识形态的信息,信息真正起着影响生产力状况的现实作用。在商品流通领域,人们往往容易看到通过生产和经营活动创造或增大了商品的价值,而不容易看到流通信息的增值功能。企业只有有效地利用流通信息,投入生产和经营活动后,才能使生产力中的劳动者、劳动手段和劳动对象最佳结合,产生放大效应,使经济效益出现增值。

3. 流通信息的含义

信息同物质、能源一样重要,是人类生存和社会发展的三大基本资源之一。信息概念有广义与狭义之分,广义的信息是指事物运动的状态与方式,是物质的一种普遍属性,是世间一切事物相互联系和运动变化的客观描述;而狭义的信息,是指在事物的客观描述中,能够被人类理解、接收和利用的消息和情报。

流通信息是指伴随流通活动而产生并且为流通活动服务的信息,包括由文字、语言、图表、信号等表示的各种文件、票据和情报资料等。流通信息是对流通活动的客观描绘,是流通领域中各种关系及其状态的真实反映。

10.3 信息流的运行过程

首先,信息流运行的动因、流量、流速以及传播流向都具有一定的规律性。信息流运行的动因,是受人类个体、群体和社会组织行为所驱使。因为人类要生存和繁衍就离不开信息的交流,同时人类要认识自然、改造自然、改造社会,不断优化生存的环境,就更需要对信息的接收和利用。信息流运行中信息量的大小与社会生产力发展水平成正比。社会生产力水平越高,对社会信息认识和开发能力越强,信息增加速度就越快。信息流运行速度要受信息载体手段的制约。如用目前的计算机网络传输三十三卷《大不列颠百科全书》需要传输 13 个小时,而用未来的世纪工程——“信息高速公路”即数字化大容量光纤通信网络将只需要 4.7 秒。信息流运行流向呈现梯度传播。所谓梯度指的是信息流量、密度在地域分布上呈现不平衡与不均匀性,这种不平衡与不均匀状况构成信息流动的梯度。一般经济发达地区，信息流量大，信息传播快，而贫困地区由于缺乏资金、技术、人才等因素，信息流量少，传播速度就慢。

其次，商品流通信息流的运行过程是商品运行的经济过程。它是人们用数据、概念、范畴进行综合、分类、抽象、归纳概括的方法对商品流通的运行状况的反映，并通过各种形式和手段进行传递和传播，随着时间的推移，商品流通运行的变化不断地形成新的信息，在流通领域又不断地进行传递和传播，而形成信息流的运行。所以流通信息流的运行是客观商品流通经济运行的一种经济现象。它与商流、物流具有同样的经济性质，都属于经济范畴。商品流通经济学中所研究的信息流是经济过程，不是信息的物理过程。

第三，商品流通信息流是物流商流和流通体系其他构成要素不断运动变化的过程。这种运动变化必然伴随着生成无数个商品信息，信息流正是这种运动状态和存在方式的表征和反映。进入流通领域的商品、货币以及流通当事人的行为，无不是运行着的信息载体，它们把信息输入流通领域，同时也将信息反馈给生产者、消费者和经营者。正是流通信息流这样广泛而迅速的运行，引导着商流、物流及其他要素的运动方向，并控制着其规模、时间和速度，协调其相互之间的关系。所以，如果没有商流、物流及其他要素的存在和运动，也就不存在信息流的表征和运行，同时，信息流运行是否畅通，直接制约着物流、商流及各流通要素的发展。

第四，信息流与物流、商流相比，具有相对的独立性和自身的运动规律。

信息流运动方向按照与商流、物流运动方向可划分同向信息流与逆向信息流。同向信息流的运行方向与商流、物流方向一致，但在时间上具有明显的不一致性，有的信息流始终在商流、物流前面，一般对商流、物流起宣传和介绍作用，如商品广告信息；有的信息流与商流、物流运行同时或稍滞后，这类信息流一般对商流、物流起着表征和媒介作用，如原始凭证与货物单据。逆向信息流，即指反馈信息流，其运行方向与商流、物流运动方向相反；其产生和流动时间滞后于商流、物流时间；其反映的内容与商流、物流有着因果的联系。商品流通对生产的反作用，就是通过信息流的反馈得以实现。信息流的引导、协调和控制功能，正是通过信息流的反馈运行来完成的。反馈信息流的滞后时间越短，其功能作用越强。

1. 信息流的运行流向

信息流运行流向错综复杂，为了能更好地发挥信息流在商品流通中的功能作用，使之形成合理的信息流运动，可以从宏观经济和微观经济的角度，来划分其运行流向。

从宏观经济的角度来看，如果把商品流通领域看成一个大系统，信息流运行流向，可划分为纵向型、横向型和辐射型三种。纵向型是指商品流通领域（系统）内部上下级之间联系沟通的信息流动，主要包括指令性信息流和报告性信息流，这类信息流运行比较稳定并具有一定的规律性。横向型是指同级之间联系的信息流，即广泛沟通生产者、经营者、消费者之间商品经济联系的信息流动。这类信息流运行具有随机性和偶然性。辐射型是指各种流通中心，如各种商品贸易中心，各种形式的商品市场，以及科技市场、劳务市场等，这些经济中心网络向周围发出的信息流动。这类信息流运行，要求信息准确迅速，其信息辐射面广、影响面宽。还有国家信息中心、统计局、银行、物价局和其他职能系统是宏观信息发布源，其信息传播给经济社会，也具有辐射型特点。

从微观经济的角度看，以企业信息流来源划分信息流运行流向，企业信息流可分为内源信息流和外源信息流。外源信息流是从企业外部环境流向企业内部的信息流动。如国家经济政策、市场的供求状况、同行业的生产状况等信息是从企业外部流向企业内部。这类信息流对企业的计划和决策具有重要的作用。内源信息有两种流向。一种是企业内部的生产、经营状况等信息流向企业外部环境的信息流向,即内源外向信息流,这类信息流动的时间、内容、方向、流量等完全由企业内部控制。另一种是企业内部的信息流动,包括由企业外部环境流入企业内的外源信息流和企业内部产生的内源信息流,经过对信息的加工处理之后,提供给决策者和管理者。这种在企业内部的信息流向,也可以大致地分为两种:一种是垂直信息流向,指企业内上下级指令、报告等信息交流;一种是平行信息流向,指企业内各科室、班组、车间等之间沟通的信息交流。

2. 信息流的运行过程

信息流的运行过程是指对商品经济信息收集、加工、存贮处理、传递的全过程活动。因此,信息流的运行过程主要体现为人们对信息组织、经营的一系列工作上。

(1)信息收集过程。信息的收集是信息流运行的起点,也是重要的一步。收集信息的质量(即真实性、可靠性、准确性、及时性)决定着信息时效价值的大小,是信息流运行的基础。信息收集过程要求遵循一定的原则:首先,要有针对性。重点围绕商品流通经营管理活动进行,针对不同的信息需求,以及不同经营管理层次、不同专业、不同目的的要求。避免收集的信息量过大,造成人、财、物的浪费,但也不可使收集的信息过于狭窄。其次,要求具有系统性和连续性。信息是一种可以重复利用的社会资源,并可在原始资料的基础上不断加工、提炼出新的信息。所以要求收集到的信息能客观地、系统地反映经济活动的情况,并能随一定时间的变化,记录经济活动的状况。系统的、连续的信息是对一定时期经济活动变化概况的客观描述,它对预测未来经济发展具有很高的使用和研究价值。第三,要求信息收集过程的管理工作具有计划性,使信息收集过程成为有组织、有目的的活动。

信息收集有多种手段和途径,一般对原始信息收集,可以采用观察法、调查法、追踪法、公共关系法等几种基本方法,对加工信息收集,可以通过购买样品或文献的方法、交换信息的方法、查询统计年鉴的方法、网络收集方法等。

收集到的信息大都是零散的,相互孤立的,形式各异的信息,对于这些不规范的信息,不易存贮和检索,必须经过一定的整理加工程序。采用科学方法对收集到的信息进行筛选、分类、比较、计算,使之条理化、有序化、系统化、规范化,才能成为能综合反映某一现象特征的真实、可靠、适用而有较高使用价值的信息。

经过加工处理的信息,有些不是立刻投入使用,有些虽然已使用过,但仍有保留价值,这就需要进行信息存贮。通过对信息的存贮和积累,有利于对商品流通经济运行过程进行动态的、系统的、全面的研究。对于商品流通领域内贮存的大量不同层次、不同内容的信息,为了便于查询和检索,需要有一套科学的、便于查找的方法和手段。所以,信息收集过程,包括对收集到的信息进行整理、加工、存贮和检索等一系列科学的处理过程,然后才能进行信息的传递。

(2)信息传递过程。信息传递是指信息从信息源发出,经过适当的媒介和信息通道输给接收者的过程。商品流通领域的信息传递属于人类社会信息传递的一部分,因此,是人类有意识、有目的的活动。信息传递最基本的要求是迅速、准确和经济。

信息传递方式有许多种,一般可从不同的传递角度来划分传递方式。①从信息传递方向看,有单向信息传递方式和双向信息传递方式。单向信息传递是指信息源只向信息接收源传递信息,而不双向沟通交流信息;双向信息传递是指信息发出者与信息接收者共同参与信息传递,双方相互交流传递信息,信息流呈双向交流传递。②从信息传递层次看,有直接传递方式和间接传递方式。两种传递方式的区别是信息源与信息接收者之间，信息是直接传递，还是经其他人员或组织进行传递。③从信息传递时空来看，有时间传递方式和空间传递方式。信息的时间传递方式指信息的纵向传递，即通过对信息的存贮方式，实现信息流在时间跨度上连续的传递。空间传递方式指信息在空间范围的广泛传递。由于现代通信技术的发展，电视传真、激光通信、卫星通信等手段，为信息的空间传递创造了条件。④从信息传递媒介看，有人工传递和非人工的其他媒体传递方式。

(3)信息应用过程。信息的应用是指人类对信息进行有目的收集、加工处理后的使用，以实现信息使用价值和价值的过程。信息和其他商品一样，具有使用价值和价值。信息的使用价值，是指信息这一商品所具有的知识性、增值性、效用性等特征决定其能满足人类某种特定的需要，给人类带来一定的效益。例如，技术信息能满足企业进行技术改造，推动技术进步的需要；管理信息能够满足企业改革经营、提高管理水平的需要；金融信息能够满足国家制定有关金融政策的需要和企业筹措资金的需要；市场供求信息能够满足企业开发新产品、发展生产的需要和满足有关消费者的购买需要；等等。信息的价值，是指信息在收集、处理、传递、存贮等过程中，需要一定的知识、特殊的工具和方式，要耗费一定的社会劳动，是人类的一种创造性劳动的结晶，这种凝结在信息最终产品中的一般人类劳动即信息的价值。

商品流通信息的应用过程，就是商品流通信息用于流通经营管理过程中，使信息间接创造经济效益和社会效益的过程。信息只有通过应用过程，才能实现信息的增值，产生信息的放大效应，实现信息的使用价值。企业将信息应用到经营决策、日常管理中，将会为企业带来巨大的经济效益和社会财富。

上述三个过程，只是就某一阶段具体的信息而言，对信息流的整体来讲，由于社会经济活动是一个连续不断的运动过程，所以，信息是在一个完整的流通信息系统中，处于连续不断循环流动的运行过程状态中。

10.4 流通信息系统和网络

10.4.1 流通信息系统

信息系统是人员、过程、数据库的集合，它是在一定的组织机构中，不断地收集、处理、存贮和传递在不同业务层次上的事务处理信息和支持管理决策信息的综合系统。信息系统存在于组织机构中；信息系统支持组织机构的基本业务及其管理；计算机并不一定总是信息系统的基本要素，是否需要计算机，不仅取决于需要处理的数据或信息量，还取决于需要处理的信息复杂程度和速度。所谓组织机构，是指包含有能够相互交流的人员，自愿参加，并从事共同目的的活动的集合体，如政府和企业等。

流通信息系统的作用功能，可概括为对信息的管理功能和对组织机构的管理功能。

1. 流通信息系统对信息的管理功能

(1)建立流通信息系统解决的首要问题是确定组织机构内各管理部门和事务处理对信息的需求，所以，信息管理功能首先是确定系统对信息所需要的功能。包括：组织机构各不同层次在决策、计划、组织和控制等管理过程中，以及各职能业务处理过程中，所需要的信息内容、信息质量、信息形态以及信息收集和传递的渠道等。

(2)对信息的收集功能。信息系统所需的信息，都分散在组织机构外与外部环境和内部各个环节中。所以信息系统要采用一定的方式将这些信息收集、记录并整理，输入到信息系统中。一般采用人工方式或电子计算机方式输入。

(3)对信息的存贮功能。信息系统只有将输入的信息保存起来，才能对信息进行再加工，并重复使用这些信息，为组织机构不断地提供信息支持。

(4)对信息的加工功能。信息系统对信息的加工，包括对信息的分类、概括、过滤、修改、排序等内容。它使信息有序化、规范化，以提高信息的质量。

(5)对信息的输出功能。信息系统能将不同管理层对信息的要求形式和格式输出，提供给使用者。

2. 信息系统对组织机构的管理功能

(1)信息系统对组织机构的决策功能。决策是各组织机构最重要的管理功能。决策要以准确、及时、全面、有价值的信息为依据。由于信息系统能对信息进行综合处理，并能高速、适时地提供和检索信息，为决策者提供大量所需信息。信息系统可以采用模型方法，对决策中不确定因素和潜在因素，提出决策方案，并能对各种决策方案进行评价，使组织机构决策方案最优化，以便提高其经济效益。

(2)信息系统对组织机构的协调控制功能。信息系统按照信息的内容、信息流向将信息划分为若干子系统。如企业内市场预测信息子系统、财会信息子系统、购销信息子系统等。信息流分别通过这些子系统在组织机构内部的流动，调节、控制企业各方面的行为和活动。同时，信息系统的信息反馈可以及时发现组织机构活动中的各种偏差和问题，促使管理者制定新的对策，实现信息系统对组织机构经营活动的控制过程。

(3)信息系统对组织机构所需信息进行系统管理的功能。流通信息涉及的范围很广，包含的内容很多，如国家经济政策、市场供需状况，消费动向与消费心理、企业生产与销售状况、企业资金状况、人才信息、商品流通渠道信息等。这些信息大多以片段的、不系统的、不规范的形式存在于组织机构的内部与外部。信息系统可以根据流通信息运动的规律，将相对独立的、普遍存在于社会中的信息流组成一个系统，并按系统的原理，对零星的、片段的信息进行系统处理，综合利用，提高信息的有用性能。

10.4.2 流通信息网络

1. 流通信息网络的概念

流通信息网络是指传递流通信息的组织形式和工作系统。在商品流通系统中，要想发挥信息流的作用，使信息流能正常地、合理地流动，就必须建立一个流通信息网络。

(1)构成流通信息网络，必须具备以下几个基本条件(或环节)：

①信息的传递者。信息的传递者是指由意识、有目的地通过不同的形式传递信息流的个人或组织。它是信息流运动的前提。②信息传递的路线及信道。信息的流动是由传递者直接将信息传递给信息的接收者，或中间经过某些环节、某些组织机构才能传递到信息接收者。这一传递的路线所组成的模式称为信息网络。③信息传递载体。信息的交流必须依赖一定的传递载体或工具才能进行。④信息的接收者。指接收信息的个人或组织。信息流只有通过以上基本条件(或环节)，才能进行运动。因此，只有对以上几个基本环节的合理组织，才能构成信息流的网络系统。

(2)建立流通信息网络时应遵循的原则主要有：①流通信息网络的综合性和开放性，流通信息网络的系统化和整体化。流通网络作为一个有机整体，要求组成这个网络的各个要素之间要互相协调,共同配合,以实现网络整体目标的最优化。在设置流通网络层次结构时,要划分合理、清晰,减少信息传递的中间环节,有利于信息及时交流和反馈。同时,又能够促使信息网络系统有意识地搜集针对性强的市场信息,从而提高流通信息网络的服务效率。②流通信息网络的综合性和开放性。流通信息网络的综合性和开放性,要求系统不断地从外界吸收流通信息,并不断地向外界传递信息,进行不断地信息交流。总之,流通信息网络作为一个综合性的网络系统,在建立过程中,应运用系统的观点,对信息网络的总体目标与层次结构、功能与要素等的对立统一关系加以分析研究、合理统筹,真正建立能满足流通信息要求、具有交叉功能和连续性流通信息流的有机整体。

2. 微观信息网络

微观信息网络指的是以单个企业为典型代表的企业流通信息系统。它是由企业管理人员、情报技术人员、市场研究人员等组成的,为企业提供市场经营活动信息的结构性综合体。

(1)企业在选择流通信息网络时,一般应考虑如下因素:①信息内容和接收者的特征。要根据信息内容和接收者特性,来选择信息传递方式。②信息传递的时间范围。以此来选择信息传递媒介或工具。③经济原则。分析信息的成本和价值,用尽可能少的费用,实现信息传递的目的。④信息传递的效果。在信息网络中,减少层次,减少人为信息过滤造成信息失真,才能提高信息的时效性和保真度。

(2)企业流通信息网络结构一般有两种,一种是职能型网络结构,一种是树状综合型网络结构。①职能型信息网络。是按企业现有的管理职能部门建立的信息网络系统。系统中每一子系统基本上与某一部门相联系的,而其功能也是满足本部门的信息需求。这种结构可以保证企业各部门的基本信息需求得到满足。结构简单,任务明确。但按职能划分的子系统,信息被分散处理,可能造成信息的重复处理,层次多结构重叠,造成人力、物力、财力的浪费。②树状综合型信息网络结构。是把各类市场信息和企业内部各部门的同类信息集中起来,形成基础信息库(这是系统的最底层),在此基础上建立企业最基本的专业子系统,然后把有关方面的信息集中在专门的子系统中,对信息进行深层处理,输往不同层次的管理职能部门。企业经营活动中,有不同的层次,在每一层次上都有相应的信息子系统为其服务。这样有利于克服各个职能部门之间信息分散、重复的现象。系统内信息流的传递如同树状网络由最底层向高层流动,每一层的信息子系统都是对其底层信息的再加工,每一层针对不同的需要,设置各个不同的信息子系统。这就是根据信息运动规律和信息内在联系,而不受企业层次的职能机构所限,按信息内容、流向将信息划分为不同层次、不同内容的子系统。这些子系统有的可能跨越几个职能部门,也有的一个职能部门涉及几个信息子系统。这种网络结构,通过部门间纵横交错的信息流动,调节和控制各部门的活动和行为,并在部门内充分利用信息资源,避免信息的流失或重复的现象,同时对信息的反馈能及时纠正和采取行动,以提高整个企业的工作效率。

3. 宏观流通信息网络

宏观流通信息网络是指整个社会商品流通信息交流的信息传递网络系统。整个社会经济活动是错综复杂、变化无常的,市场信息又是多信源、多信宿、多信道、多形式的综合,经济管理也是多层次、多方面的。为了实现对整个社会商品流通的科学管理,沟通宏观市场信息方位、多层次的联系,必须建立多种形式、渠道畅通、反应灵敏的流通信息网络系统。

(1)构成宏观流通信息网络,除了应具备几个基本条件,即具备众多的信息发生源、信息接收源,具备多种信息载体和信息通道条件以外,还应具备信息网内的成员必须具有共同的意愿和需要，他们既是信息源又是信息宿；在信息网内，一般建立信息传播中心，传播中心承担信息的集中收集、处理和传递任务，从而可以减少信息的重复传递，提高信息的时效性。

(2)宏观流通信息网络主要有以下信息网络结构：

①纵向垂直信息网络。这是按照商品流通管理组织系统，由中央、省、地、市(县)、基层，层层垂直下伸的经济信息网络。中央信息中心和预测中心，为国家制定经济政策和宏观计划提供信息和依据，并组织微观经济活动信息，经各种手段传输到信息中心，由信息中心进行汇总，分类反馈给各个点，使信息进一步向外传输扩散，为微观经济活动提供信息导向和社会化的信息咨询服务。这一网络系统实现了对流通信息的收集、加工、处理、分析和反馈，发挥了宏观指导和控制作用。

以大、中城市经济中心为依托的流通信息网络中心。这是按照商品经济内在关系进行信息联系。这种信息网络中心，作为全国经济信息网络的主要部分，与城市经济信息中心结合起来，发挥横向信息联系以及城市信息中心向外辐射信息的作用。城市经济信息中心，是中央信息中心和基层单位信息流通的桥梁。信息网络中心可以综合想上传递基层经济活动，又可以将来自中央信息中心的信息向下传递。通过信息网络中心可以进行广泛的横向信息传递，在一定的空间范围内把不同部门、不同行业、不同经济个体结合起来，缩短信息传递距离。全国若干个以中心城市为依托的流通信息网络中心相互之间通过信息联系，使全国形成一个统一的流通经济信息网络。

②按照行业和产品建立纵横连锁的信息网络。一般是组建联合会，建立情报信息网，开展广泛的经济联系和信息交流。这种按同行业和同类产品建网，有利于及时掌握市场发展动向，促进本行业、本类产品的发展。

在流通信息网络中，信息中心起着主导作用。信息中心要拥有一批不同层次的专业技术人员，有合理的组织机构，现代化信息处理和通信手段，它承担着集中处理信息，加工信息，向外发送和信息咨询的任务。

随着商品经济的发展，商品信息量越来越大，种类形式繁多，时效性要求也会越来越高。但科学技术的不断进步，目前已涌现出许多现代化信息传递工具，如大容量通信系统、激光通信、传真图像、光纤通信等，同时随着信息处理手段的现代化，信息已不再收时空范围和国境的制约，信息资源共享和社会化争逐步得到实现。

学习自测题

一、名词解释

信息　流通信息　流通信息网络

二、简答题

1. 流通信息的分类是什么？

2. 流通信息的功能是什么？

3. 信息流的运行过程是什么？

三、实训题

了解沃尔玛的流通信息系统。

四、简述题

1. 试述信息的属性。

2. 试述流通信息系统。

3. 试述信息流的运行流向。

五、论述题

对比微观信息网络与宏观信息网络。

第11章 物流管理

学习目标

本章在介绍物流管理的概念基础上，详细分析了仓库管理和运输管理的技术应用，通过本章的学习，使读者深刻理解物流管理在流通领域的应用方法。学习本章后能够：

(1)了解物流管理的概念。

(2)了解仓库管理的应用。

(3)能够进行仓库的分类。

(4)初步了解运输管理。

(5)能对运输管理进行分类。

学习重点

(1)仓库管理的分类。

(2)运输管理的应用及分类。

学习难点

(1)仓储及其管理。

(2)仓库的基本概念。

(3)订购点法的计算公式。

引导案例

东芝与物流

东芝计算机的退货管理存在着不同的问题，因为客户想要他们之前使用的、存有所有资料的那个计算机，替代计算机根本不行。因此，客户满意的两个关键因素是速度和第一时间的修理。如果东芝忽略了这两个因素中的任意一个，客户满意度就会降低。

东芝采用六西格玛法寻找缩短修理时间的解决方案。东芝想要外包这项业务，起初对合作伙伴的选择犹豫不决——选择修理企业，还是物流企业？实际上，对于大规模的退货处理业务，具备修理和物流服务双重功能的企业很少。最后，东芝选择了UPS集团旗下的供应链管理解决方案事业部(UPS Supply Chain Solutions)——具备修理能力，更为重要的是在物流领域处于核心地位。在物流与修理服务两者之间，东芝更加注重物流，因为东芝坚信修理技能可以学习、改进，而物流模型难以模仿。

UPS位于美国路易斯维尔的飞机跑道也是一个大的有利条件。东芝的零件存储和修理中心都位于路易斯维尔。结果，双方合作以后，库存竟然变得非常好，因为零部件不用离开工厂。而且，修理周期也大大缩短，由过去的10天降为4天。在修理周期缩短方面UPS发达的店铺网络贡献最大。现在，UPS再也不用花费几天时间，邮寄给客户一个替代的退回产品。客户可以去往任何一家UPS店铺，店铺会为客户包好产品并在当天送出。

(资料来源：作者根据相关资料整理)

11.1 物流的概念

物流是指商品物质实体由生产者(供应者)向消费者(需要者)的流动过程。物流是商品实体的流动，它克服了供需双方在空间和时间上的局里，创造空间效用和时间效用。物流管理指对物流的各个环节进行有效的协调组织和控制。根据物流的程度和环节，物流管理包括对商品的包装、搬运、装卸、运输、库存、流通加工及信息处理等要素的管理，其中储存、运输是物流管理的中心环节。

11.2 仓库管理

11.2.1 仓储及其管理

1. 现代仓储在物流系统中的作用

(1)仓储是现代物流的不可缺少的重要环节。

关于仓储对于物流系统的重要意义我们还可以从供应链的角度来进一步认识。从供应链的角度，物流过程可以看作是由一系列的“供给”和“需求”组成，当供给和需求节奏不一致，也就是两个过程不能够很好地衔接，出现生产的产品不能即时消费或者存在需求却没有产品满足，在这个时候，就需要建立产品的储备，将不能即时消费的产品储存起来以备满足后来的需求。供给和需求之间既存在实物的“流动”，同时也存在实物的“静止”，静止状态即是将实物进行储存，实物处于静止是为了更好的衔接供给和需求这两个动态的过程。

(2)仓储能对货物进入下一个环节前的质量起保证作用。

在货物仓储环节对产品质量进行检验能够有效地防止伪劣产品流入市场，保护了消费者权益，也在一定程度上保护了生产厂家的信誉。通过仓储来保证产品质量主要要进行两个环节：一是在货物入库时进行质量检验看货物是否符合仓储要求，严禁不合格产品混入库场，二是在货物的储存期间内，要尽量使产品不发生物理以及化学变化，尽量减少库存货物的损失。

(3)仓储是保证社会再生产过程顺利进行的必要条件。

货物的仓储过程不仅是商品流通过程顺利进行的必要保证，也是社会在生产过程得以进行的保证。

(4)仓储是加快商品流通，节约流通费用的重要手段。

虽然货物在仓库中进行储存时，是处于静止的状态，会带来时间成本和财务成本的增加，但事实上从整体上而言，它不仅不会带来时间的损耗和财务成本的增加，相反它能够帮助加快流通，并且节约运营成本。在前面讲仓储的必要性的时候已经谈到过仓储能够有效地降低运输和生产成本，从而带来总成本的降低。

(5)仓储能够为货物进入市场作好准备。

仓储能够在货物进入市场前完成整理、包装、质检、分拣等程序，这样就可以缩短后续环节的工作时间，加快货物的流通速度。

过去的仓储起着储存原材料与产成品的作用，可以统称为存货，储存的作用是将原材料输送到生产部门，把产成品销售出去。很多企业都有较高的存货水平。

20 世纪 90 年代以来，零库存、物流供应链于物流联盟等理论的出现，仓库所扮演的角色转变为如何以更短的周转时间、更低的存货率、更低的成本和更好的顾客服务为内容的物流目标。仓库已经不再仅仅是储存物品的设施，仓库的运转效率大大提高，人们关注产品在企业的流动速度，有些企业的产品在仓库的存放时间大大缩短。

为了满足顾客廉价和快捷的服务需求，物流管理人员非常关注仓储过程中的成本和周转速度。很多企业重新设计仓库以达到加速订单处理和降低物流成本的目标，有的企业还根据其战略规划、市场分布而重新选择仓库地址，从而为顾客提供更好的服务。

仓储是对物品的储存，从广义上来讲包括提供纯纯物品服务的设施和场地。例如，制造厂商对制成品的储存，运输企业在运输途中对所运输物品的储存，以及露天场地对铁矿石的储存等。另外，仓储还包括一些专门的储存场地和设施，例如专门用于储存粮食的仓库、储存烟草的仓库以及用于储存需要冷冻或冷藏物品的冷库等。

仓储能为原材料等其他储存物品提供时间效用，起到季节性需求调整的作用。同时，根据市场需要设计的仓储还能够缩短企业为顾客提供服务的时间，能更快捷地按照顾客所要求的时间和地点将物品送到顾客的手中，随着有形物品销售过程中服务附加功能的日益重要，仓储也变得越来越重要。

2. 仓储作业流程

物流企业的仓储作业包括捷运商品、验收入库作业、保管保养作业、出库检查作业和发运商品 5 个操作步骤，具体如下：

(1)接运商品指商品从供货单位运输到仓库的过程；

(2)验收入库作业指仓库工作人员对运达的货物进行数量和质量方面的检验，检查无误后签收入库；

(3)保管保养作业包括对商品进行定位、上架、标码、维护保管和盘点检查等程序；

(4)出库检查作业包括审核出库的必需凭证，货物下架、分割、包装、交货、出账、仓库内部整理等操作；

(5)发运商品指通过各种运输工具将货物送达用户手中的过程。

3. 仓库的种类

仓库是为了储藏或保管而建立的设施，这些设施有建筑物、空地、水面以及其他如船舶与车辆等。一般来说，船舶是运送的工具，但如果停在某一地方起到保管作用时，则也是一种仓库。

仓库可以按照用途、结构和保管对象等多种依据及方法来进行分类。

(1)按照用途，可以把仓库分成自用仓库、公共仓库、营业仓库和保税仓库等。

①自用仓库。指各企业为保管自己物品而建立的仓库。这种仓库的建立、物品的保管和管理、出入库的管理都有企业自身负责。由于保管对象是特定的，所以要选择合适的仓库构造以及装卸设备，一般来说，自动化仓库几乎都是自用仓库，是利用营业仓库还是建设自用仓库，取决于保管物品的数量及变化的大小、地点等因素。

②公共仓库。是指政府或其他公共团体为了实现公共利益而建立。在一些处理海运货物的港口这种公关仓库比较多。

③营业仓库。指根据有关法律的要求获得营业许可证后，以保管他人的货物专区利润的仓库。营业仓库与自用仓库的关系就好比营业货车与自用货车的关系。由于营业仓库的服务对象为众多货主，所以整体的货物品种多，相对于自用仓库，要求有更高的有效利用率。

营业仓库的结构、设备等方面要根据所要保管的物品的种类和特征来确定，要符合有关法律法规的要求。设定的仓租标准要向有关部门申报，不能任意更改。委托营业仓库保管某物品成为寄托，委托人即为寄托人，可以要求仓库营业方提供仓单，仓单营业仓库保管某物品所有权转让给别人。当然，仓库营业方要具有发行仓单的资格。

④保税仓库。指经海关同意，专门设立用于保管未缴纳进口关税而设立的仓库。与保税仓库相关的两个概念是堆货场和保税堆货场，其中堆货场指为实现对货物的保管、分类排放和转运等目的而临时放置货物的场所，保税堆货场则是指进口货物到港后，用于暂保管待通关货物的这样一些仓库类设施。可见，保税仓库与保税堆货场是有明显区别的。

(2)根据仓库结构，可以分为平房仓库、多层楼仓库、自动化仓库和饲料储藏库。

①平房仓库。指仓库的建筑结构为平房。由于这种仓库结构非常简单，成本低，因此也比较普遍。

②多层楼仓库。这种仓库设计为两层楼以上，是以钢筋和水泥建造的仓库。这种仓库由于楼层较多，带来了楼层间搬运货物的不便，但是由于土地非常有限而且昂贵，一些城市和港口为了扩大仓库面积和降低成本，这种形式的仓库还是比较多。

③自动化仓库。这种仓库是适应现代物流发展对保管活动需要而产生的一种仓库，仓库往往具有十层以上的结构，具有物品可以自动出入仓库的特征。为了节省和方便，在这种仓库中物品的出入库都由电脑控制的自动操作设备来完成。

④饲料储藏库。是用于大量储藏小麦、饲料和水泥等粉状及粒状货物的一种塔状建筑物。往往以钢板或者水泥来建造。为了粉状及粒状货物能够顺利进出仓库，这种仓库往往装配有

输送带、空气压送等特殊装置,以适应储藏对象配送的需要。

(3)根据仓库地点,可以分为内陆仓库、车站仓库、港湾仓库、转驳站仓库、都市仓库和工厂仓库。

①内陆仓库。与海港仓库相对应,处于非沿海地区的仓库。

②车站仓库。一般指铁路站仓库,由于铁路运输量大,在铁路的货物站附近为保管铁路运输的离站前的货物所建立的仓库。

③港湾仓库。又称码头仓库,指为保管船舶所运输的货物,往往建立于船舶停靠点和驶离点,这种仓库在输出、输入货物的主要港口地带较多,保税仓库、堆货场、保税堆货场等属于港湾仓库。

④转驳站仓库。把火车与仓库等集中在一起的地方叫做流通专业区,在这些地方建立的仓库称为转驳站仓库。

⑤都市仓库。指在消费物品流动大的都市建立的仓库。

⑥工厂仓库。指在企业内部尤其是工厂内部所设立的仓库,可以分为原料仓库、半成品仓库和成品仓库等。

(4)根据保管的物品对象,可以分为原料仓库、成品仓库、半成品仓库、冷藏仓库、定温仓库、危险品仓库、水上仓库、农业仓库和露天仓库等。

①原料仓库。指用于保管送入生产环节之前的原料的仓库。

②成品仓库。用于保管销售前产品的仓库。由于生产自动化的发展,有些产品经包装后往往由运输带运送到垫板上,然后再送到仓库保管。我们又可以称其为自动化仓库。

③半成品仓库。有些物品在经过中间环节加工时,需要入库进行临时性保管,用于这种用途的仓库被称为半成品仓库。

④冷藏仓库。只设有冷冻装置的仓库。用于肉类,鲜鱼,冷冻食品等农业产品畜产品以及其加工产品的保管,保管的温度一般在10℃以下。营业性的保管仓库一般分为四阶,保管费用分为F阶及C1、C2、C3阶,其中F阶的费用最高。

⑤定温仓库。有些物品会因为温度的原因而变质,性能减低等现象,例如巧克力,蔬菜,水果,精密机械等,用于解决这些物品的保管问题而建立的仓库就叫定温仓库。这种仓库的温度一般恒定在10～20℃之间,现在,这种仓库往往带有空调设施。

⑥危险品仓库。指专门用于保管危险品的仓库,根据消防法及一系列法律的规定,有些物品属于危险物品,需要有特殊的仓库进行保管。危险物品可以分为A阶、B阶,特别危险品等相应的,危险品仓库也可以分为多种类型。

⑦水上仓库。指为储存原木等物品,在港湾和河流的水面周围设提防或其他活动物加以转堵所形成的仓库。

⑧农业仓库。用以保管农作物或农产品而建立的仓库。

⑨露天仓库。指用于保管钢材,煤,矿石,木材和石油桶等不受或很少受到风雨影响的物品的仓库,这种仓库往往是在户外的空地周围用围墙或木栏围住加以保护,因此称为露天仓库。

(5)根据建筑材料,可以分为传统仓库和现在仓库。

传统仓库往往是石造,土造和砖造等;现代仓库往往是钢筋和水泥建造,也有少部分仓库纯粹用钢骨建造。

11.2.2 库存及其管理

1. 仓库基本概念

仓库是指处于储存状态的物品，库存的结果形成存货。与库存及存货相关的概念有周期存货、安全存货、在途存货、经济订购批量、再订货点和前置期等。

周期存货又称基本库存，指企业在正常经营情况下为满足日常生产或销售需要而维持的库存量，是总库存的总体组成部分。

安全库存指为了预防原材料采购和产品需求方面的不确定性因素(如原材料交货期突然延期，大量突发性产品订单)而准备的缓冲库存，是企业在基本库存之外的缓冲库存，这种库存在企业的总库存种占有很大的比例，据统计，安全库存在零售企业的总库存中所占比例高达1/3左右。

在途库存指尚未抵达目的地，处于运输状态或为了运输的目的而暂时处于储存状态的物品。这部分物品的地点状态及预计到达时间对企业的采购计划和库存控制有重要的影响。

经济订购批量是指使包括采购成本和储存成本等在内的库存总成本最低的采购批量，是对库存量进行定时定量控制的一个重要参数。

再订购点指物品的库存量随着生产或销售的消耗而不断降低，当降低至某一水平时，需要启动采购程序予以补充，达到这一水平的库存量即为再订货点。

前置期又称备货期，指发出订单到最后采购物品入库所花费的时间，与订单完成周期概念基本上是一致的。

2. 存货的作用

存货的作用包括传统存货的作用和在物流和供应链中的最新作用。

(1)传统存货的作用

传统存货的作用:第一，调节物品供求的时间差异，确保销售活动的正常持续进行。这里的物品包括材料和成品等，库存的作用就是调节这些物品的供求时间差异，其中调节材料的时间差异是为了满足生产的需要，对成品供求时间差异的调节是为了满足销售的需要。第二，缓解不确定因素的影响。企业在经营过程中，客观上会存在各种各样的不确定因素，比如，预测部准、计划难以落实、运输障碍、生产事故、生产各工序间速度不匹配、订单大幅度增加等，只有保有一定的库存量，才能在这些不确定因素发生时，采取相应的措施来缓解。

(2)在物流和供应链中的最新作用

①在物流中的新作用。前面已经谈到，物流活动的保管功能是对生产与消费的时间差异所进行的调整。过去曾经认为物品保管越多，表示生意越兴隆。但现代企业讲究营销，要进行科学化的需求预测，如何降低物流消费就成为一个重要课题。

从与保管过程有关的费用来看，如果利用营业仓库保管，则要支付仓租，如果是自备仓库，则要支付相应的维持费用及入库的作业费用。要降低流通成本，就要同时考虑所保管的商品的种类与数量的关系问题。如果把多余的高价商品储存于仓库中，实际上市积压制造上投入的资金，如果资金来源于银行贷款，则会增加利息支出。反过来，如果一味地减少物品的库存量当然可以减少利息费用，但又会带来断货的可能，不仅节约不了资金，还会损害企业的信誉。

仓库中所保管的物品(严格来说，还包括在途物资)在盘存资产时被称为库存(inventory stock)。在考虑对顾客的服务水平及经济合理性时，评价库存量是否合适并进行适当的调整的过程为库存管理。实际上库存管理也包括准确地掌握保管中的物品的数量，记载出入库量等，但在大多数情况下，我们把这部分工作叫做仓库管理。

库存的种类很多，有工厂为生产做准备的生产库存，有从生产到销售的流通过程中的流通库存，也有专门为储备而发生的库存等，功能也各不相同。

工厂的生产库存是为了配合生产计划，储备生产上所需要的各种原材料和零配件。

流通库存的功能则表现为：防止供货的短缺，尽量缩短顾客从订货到交货的时间，确保对顾客服务的质量；维持适当库存，防止库存投资的浪费；尽量减少库存，均匀地补充库存量，这样会增加运输费用和采购费用，但可以节约库存费用和降低资金占用量，如果按经济采购量进行采购，可以降低总物流费用；根据销售情况，促进生产的有计划地进行；流通中的库存能够在销售过程中起到展示企业实力的作用并为顾客选择提供便利。

以储备为目的的库存的功能是：低价时大量储备，高价时售出以赚取利润；进行大量储备以预防灾害等情况的发生。

②库存管理在供应链中的作用。当我们跳出单个企业而从包括供应商、制造商、批发商、零售商组成的整个供应链的角度考量，可以看到库存管理在供应链中的重要作用，也可以看出过去在库存管理中存在的许多问题。在供应链这一概念在充分重视之前，供应链的各环节之间是一种相互买卖关系，彼此之间很少进行信息的交流，在库存管理上也很少进行协调，造成了从整个供应链角度来看大量的不必要的库存，增大了整个供应链的库存成本。比如，过去制造商并不完全信赖供应商的及时保质交货的承诺，为了避免供应商延期交货或者不能交货导致顾客订单不能及时满足的情况出现，制造商会设立"缓冲库存"，其实质是制造了超过实际需要的库存量。另外，企业与顾客之间也缺乏很多必要的信息交流，企业只能根据对市场的需求预测来计划生产，一旦预测值与实际需求量存在差异，就会造成原材料的库存过剩或短缺，因此，企业为了满足顾客的突然性大订单往往也要设立"缓冲库存"。据有关统计，缓冲库存占整个零售业库存的1/3。因此，从整个供应链角度来看，传统的交易习惯增大了企业的库存，同时也增大了成本，这些成本最终会转移到产品的销售价格上，一方面会降低消费者的满意度，另一方面，从福利的角度来看，也不利于实现整个社会福利的帕累托最优化。

分析结果表明：从供应链角度来优化库存管理，可以降低库存总量，减少资金占用和库存管理成本，提高顾客满意度和社会的整体福利水平。"零库存"只是一种及时生产和交易方式下的理想和努力目标，但这与加强库存管理降低库存水平有着巨大潜力的现实并不相悖，现在已经出现了许多维持甚至在优化对顾客服务水平前提下的改善整个供应链库存管理的方法和技巧。这些方法和技巧在当代现金供应量各环节建立在买卖关系上的对立型关系向基于共同利益的合作伙伴型关系转变的大环境下，寻找到一个更具操作性的平台，供应链上下游各企业之间实现充分交流、信息共享和协调库存管理成为可能。

11.2.3 库存成本

(1)库存成本包括存货成本、取得成本、储存成本和缺货成本等。

存货成本只是从订购、入库、储存到出库整个过程中所发生的费用总和，另外还包括因缺货而造成的经济损失。研究存货成本的构成，寻找达到最低存货成本的采购数量和控制方法是存货控制的中心研究内容。

(2)取得成本包括采购成本和购入成本。采购成本指采购货物过程中所发生的费用，包括订货手续费、差旅费、跟踪催货费(如跟踪、催促采购货物的通信费、押运费等)、验收入库费、人员工资等。购入成本指获得货物的所有权或者使用权而发生的支付，指货物本身的成本，又称为购置成本或货物成本，包括售价、装卸运输费和途中损耗等。

(3)储蓄成本指货物从入库到出库期间发生的成本。包括存货占用资金应支付的利息、保险费、保管费、存货损耗费。其中保管费包括仓库设备运行费、设备折旧费、维修费、人工工资和其他日常管理费用。损耗费包括有形损耗费和无形损耗费。

(4)缺货成本指因库存供应中断而使生产销售商不能满足需求所造成的经济上的损失。其中原材料短缺造成的损失包括停工待料费、调整生产的损失费、弥补产品供应短缺所发生的加班加点费等。成品供应短缺造成的损失有产品脱销损失的利润、延误交货期支付的罚金及因此发生的名誉损失等。

11.2.4 库存管理的内容和目标

1. 库存管理的内容

企业需要根据市场的需求和企业的经营战略及目标，决定各类物品的库存数量、采购时间和采购数量。**库存管理的核心是确定企业各类物品的基本库存、安全库存和周转速度等，并在此基础上确定何时采购和采购多少。**

2. 库存管理的目标

通常的库存管理目标有两个，一是提高对顾客的服务水平；二是降低库存成本。这两个目标本身是存在矛盾的，要提高对顾客的服务水平就不可避免要提高成本，库存管理的功能就是寻求两者之间的最优平衡和最佳组合。传统的库存更多地考虑了后一个目标，由于买方市场的形成和竞争的加剧，单纯关注成本难以增强企业的竞争力，现代库存着力于对客户水平的提高，如果成本的挖掘可以实现向顾客的转移，在很多情况下，后一个目标本身就是前一个目标所包含的重要内容。

11.2.5 库存管理方法

1. 传统库存管理技术

传统库存管理技术——ABC 分类法和 EOQ 法。

(1)ABC 分类法(Activity Based Classification) 又称帕累托分析法或巴雷托分析法，平常我们也称之为“80 对 20”规则。它是根据事物在技术或经济方面的主要特征，进行分类排队，分清重点和一般，从而有区别地确定管理方式的一种分析方法。由于它把被分析的对象分成 A、B、C 三类，所以又称为 ABC 分析法。由于企业需要库存的物品种类很多，有些物品种类很多而价值不大，而有些物品种类很少但价值较高，由于企业的管理资源有限，对所有物品均进行相同的管理和高度重视一般不太现实，也不需要，为了集中有限的资源对重要的库存物品进行有效的管理，有必要对库存物品进行分类管理，即根据物品的重要程度进行分类，然后施以不同的管理。这就是 ABC 分类管理的基本理论思想，即把所有的物品分成 A、B、C 三类，其中 A 类指数量占比不大甚至很少但金额占比很大的物品；C 类正好相反，是指金额占比不大而数量很大的物品；B 类物品则介于两者之间。ABC 分类法包括两个步骤：一是怎样进行分类；二是分类后怎样进行管理。

①第一步，怎样分类。

通常按某库存物品占总库存资金的比重和占库存物品品种数目的比例来分类。其中 A 类物品的特征是品种数目占总库存品种数目的 5%～20%，而资金占用占总库存资金为 60%～70%；C 类物品的品种占总库存品种的 60%～70%，而资金额占总库存资金的 15%以下；B 类物品则介于两类物品之间，品种数占总库存品种数的 20%～30%，而资金占用额在

20%左右。

按以上规则来分类有时会碰到一些问题。比如按照金额，某一物品可能被归为C类，但是却是生产中不可缺少的重要物品，一旦缺乏可能会造成整个生产的停滞。为了防止这种现象的出现，弥补按金额分类可能存在的不足，有一种补充方法即重要性分析方法(critical value analysis)，即根据工作人员的主观判断对每一库存品种进行重要程度打分，打分结果称分数值，根据分数值将物品分为3～4个阶别，分别为最高优先价、高优先阶、中优先阶和地优先阶。

②第二步，分类后的管理。

A类物品的管理。由于A类物品虽然数量少，但库存量金额大，对企业的生产和经营最为重要，因此，要进行严格管理和控制，对此类物品要定期时盘点，详细统计其进、出、存、品质变化等情况，既不能缺货，又必须尽可能降低库存量，以控制总的库存成本。

B类物品的管理。B类物品的重要性一般，管理强度介于A类与C类物品之间，对其库存情况要进行正常的控制和例行管理。

C类物品的管理。这类物品数量很大但资金占用比例低，对企业的重要性相对偏低，对这类库存一般只需进行简单的控制和管理，可以在一定范围内加大采购量，相对减少管理设施和人员，并且可以适当延长检查盘点的间隔时间。

ABC分类管理法各类物品的控制情况如表11.1。

表11.1 ABC分类管理法各类物品的控制情况

项　目	A类物品	B类物品	C类物品
控制程度	重点控制	一般控制	相对简单控制
库存量的计算方式	按照经济指模型计算	一般计算	相对简单计算
进出库记录	严格记录	一般记录	记录
存货盘点频度	大	一般	小
安全库存量大小	小	较小	可以很大

(2)EOQ法(economic order quantity mode)，又称经济批量模型法。由于每次采购数量大，会导致存货的周转率低下，库存成本增加，所以分次购买比较划算，但是，采购次数过多，又会增加采购费用。因此，最关键的是要找到一个适合的采购数量，使得采购费用与库存费用的总和能够达到最小，在这样一个状态下的每次采购量，称之为经济采购量。简单来说，就是通过平衡采购进货成本与保管仓储成本，确定一个最优订购数量以获得最低总库存成本的方法。

设定a为总库存成本，b为总采购费用。则最关键的问题是求得$a+b$的最小值，求总费用的最低值。

如果用H表示总的费用，G表示采购总量，Q表示每次采购的数量，$C1$表示单位物品的仓储费用，$C2$为每次采购所发生的差旅及其他相关费用。则有经济订购批量的计算公式为：

$$H=Q/2\times C1+C2\times G/Q \qquad (11—1)$$

式中：$Q/2\times C1$为存货保管费，与Q成正比关系；$C2\times G/Q$为采购费用，与Q成反比关系。

根据导数原理，使H为最小的Q为$\mathrm{d}H/\mathrm{d}G=0$

即

由$C1/2-C2\times G/Q^2=0$

可得：

$$Q=\sqrt{2C2\times G/C1} \tag{11—2}$$

其经济含义是

$$经济订购批量=\frac{\sqrt{2\times 一次采购费用\times 采购数量}}{单位仓储费用} \tag{11—3}$$

在 EOQ 法下，企业的采购方式包括现购现买、定期订购、订购点法等多种方式。

①现购现买。对于使用量、销售量较少，而且用途也有限的外购零部件及特殊商品，一般使用现购现买的方式，在有必要时购买必需的数量，原则上不储备存货。

对于价格变动过于频繁的采购来说，现购现买是一种明智的选择。另外，季节性变动大，具有流行性的物品一旦销售受挫，这种存货会带来腐败变质。价值锐减的风险，所以即使以后有价格抬高的可能，也不可大量储存。

②定期订购。指订购时间固定，视存货剩余情况决定每次订购数量的采购方式。

采用此种方式时，首先要确定订购期限。可以是一个季度、一个月或者一个星期等，要由企业具体采购的产品和生产销售情况来决定。

在采购前，要确定下一周期的预计使用量以作为确定采购量的依据。其计算公式为

本次的采购量＝预计使用量－现有库存量－已采购但尚未交货的货物量

在存货管理中，还需要确定的两个问题是平均存货量、最高及最低存货量问题。其计算公式为

$$平均存货量=\frac{采购周期内的平均使用量}{2}+紧急预备量 \tag{11—4}$$

最高存货量＝采购周期内的平均使用量＋紧急预备量

最低存货量＝紧急预备量

式(11—4)中紧急预备量是为了防止在每次采购需要的时间和采购周期期间作用量发生巨大波动导致存货短缺而进行的储备。紧急预备量往往根据历史经验来确定。

定期采购容易发生的问题有：一次采购而分批交货，如果不能确定交货的具体时间和数量则会发生需要重复采购或因延迟交货而断货的现象。

③订购点法(定量采购法)。这种采购方式也称定量采购法。主要是一些制造企业使用，在零售业的批发环节也有部分企业使用这种方式。

这种方法是以过去的销售情况作为基础来确定存货需要量。其基本原理是当存货量降到一定数量时，采购部门会自动作一定量的补充采购，以使得存货量保持在最高量与最低量之间。

采购点和采购量两项指标需要事先确定。在此基础上，要对存货的实际剩余库存量作跟踪记录。

在采购点指标确定之后，除非有大的变化，平时只需要作常规性的采购就可以了，这样可以省去很多的手续。因此，这种采购方法的费用比定期采购方式要低。

订购点法的计算公式为

采购点＝存货的平均使用速度×平均采购时间＋紧急预备量　　(11—5)

式(11—5)中存货平均使用速度是根据过去的实际使用量取平均值，然后根据现在和将来的情况变化做适当调整。平均使用速度的时间单位可以是每季、每月、每周等，而数量单位则依物品的种类不同而不同，如件、公斤、升等。

平均采购时间指当实际库存量降到最低存货量时，从发出采购清单到供应方交货，采购方

收货。验货和最终货物入库中间所经历的全部时间。因此，平均采购时间不是单指交货日期，而是包括了采购单之前的事务处理时间和供应方交货后的验收时间等在内的。

另外，平均采购时间的单位必须与平均使用速度中的单位保持匹配，平均使用单位如果使用的是月均量，则平均采购时间应该用月来计量。如15天可以记为1/2个月，6天则为1/5个月等。

安全库存量与前面的定期订购方式相同。是为了预防使用量发生非正常性波动而导致的断货现象。

$$平均存量=\frac{采购量}{2}+安全库存量 \tag{11—6}$$

$$最高存货量=采购量+安全库存量 \tag{11—7}$$

$$最低库存量=安全库存量 \tag{11—8}$$

订购点法的优势是：由于采购点和采购量在事先都已经确定，所以不需要由采购人员个人来做出判断，可以减少相应的一些管理工作，降低管理成本；由于采购量是一定的，给交货的计算单位或打包单位，在货物入库前验收、仓储保管、盘点、出库时带来便利，起到节省这些相应环节人力和费用的效果；实际库存量相对比较少。

其缺点是：采购工作按事先确定的量实施固定操作，不便对存货进行严格管理；容易形式化；采购期过长或者采购量过少而次数过多的采购不适宜采用这种方法。

2. 现代库存管理方法

(1)物料需求计划(MRP)。物料需求计划是根据顾客订单和市场需求预测制订生产计划，然后根据生产计划设计产品的物料结构清单，再根据库存情况计算物料的需求量和需求时间，从而制定物料的价格或者采购日程的一种实用技术。

物料需求计划的基本结构包括计划的输入、实行和输出三部分。可以解决需求什么、需求多少和何时需求三个问题。以确定物料的生产进度或者采购日程，既要满足生产的需求，又应尽量降低库存量。

(2)制造资源计划(MAPII)。指将企业经营过程中的工程技术、成本、财务和销售等主要环节与物料需求计划(MRP)集合成的一个系统，涵盖企业生产经营活动所有领域的一种制订综合计划的工具。通过周密的计划，MRPII能提高制造资源的利用率，减少资金的占用，缩短生产制造周期，降低产品成本，优化企业的资源配置。MRPII运用管理会计的基本原理，将物流与资金紧密结合起来，使包括材料在内的物流的节约通过资金流的形式在效益上反映出来。

(3)分销资源计划(DRP)。分销资源计划DRP(distribution resource planning)又名配送资源系统，是广泛应用于产品销售物流系统德尔潜在的功能强大的技术。其功能在于确定恰当的存货水平、分销资源计划的成功运用表明企业能过减少缺货发生几率、降低总体的库存水平，节约运输成本和改进物流中心的运作。

配送资源计划被应用于MRP系统以追求最少的原材料存货。在汽车制造行业中，由于需要大量的零配件，而每一种零配件的备货时间和数量都存在差异，所以配送资源计划与总的生产计划是紧密关联的。当两者综合起来考虑的时候，可以制定一个有关每一零配件必须订购的时间和数量的计划。

DRP适宜于流通企业进行库存控制。企业可以根据顾客的需求计划制订采购计划，确定合理的库存水平。一些企业的实际应用表明，流通企业利用DRP可以改进包括减少缺货现象产生、加快对客户需求的响应速度等客户服务，降低产品的总体库存水平并降低运输成本等。由于以上的诸多好处，近年来，DRP 受到了包括金利来等很多流通企业的重视。

DRP 的实施需要输入 3 个文件：①社会需求文件，由顾客订单、需求预测和提货单构成；②供应商货源文件，包括供应批量和备货期等信息；③在途文件盒库存文件。前者指已向供应商订购但尚在运输途中的货物数量和到货时间。后者指各种物品的现有库存数量及特征信息。DRP 系统根据这样 3 个文件和事先确定的参数及运算逻辑。输出两个计划：①采购计划，即根据客户需求、现有库存量、供应商供货情况等，确定采购时间和数量；②送货计划，根据客户的需求品种、数量、时间以及送货提前期，确定送货数量的时间计划。

11.3 运输管理

11.3.1 运输及其管理

运输时将商品进行空间移动，运输过程不改变产品的实物形态，也不增加其数量，但能创造商品的空间效用，实现其使用价值。运输是物流的中心活动，是物流管理十分重要的环节。它如同一面镜子反映出一个国家各经济区间联系的程度。交通运输网的发展变化以及运输方式的发展与变化。尤其是运输方式的变化与更新会对商品运输产生深远的影响，是影响商品运输最重要的因素。

运输管理的定义：是以最少的时间和费用完成物品的运输任务。

运输管理的基本原则，即物品有效地移动必须遵循：①集中控制；②规模经济；③灵活性；④距离经济。

合理组织商品运输的基本需求：商品运输是借助各种运输工具，使商品实体发生空间转移，创造商品空间效用的活动。商品运输时商品流通过程中的一个重要环节，合理组织商品运输时现代市场营销工作的重要内容。

商品运输的合理化，是指商品在运输过程中，使商品行径的里程最性，环节最少，时间最短，费用最省，安全完好地从产地运到销地。

在组织商品运输工作中，要贯彻及时、准确、安全、经济的原则。具体做到以下几点：

①按照合同规定的交货时间，如期把商品运到销地，保证用户的需要；

②保证在运输过程中不发生差错，按质按量到达指定地点；

③要求在运输过程中，商品不发生变质、丢失，不发生人身事故等；

④要选择最合理的运输线路和运输工具，节约人力、物力和财力，降低运输费用。

11.3.2 合理组织商品运输的主要途径

1. 正确选择运输方式

现阶段，在我国商品运输方式主要有 5 种：铁路、公路、水运、航空和管道等。这 5 种运输方式使用不同的运输工具，在商品运输中发挥着不同的作用。

(1)铁路运输。其特点是运量大，运送速度快、费用较低、安全可靠、比较准时，适合长距离运输；缺点是不够灵活机动，车辆调度比较缓慢。

(2)公路运输。它是短途运输的一种很重要的运势形式，具有灵活机动、服务面广、装卸方便等特点，适用于中小批量的近距离运输。

(3)水路运输。它是一种十分经济的运输方式，具有运量大、运价低的优点；但是也能输速度较慢,适合运输散装的、笨重的、价值较低的大宗商品。

(4)航空运输。这是一种速度最快、运费最高的运输方式,适用于运送急需、贵重、运量较小的商品。

(5)管道运输。它是一种新型的现代化运输方式,具有运送速度快、运量大、损耗小等优点,适用于液体、气体商品的运输,如原油、煤气等。

以上5种运输方式,都各有优缺点,并且在运输成本、运送速度、交货时间的准确性和商品损失程度等方面存在很大的差异。企业根据商品的特性、数量、价值以及市场需要的换机程度,并结合各种运输方式的特点进行正确的选择。

2. 组织直达运输和"四就直拨"运输

直达运输是指商品自生产企业直接运往销售地和主要用户手中,中间不经过任何转运环节或中转仓库。组织直达运输可以省去不必要的中间环节,减少商品的在途时间和运输损耗,降低商品流通费用。"四就直拨"是商品直线直达运输的一种重要形式,即就生产工厂直拨,就车站码头直拨,就仓库直拨,就船舶运载直拨。

直达运输和"四就直播"运输使商品越过不必要的中转运输环节,从而缩短运输距离,加速商品流转,减少损耗,降低流通费用,体现了商品运输的合理化。

加强商品运输的计划性,商品运输由于涉及企业内外部诸多因素,是一项十分复杂的工作。因此,企业要综合考虑商品的特点、流向、流量。可行的运输方式以及企业内部条件,适时编制商品运输计划,以便合理组织商品运输,节约动力,降低费用,确保商品运输任务的完成。

11.3.3 物流运输管理制度

本着"安全、及时、准确、经济"的原则,按照运输车辆集中管理,分散使用结合的办法加强商品运输管理。以加速实现商品的流通,使商品运输合理化。

1. 商品运输的任务

商场商品运输工作,一般由商场储运部统一负责管理,其具体任务是:

(1)按照商品运输的管理内容,安排商品的运输、提货、验货,商品的交接、查询和索赔;

(2)合理发排使用商品运输工具,建立健全各项管理制度。

2. 商品运输工作范围

(1)送货上门运输。

(2)商品移库运输。

(3)商品入库运输。

(4)商品下站运输。

(5)商品上站运输。

3. 商品运输工作程序

(1)货物通知、提货和装运。

①商场调度员接到货运通知和登记时,要验明各种运输单据,及时安排接货。

②商场调度员按商品要求、规格、数量填写运输派车单交运输员。

③商场运输员领取任务后,需认真核对各种运输单据,包括发票、装箱单、提单、检验证等。问明情况,办理提货。

④提货。

a. 商场运输员提货时,首先按运输单据查对箱号和货号;然后对施封代、苫盖、铅封进行认真检查;确信无误后,由运输员集体拆箱并对商品进行检验。

b. 商场提取零担商品时需严格检查包装质量。对开裂、破损包装内的商品要逐件点验。

c. 商场提取特殊贵重商品要逐个进行检验;注意易燃、易碎商品有无异响和破损痕迹。

d. 提货时做好与货运员现场交接和经双方签字的验收记录。

e. 对包装异常等情况,要做出标记,单独堆放。

f. 在提货过程中发现货损、货差、水渍、油渍等问题要分清责任,并向责任方索要“货运记录”或“普遍记录”,以办理索赔。

⑤装运。

a. 商场运输员在确保票实无误,或对出现的问题处理后,方可装车。

b. 装车要求严格按商品性质、要求,堆码层数的规定,平稳装车码放;做到喷头正确、箭头向上,大不压小,重不压轻,固不压液;易碎品单放;散破包装在内,完好包装在外;苫垫严密,捆扎牢固。

(2)商品运输、卸货与交接。

①商场运输员必须按规定地点卸货。如货运方有其他要求需向调度员讲明,以便重新安排调整。

②卸货时按要求堆放整齐,方便点验;喷头向外,箭头向上,高矮件数一致。

③定位卸货要轻拿轻放,根据商品性质和技术要求作业。

④交货时,商场运输员按货票向接货员一票一货交待清楚,并由商场接货员签字,加盖货已收讫章。

⑤货物移交后,商场运输员将由接货员在临时入库通知单或入店票上签字、盖章的票据交储运业务部。业务部及时转各商店办理正式入店手续。

⑥若运输货物移交有误,要及时与有关部门联系。

(3)运输任务完成后,商场运输员需在派车单上注明商品情况,连同铅封交收货单位。

(4)在运输中,因商场运输人员不负责任发生问题,按场内有关规定处理。

4. 商品运输安排与申报

(1)凡直接由专营商店转来的提单,均由商场储运部根据业务需要合理安排运输。

(2)本市商品原则上 2 天内运回,最迟不超过 3 天。

(3)凡有上站业务的专营商店,须提前到商场储运部办理运输手续,如实登记发运货物品名、规格、数量、性质、收货单、地点、联系人、电话、邮政编码、时间和要求等,并填写清楚。

(4)凡采用公路运输的部门,需组配好货物,提前 5 天申请用车计划。

(5)公路长途运输(1 000 千米以内)业务,需报商场总经理批准后执行。

5. 运单的传递与统计

(1)传递运输单据要按传递程序进行,做到统计数字准确、报表及时。

(2)商场调度员要认真核对汽车运输单据,发现差错,遗漏和丢失要及时更正、补填,并按规定时间交商场统计员。

(3)商场统计员根据运输单据,做好各项经济指标的统计、造册、上报与存档工作。

本章小结

物流是指商品物质实体由生产者(供应者)向消费者(需要者)的流动过程。物流是商品实体的流动,它克服了供需双方在空间和时间上的局里,创造空间效用和时间效用。物流管理指对物流的各个环节进行有效的协调组织和控制。

根据物流的程度和环节,物流管理包括对商品的包装、搬运、装卸、运输、库存、流通加工及信息处理等要素的管理,其中储存、运输是物流管理的中心环节。

储存中可以对仓库及存储进行分类。

按照用途:自用仓库;公共仓库;营业仓库;保税仓库;等等。

根据仓库结构:平房仓库;多层楼仓库;自动化仓库;饲料储藏库。

根据仓库地点:内陆仓库;车站仓库;港湾仓库;转驳站仓库;都市仓库;工厂仓库。

根据保管的物品对象:原料仓库;成品仓库;半成品仓库;冷藏仓库;定温仓库;危险品仓库;水上仓库;农业仓库;露天仓库;等等。

根据建筑材料:传统仓库;现在仓库。

学习自测题

一、名词解释

仓库　物流　库存成本　储蓄成本

二、简答题

1. 仓库可以从哪些方面进行分类?
2. 传统库存管理技术分为哪两种?
3. 合理组织商品运输的主要途径有哪几种?

三、案例分析

案例1　某生产化学制品的公司,年销售10万余吨。在全国设有5家分公司。公司经营的产品品种有500多种,非危险品,采用50千克的塑桶进行配送。

公司销售产品的流程:100名业务员的订单直接电话打到总部或者分公司销售服务室,用ERP软件开提货单,驾驶员到附近的仓库提货,配送出去。

公司的仓库情况:主仓库大小120×80平方米,没有月台。存放的商品有300种。每个仓管员负责保管50～80种产品。产品用钢制1米的托盘笼子和散堆方式存放,4辆叉车和5个装卸工负责成品的装卸,按单拣货。内设一个办公室,负责调度和开提货单。主仓库又划分为4个库,4个仓管员分别负责几十种产品的拣选和搬运工作。

在主仓库附近10千米内还有4个分仓库,负责其他4个分厂的产品的仓储,每个仓库有1名仓管员保管。

(资料来源:作者根据相关资料整理)

目前的问题:

(1)装货流程效率低,当遇到缺货时需要修改订单。

(2)上午是提货高峰时间,几个仓库可能都要提货,装卸货物需要排队。业务员早上报货,下午就要送到。

(3)主仓库管理困难,场地比较大。

(4)装卸高峰时间,仓管员出库清点有难度。仓库货物清点方式:仓管员在仓库清点后,交给叉车工,叉车工拉出库,装到车上。

试分析如何解决上述问题。

案例2 某大型连锁餐饮公司,由下岗工人李明夫妇于1994年创办,如今已经发展成为苏锡常和杭嘉湖地区小有名气的餐饮服务企业之一。该公司的服务分成两类:递送盒饭和套餐服务。盒饭主要由荤菜、素菜、卤菜、大众汤和普通水果组成。可供顾客选择的菜单:荤菜6种、素菜10种、卤菜4种、大众汤3种和普通水果3种,还可以定做饮料佐餐。尽管菜单的变化不大,但从年度报表上来看,这项服务的总体需求水平相当稳定,老顾客通常每天会打电话来订购。但由于设施设备的缘故,公司会要求顾客们在上午10点前电话预订,以便确保当天递送到位。在套餐服务方面,该公司的核心能力是为企事业单位提供冷餐会、大型聚会,以及一般家庭的家宴和喜庆宴会上。客户所需的各种菜肴和服务可以事先预约,但由于这项服务的季节性很强,又与各种社会节日和法定假日相关,需求量忽高忽低,有旺季和淡季之分,因此要求顾客提前几周甚至1个月前来预定。大众包餐公司内的设施布局类似于一个加工车间。主要有5个工作区域:热制食品工作区,冷菜工作区,卤菜准备区,汤类与水果准备区,以及一个配餐工作区,专为装盒饭和预订的套菜装盒共享。此外,还有3间小冷库供储存冷冻食品,1间大型干货间供储藏不易变质的物料。由于设施设备的限制以及食品变质的风险,制约了大众包餐公司的发展规模。虽然饮料和水果可以外购,有些店家愿意送货上门,但总体上限制了大众包餐公司提供柔性化服务。李明夫妇聘用了10名员工:2名厨师和8名食品准备工,旺季时另外雇佣一些兼职服务员。餐饮行业的竞争是十分激烈的,高质量的食品、可靠的递送、灵活的服务以及低成本的运营等都是这一行求生存谋发展的根本。近来,大众包餐公司已经开始感觉到来自愈来愈挑剔的顾客和几位新来的专业包餐商的竞争压力。顾客们愈来愈需要菜单的多样化、服务的柔性化以及响应的及时化。李明夫妇最近参加现代物流知识培训班,对准时化运作和第三方物流服务的概念印象很深,深深觉得这些理念正是公司要保持其竞争能力所需要的东西。但是他们感到疑惑,公司能否借助第三方的物流服务。

(资料来源:作者根据相关资料整理)

现请你为根据上述情况回答下列问题:

1. 公司的经营活动可否引入第三方物流服务?并请说明理由。
2. 大众包餐公司实施准时化服务有无困难?请加以解释。
3. 在引入第三方物流服务中你会向该公司提出什么建议?

参 考 文 献

[1] 黄国雄,曹厚昌. 现代商学通论[M]. 北京:人民日报出版社,1997.

[2] 马龙龙. 批发商品流通论[M]. 北京:中国商业出版社,1998.

[3] 夏春玉. 流通概论[M]. 大连:东北财经大学出版社,2006.

[4] 国家技术监督局. 技术监督与管理[M]. 北京:中国计量出版社,1990.

[5] 张翰闻. 商品质量监督概论[M]. 沈阳:辽宁科技出版社,1990.

[6] 王淑焕. 产品质量责任[M]. 北京:中国计量出版社,1994.

[7] 张翰闻. 关贸总协定与国际贸易技术保证[M]. 沈阳:东北工学院出版社,1992.

[8] 陈迺骏. 质量认证[M]. 北京:中国标准出版社,1991.

[9] 陈迺骏. 质量体系和认证指南[M]. 北京:中国计量出版社,1994.

[10] 李瑞. 质量管理和质量保证国家标准实施指南. GB/T19000～ISO 9000 系列标准[M]. 北京:中国标准出版社,1995.

[11] Poul Buch Jense. 环境管理与环境认证[M]. 北京:中国计量出版社,1996.

[12] 科特勒. 市场营销管理[M]. 北京:中国人民大学出版社,1997.

[13] 森下二次. 高速经济增长条件下的流通问题[M]. 东京:中央经济社,1971.

[14] 利维. 零售学精要[M]. 北京:机械工业出版社,2000.

[15] 高桥辉男. 物流:理论与实践[M]. 东京:白桃书房,1997.

[16] 郭冬乐. 中国商业理论前沿[M]. 北京:社会科学文献出版社,2001.

[17] 方美琪. 电子商务概论[M]. 北京:清华大学出版社,2000.

[18] 杨振宇. 电子商务知识与技术[M]. 北京:中国商业出版社,2000.

[19] 夏春玉. 略论市场储备商品的确定[D]. 中国流通经济,1996.

[20] 潘雪. 我国流通竞争政策研究[D]. 天津财经大学,2007.

[21] 陶伟军,文启湘. 零售业态的生成与演进:基于知识的分析[J]. 当代经济科学,2002(6).

[22] 周勇. 依托行业协会实现行业有效治理的研究[D]. 长沙:中南大学,2004.

[23] 董泽文. 关于我国行业协会建设与发展的几点思考[J]. 前沿,2004(3).

[24] 张亮. 当代中国行业协会与政府互动模式的研究[D]. 南京:南京理工大学,2004.

[25] 李恒光. 政府职能转变的重要支撑:中介组织[J]. 哈尔滨市委党校学报,2002(2).

[26] 荆林波. 关于外资进入中国流通业引发的三个问题[J]. 国际经济评论,2005(5).

[27] 何大安. 流通产业组织结构优化中的自然垄断趋势[J]. 经济学家,2007(4).

[28] 赵玻. 零售商势力及其福利效应[J]. 财经理论与实践,2005(1).

[29] 陈阿兴. 我国零售产业集中度的实证研究[J]. 产业经济研究,2004(6).

中国铁道出版社

CHINA RAILWAY PUBLISHING HOUSE

教 师 服 务 登 记 表

填表日期：______

教师姓名		□先生 □女士	出生年月		职务		职称 □教授 □副教授 □讲师 □助教 □其他
学校		学院		系别			
联系电话	办公： 移动：	联系地址及邮编		E-mail			
学历		毕业院校		国外进修及讲学经历			
研究领域							

主讲课程	现用教材名	作者及出版社	教材满意度
课程 1 □专□本□研 人数： 学期：□春□秋			□满意 □一般 □不满意 □希望更换
课程 2 □专□本□研 人数： 学期：□春□秋			□满意 □一般 □不满意 □希望更换
课程 3 □专□本□研 人数： 学期：□春□秋			□满意 □一般 □不满意 □希望更换
著书计划			

希望提供的样书

注：申请的样书必须与本表填写的授课情况相符。

书 号	书 名
ISBN 7-113-□□□□□	

意见和建议

此表请填写人据实填写，以详尽、清晰为盼。填妥后请选择以下任何一种方式将此表返回：（如方便请赐名片）

地　址：北京市西城区右安门西街 8 号　　中国铁道出版社综合编辑部　　**邮编**：100054

电　话：(010)51873014　　E-mail：book@tdpress. com

图书详情可登录http://www. 51eds. com 网站查询